창세기 1장과
요한계시록

창세기 1장과 요한계시록

하나님의 계획과 성취

고명호 지음

좋은땅

많은 사람이 창세기 1장의 내용을 궁금해합니다. 하나님이 세상을 창조한 기록으로 믿기에 창조에 관한 내용을 알고 싶어 합니다. 하지만 창세기 1장을 읽다 보면 이해되지 않는 내용이 많습니다. 지금까지 배웠던 과학적 상식과 맞지 않는 내용들이 있기 때문입니다.

창세기 1장에 기록된 내용이 맞는지 의심하게 되고, 때로는 하나님을 믿는 신앙이 흔들릴 수도 있습니다. 그래서 기독교인 과학자들이 창세기 1장의 내용을 과학적으로 증명하기 위해 많은 노력을 합니다.

그런데 이런 노력은 실패할 수밖에 없습니다. 창세기 1장의 내용은 물질창조에 관한 기록이 아니기 때문입니다. 창세기 1장은 하나님이 이 세상에 하나님의 나라를 어떻게 성취할 것인지를 계획하고 선포한 내용입니다. 그래서 창세기 1장의 내용이 오늘날 밝혀낸 여러 과학적 사실들과 맞지 않는 것입니다.

순서에 따라 하나님의 창조를 4단계로 분류할 수 있습니다. 1단계는 영들의 창조이고, 2단계는 물질의 창조이고, 3단계는 생명체의 창조이며, 4단계는 마지막 단계로서 하나님의 나라와 하나님의 백성을 창조하는 단계입니다. 이 내용은 [Chapter 13. 하나님 창조의 4단계]에서 자세하게 설명합니다.

1단계는 하나님이 일꾼인 영들을 창조하신 것입니다. 이들은 욥기 38장 7절에 기록된 하나님의 아들들과 새벽별입니다. 2단계로 하나님은 물질을 창조하십니다. 2단계의 창조가 물질인 천지창조입니다. 3단계는 생명체의 창조입니다. 생명체는 물질을 재료로 만듭니다. 그래서 물질창조를 완료한 후에 생명체 창조를 진행하였습니다. 3단계 창조에서 오랜 시간 동안 많은 생명체가 창조되었고 지적 생명체가 등장합니다. 마지막에 등장한 완전한 지적 생명체가 사람입니다. 하나님은 4단계의 창조를 시작하셨습니다. 하나님은 영원히 사라지지 않는 혼(Soul)을 창조하셨습니다. 혼이 하나님이 창조하시려는 백성입니다. 하나님은 혼을 창조하기에 알맞은 생명체가 등장할 때까지 기다리셨습니다. 하나님은 혼을 아담 속에 넣었고, 혼이 땅 위에서 사람이 되어 영원히 살도록 하십니다. 이것이 하나님의 백성을 창조하는 마지막 단계의 창조입니다.

물질창조는 창조의 4단계 중에서 2번째 단계입니다. 창세기 1장은 2번째 단계의 창조가 아니라 4번째 단계의 창조를 설명한 것으로, 마지막 창조의 계획을 기록한 것입니다. 이미 완료된 과거의 기록이 아니라, 마지막 창조를 진행하기 전에 그에 앞서 계획을 말씀으로 선포해 놓은 것입니다.

물질창조에 관한 기록은 단 한 구절입니다. 창세기 1장 1절에서 [하나님이 하늘과 땅을 창조했다]는 단 한 문장으로 물질창조에 관한 기록이 끝납니다. 창세기 1장 1절의 [하늘과 땅]은 모든 만물을 의미합니다. 그런 후에, 하나님은 물질창조에 관한 내용을 더는 설명하지 않습니다.

하나님은 기독교인뿐 아니라 성경 말씀을 읽는 모든 사람에게 자신이 창조주임을 증명하려고 하시지 않습니다. 하나님은 사람에게 인정받으려고 노력하는 분이 아닙니다.

하나님은 세상을 창조한 전능한 신입니다. 사람의 신앙 여부와 상관없이 하나님은 만물을 만드신 분입니다. 하나님은 사람의 인정이 필요하지 않습니다. 하나님은 사람에게 사랑을 구걸하지 않습니다. 하나님은 사람의 신앙을 필요로 하지 않습니다. 피조물의 신앙과 믿음과 경배와 상관없이 하나님은 하나님 자체만으로 영원히 빛나는 분입니다.

하나님은 세상을 아름답게 창조하고 그것을 피조물에게 주는 분입니다. 피조된 만물이 하나님에게 찬양과 경배와 영광을 드린다고 해서 하나님에게 보탬이 되는 것은 없습니다. 하나님은 사람에게서 사랑과 경배를 받으려고 사람을 창조하는 분이 아닙니다. 피조물이 창조주이신 하나님을 찬양하고 경배하는 것은 마땅합니다만 하나님에게 피조물의 사랑과 경배가 필요한 것은 아닙니다.

하나님은 우리 사람에게 아름다운 세상과 영원한 삶과 참된 자유를 주시며, 하나님이 창조한 사람이 행복하게 사는 것으로 기뻐하십니다. 물론, 이렇게 창조된 사람이 하나님을 찾고 하나님을 사랑한다면 하나님은 더 기뻐할 것입니다. 하나님은 사람에게서 무엇인가를 받으려는 분이 아니라 사람에게 좋은 것을 주려는 분입니다. 그래서 하나님 자신이 창조한 내용을 사람에게 믿어달라고 일일이 설명하지 않습니다.

창세기 1장 1절은 하나님이 만물을 창조하셨다는 내용입니다. 그러나 만물창조에 관한 기록은 창세기 1장 1절만 해당됩니다. 창세기 1장 2절부터는 2단계 물질창조에 관한 내용이 아닙니다. 창세기 1장 2절은 이미 창조된 물질세계에 하나님의 백성이 없는 상태를 하나님의 관점에서 설명한 것입니다. 창세기 1장 3절부터 31절까지 하나님은 세상에 하나님의 백성을 창조하는 4단계 계획을 선포한 것입니다.

하나님의 백성을 창조하려는 하나님의 계획을 물질창조로 보이는 단어들을 사용하여 선포한 것입니다. 6일 동안 하나님이 선포한 내용은 하나님이 앞으로 하실 일을 말씀한 것입니다. 하나님이 일을 실행하기 전에, 어떻게 하나님의 나라를 이루실 것인지를 미리 말씀으로 선포한 것입니다. 하나님이 창세기 1장의 말씀을 선포할 당시에 창세기 1장은 미래의 사건이며 아직 이루어지지 않았습니다.

이 책의 Part 1에서는 창세기 1장의 내용이 물질창조의 기록이 아니라는 것을 설명합니다. Part 2에서는 창세기 1장의 내용을 이해하기 위한 사전 개념을 설명합니다. Part 3에서는 창세기 1장에 기록된 하나님의 계획을 설명합니다. Part 4에서는 하나님이 창세기 1장을 선포하셨으나 창조 작업을 시작하지 않았던 상태를 설명합니다. Part 5에서는 하나님의 계획에 따라 완성된 하나님의 나라를 요한계시록의 내용으로 설명합니다.

하나님의 나라와 그 나라 안에서 영원히 살게 될 하나님의 백성을 하나님이 어떻게 창조해 가시는지 그 내용을 이해하는 시간이 되기를 바랍니다.

이 책은 저자의 저서 중 제3권에 해당됩니다. 저자의 저서 제1권은《하나님의 창조는 끝나지 않았다》입니다. 제1권을 읽으면 이 책의 내용을 더 쉽게 이해할 수 있습니다. 제2권은《에덴동산과 하나님의 아들들》입니다. 제2권은 난해한 여러 가지 성경적 구절을 쉽게 설명했습니다.

이 책에서는 한글성경으로 개역개정을 사용하고 있고 영어성경으로는 NIV, KJV, NASB를 참고하고 있습니다. NIV는 The new international version의 약자이고, KJV는 The King James Version의 약자이며, NASB는 New American Standard Bible의 약자입니다. 또한, 성경의 정확한 문장을 알기 위해 히브리어나 헬라어 원문을 참고하고 있습니다.

Part 3 하나님의 창조 계획

물질창조의 기록이 아니다

태양이 없는데 저녁이 되고 아침이 될 수 있는가?

태양이 없다면, 저녁과 아침이 있을 수 없습니다. 창세기 1장에는 저녁과 아침이 기록되어 있습니다. 이것은 태양이 있다는 의미입니다. 저녁과 아침이 있다는 말은 창세기 1장의 기록이 물질창조의 기록이 아니라는 것을 나타냅니다. 첫째 날 빛을 만들 때부터 저녁과 아침이 있었기 때문입니다.

창세기 1장에는 [저녁이 되고 아침이 된다]는 표현이 6번 나옵니다. 첫째 날부터 여섯째 날까지 계속 반복적으로 기록되어 있습니다. 창세기 1장 5절, 창세기 1장 8절, 창세기 1장 13절, 창세기 1장 19절, 창세기 1장 23절, 창세기 1장 31절입니다.

저녁과 아침은 지구의 자전과 태양 빛으로 인해 발생하는 자연현상입니다. 태양 빛이 닿는 면은 낮이고, 태양 빛이 닿지 않는 면은 밤입니다. 지구가 자전하기 때문에, 낮과 밤이 교차합니다. 낮과 밤이 한 번씩 지나면, 지구가 한 바퀴를 도는 것이고, 이것을 하루라고 합니다. 지구가 한 바퀴 자전하는 데 24시간 정도 걸립니다.

낮에는 태양에서 나오는 광자(빛)가 지구의 대기권에 있는 원소들과 부딪혀 산란하는 현상으로 인해 우리 눈에 주위가 환하게 보입니다. 밤에는 태양의 광자가 없기에 대기권에서 빛의 산란 현상이 사라진 것으로 주위가 어둡게 됩니다. 태양에서 오는 광자의 산란 현상이 사라지면 멀리서 오는 약한 별빛을 눈으로 볼 수 있습니다. 그래서 낮이 있다는 말은 태양에서 지구로 오는 광자가 있다는 의미입니다.

낮에서 밤으로 바뀔 때 그 과정에서 저녁이 있고, 밤에서 낮으로 바뀔 때 그 과정에 아침이 있습니다. 저녁은 태양에서 지구의 현 위치로 직진하는 광자의 양이 적어지고 있는 시간이고, 아침은 태양에서 지구의 현 위치로 직진하는 광자의 양이 많아지고 있는 시간입니다.

지구가 자전하지 않으면 낮과 밤이 매우 길 것입니다. 태양 빛이 닿는 면은 매우 뜨거워지고 낮이 오랫동안 지속할 것입니다. 태양 빛이 닿지 않는 면은 차가워질 것이며 밤이 오랫동안 지속할 것입니다. 지구가 자전한다고 하더라도 태양 빛이 없다면 낮이 사라질 것입니다. 태양 빛이 없다면 지구의 어느 지역이라도 밤일 것입니다.

이렇게 저녁이 되고 아침이 된다는 말은 태양 빛이 있는 상태에서 지구가 자전한다는 의미입니다.

성경 말씀: 창세기 1장 16절
"하나님이 두 큰 광명체를 만드사 큰 광명체로 낮을 주관하게 하시고 작은 광명체로 밤을 주관하게 하시며"

하나님이 넷째 날에 큰 광명체와 작은 광명체와 별들을 만드셨다고 기록되어 있습니다. 이 말씀에서 큰 광명체를 태양으로, 작은 광명체를 달로 가정합니다.

그러면 태양은 넷째 날 만들어진 것이 됩니다.

이 말씀에는 첫째 날부터 저녁과 아침이 있다고 기록되어 있습니다. 태양은 넷째 날 만들어지는데, 첫째 날부터 저녁과 아침이 있다고 합니다. 이 두 말씀을 같이 보면 현대 과학에서 밝혀낸 자연현상과는 모순됩니다. 태양이 없는데도 저녁과 아침이 있을 수 있다는 말입니다. 태양이 없었다면 첫째 날 낮을 만들어 낸 광원은 무엇일까요?

하나님의 말씀이 틀렸다는 것은 아닙니다. 하나님의 말씀은 틀리지 않았습니다. 그동안 우리의 해석이 잘못되었습니다. 이 말씀은 물질창조의 기록이 아닙니다. 이 말씀을 물질창조의 기록으로 보고 있기에 현대 과학에서 밝혀낸 사실과 맞지 않는 것입니다.

첫째 날 창조하는 빛은 광자에 의해 정의되는 빛이 아닙니다. 광자(光子, photon)에 의해 정의되는 빛은 낮과 밤을 만듭니다. 낮과 밤은 첫째 날 이전부터 있었습니다. 넷째 날 창조된 큰 광명은 태양(Sun)이 아니며, 작은 광명도 달(Moon)이 아니고, 별들도 항성(恒星, star)이 아닙니다.

창세기 1장의 내용을 모두 물질창조의 기록이라고 가정한다면, 첫째 날의 빛은 광자에 의해 정의되는 빛이 되며, 넷째 날의 큰 광명은 태양이 되고, 작은 광명은 달이 될 것입니다. 이렇게 정의하면 첫째 날에는 태양이 아직 없는데도 아

   Part 1. 물질창조의 기록이 아니다

침과 저녁이 생기는 모순이 발생합니다. 그래서 창세기 1장의 내용을 물질창조 가 아니라고 말하는 것입니다.

창세기 1장을 과학적으로 풀어보려고 노력하는 사람들이 많습니다. 신앙을 지키려고 이런 노력을 하겠지만 결국에는 실패합니다. 창세기 1장은 물질창조 의 내용을 기록한 것이 아니기 때문입니다.

창세기 1장의 내용이 물질창조의 기록이 아닐지라도 신앙에 어긋나는 것은 아닙니다. 오히려 하나님이 우리에게 하나님의 계획을 알려 주신 것입니다. 창 세기 1장의 내용은 하나님이 땅 위에 하나님의 나라를 창조한다는 하나님의 계 획입니다.

Chapter 2

태양이 없는데, 식물이 자랄 수 있는가?

식물은 광합성을 통해서 자랍니다. 나무는 잎을 내고, 잎의 엽록소에서 광합성을 하여 에너지를 저장합니다. 광합성은 태양에서 오는 빛을 이용합니다. 만약 태양에서 빛이 오지 않는다면 식물은 광합성을 할 수 없습니다. 이런 내용은 현대인에게는 기본적인 상식에 해당되는 과학지식입니다.

성경 말씀: 창세기 1장 12절
"땅이 풀과 각기 종류대로 씨 맺는 채소와 각기 종류대로 씨 가진 열매 맺는 나무를 내니 하나님이 보시기에 좋았더라 이는 셋째 날이니라"

이 말씀은 하나님이 셋째 날에 하신 말씀입니다. 하나님은 셋째 날에 풀과 채소와 과목을 내라고 말씀하셨습니다. 창세기 1장의 내용을 물질창조의 기록이라고 가정할 때, 풀과 채소와 나무는 셋째 날에 창조되었습니다.

성경 말씀: 창세기 1장 16절
"하나님이 두 큰 광명체를 만드사 큰 광명체로 낮을 주관하게 하시고 작은 광명체로 밤을 주관하게 하시며 또 별들을 만드시고"

창세기 1장의 내용을 물질창조의 기록이라고 가정할 때, 이 말씀은 태양과 달과 별을 창조한 기록이 됩니다. 태양과 달과 별은 넷째 날 창조됩니다. 이렇게 가정하고 보면, 셋째 날에는 태양이 창조되기 전인데도, 풀과 채소와 과목이 자라난다는 것입니다. 이것은 우리가 알고 있는 과학적 상식에 어긋납니다.

순서를 바꿔 태양을 먼저 만들고 다음에 풀과 채소와 과목을 만들었다면 우리가 아는 과학적 상식과 일치하기에, 창세기 1장의 내용을 물질창조의 기록으로 생각해 볼 수 있을 것입니다.

창세기 1장의 기록을 보면 셋째 날에 풀과 채소와 과목을 만들고 넷째 날에 큰 광명체를 만들었습니다. 이런 기록은 창세기 1장의 내용이 물질창조가 아니라는 증거입니다. 태양이 없는 상태에서는 풀이나 채소나 과일나무가 자랄 수 없기 때문입니다.

태양과 관련해서 이런 모순이 발생하는 것은 창세기 1장의 내용을 물질창조의 기록이라고 가정했기 때문입니다. 창세기 1장은 하나님의 나라를 위한 창조 계획을 선포한 말씀입니다. 물질창조에 관한 내용은 창세기 1장 1절 단 한 절뿐입니다. 하나님은 물질창조의 내용을 구구절절 설명하지 않습니다. 단 한 말씀으로 끝냅니다. 하나님은 하늘과 땅을 창조했다는 한 문장으로 선언하시고 더는 설명하지 않습니다. 하나님이 창세기 1장의 말씀을 하실 때, 이미 세상은 지금과 같은 상태였습니다.

만약 창세기 1장의 내용을 물질창조로 가정한다면, 풀과 채소와 과목이 태양이 없는 상태에서 자랐다는 말이 됩니다. 이런 주장은 모순이고, 우리가 알고 있는 과학적 상식과 일치하지 않습니다. 창세기 1장의 내용을 물질창조라고 가정할 때, 이렇게 과학적으로 맞지 않는 내용을 달리 설명할 방법이 없습니다.

Chapter 3

달이 밤을 주관하는 것이 맞을까?

창세기 1장 16절에는 작은 광명이 밤을 주관하도록 하셨다고 기록되어 있습니다. 창세기 1장을 물질창조의 기록이라고 가정하고, 작은 광명을 달(Moon)이라고 가정합니다. 이렇게 가정했을 때, 달이 밤을 주관한다는 논리입니다. 이 가정대로 하더라도 달이 밤을 주관하는 것은 아닙니다.

창세기 1장 16절에서 히브리어 원문을 보면 다음과 같습니다.

הַמָּאוֹר הַקָּטֹן לְמֶמְשֶׁלֶת הַלַּיְלָה

[하마오르 하콰톤 러메므세레트 하라이라]

הַמָּאוֹר[하마오르]는 정관사 הַ[하]와 מָאוֹר[마오르]가 합쳐진 형태입니다. מָאוֹר[마오르]는 אוֹר[오르]에서 파생된 명사로서 광명체라는 의미입니다. 광명체란 빛을 내는 물체입니다. אוֹר[오르]는 동사로서 빛나다는 의미입니다. הַמָּאוֹר[하마오르]는 그 광명체라는 뜻입니다.

הַקָּטֹן[하콰톤]은 정관사 הַ[하]와 형용사 קָטֹן[콰탄]이 합쳐진 형태입니다. 형용사 קָטֹן[콰탄]은 적은, 젊은, 작은이라는 뜻입니다. הַמָּאוֹר הַקָּטֹן[하마오르 하콰톤]은 그 작은 광명체라는 의미입니다.

큰 광명체와 작은 광명체는 둘 다 광명체입니다. 창세기 1장의 내용을 물질 창조의 기록이라고 가정한다면, 큰 광명체는 태양이 될 것이고, 작은 광명체는 달이 될 것입니다. 큰 광명체를 태양으로 말할 수도 있는데, 태양은 핵융합(Nuclear fusion)을 하여 스스로 빛을 내기 때문입니다. 그런데 작은 광명체를 달이라고는 할 수는 없습니다. 달은 스스로 빛을 내지 않기 때문입니다. 광명체란 스스로 빛을 내는 것을 의미합니다.

달은 태양에서 오는 빛을 반사합니다. 지구에서 달이 환하게 보이는 이유는 태양 빛이 달에 반사되기 때문입니다. 달빛은 태양에서 직접 오는 것이 아니기에 낮과 같이 밝지는 않습니다. 태양 빛이 달 표면에 반사되어 지구에 오기 때문에 밤이 조금 밝아집니다.

창세기 1장 16절에 달이 밤을 주관한다고 기록되어 있습니다. 달에서 오는 빛은 달이 스스로 내는 것이 아니라 달 표면에 반사되는 태양 빛입니다. 달 스스로는 아무것도 하지 못합니다. 태양이 없다면 달은 밤을 비추지 못합니다. 그러니 달이 지구의 밤을 주관한다고 말할 수는 없습니다. 낮의 빛도 태양에서 오는 것이고, 밤의 빛도 태양에서 오는 것입니다. 게다가 밤은 태양 빛이 닿지 않는 면이 어두워져서 만들어집니다. 달이 스스로 빛을 내어 지구의 밤을 만드는 것이 아니라, 태양 빛이 없기에 만들어집니다. 달이 있거나 없거나 상관없이 태양 빛을 받지 않는 면은 밤이 됩니다.

창세기 1장 16절에 낮은 큰 광명체가 주관하고, 밤은 작은 광명체가 주관한다고 기록되어 있습니다. 그러나 현실은 조금 다릅니다. 물론 우리가 빛이 나오는 최초의 발광체를 찾지 않고, 단순히 눈에 보이는 현상만을 판단한다면, 달이 밤을 주관한다고도 말할 수 있을 것입니다. 그런데 이런 설명이 진실을 탐구하는 과학적 사실 앞에서 설득력이 있을 수는 없습니다.

　창세기 1장의 내용을 물질창조로 가정하면, 이처럼 설명하기 어려운 문제가 발생합니다. 그래서 창세기 1장의 내용은 물질창조의 기록이 아닙니다.

Chapter 4

궁창 위의 물은 대기층에 있었던 물인가?

많은 분이 궁창 위의 물을 지구 대기권이나 대기권 위에 있었던 물 층이라고 생각합니다. 이 물 층이 노아의 홍수 때 모두 지상으로 쏟아졌다고 생각합니다. 특히 창조과학을 주장하는 분들이 이런 주장을 많이 합니다. 이렇게 주장하는 이유는 창세기 1장의 기록이 물질창조의 기록이라는 생각을 하고 있기 때문입니다.

창세기 1장의 기록을 물질창조의 기록이라고 가정하면, 궁창 위의 물은 지구 대기권에 있었던 물이 되고, 궁창 아래의 물은 지금의 바다가 됩니다. 그런데 이렇게 가정하고 보면, 현재 우리가 알고 있는 과학적 지식과 모순이 발생합니다. 그래서 창세기 1장의 기록은 물질창조의 기록이 아니라는 것입니다. 창세기 1장의 기록은 하나님의 나라를 만들기 위한 창조 계획입니다.

하나님은 만물을 창조하셨습니다. 그래서 창조론이 맞습니다. 창조론이 맞지만, 궁창 위의 물이 지구 대기권에 있었던 물은 아닙니다. 노아의 홍수 이전에 지구 대기권에 물 층이 있었을지도 모릅니다. 당시에 지구 대기권에 물이 있었는지 또는 없었는지와 상관없이, 창세기 1장에 나오는 궁창 위의 물은 대기권의 물과 아무 상관이 없습니다. 궁창 위의 물이 지구 대기권에 있었던 물이 아닌 이유를 설명합니다.

성경 말씀: 창세기 1장 6절

"하나님이 이르시되 물 가운데에 궁창이 있어 물과 물로 나뉘라 하시고, 하나
님이 궁창을 만드사 궁창 아래의 물과 궁창 위의 물로 나뉘게 하시니 그대로
되니라"

성경 말씀: 창세기 1장 14절

"하나님이 이르시되 하늘의 궁창에 광명체들이 있어 낮과 밤을 나뉘게 하고
그것들로 징조와 계절과 날과 해를 이루게 하라 또 광명체들이 하늘의 궁창에
있어 땅을 비추라 하시니 그대로 되니라"

이 말씀들을 보면, 하나님이 큰 광명체와 작은 광명체와 별들을 만드시고 이
광명체들을 하늘의 궁창에 두었다고 기록되어 있습니다.

창세기 1장의 기록을 물질창조의 기록이라고 가정하면, 큰 광명체는 태양
(Sun)이 되고 작은 광명체는 달(Moon)이 됩니다. 창세기 1장 8절에는 해와 달
과 별들을 궁창에 두었다고 합니다. 이렇게 해석하면, 지금 우리가 알고 있는 천
문학 지식과 일치하지 않습니다.

창세기 1장 17절의 [하늘의 궁창]이라는 단어는 히브리어 원어로 다음과 같습
니다.

בִּרְקִיעַ הַשָּׁמָיִם [비르퀴아 하샤마임]

궁창이라는 단어 בִּרְקִיעַ [비르퀴아]는 불분리전치사 בְּ [바]와 רְקִיעַ [라퀴아]라
는 명사가 합쳐진 형태입니다. בִּרְקִיעַ [비르퀴아]에서 בְּ [바]는 [~안에]라는 불분

  Part 1. 물질창조의 기록이 아니다

리전치사입니다. 궁창이라는 히브리어 원어는 רקיע[라퀴아]입니다. רקיע[라퀴아]는 an extended surface입니다. 확장된 표면이라는 뜻입니다. רקיע[라퀴아]는 영어로는 firmament로 번역됩니다. 이것은 확장된 공간이라는 의미입니다. 하나님이 물과 물을 나누면서 사이에 공간을 만드셨는데, 이것이 확장되어 드러난 공간입니다.

하나님은 이 궁창을 하늘이라고 부르셨습니다. 하나님은 넷째 날에 해와 달과 별을 만들어 이 궁창에 두셨습니다.

고대인의 눈으로 볼 때, 땅이 있고 그 위에 하늘(Sky)이 있습니다. 땅은 평평합니다. 이것은 지구평면설입니다. 하늘을 보니, 태양과 달과 별들이 돌고 있습니다. 이것은 지구중심설(천동설)입니다. 고대인의 눈으로 볼 때, 하늘에 태양과 달과 별들이 있으니, 하나님이 하늘의 궁창에 해와 달과 별들을 갖다 놓으신 것으로 보였을 것입니다. 대기권 바깥에 우주 공간이 있다는 생각은 조금도 하지 못했을 것입니다. 천동설은 16세기 코페르니쿠스가 지동설을 주장할 때까지 널리 인정되었습니다. 16세기까지 창세기 1장의 내용은 천지창조에 관한 설명으로 적절하게 보였을 것입니다. 고대인이라고 썼지만, 16세기까지 인류는 고대인의 시각으로 천체를 이해하고 있었습니다.

고대인의 눈으로 볼 때, 하늘은 우주가 아니라 공중입니다. 고대인에게는 우주라는 공간개념이 없었을 것이기 때문입니다. 하늘이 공중이라고 하면, 태양과 달과 별들은 공중에 매달린 형태로 보였을 것입니다. 태양이 제일 큰 광명체이고, 달이 두 번째로 큰 광명체이며, 별들은 작게 빛나는 조그마한 장식물처럼 보였을 것입니다.

고대인의 눈으로 볼 때, 태양과 달과 별들 위에는 물이 있습니다. 하늘 위에 구름(물)이 있기 때문입니다. 창세기 7장 11절에서 [하늘의 창들이 열려]라는 표현은 이런 고대인의 관점을 잘 보여 줍니다.

현대의 천문학에서 발견한 사실로 볼 때, 지구는 태양계에 속해 있고, 태양계는 우리 은하(밀키웨이)에 속해 있으며, 우리 은하는 더 큰 은하단에 속해 있다고 합니다. 이 우주는 매우 크고 광대합니다.

많은 분이 궁창 위의 물을 지구를 감싸는 물이라고 생각합니다. 그런데 이분들의 해석을 인정하고, 이 해석방식으로 창세기 1장을 분석하더라도, 궁창 위의 물은 지구를 감싸는 물이 아니라는 결론이 나옵니다. 창세기 1장을 물질창조로 보고 해석할 때, 윗물과 아랫물 사이의 공간이 궁창입니다. 이 궁창에 해와 달과 별들을 두었습니다. 그러면 궁창은 지구의 대기권이 아니라, 태양과 달과 별(항성과 은하)들이 있는 공간입니다. 이 공간은 우주입니다. 논리적으로 궁창 위의 물은 우주를 감싸고 있는 물이 됩니다. 이렇게, 창세기 1장을 물질창조의 기록으로 가정하고, 이 기록대로 창조 내용을 논리적으로 설명하더라도, 궁창 위의 물은 지구를 감싸는 물이 아니라는 결론이 나옵니다. 창세기 1장을 물질창조로 주장하는 사람들의 논리대로 설명해도, 그들의 주장과 다른 결론이 나오는 것입니다.

창세기 1장 6절에서 하나님은 물 가운데를 나누었다고 합니다. 가운데로 번역된 히브리어 원어는 תָּוֶךְ[타네크]입니다. 이 단어는 영어로 midst로 번역됩니다. 말 그대로 가운데, 중앙이라는 뜻입니다. 하나님이 물을 나누실 때, 중앙을 나누어 중앙에 궁창이 드러나게 하셨습니다. 그렇다면, 물은 위의 물과 아래의 물로 나뉘었을 때, 같은 양으로 물이 나누어졌을 것입니다. 위의 물의 양과 아래의 물의 양이 같다는 것입니다. 아래의 물은 하늘 아래 땅 위에 있는 물이고, 위의 물은 하늘 위인 우주를 감싸는 물이 됩니다. 지구에 있는 물은 우주에 비하면 매우 적은 양입니다. 궁창 위의 물도 매우 적은 양이기에 결코 우주를 감쌀 수 없을 것입니다.

창세기 1장은 물질창조의 기록이 아닙니다. 창세기 1장은 하나님의 나라를 위한 창조 계획입니다. 창세기 1장 6절에서 하나님은 궁창을 만들었고, 창세기 1장 14절에서 큰 광명체와 작은 광명체와 별들을 만들어 궁창에 두셨습니다. 이 말씀에서 궁창은 우리가 아는 하늘(Sky 혹은 Universe)이 아닙니다. 큰 광명체 역시 태양이 아니고, 작은 광명체도 달이 아니며, 별들도 하늘에 보이는 무수한 항성들이 아닙니다.

Chapter 5

하늘은 언제 만들어졌는가?

하늘(Sky, Universe)은 언제 창조된 것일까요? 창세기 1장의 기록에서는 하늘이 언제 창조되었는지 알 수 없습니다.

창세기 1장 1절에는 하나님이 천지를 창조하셨다고 기록되어 있습니다. 그렇다면 창세기 1장 1절에서 하늘을 창조하셨을까요? 또 창세기 1장 8절에서 궁창을 만드시고 하늘이라고 칭하셨습니다. 그렇다면 창세기 1장 8절에서 하늘을 창조하셨을까요? 창세기 1장 1절일까요? 창세기 1장 8절일까요?

창세기 1장 1절의 말씀은 하나님이 만물을 창조하셨다는 선언입니다. 모든 것을 하나님이 만드셨다는 뜻입니다. 이 말씀에는 창조의 시점이 언급되어 있지 않습니다. 다만, 창조자가 누구인지 강조하는 말씀입니다. 이 말씀에서 하늘의 창조에 관한 정보는 없습니다.

창세기 1장 1절의 히브리어 원어를 잠시 살펴보겠습니다.

בְּרֵאשִׁית בָּרָא אֱלֹהִים אֵת הַשָּׁמַיִם וְאֵת הָאָרֶץ

[베레쉬트 바라 엘로힘 에트 하샤마임 워에트 하아레츠]

이 말씀에서 하늘(들)이라고 번역된 히브리어 단어는 הַשָּׁמַיִם[하샤마임]입니다. הַשָּׁמַיִם[하샤마임]에서 앞의 הַ[하]는 정관사입니다. 정관사를 뺀 하늘이라는 단어는 שָׁמַיִם[샤마임]입니다. 영어성경에서는 sky, heaven, heavens 등으로 번역되어 있습니다.

שָׁמַיִם[샤마임]은 복수(쌍수)형태를 띠고 있어서, [하늘들]로 번역하는 사람도 있습니다. 이런 분은 [태초에 하나님이 그 하늘들과 그 땅을 창조하셨다]로 번역합니다. שָׁמַיִם[샤마임]은 구약 성경에서 복수형태로만 사용되었습니다. 단수로도 사용된 예가 있다면, 단수와 복수를 정확하게 구분해야 할 것입니다. 그런데, 하늘이라는 단어는 단수로 사용되지 않았기에 שָׁמַיִם[샤마임]이 복수형태를 띠고 있으나 그냥 하늘이라고 번역합니다.

창세기 1장 8절을 보면 여기에 또 하늘이 나타납니다. 히브리어 원어를 보면 다음과 같습니다.

וַיִּקְרָא אֱלֹהִים לָרָקִיעַ שָׁמָיִם
[와이프라아 엘로힘 라라퀴아 샤마임]

이 구절에서 하늘이라는 단어는 שָׁמַיִם[샤마임]입니다. 창세기 1장 8절의 하늘은 창세기 1장 1절의 하늘과 같은 단어입니다. 창세기 1장 8절에는 하나님은 궁창을 만드시고, 이 궁창을 하늘이라고 부르셨다고 기록되어 있습니다. 하나님이 하늘을 두 번 만드신 것일까요?

창세기 1장 1절과 창세기 1장 8절의 말씀을 연결하면 하늘에 관한 3가지 가설을 생각할 수 있습니다.

첫 번째 가설입니다.

창세기 1장 1절의 하늘을 universe로 보고, 창세기 1장 8절의 하늘을 sky로 보는 가설입니다. 창세기 1장 1절의 하늘은 지구 바깥에 있는 넓은 우주를 가리키는 말이며, 창세기 1장 8절의 하늘은 지구 안에 있는 공중을 가리키는 말로 해석합니다. 이 가설은 만물이 한 번만 창조되었다는 것을 나타냅니다.

두 번째 가설입니다.

창세기 1장 1절은 하나님이 만물을 창조하셨다는 포괄적인 설명이며, 창세기 1장 3절 이하의 말씀은 창조에 관한 자세한 설명이라고 보는 것입니다. 창세기 1장 1절의 하늘은 실제 하늘을 의미하는 말이 아니라, [하늘과 땅]이라는 포괄적 표현으로 만물이라는 뜻이라고 해석합니다. 창세기 1장 8절의 하늘은 실제 하늘을 창조한 자세한 설명으로 봅니다. 창세기 1장 8절에서 창조된 하늘이 창세기 1장 1절에서 창조된 만물 속에 포함된다는 것입니다. 이 가설은 만물이 한 번만 창조되었다는 것을 나타냅니다.

세 번째 가설입니다.

창세기 1장 1절에서 실제로 하늘이 창조되었으며, 하늘만이 아니라 만물이 창조되었다고 봅니다. 창세기 1장 1절과 창세기 1장 2절 사이에 큰 전쟁이 있었고, 그 결과로 창세기 1장 2절의 상태가 되었다고 봅니다. 전쟁으로 만물이 혼돈하고 공허하게 되었는데, 창세기 1장 3절 이하에서 하나님이 만물을 다시 창조했다고 해석합니다. 창세기 1장 3절부터 31절까지의 내용은 만물의 재창조에 관한 내용이라고 해석합니다. 이 가설은 하나님이 만물을 두 번 창조했다는 것입니다. 이런 식의 가설은 재창조설, 갱신설 등이 있습니다.

이 세 가지의 해석 모두 잘못된 해석입니다. 그 이유는 창세기 1장 8절의 기록을 물질창조로 해석하기 때문입니다. 창세기 1장 3절 이하의 내용을 물질창조로 본다면, 궁창 위에 있는 물은 온 우주를 덮은 물이 됩니다. 그러나 궁창 위의 물이 온 우주를 둘러싼 물이라면, 현대 과학이 밝혀낸 과학적 사실과 일치하지 않습니다. 궁창 위의 물은 우주를 덮는 물이 아닙니다. 그래서 둘째 날 창조된 궁창은 우리가 생각하는 하늘(Sky, Universe)이 아닙니다. 이 내용은 [Chapter 4. 궁창 위의 물은 온 우주를 둘러싼 물인가?]에서 설명했습니다.

첫 번째 가설이 맞지 않는 이유를 설명합니다. 이 가설이 맞지 않는 이유는, 태양과 달과 별들은 공중에 있는 것이 아니라 우주에 있기 때문입니다. 공중(Sky)은 지구 대기권을 의미합니다. 지구의 대기권 안에는 해와 달과 별들이 없습니다.

두 번째 가설이 맞지 않는 이유를 설명합니다. 이 가설도 넷째 날의 큰 광명과 작은 광명과 별들을 물질창조로 해석합니다. 그래서 이 가설도 잘못된 해석입니다. 창세기 1장 8절의 하늘을 공중이라고 해석하는데, 해와 달과 별은 공중에 있는 것이 아니라 지구 밖 우주에 있습니다.

세 번째 가설의 문제는 창세기 1장 1절과 창세기 1장 2절 사이에 큰 전쟁이 있었다는 가정입니다. 이 전쟁은 하나님과 사탄 사이에서 일어난 전쟁이라고 합니다. 선과 악의 대결로 표현합니다. 이 전쟁의 여파로 우주의 많은 것들이 심각하게 파괴되었다는 것입니다.

지구가 파괴되고 해와 달이 파괴될 정도로 하나님과 타락한 천사 사이에서 큰 전쟁이 있었다는 가정은 잘못된 가정입니다. 사탄은 피조물입니다. 사탄은 창조주인 하나님을 상대로 싸울 수 없으며, 사탄은 하나님을 주인으로 모시는 천사입니다. 사탄이 타락한 것은 맞습니다. 하지만, 타락한 천사들의 반란이나 전쟁 같은 것은 없었습니다. 이 내용은 [Chapter. 12 사탄은 하나님과 싸우지 않는다]에서 설명합니다.

이렇게 세 가지 가설은 모두 잘못된 가설입니다. 그래서 창세기 1장 1절의 하늘과 창세기 1장 8절의 하늘은 해석하기 어렵습니다. 창세기 1장 8절의 기록을 물질창조의 기록으로 보게 되면, 여전히 창세기 1장의 내용은 난해한 구절로 남게 됩니다.

창세기 1장 1절의 하늘은 하늘(Sky)이라는 단어 하나만을 의미하지 않습니다. 창세기 1장 1절의 하늘은 땅과 함께 사용됩니다. 하나님은 하늘과 땅을 창조하셨다는 것입니다. 여기서 하늘과 땅은 [천하만물]이라는 의미로 관용구처럼 사용된 것입니다. 창세기 1장 1절에는 우주(Universe)와 공중(Sky)의 창조가 모두 포함됩니다.

창세기 1장 8절의 하늘은 궁창을 의미합니다. 궁창은 물을 나누었을 때, 드러나는 공간입니다. 만약 물이 없었다면, 이 공간은 존재하지 않습니다. 물이 있었고, 그 물을 위와 아래로 나누었을 때, 가운데 드러나는 공간이 궁창이라는 하늘입니다. 이 궁창이라는 하늘은 매우 의미심장하며 난해합니다. 이 하늘을 설명하려면 먼저 물이 무엇인지 정의해야 합니다. 이 물은 단순한 물(Water)이 아니기 때문입니다. 이 물에 관한 내용은 [Chapter 31. 창조 전 - 하나님의 신이 수면을 운행하신다]에서 설명합니다. 또 [Chapter 39. 둘째 날 - 궁창 아래의 물로 임하시는 하나님]에서 설명합니다.

결론적으로, 하늘이 언제 창조되었는지 확인하는 것은 어렵습니다. 창세기 1장 1절은 하늘의 창조만을 의미하지 않습니다. 창세기 1장 8절은 우리가 볼 수 있는 공중을 의미하지 않습니다. 굳이 물질창조의 기록을 찾는다면, 창세기 1장 1절만입니다. 창세기 1장 1절은 물질창조를 의미하며, 이 창조는 모든 물질의 창조를 다 포함하기 때문입니다. 창세기 1장 1절은 하나님이 천하만물을 창조하셨다는 짧은 설명입니다. 하나님은 물질창조에 관해서 이 한 구절만 말씀하고 더는 설명하시지 않습니다.

Chapter 6

땅은 언제 만들어졌는가?

창세기 1장의 내용을 물질창조로 해석하면, 모순이 많이 발생합니다. 그중 하나가 땅이 언제 창조되었는지 알 수 없다는 것입니다. 창세기 1장에서는 땅의 창조를 설명하지 않습니다. 창세기 1장의 내용은 물질창조를 기록한 것이 아니기 때문입니다.

땅은 언제 만들어졌을까요?

하나님이 땅을 창조하셨다는 기록은 창세기 1장에서 두 번 나옵니다. 창세기 1장 1절과 창세기 1장 10절입니다. 창세기 1장 1절에는 하나님이 땅을 창조했다고 기록되어 있고, 창세기 1장 10절에는 땅이 드러났다고 기록되어 있습니다.

창세기 1장 1절의 히브리어 원문은 다음과 같습니다.

בְּרֵאשִׁית בָּרָא אֱלֹהִים אֵת הַשָּׁמַיִם וְאֵת הָאָרֶץ

[베레쉬트 바라 엘로힘 에트 하샤마임 워에트 하아레츠]

이 말씀에서 땅은 הָאָרֶץ[하아레츠]입니다. 앞의 הַ[하]는 정관사이며, 땅이라는 단어는 אֶרֶץ[에레츠]입니다. 창세기 1장 1절의 창조했다는 동사는 בָּרָא[바라]

라는 동사이며, 이 동사는 בָּרָא[바라]라는 동사의 완료형·3인칭·남성·단수의 형태입니다. 이 동사는 [그가 창조했다]는 뜻입니다.

창세기 1장 10절의 원문은 다음과 같습니다.

וַיִּקְרָ֨א אֱלֹהִ֤ים לַיַּבָּשָׁה֙ אֶ֔רֶץ

[와이케라 엘로힘 라야바샤 에레츠]

이 말씀은 창세기 1장 10절 상반절입니다. 하나님이 뭍을 땅이라고 부르셨다는 기록입니다. 땅을 창조한 기록이 아니라, 뭍을 땅으로 부르게 된 기록입니다. 뭍은 창조된 것이 아니라 드러난 것입니다. 뭍이 드러난 기록은 창세기 1장 9절입니다.

창세기 1장 9절의 원문은 다음과 같습니다.

הִים יִקָּו֨וּ הַמַּ֜יִם מִתַּ֤חַת הַשָּׁמַ֙יִם֙ אֶל־מָק֣וֹם אֶחָ֔ד וְתֵרָאֶ֖ה הַיַּבָּשָׁ֑ה וַֽיְהִי־כֵ֑ן
וַיֹּ֣אמֶר אֱל

[와이요메르 엘로힘 아콰우 하마임 미타하트 하샤마임 엘-마코움 엘하드, 워테라에 하야바샤 야이히-켄]

이 문장에서 [뭍이 드러난다]는 문구는 וְתֵרָאֶה הַיַּבָּשָׁה[워테라에 하야바샤]입니다. 원문에서 [뭍]이라는 단어는 הַיַּבָּשָׁה[하야바샤]로서 정관사 הַ(하)와 יַבָּשָׁה[얍바샤]라는 여성명사로 되어 있습니다. 이 단어의 뜻은 [그 마른 땅]이라는 의미입니다.

יַבָּשָׁה[얍바샤]라는 명사는 יָבֵשׁ[야베쉬]라는 동사에서 온 것이며, 이 동사의 의미는 [마르다]이며 영어로는 [dry]입니다. יַבָּשָׁה[얍바샤]는 마름(마른 땅)이라고 번역됩니다.

이 문장에서 [드러난다]로 번역된 단어는 וְתֵרָאֶה[워테라에]입니다. 이 동사는 접속사 וְ[워]와 תֵּרָאֶה[테라에]라는 동사가 연결된 형태입니다. וְ[워]는 [그리고]라는 뜻입니다. תֵּרָאֶה[테라에]는 רָאָה[라아]라는 니팔동사의 미완료·3인칭·여성·단수의 형태입니다. 동사 רָאָה[라아]는 [보다]라는 의미이며 영어로는 [see]로 번역됩니다. 이 동사는 수동태입니다. 그래서 [보다]가 아니라 [보이다]라는 의미입니다. 이 문구를 번역하면 [마름이 보여라]는 의미입니다. 한글 성경에서 [뭍이 드러나라]는 번역과 크게 다르지 않습니다.

땅의 창조에 관해서는 한 가지의 가설만 있는 것 같습니다. 다른 가설이 있을 수도 있겠으나 아직 확인하지 못했습니다.

땅은 창세기 1장 1절에서 창조됩니다. 창세기 1장 2절에서 창조된 땅은 혼돈하고 공허합니다. 아직 정리되지 않았습니다. 창조된 땅은 물 아래에 있습니다. 하나님은 물 위를 이리저리 다니고 계십니다. 창세기 1장 6절에서 하나님은 물 가운데를 나누고, 하늘 위의 물과 하늘 아래의 물 사이에 공간(하늘)을 만드셨습니다. 이때까지 땅은 하늘 아래의 물 밑에 있습니다. 창세기 1장 9절에서 하나님이 하늘 아래에 있는 물을 한 곳으로 모으고, 물 아래 있던 땅이 물 위로 드러나게 하십니다. 이것이 땅에 관한 내용입니다.

이렇게 설명하면, 땅의 창조에 관한 내용은 이해하기 쉬운 것 같습니다. 땅의 창조에 관한 설명에 특별한 거부감이 생기지 않습니다. 자연스럽게 이해가 되

Part 1. 물질창조의 기록이 아니다

고, 이해하는 데도 어려움이 없지만 이런 방식의 설명에는 큰 오류가 있습니다.

이와 같은 해석은 지구가 평평하다는 이론을 기반으로 합니다. 지구는 둥글지 않고 평평하며, 지평선 끝으로 가면 물이 밑으로 떨어지고, 지구를 중심으로 태양과 달과 별이 돌고 있으며, 지구가 온 우주의 중심이라는 사고방식에서 나온 것입니다. 다시 말해서 지구평면설, 지구중심설(천동설)을 기반으로 설명한 이론입니다.

창세기 1장 9절에서 천하의 물이 한곳으로 모이고 뭍이 드러난다는 표현은, 지구가 둥글다는 조건이 아니라, 지구가 평평하다는 조건에서 다음과 같이 곧잘 설명됩니다.

땅 위에 물이 가득합니다. 그래서 땅은 보이지 않습니다. 천하의 물이 한곳으로 모이게 됩니다. 땅 위를 덮고 있는 물들이 평평한 땅 위 넓은 지역에서 땅끝 사각 부분으로 이동합니다. 이렇게 [물들이 한곳으로 모이라]는 말씀이 이뤄집니다. 물이 중심부에서 빠져나가면서 끝부분으로 흩어졌기에, 중심부의 땅이 보이게 됩니다. 이런 방식의 설명은 창세기 1장의 내용 전체를 창조로 설명할 때 매우 잘 어울립니다.

그런데 지구가 둥글다는 것을 참고하여 창세기 1장의 내용을 보면 모순이 보이기 시작합니다. 땅의 창조를 잘 이해한 것 같았으나, 지구가 둥글다는 조건을 대입하면 땅의 창조는 이상한 내용이 됩니다. 게다가 지구는 자전합니다. 지구가 자전하면서 원심력이 발생합니다. 이 힘으로 해류가 발생하고, 바다의 물은 계속 이동하게 됩니다. 해류는 물이 한곳에 머물러 있지 않게 합니다. 그래서 둥근 지구에서 천하의 물은 한곳에 머물러 있을 수 없습니다.

하나님이 지구의 한 지점을 지정하면서 그곳으로 물을 모으신다고 가정합니다. 그러면 이 지점에서 땅이 보일까요? 사람이 이 구절을 읽을 때, 천하의 물이 한곳으로 모인 그 지점에서 땅이 드러나는 것으로 생각할 것입니다. 그러나 물이 한곳으로 모인 그 지점에서는 땅이 물 밖으로 드러날 수 없습니다. 물이 모이기 전에도 그 지점의 땅은 물에 잠겨 있었습니다. 물이 더 많이 모인다면 물은 땅 위로 더 높이 쌓이게 될 것입니다. 그 지점의 해수면이 높아져서, 물밑 땅에 도달하려면 물속 깊은 곳으로 더 많이 들어가야 할 것입니다.

물이 빠져나간 곳에서 땅이 드러난다고 가정합니다. 빠져나간 물들이 한 지점에 모였습니다. 어떤 형태일까요? 아마도 가장 높게 우뚝 선 물기둥 같은 모습일 것입니다. 그런데 지구는 둥글고, 자전합니다. 한 지점에 모인 물은 높은 곳에서 낮은 곳으로 흐릅니다. 한 지점에 모인 많은 물은 자연법칙에 따라 다시 낮은 지역으로 흐르게 될 것입니다. 많은 물은 한 지점에 모여 있을 수 없다는 것입니다. 물들이 한 지점에 모이는 순간 다른 지점의 땅이 잠시 드러날 수 있을 것 같습니다. 그러나 시간이 흐르면 다시 모든 땅이 다 물에 덮이게 됩니다.

창세기 1장 9절에는 [천하의 물이 한곳으로 모이고 뭍이 드러나라]고 기록되어 있습니다. 혹시 우리는 이 말씀을 읽으면서 다음과 같은 상상을 했던 것이 아닐까요?

지구의 모든 땅이 물 아래에 잠겨 있습니다. 물들이 지구의 한 지점으로 모입니다. 그 지점의 땅이 깊이 아래로 꺼지면서 물들이 땅 밑으로 스며듭니다. 지구 전체에 물의 수위가 낮아집니다. 땅이 드러납니다.

땅이 물속에 잠겨 있었다면, 땅의 가장 깊은 해구에도 이미 물이 차 있다는 뜻

    Part 1. 물질창조의 기록이 아니다

입니다. 갑자기 지구의 지각에 변동이 생겨서 더 깊은 해구가 생기고, 지구 내부의 공간이 있었다고 가정할 때, 그곳으로 물이 흘러 들어가고, 땅이 물 위로 융기하는 등의 일들이 일어나야 합니다. 이런 사건을 더하지 않고서 천하의 물이 한곳으로 모인다는 것은 불가능한 일입니다.

땅이 창조되었다는 기록은 창세기 1장 1절입니다. 하나님이 [하늘과 땅]을 창조하셨는데, [하늘과 땅]은 만물을 의미합니다. 특별히 땅의 창조만을 의미하지는 않습니다.

결론적으로, 땅의 창조 시점은 알 수 없습니다. 하나님이 [하늘과 땅]을 창조하셨다는 창세기 1장 1절의 기록만 있습니다. 창세기 1상 2설의 [땅이 혼돈하고 공허하다]는 표현은 땅의 창조에 관한 내용이 아닙니다. 또한, 창세기 1장 3절 이하에는 땅을 창조했다는 기록이 없습니다. 다만 창세기 1장 10절에서 [마름] 을 땅으로 표현하셨다는 기록만 있습니다. 창세기 1장 9절의 [마름]은 천하의 물이 한곳으로 모인 후에 드러난 것입니다. 창세기 1장 9절, 10절을 보면 땅은 창조된 것이 아니라 드러난 것입니다. 그래서 땅의 창조는 매우 모호하다는 것입니다. 창세기 1장의 내용을 물질창조로 가정했을 때, 땅이 언제 창조되었는지 알 수 없습니다. 창세기 1장에서 하나님은 물질창조에 관한 내용을 말씀하지 않았습니다.

창세기 1장은 물질창조의 기록이 아닙니다. 창세기 1장은 이 땅 위에 하나님의 나라를 세우고자 하시는 하나님의 계획이고, 이 계획을 선포해 놓으신 것입니다.

Chapter 7

바다는 언제 만들어졌는가?

바다는 언제 만들어졌을까요?

창세기 1장의 내용은 물질창조에 관한 기록이 아니기에 바다를 언제 창조했는지 설명되어 있지 않습니다. 창세기 1장에서 바다의 창조에 관한 기록은 찾을 수 없습니다. 이 Chapter에서 바다에 관한 기록을 찾아보겠습니다.

성경 말씀: 창세기 1장 10절
"하나님이 뭍을 땅이라 부르시고 모인 물을 바다라 부르시니 하나님이 보시기
에 좋았더라"

여기서 모인 물을 바다라 부르셨다는 기록은 히브리어 원어로 다음과 같습니다.

וּלְמִקְוֵה הַמַּיִם קָרָא יַמִּים

[우러미콰에 하마임 파라아 야밈]

여기서 바다라는 단어는 יַמִּים[야밈]입니다. 바다라는 히브리어 יָם[얌]의 남성·복수의 형태입니다.

창세기 1장 10절은 모인 물을 바다라고 부르신 기록입니다. 바다를 창조한 기록은 아닙니다. 모인 물은 창세기 1장 9절에서 [천하의 물]입니다.

성경 말씀: 창세기 1장 9절
"하나님이 이르시되 천하의 물이 한 곳으로 모이고 뭍이 드러나라 하시니 그 대로 되니라"

여기서 천하의 물이라는 기록은 히브리어 원문으로 다음과 같습니다.

יִקָּווּ הַמַּיִם מִתַּחַת הַשָּׁמַיִם אֶל־מָקוֹם אֶחָד
[이콰우 하마임 미타하트 하샤마임 엘-마쏘움 엘하느]

이 말씀에서 [천하의 물]이라는 문구는 הַמַּיִם מִתַּחַת הַשָּׁמַיִם[하마임 미타하트 하샤마임]입니다.

הַמַּיִם[하마임]의 הַ[하]는 정관사로서 [그]라는 뜻입니다. הַמַּיִם[하마임]의 מַיִם[마임]은 남성·복수형태로 물 또는 물들로 번역됩니다. 이 단어는 [그 물]로 번역됩니다.

מִתַּחַת[미타하트]의 מִ[미]는 [~부터]라는 의미의 불분리전치사로서 영어로는 from이라는 단어에 해당합니다. תַּחַת[타하트]는 [아래]라는 남성명사로 영어로는 underneath, below, instead of의 뜻입니다. מִתַּחַת[미타하트]의 의미는 [아래로부터]라는 뜻이 됩니다.

הַשָּׁמַיִם[하샤마임]의 הַ[하]는 정관사로서 [그]라는 뜻입니다. שָּׁמַיִם[샤마임]

은 하늘이라는 뜻입니다. הַשָּׁמַיִם[하샤마임]은 [그 하늘]이라는 뜻입니다.

הַמַּיִם מִתַּחַת הַשָּׁמַיִם[하마임 미타하트 하샤마임]을 직역한다면, [그 하늘 아래로부터 그 물]이라는 뜻입니다. 이 문구는 [하늘 아래에 있는 물]이라는 뜻으로 [천하의 물]이라는 번역은 크게 틀리지 않는 번역입니다.

창세기 1장 9절의 [천하의 물]이 창세기 1장 10절의 바다입니다. 천하의 물이 한곳으로 모였을 때, 이 모인 물을 바다라고 불렀기 때문입니다. 창세기 1장 9절의 내용은 바다의 창조에 관한 기록이 아닙니다. 바다로 불리 전에, 하늘 아래 있던 물들이 한곳으로 모였다는 기록입니다. 바다는 언제 창조되었을까요?

성경 말씀: 창세기 1장 7절
"하나님이 궁창을 만드사 궁창 아래의 물과 궁창 위의 물로 나뉘게 하시니 그
대로 되니라"

이 말씀에서 [천하의 물]이란 [하늘 아래의 물]을 의미합니다. [하늘 아래의 물]은 곧 [궁창 아래의 물]을 의미합니다. 궁창이 곧 하늘이기 때문입니다.

이 말씀에서 [궁창 아래의 물]이란 말씀의 히브리어 원어는 다음과 같습니다.

וַיַּבְדֵּל בֵּין הַמַּיִם אֲשֶׁר מִתַּחַת לָרָקִיעַ וּבֵין הַמַּיִם אֲשֶׁר מֵעַל לָרָקִיעַ
[야와브델 벤 하마임 아세르 미타하트 라라퀴아 우벤 하마임 아세르 메알 라라퀴아]

이 말씀에서 [궁창 아래의 물]이란 문구는 הַמַּיִם אֲשֶׁר מִתַּחַת לָרָקִיעַ[하마

Part 1. 물질창조의 기록이 아니다

임 아세르 미타하트 라라퀴아]입니다. 이 말씀에서 [궁창 위의 물]이란 문구는 הַמַּיִם אֲשֶׁר מֵעַל לָרָקִיעַ[하마임 아세르 메알 라라퀴아]입니다. אֲשֶׁר[아세르] 라는 단어는 영어로 that / what과 같은 관계대명사입니다.

창세기 1장 7절에서도 궁창 아래의 물이 창조되었다는 기록은 없습니다. 이 구절에서는 궁창 아래의 물과 궁창 위의 물이 하나로 합쳐져 있었다는 것을 알 수 있습니다. 이 물은 어디서 창조되었을까요?

성경 말씀: 창세기 1장 2절

"땅이 혼돈하고 공허하며 흑암이 깊음 위에 있고 하나님의 영은 수면 위에 운 행하시니라"

이 말씀에서 [수면 위]라는 문구는 히브리어로 עַל־פְּנֵי הַמָּיִ[알-프네 하마임] 입니다.

הַמַּיִם[하마임]은 정관사 הַ[하]와 מַיִם[마임]이 합쳐진 형태입니다. 정관사 הַ [하]는 [그]라는 뜻입니다. מַיִם[마임]은 남성·복수형태로 물 또는 물들로 번역 됩니다. 그런데, 물은 물질명사이기에 [물]로 번역합니다.

עַל־פְּנֵי[알-프네]의 עַל[알]은 전치사로서 [~위에]라는 뜻입니다. 명사 앞에 위치하여 [그것 위에]라는 의미가 됩니다. 여기서 פְּנֵי[프네]는 פָּנִים[파님]의 중 성·복수의 형태입니다. פָּנִים[파님]이라는 단어는 얼굴이라는 뜻으로 영어로는 face/faces로 번역됩니다.

עַל־פְּנֵי[알-프네]를 직역한다면 [얼굴 위에]라는 뜻입니다. עַל־פְּנֵי הַמָּיִם[알-

프네 하마임]을 직역한다면 [그 물의 얼굴 위에]라는 뜻이 됩니다. 여기서 물의 얼굴은 물의 표면이라는 뜻으로 [수면]이라는 단어로 번역되었습니다. 영어성경 NIV에서는 [over the waters]로 번역되었으며, KJV에서는 [upon the face of the waters]로 번역되었으며, NASB에서는 [over the surface of the waters]로 번역되었습니다.

창세기 1장 2절에서 물을 창조했다는 말은 없습니다. 물은 이미 존재하고 있었습니다. 하나님이 그 물 위를 운행하신다고 되어 있습니다. 물이 창조되었다는 기록은 성경에서 찾을 수 없습니다.

창세기 1장 1절에는 하나님이 [천지]를 창조하셨다고 기록되어 있습니다. 여기서도 하늘과 땅을 창조했다고 기록되어 있지만 물을 창조했다는 기록은 없습니다.

창세기 1장 1절에서 [천지]라는 표현은 하늘과 땅만을 의미하는 것이 아니라, [만물]을 의미합니다. 창세기 1장 1절에서 하나님은 만물을 창조하셨습니다. 그래서 물의 창조도 이 말씀 속에 포함되어 있다고 봐야 합니다.

창세기 1장 1절은 창조자가 누구인지를 분명하게 밝히는 말씀입니다. 창조의 시점과 창조의 방법과 창조의 대상을 일일이 설명하지 않습니다. 이처럼 창세기 1장 1절에서는 창조의 구체적인 내용을 알 수 없습니다.

바다가 언제 창조되었는지, 물이 언제 창조되었는지, 창세기 1장에서는 알 수 없습니다. 창세기 1장 1절을 제외한 창세기 1장의 말씀은 물질창조의 기록이 아니기 때문입니다.

Chapter 8

천하의 물이 한곳으로 모일 수 있는가?

창세기 1장 9절에 [천하의 물이 한곳으로 모이고]라고 기록되어 있습니다. 이 말씀을 물질창조의 기록이라고 가정할 때, 생각할 수 있는 것은 두 가지입니다. 하나는 물의 수평 이동 방식이고, 다른 하나는 물이 지하의 어딘가로 스며드는 방식입니다. 이 두 가지 방식 모두 성경 말씀과는 맞지 않습니다. 그 외에는 어떤 방식이 더 있을지 모르겠습니다. 구체적으로 두 가지 방식에 관해서 생각해 보겠습니다.

Step 1. 물의 수평 이동

물이 수평으로 이동하여 하나의 큰 대양을 이루는 것을 생각할 수 있습니다. 아마 많은 분이 이런 생각을 했을 것입니다.

[천하의 물]이라고 기록되어 있어서 물이 여러 지역에 나뉘어 있다는 것을 알 수 있습니다. 예를 들면 호수나 강이나 물웅덩이입니다. 땅 위에 많은 호수와 강과 물웅덩이가 있습니다. 강은 흐르고 있어서, 강보다 호수나 물웅덩이 위주로 가정합니다. 이 땅 위에 많은 호수와 물웅덩이가 있는데, 하나님이 한곳으로 모이라고 말씀합니다. 그러자 많은 호수의 물과 웅덩이 속에 있던 물이 움직이기 시작합니다. 각각의 물들이 마치 아메바처럼 움직여서 한 지점으로 갑니다. 그

지점에 가서 여러 지역에서 모여든 물들과 하나로 합쳐집니다.

이런 상상을 했다면 이것은 잘못된 상상입니다. 강들과 물웅덩이와 호수들이 서로 떨어져 있다는 것 자체가 이미 땅이 드러나 있는 것을 의미이기 때문입니다. 하나의 호수와 그 바로 옆에 있는 호수가 떨어져 있을 때, 그 사이에 있는 것은 땅입니다. 호수들과 강들 사이에 경계를 이루는 것은 땅입니다. 땅이 있어서 호수들이 떨어져 있는 것입니다. 그래서, 천하의 물이 모인 후에 땅이 드러났다는 생각은 잘못된 생각이 됩니다.

Step 2. 지하로 스며드는 물

지구는 물에 덮여 있습니다. 땅에서 가장 높은 산도 물에 덮여 있습니다. 하나님이 천하의 물이 한곳으로 모이라고 말씀하면서 한곳을 지정하셨습니다. 그러자 그 지점의 물이 갑자기 줄어듭니다. 그 지점에는 깊은 해구가 생기고, 그 지점에 큰 구멍이 생기면서, 지구의 내부에 공간이 생기고, 그 공간으로 물이 들어가 채워지는 것입니다. 많은 물이 들어가면서 그 지점의 수위가 낮아지자 다른 지점에 있던 물이 수위가 낮아진 곳으로 흐르면서 그 지점으로 흘러갑니다. 지구 전체의 수면이 낮아지면서 높은 산들이 서서히 모습을 드러냅니다.

이런 상상을 했다면, 창세기 1장 9절의 말씀을 제대로 이해하고 있다는 생각을 했을 것입니다.

지구는 내핵이 있고, 그 외부에 외핵이 있고, 그 외부에 맨틀이 있으며, 맨틀 위에는 지각이 있습니다. 지각의 가장 낮은 곳은 마리아나 해구(-11,034m)이고, 지각의 가장 높은 곳은 에베레스트산으로 해발 8,848m입니다. 지각은 맨틀이

　　　　　　　　　　　　　　Part 1. 물질창조의 기록이 아니다

융기하여 굳어진 것이라고 합니다. 물은 이 지각 위에 있습니다. 많은 물이 지각의 구멍을 통해서 하부 맨틀까지 내려가 어느 지점에 모여 있다는 주장도 있습니다.

이렇게 설명하면 맞는 것도 같습니다. 이런 식이면 현재 지구의 지형과 맞지 않아도 됩니다. 노아 당시에 홍수와 함께 지각의 대격변으로 인해 지형이 달라졌다고 가정하면 되기 때문입니다.

그러면 창조 후에 아담 때부터 노아 때의 홍수 이전까지, 당시의 지형을 이 가설에 맞게 생각해 볼 수 있습니다. 물론 홍수 당시에 지각의 대격변이 있었다고 가정합니다. 천하의 물이 한곳으로 모이고 뭍이 드러났는데, 그 모습은 지금의 지형과는 다릅니다. 그래서 지금의 지형을 홍수 전의 지형으로 가정하지 않아도 됩니다.

이 가정대로, 천하의 물이 한곳으로 모이고 땅이 드러났습니다. 노아 이전 시기에 물이 지구 전체 표면의 30%만 덮고 있다고 가정합니다. 지구 표면의 70%는 모두 땅입니다. 물이 덮인 30%는 모두 하나로 연결되어 있습니다. 천하의 물이 한곳으로 모였기 때문입니다. 땅이 드러난 70%의 면적에는 호수나 강이 일절 없습니다. 천하의 물이 한곳으로 모였기에 따로 떨어져 있는 물은 하나도 없어야 합니다.

홍수 이전의 지형을 이렇게 가정한다면, 이것은 창세기 1장 9절의 말씀은 실제 지구의 지형을 만드는 창조였다고 말할 수 있습니다. 그렇게 되면 지구의 70% 면적인 땅에서 바다에 인접한 지역을 뺀 다른 모든 지역에는 물이 전혀 없게 됩니다. 그 지역은 생명체가 살 수 없는 지역일 것입니다. 비도 내리지 않았고, 강이나 호수나 물웅덩이가 없으니, 바다와 인접하지 않는 모든 땅은 죽음의 땅이 되었을 것입니다.

그런데 뭍이 드러나는 일이 있고 난 뒤에 홍수가 있기까지 지구의 지형이 어땠을지 대강 알 수 있는 말씀이 있습니다. 이것은 창세기 2장 10절입니다.

성경 말씀: 창세기 2장 10절
"강이 에덴에서 흘러 나와 동산을 적시고 거기서부터 갈라져 네 근원이 되었으니"

이 말씀을 보면 강이 에덴에서 시작되었습니다. 이 강이 네 개로 갈라져서 비손, 기혼, 힛데겔, 유브라데가 되었다고 기록되어 있습니다. 만약 이 강이 하나의 바다로 흘러 들어가는 것이라면, 4개의 강으로 갈라지지 않았을 것 같습니다. 강이 4개로 갈라졌다는 말은 4개의 강이 흐르는 방향이 서로 달랐다는 의미이며, 그 끝은 아마도 바다가 되었을 것입니다. 물론 지금의 지구처럼 태평양, 인도양, 대서양이 연결되어 있다면 하나의 바다로 모였다고도 볼 수 있을 것 같습니다. 그런데 이렇게 큰 대양으로 연결되어 있다면 이 대양을 두고 한 곳이라고는 말할 수 없을 것 같습니다.

창세기 1장 9절에서 천하의 물이 한곳으로 모이라고 말씀하셨는데, 이 창조 이후에 창세기 2장의 모습을 보니 강이 에덴에서 흘러나와서 4개로 갈라져 흐르고 있습니다. 강이 흐른다는 말은 천하의 물이 한곳에 머물러 있지 않다는 의미입니다. 물이 한곳에 모여 있지 않고, 계속 순환한다는 것입니다. 한곳에 모인 바다를 제외하면 물이 없어야 하는데, 에덴에는 물이 있고 강이 흐르고 있기 때문입니다. 결론적으로 창세기 2장 10절 말씀을 참고하면, 두 번째 가설도 맞지 않습니다.

Step 3. 물은 한곳으로 모일 수 없습니다

창세기 1장 9절의 말씀을 물질창조의 기록이라고 가정할 때, 이 두 가지 가설 외에 어떻게 또 다르게 생각할 수 있을지 모르겠습니다. 첫 번째 가설에서 호수 사이에는 이미 땅이 드러나 있으니 [뭍이 드러나라]는 명령은 맞지 않습니다. 두 번째 가설에서 창조 이후에 천하의 물이 한곳에 모여 있어야 하는데 물이 에덴에도 있고 동산에도 있고 다른 4개의 지역에 강이 되어 물을 공급하고 있기에 한곳에 모여 있지 않다는 것입니다. 그래서 [한곳으로 모이라]는 명령과는 맞지 않는 결과입니다.

물의 이동을 설명하는 두 가지 가설은 모두 잘못된 해석입니다. 그래서 창세기 1장 9절의 말씀은 물질창조의 기록이 아닙니다.

[모인다]는 동사는 이전에는 하늘 아래의 물이 하나로 합쳐져 있지 않았다는 것을 나타냅니다. 물이 합쳐져 있지 않다는 말은 물 사이의 경계면은 땅이라는 말입니다. 천하의 물이 한곳으로 모이기 전에도 이미 땅은 드러나 있는 것입니다.

하늘 아래의 물은 하나로 합쳐져 있지 않았습니다. 여러 지역에 나뉘어 있던 물들이 한 장소로 모였습니다. 모인 그곳에서 땅이 솟았습니다. 창조의 과정을 설명한 이 문장들은 창세기 1장의 내용이 물질창조가 아님을 나타냅니다. 천하의 물이 한곳으로 모인다는 말씀은 하나님의 나라를 창조하는 중요한 계획 중 하나를 말합니다.

Chapter 9

홍수 때 하늘에서 내린 비가 궁창 위의 물인가?

많은 분이 노아 때 하늘에서 내린 비를 궁창 위의 물이라고 믿습니다. 궁창 위의 물이 땅으로 쏟아졌다고 설명합니다. 창조과학에서 이렇게 설명하고, 많은 분이 이렇게 가르칩니다. 그래서 많은 기독교인이 이렇게 믿습니다. 그런데 이런 설명은 잘못된 것입니다. 그 이유는 매우 간단합니다. 궁창 위의 물을 설명할 때, 궁창의 위치를 오해했기 때문입니다.

창조과학을 주장하는 분들은 창세기 1장의 내용을 하나님의 물질창조로 보고 이를 과학으로 설명하고자 노력하는 분들입니다. 이분들의 노력이 실패할 수밖에 없는 것은 창세기 1장의 내용은 물질창조의 기록이 아니기 때문입니다.

창조과학에서 주장하는 설명에 의하면, 궁창 위의 물은 지구 대기권에 있는 물층입니다. 지금은 대기권에 물층이 없습니다. 물층의 모든 물이 노아 당시의 홍수로 땅에 쏟아졌다고 주장합니다. 궁창은 하늘이고, 이 하늘은 공중을 의미한다고 생각합니다. 여기서 공중은 지구의 대기권을 의미합니다. 학자들은 지구의 대기권을 대류권, 성층권, 중간권, 열권, 외기권 등으로 나누고 있습니다. 이 중에서 어느 위치에 물층이 있었다고 주장하는지는 모르겠습니다. 하여튼 지구 위 대기권에 물층이 존재했었다는 것입니다.

노아 당시까지 대기권 안에 물층이 있었을 수도 있습니다. 노아 당시 하늘에서 내린 비가 실제 지구 상공에 있는 물이 떨어진 것일 수도 있습니다. 만약 대기권의 어느 권역에 물이 있었다면 과학자들이 연구하여 밝혀내면 좋을 것입니다. 이것을 과학적으로 증명할 수 있는지는 모르겠습니다. 노아의 홍수 당시에 하늘에서 내린 비가 지구 상공에 있었던 물층의 물이 아니라는 것도 과학적으로 증명할 수 없을 것 같습니다. 그래서 긍정도 부정도 할 수 없습니다.

노아 당시의 홍수 때 하늘에서 내린 비가 지구 대기권 상층부에 있었던 물일 수는 있겠지만, 이 물들이 창세기 1장 7절에 기록된 궁창 위의 물은 아닙니다.

[Chapter 4. 궁창 위의 물은 대기중에 있었던 물인가?]에서 설명한 것같이, 이 기록을 물질창조의 기록으로 가정할 때, 궁창 위의 물은 우주를 감싸는 물이 됩니다. 이 물이 지구로 떨어지기 위해서는 태양을 지나고 달을 지날 것입니다. 이 때 물의 양으로 보건대, 아마도 이 물이 태양의 열을 식힐 것이고, 태양의 핵융합 반응은 곧 멈추고 말 것입니다. 이 물에 의해 태양은 빛을 잃을 것이고, 지구는 그 엄청난 물의 양으로 인해 물속에 잠길 것입니다. 그래서 말이 되지 않습니다.

지구 대기권에 물층이 있었다고 가정하고, 노아 시대의 홍수 때 대기권에 있던 물이 쏟아졌다고 가정하더라도, 창세기 1장 7절에 기록된 궁창 위의 물은 아닙니다. 궁창 위의 물은 우리가 알고 있는 화학식 H2O의 물이 아닙니다.

여러 차례 말하듯이 궁창 위의 물과 궁창 아래의 물은 물질창조의 기록이 아니라, 땅 위에 하나님의 나라를 창조하려는 하나님의 계획을 선포한 내용입니다.

Chapter 10

사람이 새와 물고기와 땅의 짐승을 다스리는가?

창세기 1장 28절에서 하나님은 바다의 물고기와 하늘의 새와 땅에 움직이는 모든 생물을 다스리라고 명령하셨습니다. 창세기 1장 28절에서 창조된 남자와 여자는 자연 속에 있는 동물을 다스려야 합니다. 하나님이 명령을 하면 그대로 이뤄져야 하기 때문입니다. 당연히 이 말씀은 반드시 이루어질 것입니다.

그런데, 창세기 1장의 내용이 물질창조의 기록이라고 가정하고, 남자와 여자를 아담과 하와라고 가정하면, 아담과 하와의 후손인 사람들은 동물을 다스리고 있어야 합니다. 하지만 사람은 동물을 다스린 적이 없습니다.

지금도 사람은 동물을 다스리지 못합니다. 자연의 동물을 사냥하거나 사육하기는 합니다. 가축과 일부 동물을 제외하면 동물 대부분은 사람을 피합니다. 이것은 다스리는 것이 아닙니다. 사람이 육식하는 한, 사람은 동물을 다스릴 수 없습니다. 동물을 식량으로 삼는 동안은 다스리는 것이 아니라 지배하는 것입니다.

다스린다는 표현은 사람이 동물을 죽이지 않으며, 동물이 사람을 두려워하지 않고, 동물이 사람을 공격하지 않으며, 동물과 사람이 함께 어울려 지내는 것입니다. 사람은 필요에 따라 동물을 관리하고 돌보는 것입니다. 이렇게 해야 다스린다고 할 수 있습니다. 이것을 잘 표현한 말씀이 있습니다.

성경 말씀: 이사야 11장 6절

"그 때에 이리가 어린 양과 함께 살며 표범이 어린 염소와 함께 누우며 송아지
와 어린 사자와 살진 짐승이 함께 있어 어린 아이에게 끌리며 암소와 곰이 함
께 먹으며 그것들의 새끼가 함께 엎드리며 사자가 소처럼 풀을 먹을 것이며
젖 먹는 아이가 독사의 구멍에서 장난하며 젖 뗀 어린 아이가 독사의 굴에 손
을 넣을 것이라 내 거룩한 산 모든 곳에서 해 됨도 없고 상함도 없을 것이니"

성경 말씀: 이사야 65장 25절

"이리와 어린 양이 함께 먹을 것이며 사자가 소처럼 짚을 먹을 것이며 뱀은 흙
을 양식으로 삼을 것이니 나의 성산에서는 해함도 없겠고 상함도 없으리라 여
호와께서 말씀하시니라"

이사야의 글에서 사람이 하늘의 새와 바다의 고기와 땅의 짐승을 다스리는 모
습을 확인할 수 있습니다. 이리와 어린 양이 함께 먹는다는 것과 사자가 짚을 먹
는다는 것과 뱀이 흙을 먹는다는 것은 동물이 풀을 먹는다는 뜻입니다. 해함도
없고 상함도 없다는 말씀은 동물이 육식하지 않는다는 뜻입니다. 지금의 사자
나 이리나 뱀은 육식을 합니다. 그러나 하나님의 나라가 이루어지면 사자나 이
리나 뱀은 육식을 하지 않고 초식을 하게 될 것입니다.

이사야 11장 6절과 이사야 65장 25절은 같은 내용을 말하고 있습니다. 어린아
이의 손에 송아지와 어린 사자와 살진 짐승이 이끌린다고 기록하고 있습니다.
이런 모습이 하늘의 새와 바다의 고기와 땅의 짐승을 다스리는 것입니다.

하늘의 새와 바다의 고기와 땅의 짐승을 다스리려면 그들의 생명을 위협하는
일이 없어야 합니다. 동물이 생명의 위협을 느끼면 공격하게 되고 가까이 오지

않게 됩니다. 그러면 사람은 동물을 다스리지 못합니다.

지금까지도 하늘의 새와 바다의 고기와 땅의 모든 짐승은 사람을 믿지 않습니다. 일부 가축과 반려동물을 제외하면 모든 동물이 사람을 멀리합니다. 사람이 강제로 동물을 길들이려고 할 때, 반복 훈련을 통해 교육합니다. 훈련의 과정에서 동물 학대가 발생합니다. 동물 학대가 발생한다면 이는 다스리는 것이 아니라 지배하는 것입니다. 현재 사람은 자연을 지배하지 못합니다. 모든 동물이 아니라 일부 동물을 잡아서 길들이고 사육하는 것뿐입니다.

동물이 사람의 부름에 응답하여 다가오고, 어린아이의 손에 이끌리는 시대가 되려면 동물에게 죽음의 위협이 없어야 합니다. 동물이 안전하다고 느끼면 사람에게도 다가옵니다. 이렇게 되어야 동물을 다스릴 수 있습니다.

창세기 1장 28절에서 하늘의 새와 바다의 고기와 땅의 짐승을 다스리라는 명령은 사람이 동물을 죽이지 않고 동물이 위협을 느끼지 않는 시대가 되어야 성취되는 말씀입니다. 이사야의 글과 같이 해함도 없고 상함도 없는 시대가 되어야 하늘의 새와 바다의 고기와 땅의 짐승을 다스릴 수 있습니다. 죽음이 없는 시대가 오기 전까지는 사람이 하늘의 새와 바다의 고기와 땅의 짐승을 다스리는 일은 없을 것입니다.

지금까지 이런 시대는 오지 않았습니다. 그래서 인류는 하늘의 새와 바다의 고기와 땅의 짐승을 다스린 적이 없습니다. 이런 시대는 하나님의 창조가 완성되는 미래의 시간에 이루어질 것입니다. 그래서 창세기 1장의 내용은 과거에 완료된 물질창조의 기록이 아니라 하나님의 나라를 창조하고자 하는 하나님의 계획인 것입니다.

Chapter 11

사람은 채소와 과일만, 동물은 풀만 먹는가?

하나님이 아담과 하와를 창조하신 이후로, 인류는 채소와 과일만을 먹고 있을까요? 당연히 아닙니다. 인류는 육식도 합니다. 이 문제를 짚어보고자 합니다.

성경 말씀: 창세기 1상 29설
"하나님이 이르시되 내가 온 지면의 씨 맺는 모든 채소와 씨 가진 열매 맺는 모든 나무를 너희에게 주노니 너희의 먹을 거리가 되리라"

하나님은 이 명령을 말씀하셨습니다. 그렇다면 아담과 하와와 인류는 채소와 열매를 먹고 살아야 합니다. 고기는 먹지 말아야 합니다. 그런데 인류는 고기도 먹습니다. 그러면 하나님의 명령이 잘못된 것일까요? 아니면 하나님의 명령이 통하지 않는 것일까요?

어떤 분은 홍수 이전까지는 육식이 없었다고 주장합니다. 창세기 1장 29절, 30절 말씀과 같이 사람과 동물은 고기를 먹지 않았다는 것입니다. 그런데 홍수 이후에 하나님이 노아에게 육식을 허용하셨고, 이때 동물 중 일부에게도 육식을 허용하셨다는 것입니다.

성경 말씀: 창세기 9장 3절

"모든 산 동물은 너희의 먹을 것이 될지라 채소 같이 내가 이것을 다 너희에게
주노라 그러나 고기를 그 생명 되는 피째 먹지 말 것이니라"

이 말씀대로 노아의 후손은 홍수 이후로 고기를 먹을 수 있게 되었습니다. 그래서 이런 주장은 매우 설득력이 있어 보입니다.

하나님은 실수가 없으며, 계획한 것은 반드시 이루십니다. 이것은 하나님을 믿는 신앙인들의 고백입니다. 하나님이 명령을 내리면, 그 명령은 반드시 이루어지며, 그 명령은 취소되지 않습니다. 하나님이 직접 명령을 취소하거나 변경하신다면 가능할 것입니다. 그런데 하나님은 아무런 근거도 없이 하나님이 내린 명령을 바꾸시지 않습니다. 제대로 된 명분이 없는 상태에서 근거도 없이 하나님이 내린 명령을 스스로 바꾼다면, 자신의 명령이 잘못되었다는 것을 하나님 스스로 인정하는 것이 됩니다.

우리는 하나님이 실수하시지 않는다는 것을 믿습니다. 명령을 번복했다는 것은 이전 명령이 뭔가 부족했다는 것을 의미합니다. 아니면 미처 고려하지 못한 변수가 있었다는 말이 됩니다. 앞에서 내린 명령이 완전하지 않았기 때문에 그것을 보충했거나 보완했다는 말이 됩니다. 하나님은 그럴 수 없습니다. 그래서 논리적으로는 가능한 주장이지만, 신앙적으로는 받아들일 수 없는 주장입니다.

이 주장대로 보면, 하나님이 창세기 1장 29절에서 열매와 채소만을 먹으라고 하셨고 고기는 먹을 것으로 주지 않았다는 것입니다. 그런데 홍수 이후에 노아의 가족에게 고기를 먹도록 허용하셨다는 것입니다. 하나님 스스로 열매와 채소만 먹도록 한 것이 부족한 명령이었다고 인정하는 결과가 됩니다.

　　　　　　　　　　　　　　Part 1. 물질창조의 기록이 아니다

이런 주장이 맞지 않는 것은 인류를 아담과 아담의 후손으로 한정했기 때문입니다. 또한, 창세기 1장 29절의 남자와 여자를 아담과 하와로 생각했기 때문입니다.

이 주장대로, 창세기 1장 26절의 남자와 여자를 아담과 하와로 가정합니다. 그리고 아담과 하와를 인류의 시조(始祖)로 가정합니다. 또한, 아담과 하와에게 처음부터 고기를 먹도록 허용하지 않았고, 창세기 1장 29절에서 채소와 열매만 먹도록 허용하셨다고 가정합니다.

그러면 오류가 발생합니다. 창세기 1장 29절에서 하나님은 남자와 여자에게 채소와 열매를 식물로 주셨습니다. 그런데 창세기 3장 18절에서 하나님은 아담에게 밭의 채소가 먹을거리가 된다고 말씀합니다. 밭의 채소는 아담이 동산에서 나간 후에 일을 해서 수확하여 먹게 된 것입니다. 아담이 에덴동산에 있을 때는 채소를 먹지 않았습니다. 에덴동산에는 과일만 있었고 채소는 없었습니다.

채소는 아담이 선악과를 먹은 후에 땀을 흘려야 먹을 수 있는 것으로 주어졌습니다. 채소는 죄를 지은 결과로 먹게 된 것입니다. 그렇다면 창세기 1장 29절에서 남자와 여자가 죄를 짓기도 전에 채소를 먹도록 하셨다는 말이 됩니다. 남자와 여자가 어떤 죄를 지었기에 땀을 흘려 농사일을 해야 했을까요?

아담에게 채소는 땀을 흘려 농사일을 해야 먹을 수 있는 것이었습니다. 반면 창세기 1장 29절의 채소는 먼 훗날 과학기술이 발달한 세상에서 사람이 직접 일을 하지 않아도 먹을 수 있는 것을 말합니다. 과거가 아닌 미래에 있을 일에 관한 설명이기 때문입니다.

창세기 1장 26절의 남자와 여자는 아담과 하와가 아니라, 미래에 등장할 하나님의 백성이며, 창세기 1장 29절에서 과일과 채소만을 먹도록 하신 말씀도 아직 성취되지 않은 미래의 일입니다. 창세기 1장은 과거의 기록이 아니라, 앞으로 이루어질 하나님의 계획입니다.

사람은 아담 이전부터 있었고, 인류는 아주 오래전부터 육식과 채식을 함께 해 왔습니다. 당시 사람들은 고기와 과일과 채소와 생선과 다른 많은 것을 먹고 살았습니다. 그때의 사람도 지금과 마찬가지로 80년의 짧은 생을 살았습니다. 모두 병들고 아프고 죽는 사람들입니다. 아담과 하와도 하나님에게 선택되기 전에는 부모가 있는 평범한 20살 정도의 청년으로, 그들 중 하나였습니다. 이러한 내용은 저자의 저서 제2권 《에덴동산과 하나님의 아들들》에 자세히 설명되어 있습니다.

아담과 하와는 에덴동산에 들어온 이후로 과일만 먹었습니다. 채소와 고기는 에덴동산에는 없습니다. 아담과 하와가 선악과를 먹고 동산에서 나간 후부터, 아담과 하와는 채소를 먹게 되었습니다. 아마도 과일만으로는 부족했을 것입니다. 아담과 하와의 후손은 과일과 채소는 먹었어도 고기를 먹지 않았을 것입니다. 대부분의 평범한 사람은 80년밖에 살지 못했으나 아담과 하와의 후손은 천년에 가깝게 살았습니다. 장수는 에덴동산에서 아담과 하와가 보기에 아름답고 먹기에 좋은 나무의 열매를 먹고 얻은 효과입니다. 이 효과가 유전된 것인데, 아마도 고기를 먹으면 서서히 사라지는 것으로 추측됩니다.

아담과 하와의 후손은 장수를 위해서 스스로 고기를 먹지 않았습니다. 그런데 홍수 이후에 먹을 것이 부족했을 것입니다. 홍수 이후 하나님이 노아와 가족에게 고기를 먹도록 허용하셨습니다. 그래서 노아와 세 아들 이후로 세 아들의 후손들에게는 장수의 유전자가 초기화되었습니다. 아담과 하와가 동산에 들어오기 전의 수명으로 돌아간 것입니다. 이 내용은 《에덴동산과 하나님의 아들들》에 설명되어 있습니다. 참고하기 바랍니다.

창세기 1장의 내용은 물질창조의 내용이 아닙니다. 창세기 1장은 하나님의 나라를 위한 창조 계획을 선포한 것입니다. 창세기 1장 29절의 말씀은 미래에 등장하게 될 하나님의 백성에게 주시는 명령입니다. 미래의 어느 시점에서 이 땅 위에 하나님의 나라가 세워질 것입니다. 이 나라에는 많은 도시가 있을 것입니다. 이 도시에는 하나님의 백성이 영생을 누리게 될 것입니다. 영생을 누리는 하나님의 백성은 과일과 채소만 먹게 될 것입니다. 그리고 이 명령은 영원히 변하지 않을 것입니다.

창세기 1장을 위한 사전지식

Chapter 12

사탄은 하나님과 싸우지 않는다

많은 분이 세상을 이해할 때, 선과 악의 대결, 선한 신과 악한 신의 대결 구도로 생각합니다. 그래서 하나님과 사탄이 싸우는 것으로 생각합니다. 하나님은 선한 신이고 사탄은 악한 신이라고 생각합니다. 천국은 하나님이 다스리고, 지옥은 사탄이 다스린다고도 생각합니다. 이렇게 양대 세력으로 나누어 생각하는 것은 크게 오해한 것입니다.

사탄은 피조물이고 하나님은 창조주이십니다. 피조물인 사탄은 신이 아닙니다. 오직 창조주인 하나님이 만물을 만드셨고, 사탄과 천사들 역시 하나님이 창조하셨습니다. 사탄도 하나님이 창조하신 피조물입니다. 피조물인 사탄이 창조주를 상대로 싸워서 이길 수는 없습니다.

사탄은 하나님을 상대로 싸우지 않았을 뿐만 아니라, 오히려 사탄은 하나님에게 벌을 받지 않으려고 노력합니다. 사탄은 하나님이 내리신 명령에 복종합니다. 만약 창조주 하나님의 명령을 거역한다면, 사탄은 그 즉시 하나님에게 책망을 듣고 벌을 받게 됩니다. 그래서 사탄은 하나님의 명령을 거역하지 않습니다.

성경에서 사탄이 하나님의 명령에 복종하는 것을 찾아볼 수 있습니다.

성경 말씀: 욥기 1장 9절

"사탄이 여호와께 대답하여 이르되 욥이 어찌 까닭 없이 하나님을 경외하리이
까 주께서 그와 그의 집과 그의 모든 소유물을 울타리로 두르심 때문이 아니
니이까 주께서 그의 손으로 하는 바를 복되게 하사 그의 소유물이 땅에 넘치
게 하셨음이니이다 이제 주의 손을 펴서 그의 모든 소유물을 치소서 그리하시
면 틀림없이 주를 향하여 욕하지 않겠나이까"

이 구절은 사탄이 하나님에게 대답하는 내용입니다. 욥이 하나님을 섬기는 이
유는 하나님이 욥에게 큰 복을 내렸기 때문이라고 사탄이 주장합니다. 욥이 고
난을 받게 되면, 욥이 하나님을 욕할 것이라고 사탄은 하나님에게 말합니다.

이렇게 사탄과 하나님 사이의 대화가 기록되어 있습니다. 사탄이 하나님이 계
신 곳에 와서 하나님과 대화를 합니다. 서로 대적하고 있는 관계로 보이지 않습
니다. 물론, 사탄은 하나님의 일을 방해하는 존재입니다. 그렇다고 하나님을 상
대로 직접 싸움을 거는 모습은 아닙니다.

사탄이 하나님과 대치 중인 악의 우두머리라면 하나님의 진영에 들어와서는
안 됩니다. 사탄이 잡히면 전쟁에서 패하기 때문입니다. 그런데 사탄은 아무런
두려움 없이 하나님 앞에 나옵니다. 이것은 사탄과 하나님이 서로 대적하고 있
는 모습이 아닙니다. 사탄은 하나님과 싸우지 않습니다.

사탄은 하나님에게 복을 받은 욥을 보고도 아무것도 하지 않았습니다. 사탄이
직접 하나님과 대적하는 관계였다면, 하나님을 섬기는 욥에게 가서 모든 것을
부수고 파괴했을 것입니다. 사탄은 하나님에게 복을 받는 사람을 자신의 임의
대로 처리하지 못합니다.

이 말씀은 하나님이 사탄의 말을 듣고 하신 명령입니다. 하나님은 사탄에게 명령하십니다. 사탄은 하나님의 명령을 받습니다.

사탄은 하나님의 허락이 떨어져야 욥에게 고통을 줄 수 있습니다. 이런 모습은 사탄이 하나님과 전쟁하는 모습이 아닙니다. 오히려 사탄은 하나님의 허락을 구합니다. 이것은 하나님에게 허락을 받아 움직이는 종의 모습입니다.

하나님은 사탄에게 욥의 몸에 손대지 말라고 명령하셨습니다. 사탄은 하나님의 명령대로 욥의 몸에는 손대지 않습니다. 이런 모습은 사탄이 타락한 천사를 거느리고 하나님과 전쟁을 일으키는 모습이 아닙니다.

이 말씀대로라면, 사탄은 하나님에게 허락을 받고 하나님과 전쟁을 일으켜야 할 것입니다. 사탄은 하나님에게 "하나님, 제가 하나님을 상대로 전쟁을 시작해도 되겠습니까?"라고 허락을 구해야 하고, 하나님은 "그래, 이제 나를 상대로 전쟁을 시작해라."라고 허락해야 할 것입니다. 이것은 말이 안 됩니다. 다시 말해서 사탄은 하나님을 상대로 전쟁을 일으킬 수 없다는 것입니다. 사탄이 하나님과 전쟁을 일으켰다는 가설은 완전히 잘못된 가설입니다.

천사장은 각자의 역할이 있습니다. 우리가 아는 천사장의 이름은 가브리엘, 미가엘, 그리고 루시퍼입니다. 그 외에도 여러 명의 천사장이 있다고 합니다. 다만 다른 천사장의 이름은 성경에 나오지 않습니다.

성경 말씀: 누가복음 1장 19절

"천사가 대답하여 가로되 나는 하나님 앞에 섰는 가브리엘이라 이 좋은 소식

을 전하여 네게 말하라고 보내심을 입었노라"

가브리엘은 하나님의 말씀을 전하는 역할을 합니다. 예수님과 세례요한에 관한 잉태 소식은 중요한 것이기에 천사장인 가브리엘 천사가 직접 전하는 것 같습니다. 가브리엘 천사 밑에는 많은 천사가 있고, 이 천사들은 각자 하늘의 뜻을 전하는 일을 하고 있습니다. 한마디로 가브리엘 천사장은 정보통신부 장관과 같은 역할입니다.

성경 말씀: 다니엘 10장 13절

"그런데 바사 왕국의 군주가 이십일 일 동안 나를 막았으므로 내가 거기 바사

왕국의 왕들과 함께 머물러 있더니 가장 높은 군주 중 하나인 미가엘이 와서

나를 도와 주므로 이제 내가 마지막 날에 네 백성이 당할 일을 네게 깨닫게 하

러 왔노라"

이 말씀은 가브리엘 천사장이 다니엘에게 하나님의 말씀을 전하는 내용입니다. 가브리엘 천사가 다니엘에게 가고 있을 때 바사 왕국의 군주가 막았습니다. 바사 왕국의 군주는 루시퍼입니다. 천사장 가브리엘을 막을 수 있는 존재는 천사뿐입니다. 루시퍼는 가브리엘 천사가 다니엘에게 가는 것을 막았습니다. 가브리엘은 전쟁을 전문으로 하는 천사가 아니라 하나님의 말씀을 전달하는 천사입니다. 그래서 루시퍼가 막을 때 이를 물리칠 수 없었던 것 같습니다.

그런데 대군주 미가엘이 와서 가브리엘이 다니엘에게 갈 수 있도록 도와줍니다. 루시퍼와 그들의 무리가 가브리엘 천사는 막을 수 있었어도 미가엘 천사는

막을 수 없었다는 것입니다. 미가엘은 군대 천사들을 이끄는 천사장입니다.

"그 때에 네 민족을 호위하는 큰 군주 미가엘이 일어날 것이요 또 환난이 있으리니 이는 개국 이래로 그 때까지 없던 환난일 것이며 그 때에 네 백성 중 책에 기록된 모든 자가 구원을 받을 것이라"

이 말씀에서 미가엘은 네 민족을 호위한다고 합니다. 미가엘과 그의 천사들은 전쟁하는 천사이며, 호위하는 천사이며, 하나님의 군대 천사입니다. 미가엘 천사장은 국방부 장관에 해당합니다.

그러면 루시퍼는 어떤 역할을 맡았을까요?

"마귀가 또 예수를 이끌고 올라가서 순식간에 천하 만국을 보이며, 이르되 이 모든 권위와 그 영광을 내가 네게 주리라 이것은 내게 넘겨 준 것이므로 내가 원하는 자에게 주노라 그러므로 네가 만일 내게 절하면 다 네 것이 되리라"

루시퍼는 예수님을 시험할 때 높은 곳으로 올라가서 천하만국을 보여줍니다. 그리고 자신에게 절하면 천하만국을 주겠다고 합니다.

루시퍼의 이 말은 거짓이 아닙니다. 하나님이신 예수님을 상대로 거짓으로 시험을 할 수는 없습니다. 루시퍼의 말대로, 루시퍼는 천하만국을 예수님에게 줄 수 있습니다. 그러나 루시퍼는 천하만국의 주인이 아닙니다. 루시퍼가 예수님에게 한 시험은 천하만국의 권세를 넘겨주겠다는 것입니다. 만물의 주인은 하나님입니다. 하나님이 세상을 다스리는 권세만 루시퍼에게 맡기신 것입니다. 소유권은 하나님에게 있습니다.

어떤 사람이 대통령에 당선되면, 그 후에 국무총리를 임명합니다. 누구든 국무총리로 임명되면, 나라 안의 모든 문제를 총괄하여 운영합니다. 이것은 대통령이 해야 할 많은 일 중에서 나라 안의 일을 국무총리에게 맡기는 것입니다. 대통령이나 국무총리는 나라의 주인이 아닙니다. 국민이 나라를 운영하는 권한을 대통령에게 일임하는 것이고, 대통령은 이 권한을 가지고 국무총리와 장관에게 업무의 일정 부분을 나누어 위임하는 것입니다.

루시퍼도 이와 같습니다. 세상의 주인은 하나님이십니다. 하나님이 가브리엘에게 말씀을 전하는 업무를 맡겼고, 미가엘에게 전쟁을 하는 일을 맡겼고, 루시퍼에게 세상 만국을 관리하는 일을 맡긴 것입니다. 한마디로 루시퍼는 행정부 장관과 같은 역할입니다.

루시퍼가 세상 만국을 다스린다고 해서 루시퍼가 세상의 주인은 아닙니다. 하나님이 세상 만국을 관리하는 권세만 맡기신 것입니다.

성경 말씀: 요한계시록 12장 7절
"하늘에 전쟁이 있으니 미가엘과 그의 사자들이 용과 더불어 싸울새 용과 그의 사자들도 싸우나 이기지 못하여 다시 하늘에서 그들이 있을 곳을 얻지 못한지라"

이 말씀에는 미가엘과 루시퍼의 전쟁이 기록되어 있습니다. 어떤 분은 이 말씀이 이미 이루어졌다고 주장합니다. 그러나 이 말씀은 아직 이루어지지 않았습니다. 여기서는 이 말씀의 성취 여부를 설명하는 것이 아니므로 넘어갑니다. 이 말씀에서 관심을 두고 있는 것은 전쟁입니다. 루시퍼는 행정부 장관의 일을 합니다. 한마디로 루시퍼와 그의 천사들은 공공기관에서 업무를 보는 행정 공무원과 같습니다. 전쟁과 싸움을 주로 하는 천사는 아닙니다. 전쟁을 담당하는 천사장은 미가엘입니다. 미가엘과 그의 천사들은 훈련이 잘된 군인입니다.

전문적인 군인과 행정 공무원과 싸운다면 누가 이길까요? 당연히 군인이 이깁니다. 군인들은 전쟁을 주로 하기 때문입니다. 요한계시록 12장 7절은 많은 분이 오해하는 것처럼, 영적 세계를 흔들 만큼 대규모의 전쟁 장면을 표현한 것이 아닙니다. 많은 분은 이 말씀을 두고 악의 신과 선의 신이 우주를 흔들 만큼의 큰 전쟁을 벌였다고 생각합니다.

그러나 이 기록은 하나님이 루시퍼의 잘못을 근거로 루시퍼의 직위를 박탈하셨고, 그로 인해 루시퍼가 하늘에서 쫓겨나는 장면입니다. 세상 만국의 권한을 박탈당한 루시퍼가 하늘에서 쫓겨나지 않으려고 버티다가 군인들에 의해서 일방적으로 밀려서 땅으로 쫓기는 장면입니다. 전쟁이라고 표현했지만, 싸움이라고 할 것도 없습니다. 일방적으로 가브리엘의 군대 천사들에게 마귀와 그의 천사들이 밀려나는 것입니다.

천사들을 모두 모아 놓고 그들 중에서 전쟁을 주 업무로 하는 천사들을 불러냅니다. 그리고 이 군인 천사들의 지휘관이 누군지 묻는다면 그 지휘관은 미가엘 천사장입니다. 루시퍼에게 속한 천사 중에는 군인 천사가 없습니다.

마귀는 하나님을 상대로 전쟁을 하지 않습니다. 하나님을 이길 수 없다는 것을 잘 압니다. 자신의 창조주이며 주인이신 하나님에게 대항해 봐야 소용없다

　　Part 2. 창세기 1장을 위한 사전지식

는 것을 잘 압니다. 단지 마귀는 천하만국을 다스리는 권한을 하나님에게서 받았고 이 권한을 다시 회수당하지 않으려고 온갖 방법으로 하나님의 일을 방해하는 것입니다. 마귀는 하나님에게 직접 대항하는 것이 아니라, 편법을 사용하여 우회적으로 하나님의 일을 방해합니다.

사탄은 하나님과 맞서 싸울 만한 능력이 없습니다. 하나님을 상대로 싸울 수 있는 존재는 없습니다.

Chapter 13

하나님 창조의 4단계

저자는 서론에서 하나님의 창조를 4가지로 구분했습니다. 하나님이 하신 일을 구분한다는 것은 조심스러운 일입니다. 그러나 하나님이 하신 일과 앞으로 이룰 일을 바르게 이해하기 위해서 구분합니다.

하나님의 창조를 구분하면 다음과 같습니다. 첫 번째는 영들을 창조하는 것이고, 두 번째는 물질을 창조하는 것이고, 세 번째는 생명체를 창조하는 것이며, 네 번째는 영원한 하나님의 나라를 창조하는 것입니다.

이 4가지 창조에는 순서가 있습니다. 처음은 영들의 창조이고, 다음은 물질의 창조이며, 세번째 순서가 생명체의 창조이고, 마지막 순서가 하나님의 나라와 백성을 창조하는 것입니다. 이 순서를 창조의 4단계로 설명할 수 있습니다.

Step 1. 영들의 창조

이 일은 하나님의 종들을 창조하는 것입니다. 하나님의 종들은 하나님을 옆에서 모시고 서 있다가, 하나님의 명령이 내려지면, 명령을 실행합니다. 이 종들이 욥기 38장 7절에 나오는 [새벽 별들과 하나님의 아들들]입니다. 이들을 천사라고도 하며, 이들 중에는 가브리엘과 미가엘도 있을 것입니다. 하나님은 이 종들을 동원하여 세상의 물질을 창조하셨습니다.

영들의 창조가 처음인 이유는 하나님이 직접 물질을 창조하는 것이 아니라, 종들을 통해서 물질세계의 창조를 진행하셨기 때문입니다. 하나님은 함께 할 일꾼들을 가장 먼저 창조하셨습니다.

Step 2. 물질의 창조

하나님의 명령 한마디로 모든 만물이 단 1초 만에 만들어진 것은 아닙니다. 물질의 창조는 하나님이 하나님의 종들을 통해서 창조하신 것입니다. 하나님의 종들은 하나님의 명령에 따라 우주를 만드는 일에 동참했습니다. 하나님의 아들들과 새벽별들은 하나님이 세상 만물을 창조하시는 일에 함께했습니다. 이 기록이 욥기 38장의 내용입니다.

Step 3. 생명체의 창조

하나님은 물질로 생명체를 만드셨습니다. 생명체의 몸을 구성하는 것은 물질입니다. 사람의 몸을 이루고 있는 기본적인 6대 요소는 수소(H), 탄소(C), 질소(N), 산소(O), 황(S), 인(P)이라고 합니다. 이렇게 사람의 몸을 구성하는 원소는 물질입니다. 식물과 동물이 모두 물질로 되어 있습니다. 바다의 물고기와 하늘의 새와 땅 위의 모든 동물이 다 물질로 구성되어 있습니다.

생명체를 창조하는 일에는 오랜 시간이 걸렸습니다. 생명체의 진화는 다윈의 진화론과는 다르다고 생각합니다. 생명체가 유전적으로 발전할 때마다 창조자의 개입이 있었다고 생각합니다. 창조자가 생명체의 유전자에 변화를 주어 고

등생명체로 발전하도록 했다는 뜻입니다. 창조자는 오랜 시간 동안 생명체를
발전시켰습니다.

많은 시간이 지나서, 하나님이 만족해하시는 생명체가 등장합니다.

Step 4. 하나님의 나라와 백성의 창조

4단계가 창조의 마지막 단계입니다. 하나님은 마지막 단계에서 하나님의 백
성을 창조하고 땅 위에 하나님의 나라를 창조하십니다.

3단계 생명체의 창조 과정에서 하나님은 우주에 많은 생명체를 창조하셨습니
다. 그러나 생명체들은 죽으면 소멸하여 사라집니다. 죽으면 바로 사라지는 생
명체들은 하나님의 백성이 될 수 없습니다. 하나님이 영원하시기 때문입니다.

하나님은 1단계에서 영(Spirit)을 창조하실 때, 하나님 옆에 있도록 창조하셨
습니다. 영들은 하나님을 모시고 있는 종들입니다. 성경에서 하나님은 영들을
하나님의 아들들이라고도 부르십니다. 영들은 물질의 몸을 가지고 있지 않습니
다. 영들은 물질을 만들기 전에 창조되었기에, 영의 몸은 물질로 되어 있지 않습
니다. 영들도 피조물이기 때문에 그들의 몸 역시 무엇인가로 구성되어 있습니
다만, 그 무엇인가는 이 세상의 물질이 아닙니다.

혼(Soul)은 물질세계에서 삶을 즐기도록 창조되었습니다. 패러글라이딩을 즐
기고, 스키를 즐기고, 축구나 야구 같은 경기를 즐기고, 무엇인가를 연구하고,
무엇인가를 개발하고, 맛있는 음식을 먹고, 우주를 탐험하며, 누군가를 사랑하
고, 누군가와 함께 여행을 다니고, 그림을 그리고, 사진을 찍고, 아름다움을 보

고 느끼면서 영원히 사는 삶을 혼(Soul)에게 주려는 것이 하나님의 뜻입니다. 영은 이런 즐거움을 느낄 수 없습니다. 영은 몸이 없기 때문입니다.

혼(Soul)이 하나님의 백성입니다.

하나님은 혼을 창조하려고 계획하셨습니다. 그런데 혼이 세상에서 영원히 살려면 물질과 접속할 수 있는 몸이 필요합니다. 몸은 혼을 담는 그릇과 같습니다. 혼은 최고로 진화된 고등생명체의 몸(Body)이 필요합니다. 이성과 감정과 지성을 갖춘 고등생명체가 필요합니다.

하나님은 생명체의 진화를 촉진합니다. 생명체들은 계속 발전했고, 진화를 서둘렀습니다. 오랜 시간이 흐른 후에 하나님이 흡족할 만한 생명체가 등장합니다. 사람은 진화의 끝에서 완성된 완전한 생명체입니다. 혼을 담을 수 있는 완전한 생명체가 등장한 것입니다. 이 생명체인 사람의 등장으로 혼을 창조할 모든 준비가 끝났습니다.

하나님은 마지막 단계의 창조를 시작하셨습니다. 하나님은 지금도 마지막 단계의 창조를 진행하고 계십니다. 하나님의 창조는 끝나지 않았습니다. 그러나 창조의 끝이 가까이 왔습니다. 창세기 1장은 이 마지막 창조에 관한 설계도입니다. 창세기 1장은 창조의 2단계인 물질창조의 기록이 아닙니다. 물질창조는 이미 끝났고, 3단계의 생명체 창조도 오래전에 이미 끝났습니다.

하나님은 4단계에서 혼을 창조하십니다. 혼이 몸 안에 있도록 창조하셨습니다. 이것은 영과 다른 점입니다. 하나님은 혼을 물질세계에서 살도록 창조하셨습니다. 그래서 하나님은 창세기 1장 28절에서 혼에게 [생육하고 번성하여 땅에 충만하라]고 명령하신 것입니다. 창세기 1장 27절의 남자와 여자는 죽음이 없는 영원한 몸을 갖게 될 미래의 혼들입니다.

하나님은 아브라함을 [나의 벗 아브라함]이라고 부르셨습니다. 하나님이 아브라함과 같은 한 사람을 만났다고 가정합니다. 이 사람과 함께 대화하고 함께 거닐며 하루를 함께했습니다. 그런데 하나님은 영원합니다. 하나님이 만 년 후에 다시 와서 이 사람을 찾습니다. 이 사람은 이미 죽었고, 소멸하여 영원히 사라졌습니다. 하나님은 이 사람을 더는 만나실 수 없습니다. 이 사람에 대한 기억은 추억이 됩니다.

그러나 하나님에게 추억이란 있을 수 없습니다. 하나님은 하나님의 백성을 창조하는데, 영원히 사라지지 않는 존재로 창조하십니다. 영원히 사라지지 않는 특성은 하나님의 형상 중 하나입니다. 이렇게 하나님을 닮은 존재를 창조합니다. 그 존재가 아담의 몸속에 넣은 혼(Soul)입니다.

하나님이 창조하신 백성이 바로 혼입니다. 말하고 생각하는 주체는 몸이 아니라 혼입니다. 혼이 몸을 가지고 삶을 사는 것입니다. 죽은 사람의 혼은 몸이 없어서 삶을 누리지는 못하게 되었어도 소멸하여 사라진 것은 아닙니다. 언젠가 부활하여 다시 삶을 누리게 될 것입니다.

창세기 1장의 내용은 마지막 창조의 설계도입니다. 마지막 창조는 혼을 창조하고, 땅 위에 하나님의 나라를 창조하여, 혼이 하나님의 백성으로 영원히 살게 하는 것입니다. 하나님이 직접 창조하신 것은 사람이라는 육체가 아니라 바로 혼입니다. 하나님은 혼을 직접 창조하여 아담의 몸 안에 넣으셨습니다.

　　　　　　　　　　　　　　Part 2. 창세기 1장을 위한 사전지식

하나님은 지금도 4단계 중 마지막 단계의 창조를 진행하고 계십니다. 창세기 1장은 마지막 단계의 창조에 관한 설계도입니다. 마지막 단계의 창조도 여러 과정을 포함하고 있습니다. 하나님은 이미 앞의 몇 가지 과정을 진행하셨습니다. 그리고 앞으로도 몇 가지 과정이 계속 진행되어야 합니다. 마지막 단계의 창조가 이미 시작되었으나 아직 끝나지는 않았습니다.

과학자들은 우주가 창조된 후로 138억 년이 지났다고 말합니다. 어쩌면 그보다 더 오래되었을 수도 있습니다. 우주의 나이가 138억 년이든 아니면 더 오래되었든, 지금까지의 모든 시간도 하나님의 창조 과정에 해당됩니다. 창조의 모든 과정이 끝나면 영원한 하나님의 나라가 시작됩니다. 그래서 우주는 아직도 제대로 시작된 것이 아닙니다. 하나님의 창조가 다 끝난 다음부터 하나님의 나라가 땅에 실현되어 영원히 지속될 것입니다. 하나님은 최소한 138억 년 동안 창조를 진행하셨고, 이제 그 창조의 마지막 단계를 진행하고 계십니다.

Chapter 14

창세기 1장의 하루는 24시간이다

창세기 1장의 하루는 24시간입니다. 여기서 하루라는 개념은 지구가 한 번 자전하는 시간입니다. 하루가 24시간인 이유는 지구가 자전하는 데 걸리는 시간이 24시간이기 때문입니다.

지구의 자전으로 하루를 정의하는 근거는 창세기 1장에 많이 있습니다. 첫째 날부터 여섯째 날까지 하나님은 반복해서 하루가 24시간임을 확고히 하고 있습니다. 그 구절은 창세기 1장 5절, 8절, 13절, 19절, 23절, 31절입니다. 이 구절에서 공통으로 나오는 문구는 [저녁이 되고 아침이 되니]입니다. 이 문구가 창세기 1장의 하루가 24시간임을 나타냅니다.

가장 먼저 나오는 구절은 창세기 1장 5절입니다.

וַיְהִי־עֶרֶב וַיְהִי־בֹקֶר
[와이히-에레브 아이히-보페르]

וַיְהִי[와이히]에서 וַ[와]는 와우 접속사로서 [그리고]라는 뜻입니다. יְהִי[이히]라는 단어는 הָיָה[하야]라는 동사의 3인칭·남성·단수로서 영어로 become, be가 됩니다. [그가 ~되다]또는 [그가 ~이다]라는 뜻입니다. 여기서 주어는 עֶרֶב

[에레브]입니다.

עֶרֶב[에레브]는 [저녁]이라는 뜻의 남성명사입니다. וַיְהִי־עֶרֶב[와이히-에레브]는 [그리고 저녁이 되다]라는 의미입니다. בֹּקֶר[보페르]는 [아침]이라는 뜻의 남성명사입니다. וַיְהִי־בֹקֶר[와이히-보페르]는 [그리고 아침이 되다]라는 의미입니다.

[하루]라는 히브리어 원어는 יוֹם[욤]이라고 합니다. [하루]라는 시간을 알려면, 지구가 자전하는 시간을 확인해야 합니다. 지구가 자전하는 데 걸리는 시간은 지금이나 6,000년 전이나 같습니다. 학자들에 의하면 시간이 흐를수록 지구의 자전 속도가 조금씩 떨어진다고 합니다. 하루의 길이가 길어진다는 의미입니다. 그런데 6,000년은 그리 긴 시간이 아니므로 24시간에서 크게 차이 나지는 않을 것입니다.

만약 지구가 자전하는데 몇천만 년 혹은 몇억 년씩 걸린다면, 지구는 자전을 거의 하지 않는 것이고, 지구에는 자기장이 없었을 것입니다. 지구에 자기장이 없다면, 외부의 해로운 방사선들이 지구에 쏟아져 들어올 것이며, 지구에는 생명체가 살 수 없었을 것입니다. 태양풍이나 초신성에서 발생하는 외부의 해로운 우주방사선을 지구 자기장이 막아주고 있어서, 지구에 생명체들이 살 수 있다고 합니다.

이 내용은 다이너모 이론에 근거하여 설명한 것이며, 지구 자기장의 원인이 정확하게 밝혀진 것은 아닙니다. 제가 다이너모 이론을 자세히 설명할 능력은 없으나, 주된 내용은 지구의 자전으로, 철과 니켈이 주성분인 액체상태의 외핵이 회전 운동을 하게 되면서 지구 자기장이 형성된다는 것입니다.

하루가 24시간이 아니라 아주 긴 시간이라고 주장하는 이론이 Day-Age 이론입니다. 물론, 이 이론에서 말하는 하루는 한 번 자전하는 시간을 의미하지 않습니다. 자전 시간은 24시간이지만, 창세기 1장의 하루는 자전과 상관없이 매우 긴 시간을 의미하는 어떤 단위라는 것입니다.

천문학이 발달하면서 사람들은 우주의 구조를 조금씩 알게 되었습니다. 지구는 행성(Planet)이고, 태양은 항성(Star)입니다. 지구는 태양 주위를 돕니다. 그렇게 행성이 항성 주위를 돈다는 것을 알게 되었습니다. 항성은 은하에 속해 있으며, 은하의 중심에는 블랙홀이 있습니다. 태양(계)도 은하중심에 있는 블랙홀의 주위를 돌고 있다는 것을 알게 되었습니다.

사람들은 천문학 지식을 알게 되면서 우주의 나이가 오래되었다는 것을 이해하게 되었습니다. 이제는 지구의 나이가 6,000년이 아니라는 것을 잘 알고 있습니다.

이런 천문학의 발달로 알게 된 지식으로 인해, 기독교 교리는 큰 문제에 직면하게 되었습니다. 창조론의 핵심은 하나님이 6일 동안 세상을 만드셨다는 것이며, 이것을 근거로 지구의 나이가 6,000년이라고 주장하게 됩니다. 출애굽의 연도 추정(B.C. 1446년)과 창세기 5장 등의 기록에서 아담 때부터 그 후손들의 나이를 계산해서 얻은 수치에서 이런 결론을 얻게 된 것입니다.

그런데 지구의 나이는 대략 45억 년으로 밝혀졌습니다. 그래서 기존의 창조론은 잘못된 학설이 되고 맙니다. 많은 기독교인 자녀들이 학교에서 지구에 관한 공부를 하면서 신앙적으로 회의에 빠지게 됩니다. 이제 지구가 6,000년이 되었다는 창조론을 믿으면 바보가 되는 시대가 되었습니다.

기독교에서는 창조론의 내용을 수정해야 했습니다. 창세기 1장의 내용을 우주의 나이에 맞도록 재해석을 하게 됩니다. 그렇게 나온 것이 Day-Age 이론입니다.

하나님을 믿는 기독교인들은 신앙을 포기할 수 없습니다. 기독교인들은 자신의 삶 속에서 하나님이 살아 계심을 체험하기 때문입니다. 그런데도 창조론은 현대의 과학지식과 충돌합니다. 그래서 창조론을 증명하기 위해 재창조설이나 Day-Age 이론이 나오게 된 것입니다. 이렇게 Day-Age 이론은 기독교인들에게 신앙적 도피처가 되었습니다.

창세기 1장의 하루를 시대(Age)로 해석하여 매우 긴 시간으로 설명하려는 시도는 창세기 1장의 내용을 물질창조로 보고 있기 때문입니다. 또한, 세상 만물이 6일 동안 창조되지 않았다는 것을 알고 있기 때문입니다. 창조론에 있어서 기독교인들이 신앙적 위기를 느꼈기에 과학적 사실과 타협을 시도하는 것입니다.

그런데 굳이 과학적으로 설명하려고 이런 타협을 하지 않아도 됩니다. 하루가 매우 긴 시간일 것이라는 이론으로 타협을 시도하지 않아야 합니다. 창세기 1장의 내용은 물질창조에 관한 기록이 아니기 때문입니다.

창세기 1장의 하루는 24시간이 맞습니다. 창세기 1장에는 하루가 24시간이라는 내용이 반복적으로 강조되어 있습니다. 창세기 1장은 [저녁이 되고 아침이 되니]라는 말씀을 6일 동안 반복해서 들려줍니다. 시간을 두고 타협하지 않습니다. 하루가 24시간이라는 사실은 전혀 바뀌지 않습니다.

하루는 지구의 물리적 시간 그대로 24시간이고, 창세기 1장에서 하나님은 그

6일 동안 말씀을 선포하셨습니다. 이 내용은 [Chapter 15. 저녁이 되고 아침이 되니]에서 자세히 설명합니다. 하나님이 선포하신 말씀은 6,000년 전 그 당시에 이루어진 것이 아니라 앞으로 이룰 하나님의 계획입니다. 하나님은 앞으로 이룰 일을 계획하고 창조의 단어로 선포하신 것입니다.

                                                    Part 2. 창세기 1장을 위한 사전지식

Chapter 15

저녁이 되고 아침이 되니

많은 분이 [저녁이 되고 아침이 된다]는 말의 진의를 이해하지 못하는 것 같습니다. 이 말씀은 문자 그대로 단순히 하루를 의미합니다.

그런데 [저녁이 되고 아침이 된다]는 표현은 하나님의 일을 이해하는 중요한 힌트가 됩니다. 이 말씀의 핵심 진리는 [하나님은 낮에 일하신다]는 것입니다. 이 진리는 하나님을 이해하는 데 중요한 핵심 내용 중 하나입니다.

이 말씀을 이해하기 위해서 먼저 지구의 자전을 설명합니다. 지구는 자전합니다. 지구의 자전에 따라 아침 → 낮 → 저녁 → 밤이 됩니다. 하나님은 낮에 일하십니다. 이것을 우리에게 알려 주기 위해 하나님은 낮에 말씀을 선포하십니다. 낮은 하나님이 일하시는 시간입니다. 창세기 1장에서 6일 내내 정오가 되면 하나님이 말씀을 선포하십니다.

어느 날의 아침이 됩니다. 아침에는 일할 시간이 아니라서 말씀을 선포하지 않습니다. 첫째 날 아침 시간은 그냥 지나갑니다. 첫째 날 아침은 기록하지도 않습니다. 정오가 되었습니다. 이제 낮입니다. 하나님이 말씀을 선포하십니다. 낮이 지나서 저녁이 옵니다. 저녁은 일하는 시간이 아니라서 말씀을 선포하지 않습니다. 곧이어 밤이 옵니다. 하나님은 밤에도 일하지 않습니다.

아침이라는 말은 하나님이 일하실 시간이 다가오고 있다는 뜻입니다. 저녁이라는 말은 하나님이 일을 마치셨다는 뜻입니다. 밤은 일하는 시간이 아니며, 일이 끝난 지 오래됐고, 다음 일할 시간이 되지도 않았습니다. 그래서 밤은 기록할 필요가 없습니다.

저녁이 되었다는 말과 아침이 되었다는 말의 중심에는 낮이 있습니다. 낮이 중심이며, 낮은 하나님이 일하시는 시간입니다. 그래서 저녁이 되고 아침이 되었다는 표현은 [하나님이 일을 마쳤고, 다음 일을 할 시간이 되었다]는 표현입니다. 이 말은 하루의 시작을 설명하는 표현이 아닙니다. 이 말은 하나님이 하시는 일에 중점을 둔 표현입니다.

하나님은 말씀을 선포하는 것을 먼저 기록합니다. 하나님이 하신 일이 가장 중요합니다. 그래서 하나님이 선포한 말씀이 가장 먼저 기록됩니다. 첫째 날 하나님이 하신 일을 중심으로 설명합니다.

하나님이 [빛이 있으라]고 말씀하셨습니다. 하나님이 말씀을 선포할 때는 낮입니다. 이 말씀을 선포한 날은 첫째 날입니다. 하나님이 말씀을 선포하는 일을 마치셨습니다. 그러면 일이 끝났기 때문에 저녁이 옵니다. 일이 끝났다는 것을 알리기 위해 저녁을 기록합니다. 다음 날 일할 시간이 되었음을 알리기 위해 아침을 기록합니다. 이 과정은 저녁이 되고 밤이 되고 아침이 되는 것입니다. 여기서 밤이 되었다는 말은 생략합니다. 그래서 [저녁이 되고 아침이 되었다]는 문장이 완성됩니다. 이 표현은 첫째 날의 일을 마쳤고, 다음 날 일할 시간이 되었다는 뜻입니다.

유대인은 하루를 계산할 때, 저녁부터 계산합니다. 유대인의 하루는 저녁 6시

   Part 2. 창세기 1장을 위한 사전지식

부터 다음 날 저녁 6시까지입니다. 하루의 시작이 저녁 6시부터라는 것입니다. 이것은 하나님이 하루의 개념을 이렇게 보신다는 뜻이 아니라 유대인의 하루가 그렇게 되어 있다는 뜻입니다.

유대인의 하루로 계산한다면, 하루는 낮이 지난 후부터 시작됩니다. 창세기 1장 5절에는 [저녁이 되고 아침이 되니 이는 첫째 날이니라]고 기록되어 있습니다. 유대인의 하루는 저녁부터 시작되기 때문에, 저녁과 아침은 같은 날입니다. 그래서 저녁과 아침이 같은 날로 첫째 날입니다. 하나님이 빛이 있으라고 말씀한 시간은 낮입니다. 유대인의 시간에 맞춰 보면, 하나님이 [빛이 있으라]고 선언하신 날은 첫째 날보다 하루 전날입니다. 다시 말해서, 하나님이 빛이 있으라고 선언하신 날은 첫째 날이 아니라는 뜻입니다. 하나님은 저녁이 되기 전에 [빛이 있으라]고 말씀하셨기 때문입니다. 저녁 이전에 하신 일은 그 전날 한 일이 됩니다. 이것은 창세기 1장 5절의 내용을 유대인의 하루의 개념에 맞추어 봤을 때 그렇다는 말입니다.

창세기 1장에서 하나님이 [빛이 있으라]고 선언하신 날은 분명히 첫째 날입니다. 그래서 창세기 1장의 하루는 저녁 6시부터가 아니라 낮을 포함한 이전 시간에 시작됩니다. 아마도 창세기 1장에서 말하는 하루는 지금과 같이 자정부터 다음 날 자정까지일 것입니다. 유대인의 하루는 창세기 1장의 하루와 다릅니다.

[저녁이 되고 아침이 되니 이는 첫째 날이니라]고 기록되어 있으니, 하루가 아침부터 다음 날 아침까지로 생각될 수도 있습니다. 그러나 아닙니다. [저녁이 되고 아침이 된다]는 표현은 하루의 시작과 끝이 설명하는 말이 아니라 하나님의 일을 중심으로 설명한 것입니다. 하나님이 첫째 날에 이렇게 일을 하셨다는 의미입니다. 이렇게 둘째 날부터 여섯째 날까지 같은 형식으로 반복됩니다.

[저녁이 되고 아침이 되었다]는 표현은 분명히 하루를 의미합니다. 그런데 하루를 표현하는 방법은 많이 있었을 것입니다. 시간을 강조하기 위해서 자정을 기준으로 하루를 표현하고자 했다면 [하나님이 보시기에 좋았더라. 저녁이 되고 밤이 되니 이는 첫째 날이니라]고 기록했을 것입니다. 만약 유대인의 하루를 표현하고자 했다면 [하나님이 보시기에 좋았더라. 이는 첫째 날이니라. 저녁이 되니 둘째 날이 되니라]는 식으로 기록했을 것입니다.

[저녁이 되고 아침이 되었다]는 표현은 하루를 의미하지만, 하나님이 하시는 일을 중심으로 표현한 방식입니다. 하나님은 낮에 일하신다는 것을 표현하기 위한 방식입니다.

창세기 1장의 하루가 24시간이 되는 이유를 다른 방법으로 설명합니다.

하나님은 정오 때 [빛이 있으라]는 첫 번째 말씀을 선포하십니다. 조금 후에 저녁이 됩니다. 그리고 다시 밤이 됩니다. 시간이 흘러 아침이 됩니다. 다시 정오가 되었을 때 하나님은 [물 가운데에 궁창이 있어 물과 물로 나뉘라]고 두 번째 말씀을 선포하십니다.

정오에 [빛이 있으라]는 말씀을 하신 후에 한 번의 저녁과 한 번의 밤과 한 번의 아침을 지나서 다시 정오가 되었습니다. 한 번의 저녁은 지구 자전의 1/4바퀴입니다. 한 번의 밤도 1/4바퀴이고, 한 번의 아침도 1/4바퀴입니다. 첫 번째 말씀인 [빛이 있으라]를 선포한 후에, 두 번째 말씀인 [물 가운데에 궁창이 있어 물과 물로 나뉘라]를 말씀하기까지, 한 번의 정오와 한 번의 저녁과 한 번의 밤과 한 번의 아침이 있었습니다. 이 말씀은 단지 지구가 한 번 자전했다는 뜻입니다.

어떤 행성이 있습니다. 이 행성은 36시간 동안 자전을 합니다. 만약 하나님이 이 행성에서 말씀을 선포하신다고 가정하면, 창세기 1장에서 의미하는 하루는 36시간이 됩니다.

지구는 한 번 자전하는 데 24시간이 걸립니다. 하나님이 지구에서 말씀을 선포하셨다면, 첫째 날 말씀을 선포한 후에, 다음 날 말씀을 선포하기까지 24시간이 흘렀다는 뜻입니다. 창세기 1장의 하루는 행성의 자전 시간에 의해 정해집니다. 하나님이 지구에서 말씀을 선포하셨기에 창세기 1장의 하루는 24시간입니다.

Chapter 16

명령과 성취와 설명의 구조

창세기 1장은 명령과 성취의 구조로 되어 있습니다. 창세기 1장의 내용은 하나님이 6일 동안 말씀을 선포하셨고, 그대로 이루어졌다는 형식으로 되어 있습니다.

예로 설명한다면 다음과 같습니다.

[빛이 있으라]는 명령입니다. [빛이 있었다]는 성취입니다. [하나님이 빛을 낮이라 부르시고 어둠을 밤이라 부르시니라]는 설명입니다.

[물 가운데에 궁창이 있어 물과 물로 나뉘라]는 명령입니다. [하나님이 궁창을 만드사 궁창 아래의 물과 궁창 위의 물로 나뉘게 하시니 그대로 되니라]는 성취입니다. [궁창을 하늘이라 부르시니라]는 설명입니다.

[천하의 물이 한곳으로 모이고 뭍이 드러나라]는 명령입니다. [그대로 되니라]는 성취입니다. [하나님이 뭍을 땅이라 부르시고 모인 물을 바다라 부르시니]는 설명입니다.

모세 당시에도 천체에 관한 지식은 지구평면설과 천동설이었을 것입니다. 눈에 보이는 대로 보고 생각했을 것입니다. 그래서 하나님이 모세 시대의 사람에게 맞추어 천지창조를 설명한다면, 아마도 지금 우리가 읽고 있는 창세기 1장의 내용과 거의 같았을 것입니다. 하지만, 고대인들의 눈높이에 맞춰 천지창조를 기록하신다면, 후대에 천문학이 발달하게 되었을 때, 이 모든 기록이 잘못되었다는 것을 후대의 사람들이 알게 될 것입니다. 이런 위험성이 있음에도 굳이 창세기 1장에 기록된 방식대로 물질창조의 내용을 기록해야 했을까요?

창세기 1장의 내용을 물질창조로 주장할 때, 현대인들의 눈에는 모순이 많이 보입니다. 고대인들은 인정하지만, 현대인들은 인정할 수 없는 내용으로 창세기 1장이 기록되어 있습니다.

이 내용이 물질창조의 기록이 아니므로 하나님이 이렇게 기록해 놓으신 것입니다. 창세기 1장이 물질창조의 내용이라면 이렇게 기록되지 않았을 것입니다. 하나님이 만물을 창조하신 방법과 과정은 지금의 창세기 1장의 내용과 완전히 달랐을 것입니다.

창세기 1장의 내용이 명령과 성취와 설명의 구조를 띠는 것은 하나님이 하실 일을 미리 선포한 것이기 때문입니다. 만약 창세기 1장의 내용이 물질창조의 기록이라면 현재 천문학에서 발견한 사실과 어느 정도는 일치해야 합니다. 천문학에서 발견한 내용과 맞지 않는 이유는 물질창조의 기록이 아니기 때문입니다.

하나님이 우주를 창조하신 과정을 사실대로 기록한다면, 모세 시대의 사람들과 중세 시대의 사람들은 오히려 물질창조의 기록을 잘못된 것으로 생각했을 것입니다. 고대의 유대인들이 우주의 생성원리나 물질창조의 원리를 제대로 이해할 수는 없었을 것입니다. 그러면 모세나 당시 사람들이나 말씀을 필사하는 후대 학자들이 창세기 1장의 기록이 잘못되었다고 판단하여 성경에서 빼거나 내용을 자의적으로 변경했을 가능성이 있습니다.

창세기 1장은 고대 유대인들이 보기에는 물질창조의 기록으로 보였을 것입니다. 그들이 무리 없이 이해할 수 있었기에, 창세기 1장의 내용이 후대에 그대로 전해질 수 있었습니다. 이것은 하나님의 계획을 후대에 변경 없이 잘 전달되도록 하려는 하나님의 방법입니다.

물질창조의 과정을 이해할 수 없는 사람들에게 하나님이 굳이 창조의 내용을 기록으로 남기실 이유는 없습니다. 당시에 그들이 가지고 있는 지식으로는 우주의 실제 창조 과정을 도저히 이해할 수 없었을 상황에서 실제 우주의 창조 과정을 기록하게 하셨다면 그들의 눈에는 잘못된 내용으로 보일 것입니다. 하나님은 고대 유대인들에게 말씀을 주실 때 물질창조의 과정을 말씀하지 않았습니다. 고대인들에게는 설명할 수 없기 때문입니다.

하나님이 물질창조의 내용을 기록하려고 하셨다면, 명령을 적을 필요는 없었을 것입니다. 하나님이 창조에 관한 내용을 기간이나 순서를 기록하지 않고, 명령과 설명도 기록하지 않고 성취된 내용만을 적어도 됐을 것입니다. 이런 방식으로 창조 내용을 기록하는 형식은 욥기 38장에 잘 나와 있습니다.

성경 말씀: 욥기 38장 9절
"그 때에 내가 구름으로 그 옷을 만들고 흑암으로 그 강보를 만들고 한계를 정하여 문빗장을 지르고 이르기를 네가 여기까지 오고 더 넘어가지 못하리니 네 높은 파도가 여기서 그칠지니라 하였노라"

  Part 2. 창세기 1장을 위한 사전지식

하나님이 지금의 창세기 1장과 같은 형식으로 기록하신 것은 이것이 물질창
조의 내용이 아니기 때문입니다. 그뿐만 아니라, [명령]과 [성취]와 [설명]의 형
식으로 쓰인 이유는 창세기 1장이 말씀을 선포할 시점에서 볼 때, 미래에 하나
님이 이루실 일이기 때문입니다.

창세기 1장의 내용은 앞으로 이룰 일이기 때문에 명령과 성취와 설명으로 되
어 있는 것입니다. 하나님이 마지막 창조를 진행하는 과정에서 창조의 내용을
미리 알려 주시려는 목적이 있기 때문입니다. 마지막 창조 이전에 먼저 설명을
하여 마지막 창조가 진행될 때, 지금 되는 일이 하나님의 창조임을 깨달으라는
것입니다.

[명령]은 하나님이 이렇게 하겠다는 하나님의 의지를 표현한 것입니다. [성취]
는 하나님이 계획하신 일은 반드시 이룬다는 것을 나타내는 말씀입니다. [설명]
은 하나님의 계획을 이해할 수 있는 열쇠에 해당합니다.

하나님이 앞으로 이렇게 진행할 것이라고 모든 천사와 하나님의 아들들 앞에
서 말씀을 선포하셨습니다. 하나님이 하실 일이기 때문에 먼저 명령의 형식으로
선포한 것입니다. 천사들과 하나님의 아들들은 하나님의 계획을 들었습니다.

이것이 계획이라는 것은 [설명]에서 이해할 수 있습니다.

하나님이 명령과 성취를 기록하셨고, 일부에서는 설명을 추가했습니다. 설명
은 곧 하나님의 계획을 듣는 이들에게 정확한 의미를 이해할 수 있도록 합니다.
만약 창세기 1장의 내용이 과거에 완성된 물질창조의 기록이라고 하면, 이런 거
대한 창조의 과정을 굳이 사람에게 설명할 필요가 있는지 의문이 듭니다. 고대

사람들에게 하나님의 창조를 얼마나 이해시킬 수 있으며 설명을 추가한다고 해도 얼마다 더 깨달을 수 있겠습니까.

이렇게 생각해 보세요.

어떤 건축가가 집을 설계합니다. 집의 설계도를 그리고 설계도에 중간마다 설명을 추가합니다. 설계도에 설명을 추가하는 것은 설계도를 보고 실제 건축 작업을 하는 사람들에게 작업을 진행하면서 실수하지 말고 바르게 건축하라는 뜻이 포함되어 있습니다. 건축하기 전에 꼭 설명을 꼼꼼히 보고 이해해야 합니다. 만약 추가된 설명을 이해하지 못하면 건축 작업이 틀어져서 다르게 지어질 수도 있고 부수고 다시 지어야 할 수도 있기 때문입니다.

하나님은 창세기 1장을 기록할 때, 6일 동안 말씀을 선포할 때마다 [명령]과 [성취]로 기록하셨고, 설명이 필요할 경우, [설명]을 추가하셨습니다. 만약 하나님이 [설명]을 빼놓았다면, 창세기 1장의 내용은 아무도 이해할 수 없는 내용이 되었을 것입니다. 하나님은 하나님이 하실 일을 바르게 이해할 수 있도록 [명령]과 [성취]와 [설명]의 형식으로 기록되게 하셨습니다.

Chapter 17

좋았더라와 심히 좋았더라 : 6개의 창조 계획

[보시기에 좋았더라]는 말씀은 하나님이 하나님의 계획에 따라 뜻하신 바를 이루신다는 표현입니다. 그래서 창세기 1장에서 하나님이 하신 일은 모두 좋을 수밖에 없습니다. 그런데도 [보시기에 좋았더라]는 제목으로 하나의 Chapter를 순비한 것은 이 말씀에서 일무 사람늘이 오해하기 때눈입니다.

[보시기에 좋았더라]는 문구는 창세기 1장 4절, 10절, 12절, 18절, 21절, 25절, 31절에 있습니다. 또 [보시기에 심히 좋았더라]는 창세기 1장 31절에 있습니다. 저는 [좋았더라]를 6일간 진행한 일반 창조라고 정의하겠습니다. 또 저는 [심히 좋았더라]를 사람을 창조한 것으로 특별 창조라고 정의하겠습니다. 그러면, 첫째 날부터 다섯째 날까지는 일반 창조만 계획되어 있고, 여섯째 날에는 일반 창조와 특별 창조가 함께 계획되어 있다는 것을 알 수 있습니다.

창세기 1장 4절의 [좋았더라]는 첫째 날에 해당합니다. 창세기 1장 10절과 12절의 [좋았더라]는 셋째 날에 해당합니다. 창세기 1장 18절의 [좋았더라]는 넷째 날에 해당합니다. 창세기 1장 21절의 [좋았더라]는 다섯째 날에 해당합니다. 창세기 1장 25절의 [좋았더라]는 여섯째 날에 해당합니다.

창세기 1장 31절의 [좋았더라]는 그냥 [좋았더라]가 아니라 [심히 좋았더라]고 기록되어 있습니다. 그래서 창세기 1장 31절은 하나님이 사람의 창조를 매우 기뻐하셨다는 뜻입니다. 하나님은 창세기 1장의 모든 창조 계획의 최종 완성은 사람(혼)의 창조에 있음을 말씀하신 것입니다.

[보시기에 좋았더라]는 문구는 첫째 날 1번, 셋째 날 2번, 넷째 날 1번, 다섯째 날 1번, 여섯째 날 1번입니다. 둘째 날만 없습니다. [보시기에 심히 좋았더라]는 여섯째 날 마지막에 1번 기록되었습니다.

사람들이 의아하게 생각하는 것은 둘째 날에는 [보시기에 좋았더라]는 문구가 없다는 것입니다. 그래서 둘째 날의 창조에 관해서는 좋지 않았다는 해석을 시도합니다. 하나님이 창조하셨지만 둘째 날의 창조는 하나님이 기뻐하지 않는 창조라고 해석합니다.

하나님은 둘째 날에 물 가운데 궁창을 만드셨습니다. 그래서 궁창 위의 물과 궁창 아래의 물로 나누었습니다. 그런데 궁창 위의 물은 노아 때 홍수로 땅에 쏟아질 것이며, 땅을 심판하는 물이 될 것으로 생각합니다. 결국, 궁창 위의 물은 땅에 사는 사람들을 심판하여 모두 죽일 것이기에 하나님이 기뻐하지 않았다는 해석입니다.

둘째 날에는 [보시기에 좋았더라]는 문구가 없어서 둘째 날의 창조를 좋지 않다고 하는, 이런 해석을 들으면 진짜 맞는 것처럼 들립니다. 그러나 이는 전혀 맞지 않는 해석입니다. 하나님의 창조 중에서 좋지 않은 창조는 없습니다.

[보시기에 좋았더라]는 문장을 하나님의 창조 행위를 나누는 단위로 분류할 수 있습니다. 여태까지 창세기 1장을 읽는 사람 대부분은 하나님의 창조 단위를

날(Day)로 구분합니다. 첫째 날 하는 일, 둘째 날 하는 일, 셋째 날 하는 일 등 하나님이 하루에 하신 일을 업무(Work)의 단위로 구분합니다. 이는 매우 자연스러운 구분입니다. 창세기 1장을 읽으면서 직관적으로 업무를 날(Day)로 구분하게 됩니다.

하나님은 할 일(Work)을 6개의 업무로 나누었습니다. 그리고 그 업무를 하루에 하나씩 진행합니다. 그래서 업무 하나가 하루에 배당됩니다. 이렇게 이해하는 것은 자연스럽습니다. 그런데 여기서 멈추지 말고 더 깊이 생각해 보기를 바랍니다.

창세기 1장의 일들을 여러 개의 계획으로 이루어진 창조 작업으로 분류합니다. 크게 일반 계획과 특별 계획으로 나눕니다. 특별 계획은 사람을 창조하는 것입니다. 그 외에는 일반 계획에 넣습니다. 특별 계획은 [심히 좋았더라]에 넣고, 일반 계획은 [좋았더라]에 넣습니다. 일반 계획을 순서대로 나열하고, 일반 계획들을 묶어 일반 계획의 묶음을 그룹(Group) 단위로 분류합니다.

첫째 그룹의 제목은 [빛]이고, 둘째 그룹의 제목은 [물]이고, 셋째 그룹의 제목은 [식물]이며, 넷째 그룹의 제목은 [별]입니다. 다섯째 그룹의 제목은 [새와 물고기]이고, 여섯째 그룹의 제목은 [땅의 짐승]입니다.

이렇게 일반 계획들을 묶고 분류하여 6개의 계획 그룹이 만들어졌습니다. 6개의 계획 그룹을 날(Day)에 배당합니다. 하나님은 각 그룹이 끝날 때마다 [좋았더라]는 말씀을 하십니다.

6일째 되는 날에는 여섯째 그룹과 특별 계획을 함께 배당합니다. 그래서 여섯째 날에는 [좋았더라]와 [심히 좋았더라]가 함께 기록되어 있습니다.

첫째 그룹은 빛입니다. 첫째 그룹을 첫째 날에 배당합니다. 첫째 날에 첫째 그룹의 계획을 선포합니다. 첫째 그룹에는 하나의 계획만 있습니다. 이 계획은 빛의 창조입니다. 계획을 선포한 후에 [보시기에 좋았더라]는 말씀을 합니다. 첫째 그룹은 첫째 날에 완성된다는 의미입니다.

둘째 그룹은 물입니다. 둘째 그룹은 3개의 계획으로 묶여 있습니다. 둘째 그룹은 다른 그룹들보다 성취하는데 더 어렵습니다. 그래서 하루 만에 끝나지 않습니다. 둘째 그룹은 가장 어렵고 오래 걸리는 계획이 포함되어 있습니다. 그래서 둘째 그룹은 하루를 넘겨서 반나절을 더 배당하게 된 것입니다. 둘째 그룹이 성취되기 전까지는 [보시기에 좋았더라]는 말씀을 하지 않습니다. 그래서 둘째 날이 끝났어도 [보시기에 좋았더라]는 말씀을 하지 않았습니다.

둘째 그룹이 하루에 끝나지 않았기에 셋째 날에도 둘째 그룹의 계획을 계속 진행합니다. 그래서 셋째 날 중간에 둘째 그룹이 모두 성취됩니다. 하나님은 둘째 그룹이 성취된 후에 [보시기에 좋았더라]는 말씀을 하십니다. 둘째 그룹은 셋째 날 중간에 성취된다는 의미입니다.

셋째 그룹은 다른 그룹보다는 성취하기 쉽습니다. 셋째 그룹은 하루에 해당하지 않고 반나절에 해당합니다. 그래서 셋째 그룹은 셋째 날이 끝나기 전에 성취됩니다. 하나님은 셋째 그룹을 끝내고 [보시기에 좋았더라]는 말씀을 하셨습니다.

셋째 날에는 [보시기에 좋았더라]는 말씀이 두 번 나옵니다. 셋째 날에서 선언한 첫 번째 [보시기에 좋았더라]는 둘째 그룹을 셋째 날에 이루었다는 뜻입니다.

셋째 날에 선언한 두 번째 [보시기에 좋았다]라는 셋째 그룹을 셋째 날에 이루었다는 뜻입니다. 셋째 날에는 두 개의 그룹을 성취한 것입니다. 이런 이유로 둘째 날에는 [보시기에 좋았더라]는 말씀을 하지 않았고, 셋째 날에는 [보시기에 좋았더라]는 말씀이 두 번 나오게 된 것입니다.

하나님이 창조의 계획을 선포하신 당시는 약 6,000년 전입니다. 이때 창조의 사역을 시작한다는 것이지, 창조의 사역이 끝났다는 것이 아닙니다. 하나님은 6일간 창조 계획을 선포할 때 낮에 말씀을 선포하셨습니다. 그래서 말씀만 선포한 것이며 실제 창조의 사역은 하시지 않았습니다. 말씀을 선포하는 일 자체는 그리 어려운 일이 아닙니다. 그런데도 하나님이 말씀을 선포할 때, 둘째 그룹을 둘째 날과 셋째 날까지 이어서 선포한 것은, 실제로 궁창을 만들고 물을 나누는 일이 가장 힘든 일이라는 것을 말씀하신 것입니다.

둘째 그룹은 3개의 계획으로 되어 있는데, 물 가운데 궁창을 만들고, 궁창 아래의 물을 한곳으로 모으고, 모인 물속에서 땅을 드러내는 일입니다. 이 일은 앞으로 하나님이 하실 마지막 창조의 작업이며, 둘째 날에 하려고 계획한 일들입니다. 둘째 그룹의 계획들이 가장 힘들고 어렵기에 둘째 날에 끝나지 않고 셋째 날까지 이른다는 뜻입니다.

궁창을 만드는 일이 심판을 위한 것이기에 하나님이 기뻐하지 않았다는 것은 하나님의 창조를 좋지 않게 바라보는 것입니다. 이는 노아 당시의 심판이 이미 정해져 있었다는 것을 전제로 합니다. 이 말은 당시의 사람들이 타락하기로 예정되었다는 의미로도 확대하여 해석됩니다.

이런 주장은 잘못된 것입니다. 하나님은 사람의 타락을 미리 정하지 않습니다. 이러한 해석은 하나님을 알지 못하기에 생기는 잘못된 해석입니다. 하나님을 믿는 신앙인으로서는 바른 자세가 아닙니다. 하나님은 좋지 않은 창조를 하지 않습니다. 창세기 1장을 창조론으로 주장하려고, 둘째 날에 [보시기에 좋았더라]는 문구가 없는 이유를 억지로 만든 것입니다. 굳이 이렇게 노력하지 않더라도 창세기 1장의 말씀은 진리이며, 하나님의 창조는 진실입니다.

하나님은 땅 위에 하나님의 나라를 만들고, 하나님의 나라에서 하나님의 백성이 영원히 살면서 행복하기를 바라기에 마지막 창조의 작업을 시작하신 것입니다. 6일 동안의 창조 선언이 다 성취되면, 땅 위에 하나님의 나라가 세워지게 되고, 모든 혼(Soul)이 몸을 가지고 생육하고 번성하여 땅에 충만한 하나님의 백성이 될 것입니다. 하나님은 이를 심히 좋은 것이라고 말씀합니다.

Chapter 18

창세기 1장은 처음부터 고한 종말이다

창세기 1장은 창조의 4단계 중에서 마지막 단계의 창조를 미리 선포한 것입니다. 하나님은 창세기 1장의 내용을 6일 동안 정오에 선포하셨습니다. 이때는 아직 하나님이 마지막 4단계의 창조 업무를 시작하지 않았을 때입니다. 하나님은 어떻게 창조 작업을 진행할 것인지를 미리 말씀한 것입니다. 작업을 시작하기 전에 먼저 설계도를 보여 주신 것입니다.

성경 말씀: 이사야 46장 10절
"내가 종말을 처음부터 고하며 아직 이루지 아니한 일을 옛적부터 보이고 이르기를 나의 모략이 설 것이니 내가 나의 모든 기뻐하는 것을 이루리라 하였노라"

이 말씀에서 하나님은 처음부터 종말을 고하였다고 하십니다. 처음이라는 말씀은 곧 창세기 1장을 의미합니다. 하나님은 고했다고 말씀합니다. 이 [고하다]는 히브리어 원어는 מַגִּיד[마기드]입니다. נָגַד[마가드]라는 동사는 선포하다, 공표하다, 선언한다는 뜻입니다. 영어성경에서는 주로 Declaring으로 번역되었습니다. 창세기 1장의 내용은 이미 완료된 과거의 기록이 아니라, 하나님이 하실 일을 선포한 내용이라는 뜻입니다.

이 말씀에서 하나님은 종말을 처음부터 고하였다고 하셨는데, 여기서 [종말]은 하나님이 완성하게 될 창조의 모습을 의미합니다. 이는 요한계시록에서 보여 주는 모습을 의미합니다. 창세기 1장에서 요한계시록의 내용처럼 완성될 창조의 계획을 선포하셨다는 뜻입니다.

이 말씀에는 아직 이루지 아니한 일을 옛적부터 보였다고 기록되어 있습니다. 이 말씀은 처음부터 종말을 고했다고 한 말씀과 같은 의미입니다. 중복하여 강조한 문구입니다.

옛적부터라는 말씀은 창세기 1장을 의미하며, 아담을 창조하기 이전이라는 뜻입니다. 아직 이루지 아니한 일은 창세기 1장에서 선포한 내용을 의미합니다. 창세기 1장에 기록된 내용은 아직 이루지 않은 일입니다. 창세기 1장의 내용은 앞으로 하나님이 이루어 가실 내용이며 미래에 이루어질 내용입니다.

요한의 계시록에서도 같은 말씀을 하셨습니다.

성경 말씀: 요한계시록 1장 8절
"주 하나님이 이르시되 나는 알파와 오메가라 이제도 있고 전에도 있었고 장차 올 자요 전능한 자라 하시더라"

성경 말씀: 요한계시록 21장 6절
"또 내게 말씀하시되 이루었도다 나는 알파와 오메가요 처음과 마지막이라 내가 생명수 샘물을 목마른 자에게 값없이 주리니"

성경 말씀: 요한계시록 22장 13절

　　"나는 알파와 오메가요 처음과 마지막이요 시작과 마침이라"

　　하나님은 알파와 오메가이며, 처음과 마지막이고, 시작과 마침이라고 말씀합니다. 하나님은 알파이고 처음이며 시작입니다. 또한, 하나님은 오메가이며 마지막이고 마침입니다. 하나님은 알파와 오메가임을 3번이나 반복하여 강조한 것입니다.

　　우리 기독교인들은 하나님이 창조주임을 믿습니다. 물론 유대교도 유일신 야훼가 창조주임을 믿습니다. 유대교의 야훼가 기독교의 성부 하나님입니다.

　　하나님은 신이며, 영원하신 분으로 처음이나 끝이 없는 분입니다. 어떤 존재에게 시작이 있다는 것은 그 시작점 이전에는 없었다는 뜻입니다. 없었던 존재가 있게 되었다는 말은 그 존재가 피조물이라는 뜻입니다. 창조주 하나님은 피조물이 아니므로 시작이 없습니다.

　　하나님이 알파라는 것은 시작이라는 뜻입니다. 그런데 하나님은 피조물이 아니기에 존재의 시점이 없습니다. 하나님은 영원부터 영원까지 계신 분입니다. 그래서 하나님이 알파라는 뜻은 하나님의 존재에 관한 내용이 아닙니다. 하나님이 알파라는 것은 하나님이 일을 시작했다는 뜻입니다. 하나님이 알파와 오메가라는 말은, 하나님이 어떤 일을 시작하셨고, 시작한 그 일을 하나님이 직접 끝내신다는 뜻입니다.

　　처음과 마지막이라는 말의 의미도 같습니다. 하나님이 어떤 창조의 일을 시작하셨는데, 그 일의 마지막도 하나님이 끝내신다는 의미입니다.

요한계시록 22장 13절에서는 시작과 마침이라는 단어를 사용합니다. 본문의 시작이라는 헬라어는 ἀρχή[아르케]이고, 마침이라는 헬라어는 τέλος[텔로스]입니다. 영어로는 Beginning과 End에 해당합니다. 원어 상의 문제는 없습니다.

성경 전체에는 [하나님이 사람을 창조하고 땅 위에 하나님의 나라를 세운다]는 주제가 깔려 있습니다. 하나님의 백성을 창조하는 마지막 창조의 작업입니다. 하나님이 마지막 창조를 시작하시고 끝을 맺는다는 의미입니다. 끝을 맺는다는 말은 창조 작업이 끝난다는 말입니다. 창조 작업이 끝나면 하나님은 안식하십니다. 그렇게 완성된 창조의 결과로 하나님의 나라가 만들어지고, 끝나지 않는 영원한 하나님 나라의 시간이 시작됩니다. 하나님이 일을 끝내시면, 그때부터 하나님의 나라는 영원히 계속합니다.

요한계시록에서 계속 강조하는 것은, 하나님이 시작하시고 하나님이 끝을 낸다는 것입니다. 하나님은 시작하신 분으로 그 내용은 창세기 1장입니다. 창세기 1장에서 하나님의 계획을 선포한 것 자체가 일을 시작한 것입니다. 이 계획 속에는 완성될 하나님 나라의 모습이 담겨 있습니다. 이것이 처음부터 고한 종말입니다. 물질세계의 종말이 아니며, 피조물이 사라지는 것도 아닙니다. 종말이란 창조 작업의 완성을 의미합니다. 요한계시록은 하나님의 창조 작업이 어떻게 끝나는지를 보여 주며, 영원한 하나님의 나라가 어떻게 시작되는지를 보여 줍니다.

하나님은 요한계시록에서 완성될 하나님 나라의 모습을 보여 주셨습니다. 이 모습은 창세기 1장에서 미리 선포하여 보여 주신 것입니다. 이렇게 창조의 계획을 선포하신 이유는 하나님이 혼자서 하시는 것이 아니기 때문입니다.

새벽별들과 하나님의 아들들은 하나님이 마지막 창조를 어떻게 진행하실 것인지를 들었습니다. 그리고 마지막 창조가 땅 위에 하나님의 도시들을 세우고, 이 도시에서 하나님의 백성이 영원히 살게 되는 것임을 이해하였을 것입니다. 물론, 사탄도 하나님의 계획을 다 듣고 알게 되었을 것입니다.

창세기 1장에서 하나님이 [나는 이렇게 일하겠다]고 선포하셨습니다. 오직 하나님이 자신이 할 일을 계획하고 선포하신 것입니다. 하나님이 하실 일이라는 점이 중요합니다. 이것이 창세기 1장을 이해하는 데 가장 중요한 핵심입니다.

Chapter 19

창세기 1장 이전에도 만물이 있었다

창세기 1장의 말씀은 물질창조의 기록이 아닙니다. 이 내용은 [Part 1. 물질창조가 아니다]에서 여러 가지로 설명했습니다.

창세기 1장 1절을 제외한 창세기 1장의 모든 내용이 물질창조의 기록이 아니기에 창세기 1장은 하나님의 창조 계획이라고 설명했습니다. 이 내용도 [Part 1. 물질창조가 아니다]에서 계속 반복하여 설명했습니다. 만약 창세기 1장의 내용이 물질창조의 기록이 아니라면 무엇을 의미할까요? 이 내용은 [Part 3. 하나님의 창조 계획]에서 자세하게 설명합니다.

창세기 1장의 내용은 하나님이 마지막 창조 계획을 미리 선포한 것입니다. 어느 날의 정오에, 하나님이 지구의 에덴에 강림하셨고, 천사인 새벽별들과 하나님의 아들들이 함께 지구의 에덴에 내려왔습니다. 하나님이 에덴에서 말씀을 선포합니다. 그리고 다시 하나님이 하늘로 올라가셨습니다, 하나님이 하늘로 올라가신 후에 저녁이 되었고, 밤이 되었고, 다음 날의 아침이 되었습니다.

하나님은 다시 정오에 천사들과 함께 에덴에 강림하시고 말씀을 선포한 후에 다시 하늘로 올라가셨습니다. 이런 일을 6일간 반복합니다. 이렇게 하나님이 창세기 1장의 내용을 선포하셨습니다.

하나님이 말씀을 선포한 후에, 하늘로 복귀하셨는지, 아니면 말씀 선포가 끝나는 6일까지 계속 에덴에 머무셨는지는 모릅니다. 다만 [저녁이 되고 아침이 된다]는 표현은 하나님이 어떤 특정 지역에서 말씀을 선포한 것이고, 그 지역은 에덴일 것으로 추측합니다. 또한, 저녁과 아침이라는 표현에서 하나님이 말씀을 선포한 곳은 지구의 땅 위였다는 것을 알 수 있습니다. 지구 밖에서는 저녁이나 아침이라는 개념이 없기 때문입니다.

[저녁이 되고 아침이 되었다]는 문구는 이미 지구가 있었고 지구가 자전하고 있었고 태양이 있었고 태양이 지구를 비추고 있었다는 의미입니다. 태양 빛이 비추고 있는 지구에는 이미 강이 있었습니다. 하나님이 말씀을 선포하던 에덴이라는 곳에서 강이 시작되어 흐르고 있었기 때문입니다.

이렇게 하나님이 지구의 땅 위에서 6일 동안 말씀을 선포할 당시에, 지구는 모든 자연환경이 지금과 같았고 이미 많은 사람이 살고 있었습니다. 하나님이 말씀을 선포하던 6,000년 전의 세상과 지금의 세상은 거의 같습니다. 우주와 천체와 태양계가 그때나 지금이나 같다는 것입니다. 하나님은 6,000년 전에 만물을 창조하신 것이 아니라, 이미 창조되어 있었던 만물 속에서, 지구의 땅 위에서, 하나님의 백성을 창조하여 하나님의 나라를 시작하려고 창세기 1장의 말씀으로 하나님의 계획을 선포하시고 그 구체적인 일을 시작하신 것입니다.

Chapter 20

우리는 새롭게 되기 전의 세상에 살고 있다

지금의 세상은 완성되지 않은 세상입니다. 이 내용은 저자의 저서 제1권《하나님의 창조는 끝나지 않았다》에서 자세히 설명했습니다.

지금은 하나님의 마지막 창조를 진행하는 과정에 있습니다. 하나님은 창세기 1장에서 마지막 창조를 선언하셨고, 창세기 2장에서 마지막 창조를 위한 작업을 시작하셨으며, 요한계시록에서 마지막 창조의 완성된 모습을 보여 주십니다. 지금은 성취되는 그 중간 과정에 있습니다. 창세기 1장의 계획대로 마지막 창조는 이미 시작되었습니다. 그런데 아직 마지막 창조의 완성은 이뤄지지 않았습니다.

하나님이 창조의 완성을 다 이루게 되면, 이 세상은 새롭게 됩니다. 현재 우리가 사는 세상은 아직 새롭게 되기 전의 세상입니다.

성경 말씀: 요한계시록 21장 5절
"보좌에 앉으신 이가 이르시되 보라 내가 만물을 새롭게 하노라 하시고 또 이르시되 이 말은 신실하고 참되니 기록하라 하시고"

이 말씀에서 하나님은 만물을 새롭게 한다고 말씀하셨습니다. 그런데 이 말씀은 계시의 내용입니다.

성경 말씀: 요한계시록 4장 1절

"이 일 후에 내가 보니 하늘에 열린 문이 있는데 내가 들은 바 처음에 내게 말
하던 나팔 소리 같은 그 음성이 이르되 이리로 올라오라 이 후에 마땅히 일어
날 일들을 내가 네게 보이리라 하시더라"

이 말씀에서 [이 후에 마땅히 일어날 일들]이라고 합니다. 요한의 계시록은 사
도 요한이 A.D. 95년경에 로마 황제 도미티아누스의 핍박으로 인해 밧모섬에
유배되었을 때의 기록입니다. 사도 요한은 A.D. 95년경에 계시를 받습니다. 이
때 요한계시복 4장 1절에서 [이 후에 마땅히 일어날 일들]이라고 합니다. 요한계
시록의 내용은 A.D. 95년을 기준으로 했을 때, 그 이후에 이루어질 미래의 사건
이라는 뜻입니다.

예수님은 대략 A.D. 30년에 십자가에서 죽으셨고 부활하셨고 승천하셨습니
다. 예수님이 승천하면서 곧바로 하나님의 나라가 이루어진 것이 아닙니다. 하
나님이 만물을 새롭게 하는 그 시기는 A.D. 95년 이후에 더 먼 미래에 이루어질
일이기 때문입니다.

지금도 요한계시록에 기록된 계시의 내용은 아직 이루어지지 않은 미래에 이
루어질 일입니다. 아직도 이 세상은 하나님의 나라가 되지 않았습니다. 아직도
만물이 새롭게 되지 않았습니다. 예수님 때나 지금이나 만물은 그대로입니다.
하나님이 선포하신 창조의 사역은 계속 진행되고 있습니다.

예수님은 요한복음 5장 17절에서 [내 아버지께서 이제까지 일하시니 나도 일

한다]고 말씀하셨습니다. 하나님은 예수님이 승천한 지 2,000년이 지난 지금도 일하고 계십니다. 우리는 하나님이 하늘의 높은 곳에서 보좌에 앉아 이 세상을 지켜보시기만 하는 것으로 생각합니다. 그런데 하나님은 가만히 않아 계시는 것이 아니라, 예수님 말씀처럼 일하고 계십니다. 하나님이 일하는 방법을 천사나 사람이 모르고 있을 뿐입니다.

만물을 새롭게 한다는 의미를 설명합니다.

[만물을 새롭게 한다]는 의미를 어떤 분은 이 세상의 물질과 자연과 환경이 완전히 다르게 변하는 것으로 생각하기도 합니다. 하나님이 지금까지 창조하신 만물을 다 불로 사르고, 새로운 물질과 새로운 환경과 새로운 행성을 만들어서 구원받은 사람들만 데려가 그곳을 천국으로 삼아 영원히 살게 하신다고 생각합니다.

이것은 하나님을 모르기에 오해한 것입니다.

만물을 새롭게 한다는 뜻은 세상 나라의 통치자가 바뀌었다는 뜻입니다. 물질의 기본 원소가 바뀐다거나, 식물이나 동물의 몸을 이루는 원소가 전혀 다른 원소로 바뀐다거나, 사람의 정신이 7차원, 8차원으로 상승한다거나 하는 것이 아닙니다. 통치자가 바뀌는 것으로 만물은 새롭게 됩니다.

물질도 같고, 행성도 같고, 우주도 같고, 동물이나 식물도 같으며, 산과 바람과 강과 바다와 자연이 같습니다. 모든 것이 같으나, 단지 통치자가 달라집니다. 그런데 통치자가 바뀐 것만으로 만물이 새롭게 됩니다.

     Part 2. 창세기 1장을 위한 사전지식

이렇게 생각해 보세요.

어떤 호텔에 주방장이 있습니다. 이 Chef는 호텔의 모든 음식을 관리합니다. 이 Chef는 실력이 없는 사람이었습니다. 모든 요리가 볼품이 없고, 맛이 없으며, 신선하지가 않습니다. 그런데 어느 날 새로운 주방장이 왔습니다. 새로 부임한 Chef는 매우 능력이 있는 사람입니다. 모든 요리가 먹음직하게 세팅되고, 맛도 좋으며, 매우 신선했습니다. 이 호텔에 들어오는 모든 식자재는 이전과 같습니다. 조리하는 요리사들도 같은 사람입니다. 단지 조리를 책임지는 단 한 명의 Chef가 바뀌었을 뿐입니다.

옛 주방장은 식자재를 들여와도 냉장고 안에 누었다가 그때그때 생각나는 대로 냉장고에서 식자재를 꺼내어 사용합니다. 그래서 요리가 신선하지 않습니다. 또 맛을 내기 위한 연구를 하지 않고 양념을 대강대강 넣습니다. 그래서 맛이 없습니다. 또한, 조리된 음식을 그릇에 대강대강 담습니다. 그래서 먹음직하지 않습니다. 이 주방장은 요리하는 일을 귀찮아합니다.

새로운 주방장은 식자재를 이틀 이상 냉장고에 두지 않습니다. 그날 들어온 식자재를 바로 조리를 합니다. 그래서 음식이 신선합니다. 또 맛을 내기 위해서 여러 가지 노력하고 밤늦게 연구를 합니다. 그래서 맛이 있습니다. 조리된 음식을 그릇에 담을 때도 음식 색에 맞는 접시를 골라 담습니다. 그래서 먹음직스럽습니다.

성경 말씀: 마태복음 21장 33절
“다른 한 비유를 들으라 한 집 주인이 포도원을 만들어 산울타리로 두르고 거기에 즙 짜는 틀을 만들고 망대를 짓고 농부들에게 세로 주고 타국에 갔더니”

이 말씀은 악한 포도원 농부의 비유입니다. 예수님이 비유로 하나님의 나라에 관한 것을 말씀하신 내용입니다. 이 비유의 말씀에서 세상 권세를 가지고 있는 존재가 사탄이라는 것을 확인하겠습니다.

성경 말씀: 마태복음 21장 33절
"농부들이 그 아들을 보고 서로 말하되 이는 상속자니 자 죽이고 그의 유산을 차지하자 하고"

이 비유에서 악한 농부들은 유대인들이 아니라 사탄과 그의 천사들입니다. 이 비유에서 악한 농부는 표면적으로는 유대인을 의미합니다. 그러나 유대인들은 지금도 예수님을 메시아로 인정하지 않습니다. 예수님은 하나님의 아들로서 상속자입니다. 유대인들은 이 사실을 인정하지 않습니다. 그래서 이 농부들은 예수님을 아는 사탄과 그의 천사들입니다. 가룟인 유다 속에 예수님을 팔 생각을 집어넣었던 사탄을 의미합니다.

유대인들은 예수님을 신성모독죄로 죽였습니다. 예수님은 사람이면서 자신이 하나님과 하나라고 주장하셨습니다. 그래서 유대인들은 이 사실을 신성모독으로 보았습니다. 하지만 비유에 나와 있는 농부들은 상속자의 재산을 빼앗기 위해서 아들을 죽였습니다. 실제 유대인들과 비유에 나온 악한 농부들과는 차이가 있습니다. 이는 악한 농부가 사탄과 그의 천사임을 알려 주는 것입니다.

성경 말씀: 마태복음 21장 43절
"그러므로 내가 너희에게 이르노니 하나님의 나라를 너희는 빼앗기고 그 나라의 열매 맺는 백성이 받으리라"

예수님은 이 악한 농부들이 포도원에서 쫓겨나가게 될 것이라고 말씀합니다. 예수님은 포도원이 하나님의 나라임을 말씀합니다. 악한 농부들은 하나님의 나라를 차지하고 있었습니다. 그런데 예수님은 사탄과 그의 천사들에게 세상 나라의 권세를 빼앗겠다고 말씀한 것입니다. 이 말씀에서 포도원은 하나님의 나라이며 세상 나라입니다.

[만물을 새롭게 하는 것]은 세상 나라를 다스리는 통치자가 사탄에서 예수님으로 바뀐다는 의미입니다. 능력이 있고 성실한 한 명의 Chef가 호텔의 주방장으로 임명되면, 그 후로 호텔의 모든 음식이 달라지는 것과 같습니다. 호텔에 납품되는 식자재나 호텔에서 일하는 사람은 바뀌지 않았지만, 호텔의 음식은 완전히 새로운 맛일 것입니다.

이렇게 만물을 새롭게 하는 일은 물질세계를 바꾸는 것이 아니라, 통치자를 바꾸는 일입니다. 세상을 다시 불태워서 사라지게 한다거나, 잘못 만들었다고 재창조를 하거나, 물질세계의 기본구조를 다 뒤집어엎는 일은 하지 않습니다. 이런 일들은 만물을 새롭게 하는 것이 아닙니다. 오히려 처음에 있었던 하나님의 물질창조가 부족했다거나 모자랐다는 말이 됩니다.

국가의 3대 요소는 영토와 백성과 주권입니다. 하나님은 영토와 백성을 준비하셨고, 이제 주권만 준비하면 되는 시점에 왔습니다. 영토는 땅을 창조할 때 준비했습니다. 백성은 아담의 코에 생기를 불어넣었을 때 창조한 혼(Soul)입니다. 마지막으로 주권은 아직 완성되지 않았습니다. 주권이 하나님에게로 돌아오는 것이 창조의 마지막 순서입니다.

성경 말씀: 요한계시록 11장 15절

"일곱째 천사가 나팔을 불매 하늘에 큰 음성들이 나서 이르되 세상 나라가 우리

주와 그의 그리스도의 나라가 되어 그가 세세토록 왕 노릇 하시리로다 하니"

이 말씀에서 세상 나라가 우리 주와 그의 그리스도의 나라가 되었다고 합니다. 이 일은 아직 일어나지 않았습니다. 아직은 세상 나라를 사탄이 다스리고 있기 때문입니다. 사탄은 지금도 활동하고 있습니다.

요한계시록 11장 15절의 말씀이 이루어질 때 마지막으로 남아 있는 주권의 문제가 해결됩니다. 주권은 세상 나라를 다스리는 권세가 사탄에게서 예수님에게로 옮겨질 때 완성됩니다. 그러면 영토와 백성과 주권 모두 준비되는 것입니다. 이렇게 하나님의 나라가 땅 위에서 시작되는 것입니다. 이 말씀이 이루어질 때 주기도문에서 [당신의 나라가 이 땅에 임하옵소서]라는 기도가 비로소 성취됩니다.

요한계시록 11장 15절에는 [왕 노릇 하시리로다]로 기록되어 있습니다. 예수님은 왕과 비슷한 분이 아니라 실제 왕입니다. 왕은 아니지만 마치 왕인 것처럼 산다는 뜻이 아닙니다. 예수님은 왕으로서 직접 다스리십니다.

[왕노릇하다]로 번역된 헬라어는 βασιλεύσει[바실류세이]입니다. 이 단어는 βασιλεύω[바실류오]의 미래 · 능동태 · 직설법 · 3인칭 · 단수의 형태입니다. 이 동사는 다스린다, 통치한다는 뜻으로 영어로는 reign에 해당합니다. 이 단어는 [왕노릇하다]로 번역할 것이 아니라 [통치하다]로 번역해야 합니다.

성경 말씀: 요한계시록 19장 6절
"또 내가 들으니 허다한 무리의 음성과도 같고 많은 물 소리와도 같고 큰 우렛

     Part 2. 창세기 1장을 위한 사전지식

소리와도 같은 소리로 이르되 할렐루야 주 우리 하나님 곧 전능하신 이가 통
치하시도다”

이 말씀에는 [통치하시도다]로 기록되어 있습니다. [통치하시도다]로 번역된
헬라어는 ἐβασίλευσεν[에바실류센]입니다. 이 단어는 βασιλεύω[바실류오]의
부정과거 · 직설법 · 능동태 · 3인칭 · 단수의 형태입니다.

요한계시록 11장 15절의 [왕 노릇 하시도다]와 요한계시록 19장 6절의 [통치
하시도다]는 같은 단어입니다. 다만 요한계시록 11장 15절의 번역은 오해를 불
러일으킬 소지가 있는 번역입니다.

요한계시록의 내용은 예수님이 사탄에게서 세상 나라의 권세를 가져온다는
것이 주제입니다. 이렇게 세상 나라의 권세가 예수님에게로 옮겨지면, 땅은 하
나님의 나라가 됩니다. 땅은 하나님의 나라를 위해서 창세 때부터 준비된 것입
니다.

우리는 새롭게 되기 전의 세상에 살고 있습니다. 세상의 물질 자체를 바꿔야
한다는 뜻은 아닙니다. 가구공장에서 탁자가 완성되면 새로운 가구 또는 신제
품이 나왔다고 말합니다. 탁자가 완성되기 전, 탁자의 재료가 되는 목재는 옛 가
구나 헌 가구가 아닙니다. 가구라고 부르지도 않습니다. 우리는 옛 시대, 구시대
에 사는 것이 아닙니다. 우리는 새로운 세계가 시작되기 바로 전, 진정한 하나님
의 나라가 시작되기 전의 세상에 살고 있는 것입니다.

지금은 사탄이 다스리고 있습니다. 세상을 다스리는 분이 예수님으로 바뀔 때
비로소 하나님의 창조가 완성됩니다. 이때 완성된 세상은 새로운 세상입니다.

이제 막 하나님이 완성하여 새롭게 내놓은 하나님의 작품이기 때문입니다.

사탄은 하나님이 준비하고 계신 땅을 더럽혔으며 선하게 사용하지 않았습니다. 사탄은 하나님이 원하시는 대로 세상 나라를 다스리지 않았습니다. 사탄은 악했으며, 세상을 아름답지 못한 곳으로 만들었습니다. 이는 하나님이 창조한 세상이 악했다는 말이 아니라 사탄의 통치가 악했다는 말입니다.

칼(Knife)은 그 자체로는 선하지도 악하지도 않습니다. 다만 칼을 사용하는 사람이 어떻게 사용하느냐에 따라 달라집니다. 살인자가 칼을 쥐면, 칼은 살인 도구가 됩니다. 요리사가 칼을 쥐면, 칼은 요리 도구가 됩니다. 이처럼 세상 자체는 악하지도 선하지도 않습니다. 세상을 다스리는 자가 누구인가에 따라 세상이 악한 세상일 수도 있고, 선한 세상일 수도 있습니다. 지금의 세상이 악하다고 할 수 있는 이유는 세상 임금이 사탄이기 때문입니다. 만물이 새롭게 되는 이유는 세상 임금이 우리 주 예수 그리스도가 될 것이기 때문입니다.

지금은 창조가 완성되기 전의 세상입니다. 그래서 모든 것이 미완성인 상태입니다. 물질세계 자체는 처음부터 완전한 상태로 창조되었습니다. 지금의 세계가 새롭지 않은 것은 주권이 성취되지 않았기 때문입니다. 지금도 하나님의 창조는 진행되고 있습니다. 이 과정에서 사탄이 왕이 되어 다스리고 있기에 새롭지 않은 세상입니다. 만물을 새롭게 하신다는 말씀은 하나님의 창조가 완성된 후의 세상을 말씀합니다. 하나님의 창조가 완성되기 위해서는 한 가지 남은 것 곧 주권이 성취되어야 합니다. 세상 나라의 주권이 예수님에게 주어질 때 마지막 창조가 끝나고 만물이 새롭게 됩니다.

   Part 2. 창세기 1장을 위한 사전지식

Chapter 21

창세기 1장에서 생물이란 말의 의미

창세기 1장에는 생물이라는 단어가 나옵니다. 생물은 살아 있는 물건이라는 의미입니다. 그런데 생물이라는 의미가 창세기 1장에서는 조금 다르게 사용되고 있습니다.

생물이라는 단어는 창세기 1장 20절, 21절, 24절, 28절, 30절, 창세기 2장 7절에 나옵니다. 생물이라는 단어는 히브리어로 נֶפֶשׁ חַיָּה[네페쉬 하야]입니다. 이 말의 의미는 [살아 있는 창조물]이라는 뜻입니다. נֶפֶשׁ[네페쉬]는 여러 가지 의미로 번역되었습니다. 구약에서 life로 가장 많이 번역되었고, creature, a soul, living being, life, self, person, desire, passion, appetite, emotion 등으로도 번역되었습니다. חַיָּה[하야]는 [살아 있는]으로 번역되는 형용사입니다. 이 단어는 חַי[하이]에서 파생되었으며, 의미는 alive, living의 의미입니다.

관련된 성경 구절을 모두 찾아보겠습니다.

첫 번째, 창세기 1장 20절에서 [물들은 생물을 번성하게 하라]는 문구가 나옵니다. 이 문장 중에서 [생물]이라는 단어가 נֶפֶשׁ חַיָּה[네페쉬 하야]입니다. 영어로 번역하면 creatures of living입니다. NIV에서는 living creatures로, KJV에서는 the moving creature that hath life로, NASB에서는 living creatures로 번역되었습니다.

　두 번째, 창세기 1장 21절에서 [모든 생물을 그 종류대로]라는 문구가 나옵니다. 여기서 [모든 생물]이라는 단어가 כָּל־נֶפֶשׁ הַחַיָּה[칼-네페쉬 하하야]입니다. כָּל[칼]은 [모든]이라는 뜻이고, הַחַיָּה[하하야]에서 הַ[하]는 정관사입니다. חַיָּה[하야]에 정관사 הַ[하]가 연결된 것입니다. כָּל[칼]과 정관사 הַ[하]를 빼면, 이 단어는 נֶפֶשׁ חַיָּה[네페쉬 하야]입니다. 영어로 every Thing living으로 번역됩니다. NIV에서는 living thing으로, KJV에서는 living creature로, NASB에서는 living creature로 번역되었습니다.

　세 번째, 창세기 1장 24절에서 [땅은 생물을 그 종류대로 내되]라는 문구가 나옵니다. 여기서 [생물]이라는 단어가 נֶפֶשׁ חַיָּה[네페쉬 하야]입니다. NIV에서는 living creatures로, KJV에서는 living creature로, NASB에서는 living creatures로 번역되었습니다.

　네 번째, 창세기 1장 28절에서 [모든 생물을 다스리라]고 명령하시는 문구가 나옵니다. 여기서 [모든 생물]이라는 단어는 וּבְכָל־חַיָּה[우버칼 하이야]입니다. 이 구절에서만 נֶפֶשׁ[네페쉬]가 없습니다. 위의 히브리어 단어를 직역한다면, [모든 살아 있는 것]입니다. נֶפֶשׁ[네페쉬]가 있으면 물건, 창조물 등의 의미가 있어서 생물, 살아 있는 창조물 등으로 번역됩니다. 이 구절처럼 נֶפֶשׁ[네페쉬]가 없으면 물건, 창조물의 의미를 빼고, 단지 살아 있는 것으로 번역됩니다. 그런데 [살아 있는 것]이나 [살아 있는 창조물]이나 의미상 같다고 볼 수 있습니다. NIV에서는 every living creature로, KJV에서는 every living thing으로, NASB에서는 every living thing으로 번역되었습니다. NIV에서는 נֶפֶשׁ[네페쉬]가 없는데도 creature를 넣어 번역되었고, KJV와 NASB에서는 נֶפֶשׁ[네페쉬]가 없기에 thing

으로 번역된 것 같습니다.

　다섯 번째, 창세기 1장 30절에서 [생명이 있어 땅에 기는 모든 것]이라는 문구가 나옵니다. 여기서 [생명이 있어]라는 단어는 히브리어 원문에서 נֶפֶשׁ חַיָּה[네페쉬 하야]입니다. NIV에서는 the breath of life로, KJV에서는 wherein there is life로, NASB에서는 which has life로 번역되었습니다. 한글성경에서는 [생명이 있어 땅에 기는 모든 것]으로 번역되었는데, 제가 보기에는 [땅에 기는 모든 생물]로 번역하는 것이 더 자연스러운 것 같습니다.

　여섯 번째, 창세기 2장 7절에서 [사람이 생령이 되니라]는 문구가 나옵니다. 여기서 [생령]이라는 단어는 נֶפֶשׁ חַיָּה[네페쉬 하야]입니다. 생령이라는 단어를 NIV에서는 living being으로, KJV에서는 living soul로, NASB에서는 living being으로 번역되었습니다.

　개역개정과 개역한글에서 창세기 2장 7절의 번역은 오류입니다. [사람이 생령이 되었다]고 번역한 것이 잘못된 번역입니다. [사람이 생물이 되었다]로 번역해야 맞습니다. 공동번역은 [사람이 되어 숨을 쉬었다]로 번역되었는데, 이 번역도 매우 잘못된 번역입니다. 현대인의 성경은 [산 존재가 되었다]로 번역되었는데, 이 번역도 좋은 번역은 아닌 것 같습니다. 새번역은 [사람이 생명체가 되었다]로 번역되었는데, 이 구절에서는 가장 좋은 번역으로 보입니다. 생명체나 생물은 유의어로서 같은 의미이기 때문입니다. 창세기 2장 7절의 의미는 뒤에서 자세히 설명합니다.

　창세기 1장의 [살아 있다]는 말에서, 하나님이 의도하는 뜻과 우리가 알고 있는 뜻이 매우 다르다는 것을 알 수 있습니다.

우리가 살아 있다고 표현할 때는 어떤 생명체가 움직이고 호흡하고 먹고 자는 등 생명 활동을 할 때 살아 있다고 말합니다. 어떤 동물이 움직이지 않고 호흡하지 않고 심장이 뛰지 않는다면 그 동물은 죽은 것입니다. 우리는 이런 동물을 살아 있다고는 표현하지 않습니다.

하나님이 살아 있다고 표현하실 때는 앞에서 설명한 의미로 사용하지 않습니다. 하나님이 말씀하는 살아 있다는 뜻은 영원히 소멸하지 않는다는 뜻입니다. 동물이든 사람이든 소멸하지 않고 영원히 존재할 때 하나님은 살아 있다고 표현하십니다.

1살 된 강아지가 있다고 가정합니다. 강아지의 수명이 10년이라고 가정합니다. 지금 당장은 강아지가 살아 있어서 소리 내고 먹고 움직이고 있습니다. 강아지는 호흡하고 있으며 심장이 뛰고 있습니다. 우리는 강아지를 살아 있다고 표현합니다. 그런데 하나님은 이 강아지를 살아 있다고 말씀하지 않습니다. 왜냐하면, 강아지는 9년 후에는 죽을 것이고, 죽으면 소멸할 것이기 때문입니다. 하나님은 이 강아지를 살아 있다고 말씀하지 않고 단지 [흙]이라고 말씀합니다. 하나님의 관점에서는 흙이 잠시 뭉쳐서 움직이고 소리 내고 먹고 자는 것입니다. 하나님이 보실 때 흙은 잠시 움직이지만 조금 후에는 다시 흙으로 돌아가 잠잠해집니다.

하나님이 보기에 죽은 후에 소멸하여 사라지는 존재는 살아 있는 것이 아닙니다. 사람이나 동물이나 마찬가지입니다. 죽은 후에 소멸하여 사라지는 존재는 하나님에게는 흙에 불과합니다. 이 개념은 창세기 1장에 흐르는 매우 중요한 개념입니다.

지금까지의 모든 동물은 죽은 후에 소멸합니다. 동물은 혼도 없고 영도 없습니다. 동물은 오직 몸만 있습니다. 그래서 지금까지의 모든 동물은 하나님에게는 흙일 뿐입니다. 하나님이 창세기 1장에서 생물이라고 말씀하실 때는 동물이 죽지 않고 영원히 살아 있게 되었다는 뜻입니다. 언젠가 죽어서 사라진다면 그 동물은 생물이 아니라 흙입니다.

창세기 1장에서 하나님은 생물을 창조하고 계십니다. 하나님은 동물도 영원히 사는 몸을 주어 영생하도록 만들겠다는 것입니다.

창세기 1장 20절에서 [물들은 생물을 번성하게 하라]는 문구가 나옵니다. 이 말씀에서 생물은 물고기입니다. 사람은 이 말씀의 의미를 물고기의 몸을 만든 것으로 생각합니다. 여기에서 창조는 무에서 유의 창조입니다. 물에는 물고기가 없었습니다. 그런데 하나님이 창조하시니 지금 우리가 보고 있는 수많은 물고기가 물속에 있게 되었습니다. 이렇게 생각하는 것이 우리 사람의 생각입니다.

하나님이 말씀하는 물고기의 창조는 이런 내용이 아닙니다. 창세기 1장 20절의 말씀을 하기 전에도 물속에는 물고기가 많이 있었습니다. 그런데 이 물고기들은 모두 흙에 불과합니다. 모든 물고기가 죽을 것이고 죽으면 소멸하여 사라질 것이기 때문입니다. 하나님이 보시기에, 물속에는 생물이 하나도 없고, 단지 수많은 흙이 물속을 헤엄치고 있을 뿐입니다. 하나님이 보시기에는 흙만 있고 생물은 없습니다. 지금 있는 모든 물고기도 흙에 불과합니다.

하나님이 창세기 1장 20절의 창조를 이루셨을 때, 물들은 생물로 가득하게 될 것입니다. 이때 하나님이 보시기에도 물에는 흙이 아니라 생물들이 가득합니다. 이 생물들은 어느 하나도 죽는 일이 없습니다. 물속에 있는 모든 물고기는 죽음이 없는 영원한 생명을 가지고 있습니다. 누군가가 일부러 물고기를 잡아서 죽이지 않는 한, 이 물고기들은 물속에서 영원히 살게 됩니다. 이렇게 영원히 살고 스스로는 결코 죽는 일이 없는 물고기들이 물에 가득하게 될 때, [물들은 생물을 번성하게 하라]는 말씀이 성취됩니다.

지금은 영원히 사는 물고기가 없습니다. 그래서, 창세기 1장 20절의 [물들은 생물을 번성하게 하라]는 명령이 아직 성취되지 않았습니다. 이 명령은 과거의 기록이 아니라, 앞으로 하나님이 이루실 미래의 계획입니다.

하나님이 말씀한 [생물]이라는 말의 의미는 영원히 죽지 않고 존재한다는 뜻입니다. 혼이나 영이 없어도 그 몸이 죽지 않고 영원히 존재한다면 그 생명체는 하나님 앞에서 살아 있는 것입니다.

Chapter 22

사람의 세 종류
- 혼(魂)과 영(靈)과 그 외

사람에게는 세 종류가 있습니다. 하나는 영이나 혼이 없고 육체로만 된 사람이고, 또 하나는 혼이 몸을 가지고 있는 경우이고, 마지막 하나는 영이 몸을 가지고 있는 경우입니다. 몸 안에 영과 혼이 동시에 있는 경우는 제외합니다. 또 몸 안에 혼이 둘 이상인 경우도 제외합니다.

Step 1. 영이나 혼이 없는 사람

영과 혼이 없는 사람은 육체만 있는 사람이며, 이들은 죽게 되면 소멸합니다. 이들에게는 부활도 없고, 심판도 없습니다. 아담 이전의 사람은 모두 육체만 있는 사람입니다. 하나님이 아담의 코에 생기를 불어넣기 전까지, 아담도 이런 사람 중의 하나였습니다. 그때와 달리 지금은 영이나 혼이 없는 사람은 없을 것입니다.

Step 2. 혼으로 태어난 사람

혼은 하나님이 아담의 코에 생기를 불어넣으셨을 때 최초로 창조되었습니다. 아담의 후손으로 태어나는 사람은 혼이 태어나는 것입니다. 혼이 육체를 가지고 세상에서 삶을 누리는 것입니다. 육체는 혼이 삶을 누리도록 하는 도구입니다. 혼은 불멸합니다. 사람이 죽어도 혼은 사라지지 않습니다. 지금까지의 모든 혼은 육체와 분리된 후에 땅 아래로 내려가 부활을 기다립니다. 혼은 백보좌의 심판을 통하여 첫 번째 삶을 정리합니다. 혼은 하나님의 백성으로 창조를 받았기에, 벌을 받은 후에는 천국에서 살게 됩니다. 혼은 창세기 1장 26절과 같이, 하늘의 새와 바다의 고기와 땅의 모든 짐승을 다스리면서 땅 위에서 생육하고 번성하여 충만하게 되는 목적으로 창조되었습니다. 현재 사람 대부분은 혼일 것입니다. 혼은 태어날 때마다 늘어납니다. 천국에서도 혼은 태어날 것입니다. 우주가 영원하듯이 사람(혼)도 영원히 늘어날 것입니다.

Step 3. 영이 사람으로 태어난 경우

영의 범주에는 천사와 하나님이 포함됩니다. 하나님도 영이시고, 천사도 영입니다. 하나님의 아들들은 천사와 같은 존재로 영입니다. 하나님은 영을 사람으로 태어나게 하십니다. 그래서 사람 중에는 영이 포함되어 있습니다. 정확하게 표현한다면, 영이 사람으로 태어나서 육체를 가지고 잠시 사는 경우입니다. 육체는 영이 물질세계 안에 있게 하는 도구가 됩니다. 영이 사람으로 태어난다고 하더라도 영의 전체 수는 늘어나지 않습니다. 단순히 존재의 형태를 바꾸는 것입니다. 영이 죽게 될 경우, 영은 몸과 분리된 후에 땅 아래로 내려가서 대기합니다. 영은 땅 위에서 생육하고 번성하여 충만할 목적으로 태어나는 것이 아닙니다. 그래서, 영은 사람으로 사는 삶을 누리지 않습니다. 영은 하나님의 종입니다. 자신을 위해 살지 않습니다.

하나님이 아담 속에 혼을 창조하기 전까지는 영도 사람으로 태어날 수 없었습니다. 아담이 창조되기 전까지의 시대는 오직 육체만 있는 흙의 사람들이 살고 있었습니다. 이 내용이 창세기 1장의 바탕에 깔린 당시의 환경입니다.

Step 4. 그 외의 경우

영과 혼이 몸 안에 함께 있는 일도 있습니다. 또 하나의 몸에 여러 개의 혼이 함께 있는 경우도 있습니다. 이런 경우는 태어난 후에 발생하는 일입니다. 그래서 사람의 종류에서는 제외했습니다. 이 경우들은 신접입니다. 하나님이 금지한 것입니다. 몸 안에는 그 몸의 주인인 영이나 혼 하나만 있어야 합니다. 그 외에 몸 안으로 들어온 존재는 하나님의 명령을 어긴 것입니다. 몸 안에 다른 혼이 함께 있다면, 그 혼은 귀신입니다.

Chapter 23

창세기 1장은 하나님의 계획표

창세기 1장은 마지막 창조를 위한 하나님의 계획표입니다. 이 내용은 [Chapter 18. 창세기 1장은 처음부터 고한 종말이다]에서 설명했습니다.

하나님은 먼저 하실 일을 선포하시고 그 후에 선포한 내용대로 일을 진행하십니다. 하나님의 선포를 들은 모든 천사는 하나님의 계획을 압니다. 천사라고 하면, 욥기 38장 7절에 기록된 대로, 새벽별들과 하나님의 아들들이 포함됩니다. 또한, 천사에는 가브리엘이나 미가엘 그리고 사탄까지 포함됩니다. 사탄도 하나님의 계획을 듣고 알게 되었습니다.

하나님은 하는 일을 숨기지 않습니다. 창세기 1장에서 계획을 선포하셨고, 이 계획을 모든 천사가 함께 들었습니다. 하나님은 뒤에서 몰래 일을 해 놓고, 앞에서 깜짝 놀라게 하는 분이 아닙니다. 비밀 계약을 하거나, 이중장부를 쓰거나, 뒷거래하거나, 함정에 빠뜨리거나, 말을 바꾸는 등의 방법을 사용하지 않습니다. 하나님은 사탄에게만 감추는 방식으로 말씀하는 분이 아닙니다. 하나님은 계획한 모든 일을 선포하시고, 그 일을 계획에 맞춰 순차적으로 진행합니다. 어떤 일도 숨기지 않고 공개적으로 진행합니다. 하나님이 하는 일은 공정하며, 공의로우며, 공평합니다. 모든 천사는 하나님이 하시는 일을 보고 듣습니다.

창세기 1장의 내용은 비밀이 아닙니다. 천사들은 창세기 1장의 내용을 이미 알고 있습니다. 창세기 1장의 계획은 사탄도 알고 있습니다. 하나님이 모든 천사가 듣는 가운데 창세기 1장의 말씀을 선포하셨기 때문입니다. 창세기 1장의 계획을 사람은 모릅니다. 창세기 1장의 말씀을 선포할 때, 사람은 없었습니다. 또한, 하나님이 말씀을 선포하셨던 6,000년 전 사람은 우주의 상태를 알지 못합니다. 6,000년 전이나 지금이나 우주의 상태는 크게 달라지지 않았을 것입니다. 지금도 사람은 우주에 관해서는 조금밖에 알지 못합니다. 천사들은 이미 다 알고 있는 사실이지만, 사람은 이제 조금 알아가고 있습니다. 그래서 하나님이 말씀을 선포할 당시의 상황을 인류는 모르고 있다는 것입니다.

사단이 알고 있다면, 비밀이 아닙니다. 다만 사람들이 알지 못하기에 사람들에게만 비밀입니다. 하나님이 비밀로 숨기려고 하신 것이 아니라, 당시에는 사람이 없었기 때문입니다. 또한, 이후에 태어난 사람도, 지식이 없고 지혜가 부족하기에, 창세기 1장의 내용이 지금까지도 사람들에게 감춰진 것입니다.

창세기 1장은 하나님의 실행 계획표입니다.

예전에 초등학교에 다닐 때, 방학 전에 선생님이 생활계획표를 짜 오라고 하셨습니다. 학생 대부분은 생활계획표를 짜서 제출합니다. 오전 6시 기상, 오전 8시 운동, 오전 9시 아침 식사, 오전 12시까지 공부, 이런 식으로 하루의 생활계획표를 만듭니다. 이 생활계획표는 기상부터 취침까지 하루 일정표를 시간이나 분 단위로 나누어 기록합니다. 그런데 생활계획표는 아버지의 일과가 아닙니다. 당연히 어머니의 일과도 아닙니다. 생활계획표는 오직 나 자신의 일과입니다. 다른 사람이 할 일은 기록하지 않습니다. 생활계획표는 그 표를 작성한 사람이 할 일을 기록한 것입니다.

이처럼, 창세기 1장은 하나님이 하실 일을 선포한 것입니다. 창세기 1장의 내용은 천사들이 할 일도 아니고, 사람이 할 일도 아니며, 오직 하나님이 하실 일을 선포한 것입니다. 이는 창세기 1장을 이해하는데 매우 중요한 개념입니다.

첫째 날부터 여섯째 날까지 선포한 모든 말씀의 행위 주체는 하나님 자신이라는 사실을 잊으면 안 됩니다. 그래야 창세기 1장을 제대로 이해할 수 있습니다.

Chapter 24

창세기 1장에서 아담의 불순종은 반영되지 않았다

하나님은 땅 위에 하나님의 나라를 세우려고 계획하셨습니다. 하나님은 이 계획을 창세기 1장에서 선포하셨습니다. 그런데 창세기 1장의 계획 속에 아담이 선악과를 먹게 되는 일은 반영되지 않았습니다.

많은 사람은 아담이 선악과를 먹어서 모든 인류가 죄에 빠졌다고 알고 있습니다. 아담 한 사람으로 인해 모든 사람이 죄의 종이 되었고, 그래서 예수님이 오셔서 죄로부터 구원해 주신다는 것입니다. 예수님이 오는 것은 창세 전에 계획된 것이기에, 아담이 선악과를 먹는 일도 이미 창세 전에 정해진 것이라는 생각합니다. 만약 아담이 선악과를 먹지 않았다면, 예수님이 이 땅에 오지 않았다는 논리가 됩니다. 그런데 이런 주장은 잘못된 것입니다.

하나님은 전지전능하기에 미래의 모든 것을 알고 있다는 생각을 합니다. 이것은 잘못된 생각입니다. 하나님은 미래의 일을 미리 정해 놓으시지 않습니다. 하나님은 미래를 예견하십니다. 이루기로 정한 일이 있다면, 그 계획을 이루기 위해 하나하나 일을 지어 성취해 가는 것입니다.

하나님은 아담이 선악과를 먹게 될 것을 정해 놓지 않았습니다. 선악과를 먹는 것은 전적으로 아담과 하와의 선택입니다. 만약 아담과 하와가 선악과를 먹도록 정해져 있었다면, 하나님은 아담과 하와에게 책임을 물으실 수 없게 됩니다.

하나님은 아담과 하와의 자유의지를 제한하지 않았으며, 아담과 하와에게 최면을 걸어 선악과를 먹도록 하신 것도 아니며, 선악과에 관련된 내용을 감추거나 숨긴 것도 아니며, 아담이나 하와 몰래 다른 함정을 만든 것도 아닙니다. 물론, 하나님은 아담과 하와가 선악과를 먹을 수 있다는 것을 충분히 고려하셨을 것입니다.

하나님이 창세기 1장에서 하나님의 계획을 선포하실 때는 아직 아담과 하와를 창조하지 않았을 때입니다. 하나님이 마지막 창조의 시나리오를 만들 때, 아담과 하와라는 중요 인물을 정했고, 이들을 통한 하나님의 계획을 진행하기로 하셨습니다. 이 과정에서 아담과 하와가 선악과를 먹도록 정한 것은 아닙니다.

하나님이 아담에게 명령을 내릴 때, 하나님은 아담이 선악과를 먹을 것으로 정하고, 아담에게 명령을 내려 선악과를 먹기를 기다리는 분은 아니라는 것입니다. 이는 죄를 짓기도 전에 아담을 잠정적 범죄자로 미리 규정하는 일입니다. 하나님이 아담과 언약을 하실 때, 하나님은 아담이 끝까지 언약을 잘 지킬 것을 바라셨습니다. 미래는 정해져 있는 것이 아니라 만들어가는 것입니다.

하나님은 아담과 언약을 하셨습니다. 아담은 언약 상의 조건을 이행해야 하고, 하나님도 아담에게 언약에서 제시한 보상을 하신다는 것입니다. 아담은 동산에서 하나님이 원하는 일을 하고, 하나님은 아담에게 동산에서 영원히 살 수 있도록 영생을 주십니다. 그런데 아담이 계명을 어겨서 약속을 깼습니다. 그래서 아담은 영생을 누리지 못하게 되었습니다.

이렇게 생각해 보세요.

어떤 TV 채널에서 [무인도에서 1개월 살기]라는 프로그램을 진행합니다. 한 명이 여기에 도전합니다. 그래서 도전자와 진행자가 계약을 맺습니다. 무인도에서 1개월을 살면 큰 보상을 한다는 계약서입니다. 도전자가 무인도에 가보니, 1주 치 식량만 있습니다. 계약 내용은 1개월을 사는 것인데, 식량은 1주 치밖에 없습니다. 그래서 도전자가 진행자에게 왜 식량이 1주 치밖에 없는지를 묻습니다. 진행자는 도전자가 1주일을 넘기지 못할 것이라고 말합니다. 그래서 나머지 3주 치의 식량을 준비하는 것은 낭비라고 말합니다.

진행자는 도전자가 실패할 것을 이미 정해 놓고 식량을 적게 준비한 것입니다. 진행자는 이렇게 해서는 안 됩니다. 최소한 도전자가 도전에 성공할 것을 상정하여 1개월 분량의 식량을 준비해야 합니다. 비록 도전자가 실패한다고 하더라도 진행자는 1개월 분량의 식량을 준비해야 합니다. 처음부터 실패할 것으로 정해 놓고 계획할 수는 없습니다.

사람은 언젠가는 죽습니다. 사람이 죽으면 관을 만들어 그 안에 넣고 땅에 묻습니다. 물론, 지금은 화장을 많이 해서 꼭 관이 필요한 것은 아닙니다. 하여튼 죽음을 피할 수 없습니다. 다만 그 시점을 모를 뿐입니다. 젊은 사람이 언젠가 죽을 것이라고 하여, 미리 자신이 들어갈 관을 만들어 두고, 관을 방 한곳에 보관하는 사람은 없을 것입니다.

아담이 선악과를 먹을 가능성은 있지만, 하나님은 아담과 하와가 최대한 자신의 사명을 끝까지 잘 해내기를 바라셨고, 또 그렇게 하도록 권고하셨습니다. 아담과 하와가 끝까지 자신의 소임을 마칠 것을 전제로 하나님은 하나님의 계획을 선포하셨습니다.

　물론 아담과 하와가 자신의 소임을 다하지 못하더라도, 하나님이 창세기 1장에서 선포한 계획은 반드시 성취됩니다. 그래서 창세기 1장의 내용은 큰 그림으로 그려 놓으셨고, 아담과 하와에 관련된 내용은 창세기 1장의 선언에 포함하지 않았습니다. 아담과 하와가 자신의 소임을 잘 완수하면, 창세기 1장의 내용은 세부적인 변경 없이 큰 그림으로 그려진 그대로 성취되고 있었을 것입니다. 아담과 하와가 자신의 소임을 다하지 못하게 되었어도, 세부적인 변경은 있겠지만, 창세기 1장의 내용은 큰 그림으로 그려져 있기에, 계획한 그대로 성취될 것입니다.

Chapter 25

창세기 1장은 사탄의 개입을 고려하지 않았다

이 내용도 [Chapter 24. 창세기 1장에서 아담의 불순종은 반영되지 않았다]와 같은 의미입니다.

하나님은 창세기 1장에서 하나님의 나라를 이루려고 계획하셨습니다. 이 과정에서 하나님은 사탄의 개입을 고려하지 않으셨습니다. 그래도 사탄의 존재를 알고 계시기에 어떤 식으로든 대비하셨을 것입니다. 창세기 1장에서 계획을 선포할 때는 사탄의 방해와는 상관없이 반드시 이루어지도록 계획을 세우셨다는 뜻입니다.

아담이 선악과를 먹은 사건은 하나님의 계획에 영향을 미치게 됩니다. 사탄은 아담에게 선악과를 먹게 하여 하나님의 계획이 무산되기를 바랐을 것입니다. 그래서 아담이 선악과를 먹은 일에 사탄이 간접적으로 개입한 것입니다.

창세기 1장에는 아담에 관한 내용이나 천사에 관한 내용이 없습니다. 오직 하나님이 하실 일만이 선포되어 있습니다. 사람이나 천사는 자유의지가 있어서 변수로 작용합니다. 창세기 1장에 아담에 관한 내용을 담았다면, 아담으로 인해 창세기 1장에서 선포한 내용을 바꿔야 하는 상황이 생길 수 있습니다. 창세기 1장은 하나님이 하실 일을 선포하셨기에, 반드시 이루어질 일만 선포된 것입니

다. 아무리 아담이나 사탄이 변수가 되어 하나님의 일을 방해한다고 하더라도
창세기 1장의 계획은 그대로 성취됩니다.

여기서 사탄의 일을 조금 생각해 보겠습니다.

성경 말씀: 요한계시록 12장 9절
"큰 용이 내어 쫓기니 옛 뱀 곧 마귀라고도 하고 사탄이라고도 하는 온 천하를
꾀는 자라 땅으로 내어 쫓기니 그의 사자들도 저와 함께 내어 쫓기니라"

성경 말씀: 요한계시록 20장 3절
"용을 잡으니 곧 옛 뱀이요 마귀요 사탄이라 잡아서 천 년 동안 결박하여"

사탄에게는 별칭이 있습니다. 사탄의 별칭은 용, 뱀, 마귀, 사탄입니다. 헬라
어로 용은 δράκων[드라곤]이며, 뱀은 ὄφις[오피스]이고, 사탄은 Σατανᾶς[사타
나스]이고, 마귀는 διάβολος[디아볼로스]입니다.

드라곤은 말 그대로 용을 의미합니다. 오피스도 말 그대로 뱀을 의미합니다.
사타나스는 대적자라는 뜻입니다. 사탄은 하나님을 대적한다는 의미로 사용된
단어가 아니라, 하나님에게 속한 종들을 대적한다는 의미로 사용된 것입니다.
마귀는 분리하는 자라는 뜻이며, 악한 영들을 다스리는 존재를 의미합니다.

사탄의 본명은 알 수 없습니다. 사탄의 별칭에는 루시퍼라는 단어도 포함됩
니다. 이사야 14장 12절의 הֵילֵל[헬렐]은 영어성경에서 루시퍼로 번역되었습니
다. 한글에서는 이 단어가 계명성으로 번역되었습니다. 계명성, 새벽별, 샛별 모
두 금성을 의미합니다. 계시록에 기록된 사탄의 별칭은 모두 4개입니다. 이 별

칭 중에서 가장 대표적인 별칭은 용입니다. 뱀도 아니고, 사탄도 아니고, 마귀도 아닙니다. 대표적인 별칭이 용인 이유는 4개의 별칭이 함께 사용되는 요한계시록 12장 9절에서 주어로 사용되었기 때문입니다. 용이 싸운다, 용이 이기지 못한다, 용이 쫓겨났다고 기록되어 있기 때문입니다.

루시퍼의 대표 별칭이 뱀이었다면, 요한계시록 12장 9절에서 [옛 뱀이 내어 쫓기니 큰 용 곧 마귀라고도 하고 사단이라고도 하는…]으로 기록되었을 것이고, 요한계시록 20장 2절에서 [옛 뱀을 잡으니 곧 용이요 마귀요 사탄이라…]라고 기록되었을 것입니다.

이처럼 4개의 별칭을 한 문장에서 함께 기록할 때, 용을 주어로 사용한 이유는 4개의 별칭 중에서 용이 가장 오랫동안 사용된 대표적인 별칭이기 때문입니다.

그런데 우리는 성경에서 루시퍼가 용으로서 활동한 사례를 찾기가 어렵습니다. 성경에서 루시퍼가 뱀으로 활동한 사례도 찾기는 매우 어렵습니다. 물론 에덴동산에 하와를 유혹한 뱀이 루시퍼라고 주장할 수 있습니다. 이 주장을 받아들인다고 하더라도 단지 한 번에 불과합니다. 성경에서 루시퍼가 사탄으로 활동한 사례는 많습니다. 욥을 대적했던 기록이 한 예입니다. 또 요한계시록 12장 10절에서도 참소하는 자였다고 기록되어 있습니다. 성경에서 루시퍼가 마귀로 활동한 사례도 있습니다. 누가복음 4장 2절에서 마귀는 예수님을 시험합니다. 또한, 밭에 가라지를 뿌려 하나님의 일을 방해하는 존재입니다.

루시퍼의 대표적인 별칭이 용이라는 말은, 루시퍼가 매우 오랫동안 용으로서 활동했을 것을 의미합니다. 루시퍼가 옛 뱀으로 불리는 기간보다 용으로 불리는 기간이 훨씬 더 길었을 것입니다.

하나님이 아담을 창조한 이후로 루시퍼는 사탄이라고 하는 별칭을 얻게 됩니다. 사탄은 [하나님의 종들을 대적하여 참소하는 자]라는 뜻이기 때문입니다. 하나님의 종들이 사람으로 태어났을 때, 루시퍼는 하나님의 종을 참소하였습니다. 그래서 루시퍼를 대적자로 부르게 됩니다.

또한, 루시퍼는 마귀라는 별칭을 얻게 됩니다. 이는 루시퍼가 악한 영들을 거느리는 존재가 되었기 때문입니다. 하나님이 아담을 창조한 후로, 사람이 죽으면 그 혼은 음부에 머물게 되어 있습니다. 혼들을 관리하는 역할을 루시퍼가 맡게 되었습니다. 그래서 혼을 관리하고 이끄는 일을 루시퍼의 천사들이 합니다. 그런데 루시퍼의 천사들이 혼을 버려두거나 엉망으로 관리하면서 악령이 생기게 되었습니다. 이 악령을 관리하는 최종 책임자는 루시퍼입니다. 그래서 루시퍼는 악령의 왕인 마귀(바알세불)로 불리게 된 것입니다. 악령은 죽은 후에도 나쁜 짓을 하는 혼을 의미합니다.

하나님이 아담을 창조한 후에 등장한 별칭은 사탄과 마귀입니다. 용과 뱀은 아담을 창조하기 이전부터 있었던 별칭이라고 할 수 있습니다. 물론 에덴동산에서 하와를 유혹한 뱀을 루시퍼라고 가정한다면, 뱀이라는 별칭도 하나님이 아담을 창조한 후에 생긴 것이라고 주장할 수 있습니다. 그러나 실제로 에덴동산에 있었던 뱀은 루시퍼가 아닙니다. 이 내용은 저자의 저서 제2권 《에덴동산과 하나님의 아들들》을 참고하면 됩니다.

하나님이 아담을 창조하기 전까지, 루시퍼는 용이나 뱀으로 불렸습니다. 그런데 뱀이라는 별칭보다는 용이라는 별칭이 대표적인 별칭입니다. 용으로 불리던 시기가 매우 길었고, 뱀으로 불리는 시기는 상대적으로 짧았을 것이기 때문입니다. 만약 뱀으로 불리는 기간이 용으로 불리는 기간보다 더 길었다면, 루시퍼의 대표적인 별칭은 뱀이 되었을 것입니다.

　루시퍼가 사탄이나 마귀로 불리는 기간은 아담 이후로 6,000년쯤 될 것입니다. 그런데 용이라는 별칭이 대표적인 별칭이라면, 루시퍼가 용으로 불리던 기간은 6,000년보다 더 긴 기간이었을 것입니다.

　루시퍼는 아담의 창조 이전까지 매우 긴 시간 동안 용으로 불렸습니다. 용으로 불리기 시작했을 때, 루시퍼는 이미 정상적인 천사장이 아니었을 것입니다. 하나님이 천사장 루시퍼를 용으로 부르셨기 때문입니다. 천사장 미가엘이나 천사장 가브리엘을 부르는 별칭은 성경에 나오지 않습니다. 그러나 하나님은 루시퍼의 본명을 사용하지 않고 짐승 중 하나인 용으로 무르셨습니다. 이것은 좋지 않은 경우입니다.

　하나님이 아담을 창조하기 이전부터 루시퍼는 하나님이 보시기에 좋지 않은 상태였습니다. 쉽게 말한다면, 천사장 루시퍼가 교만해졌다는 것입니다. 루시퍼는 하나님이 자신에게 맡긴 권세를 영원히 가지고 싶었던 것 같습니다. 루시퍼는 하나님이 맡긴 권세를 빼앗기지 않으려고 온갖 방법을 다 사용하게 됩니다. 그래서 하나님이 하는 일을 방해하게 된 것입니다.

　하나님은 사탄이 간접적으로 방해할 것을 예견하셨을 것입니다. 그러나 사탄이 방해하여도 하나님의 계획은 그대로 진행될 것입니다. 사탄이 방해하든지, 하지 않든지, 이에 상관없이 하나님의 계획은 반드시 이루어질 것입니다.

　하나님은 땅 위에 하나님의 나라를 세우는 계획을 선포하셨습니다. 사탄의 개입을 기정사실로 정하고 이를 반영하여 계획한 것은 아닙니다. 아담이 선악과를 먹게 될 일을 기정사실로 정해서 이를 반영한 계획을 따로 세우지 않은 것과 같습니다. 사탄이 방해하든 말든, 아담이 선악과를 먹든 말든, 하나님은 반드시 성취되는 계획을 세우신 것입니다.

창세기 1장의 계획은 사탄의 개입과 아담의 범죄를 배제하고, 오직 하나님이 하실 일들만 선포된 것입니다. 이 계획은 사탄이라는 변수와 상관없이 반드시 성취되는 계획입니다.

   Part 2. 창세기 1장을 위한 사전지식

Chapter 26

성경에서 말하는 하나님의 나라

이 Chapter에서는 하나님의 계획이 모두 실현된 후에, 완성된 하나님 나라의 모습을 설명합니다.

Step 1. 하나님의 나라는 땅 위에 세워집니다

하나님은 영의 세계와 물질세계를 모두 창조하셨습니다. 그래서 영의 세계도 물질세계도 하나님의 소유입니다. 그런데 하나님은 특별히 이 세상에 하나님이 직접 통치하는 나라를 세우고자 하셨습니다. 창세기 1장 28절에서 [땅에 충만하라]고 하신 말씀은 하나님이 이루실 나라가 땅 위에 세워진다는 것을 의미합니다. 영의 세계도 하나님에게 속해 있지만, 하나님이 창조하시는 나라는 이 물질세계에 있게 될 것입니다. 땅 위에 영원한 도시들이 건설될 것이고, 이 도시들에는 하나님의 백성이 가득할 것입니다.

Step 2. 하나님의 백성은 영원합니다

하나님의 백성은 영원히 살아야 합니다. 하나님이 만 년 후에 다시 찾아와도 하나님의 백성은 살아 있어야 합니다. 하나님의 백성이 영원히 살아 있게 되는 조건은 두 가지입니다. 그것은 몸의 영생과 혼의 영존입니다. 몸은 죽지 않아야 하며, 혼은 사라지지 않아야 합니다.

창세기 1장 27절의 [하나님의 형상]은 하나님의 특성인 영존성을 의미합니다. 혼은 하나님을 닮아서 하나님처럼 영원히 존재한다는 뜻입니다. 하나님은 혼을 영원히 존재하도록 창조하셨는데, 이것이 아담의 코에 넣은 생기입니다. 이때 하나님이 혼을 창조하셨습니다. 하나님은 혼을 한 번만 창조하셨습니다. 이후로는 혼이 혼을 낳게 됩니다. 아담의 후손으로 태어나는 모든 혼은 하나님의 백성이 되기로 정해진 것입니다.

몸의 영생도 마찬가지입니다. 혼이 있더라도 몸이 없다면 삶을 누리는 것이 아닙니다. 혼이 몸을 가지고 있어야 삶을 누리게 됩니다. 몸은 노화하지 않고 병들지 않으며 죽지 않아야 합니다. 그래야 혼이 몸을 가지고 영원한 생명을 누리게 됩니다. 몸의 영생과 혼의 영존이라는 두 가지 조건이 이루어지면 영원한 하나님의 백성이 됩니다. 혼의 영존은 이미 성취되었습니다. 그런데 몸의 영생은 아직 성취되지 않았습니다. 하나님은 몸의 영생을 이루기 위해 지금도 일하고 계십니다.

요한계시록 20장 14절에 [사망과 음부도 불 못에 던져지니]라고 기록되어 있는데, 이는 창세기 1장 28절 말씀의 성취입니다. 이 말씀은 몸의 영생을 말합니다. 이때부터 하나님의 백성이 하나님의 나라에서 영원한 삶을 시작합니다. 어쩌다 사고로 몸에 심각한 피해가 발생해도 몸은 다시 회복됩니다. 몸이 파괴되어도 이는 죽음이 아니라 혼이 일시적으로 몸을 잃은 상태일 뿐입니다. 혼은 다시 몸을 가지게 되고, 기억은 사라지지 않으며, 삶은 계속 이어집니다. 이것이 하나님의 백성이 누리는 영생입니다.

Step 3. 하나님의 나라에서는 동물도 죽지 않습니다

이사야 65장 25절에서 [이리와 어린 양이 함께 먹을 것이며 사자가 소처럼 짚을 먹을 것이며 뱀은 흙을 양식으로 삼을 것이니]라고 합니다. 하나님의 나라에서 육식동물은 모두 초식동물로 바뀌게 됩니다. 하나님의 나라에서는 동물에게도 죽음이 없습니다. 그래서 반려동물이 죽는 일도 없습니다. 물론 모든 동물은 사람과 함께 어울려 살겠지만, 사람이 개인적으로 소유하는 형태는 아닙니다. 사람이 사는 집 안에 개인 소유의 동물은 없을 것입니다. 모든 동물은 사람과 공존하면서 자연 속에서 자유롭게 살 것입니다.

Step 4. 하나님의 나라에서 모든 동물은 풀을 먹을 것입니다

하나님은 이사야 65장 25절에서 [나의 성산에서는 해함도 없겠고 상함도 없으리라]고 말씀하셨습니다. 하나님의 나라에서는 상함도 없고, 해함도 없다는 것입니다. 지금은 육식동물이 있어서 초식동물을 잡아먹습니다. 하나님의 나라에서는 육식동물이 없을 것입니다. 육식동물이 멸종된다는 뜻이 아니라, 육식동물이 초식동물로 바뀐다는 뜻입니다. 그래서 모든 동물은 풀을 먹게 됩니다. 이것은 창세기 1장 30절에서 [땅의 모든 짐승과 하늘의 모든 새와 생명이 있어 땅에 기는 모든 것에게는 내가 모든 푸른 풀을 먹을거리로 주노라]고 하신 말씀의 성취입니다.

Step 5. 하나님의 나라는 최첨단 과학기술이 적용된 도시입니다

다니엘 12장 4절에는 [다니엘아 마지막 때까지 이 말을 간수하고 이 글을 봉함하라 많은 사람이 빨리 왕래하며 지식이 더하리라]고 기록되어 있습니다. 마지막 때는 사람들이 빨리 왕래하며 지식이 많아지는 때입니다. 지금과 같은 때입니다. 빨리 왕래한다는 것은 고속열차나 항공기와 같은 것으로 추측됩니다. 또한, 지식이 많아질 것입니다. 더 많은 지식이 있다는 것은 과학적으로 크게 발전한다는 뜻입니다. 이 말씀은 하나님의 나라는 과학이 고도로 발전된 사회에서 최첨단 과학기술이 적용된 도시라는 뜻입니다. 하나님의 나라는 영의 세계가 아니라 물질세계인 이 땅 위에 세워지는 발전된 거대 도시들입니다. 자연 친화적인 과학기술이 발전하여 공해와 자연재해가 없는 좋은 도시가 될 것입니다.

Step 6. 인공지능 로봇이 1차 생산과 노동을 담당할 것입니다

최고의 과학기술이 접목되어, 인간형 인공지능 로봇과 여러 가지 인공지능 기계들이 사용될 것입니다. 농사일이나 1차 생산은 사람이 아니라 로봇이 담당할 것입니다. 먹고살기 위한 목적으로 사람이 일하는 일은 없을 것입니다. 많은 분이 인공지능 로봇의 반란을 두려워하는 것 같습니다. 하나님의 나라는 초월적인 능력을 가진 제사장이 하나님에게서 위임받은 권한으로 직접 다스리는 곳입니다. 그래서 로봇의 반란 같은 일은 없을 것입니다.

마태복음 6장 31절에서 무엇을 먹을지, 무엇을 마실지, 무엇을 입을지 염려하지 말라고 말씀하셨습니다. 하나님의 나라에서는 이런 염려를 하지 않습니다. 이런 것은 살아가는 데 있어서 가장 기본적인 것입니다. 생활에 필요한 것은 누구에게나 기본으로 제공합니다. 누구나 자기만의 안락한 공간을 갖게 됩니다. 기본적인 생활용품은 항상 준비되어 있습니다. 옷장에 옷을 모아 두거나, 창고에 음식물을 따로 저장해 둘 필요가 없습니다.

식당과 상점은 인공지능 로봇에 의해 운영됩니다. 영리 목적으로 운영하는 것이 아니라, 하나님의 백성에게 필요한 것을 제공하기 위한 목적으로 운영됩니다. 사람들은 음식을 먹고 싶을 때나 필요한 것이 있을 때, 식당과 상점을 자유롭게 이용합니다. 돈을 내거나 값을 치르는 일은 없습니다.

유명한 식당이 따로 존재할 수도 있는데, 이 식당은 요리를 좋아하는 사람이 직접 운영하는 식당일 것입니다. 이 사람은 자신이 만든 좋은 요리를 사람들이 맛있게 먹는 것을 좋아할 것입니다. 누구든 자신의 이상을 실현하기 위해서 식당을 운영할 수 있을 것입니다.

특별한 상점들이 따로 있을 수 있는데, 사람이 직접 운영하는 곳일 것입니다. 자신의 이상을 실현하기 위해서 각자 하고 싶은 일을 하며 상점을 운영할 수 있습니다. 상점은 영리 목적이 아니며, 명예를 의미합니다.

Step 7. 하나님의 나라에서는 전쟁이 없을 것입니다

이사야 2장 4절에 [무리가 그들의 칼을 쳐서 보습을 만들고 그들의 창을 쳐서 낫을 만들 것이며 이 나라와 저 나라가 다시는 칼을 들고 서로 치지 아니하며 다시는 전쟁을 연습하지 아니하리라]고 기록되어 있습니다.

하나님의 나라가 이루어지게 되면, 땅 위에서는 다시는 전쟁이 일어나지 않을 것입니다. 지금까지도 우리가 사는 세상에 전쟁이 있는 것은 세상이 아직도 하나님의 나라가 되지 않았기 때문입니다. 세상이 우리 주와 예수 그리스도의 나라가 되면 이 땅 위에서는 전쟁이 없을 것입니다. 사실 사람에게 죽음이 없게 되면, 전쟁한다는 것도 아무 의미가 없습니다. 상대가 죽지 않으니 말입니다.

Step 8. 하나님의 도시에는 정부가 없습니다

도시를 관리하는 시스템은 있겠지만, 도시에는 시장이나 정부가 없을 것입니다. 하나님의 나라는 민주주의가 아니라서 대통령이나 통치자를 선출하는 일은 없습니다. 복잡한 문제를 결정해야 하는 경우, 시민 중에서 가장 오래 살아온 원로들이 모여서 지혜를 모아 결정합니다. 사사 시대에 하나님은 이스라엘 민족에게 왕을 주지 않았습니다. 왕은 하나님이시고 사람은 왕이 되지 못합니다. 이것이 하나님이 원하는 하나님 나라의 구조입니다.

도시에는 경찰서가 없습니다. 치안을 필요로 하는 일들이 없을 것이기 때문입니다. 도시에는 병원이나 약국이 없을 것입니다. 아픈 사람이 없기 때문입니다. 도시에는 법원이나 형무소가 없습니다. 하나님의 도시에는 범죄자가 거의 없을 것이기 때문입니다.

마태복음 5장 22절 말씀과 같이, 형제에게 욕하는 사람이 나올 수도 있는데, 이런 일이 생기면 도시 원로들이 모여 심각하게 재판을 진행할 것입니다. 따로 법원이 있는 것은 아닙니다. 도시 안에는 형무소가 없으나 도시 밖에 있는 옥에 갇히게 됩니다. 마태복음 5장 26절에서 [옥에 가둘까 염려하라]고 말씀하신 것과 같이, [감옥 1일, 감옥 2일]의 형태로 형벌을 받습니다. 여기서 감옥이 불 못입니다. 불 못은 본래 사람을 위한 것이 아니라 마귀와 그 사자를 위한 것입니다. 그래서 하나님의 나라에서 사람을 벌하기 위한 불 못은 없습니다.

Step 9. 하나님의 성이 도시 위에서 영원히 함께합니다

하나님은 지구의 땅 위에 도시들을 세우실 것입니다. 도시들은 하나님의 나라입니다. 도시들 위 상공에는 새 예루살렘 성이 있습니다. 새 예루살렘 성은 도시 위 창공에 떠워져 있습니다. 새 예루살렘 성은 하나님이 계시는 장소이며, 이곳은 하나님의 보좌가 있는 곳입니다. 이 모습은 마태복음 6장 10절의 주기도문에서 [나라가 임하옵시며]의 성취입니다. 하나님의 나라가 땅 위에 임한 것입니다.

구약에서 모세와 이스라엘 백성이 애굽(이집트)을 나와서 광야에 있을 때, 하나님은 성막을 짓게 하셨고, 성막은 백성 가운데 있었습니다. 성막은 예표이며, 새 예루살렘 성은 실체입니다. 성막의 의미는 하나님이 백성 가운데 거하신다는 것입니다. 이처럼 하나님이 계시는 새 예루살렘 성이 백성이 사는 도시들 위에 항상 있을 것입니다. 하나님의 백성은 도시에서 고개를 들어 창공에서 은은히 빛나는 새 예루살렘 성을 볼 수 있습니다. 하나님의 나라에 사는 사람은 새 예루살렘 성을 보며 하나님이 자신들과 함께하신다는 것을 언제나 느낄 수 있습니다.

Step 10. 도시들을 다스리는 왕들이 있습니다

지구의 땅 위에는 많은 하나님의 거대 도시들이 생길 것입니다. 도시마다 왕이 있을 것입니다. 도시를 다스리는 왕은 한 명입니다. 한 명의 왕이 여러 개의 도시를 다스릴 수도 있습니다. 도시는 자체 시스템에 의해 유지될 것입니다. 평소에는 왕이 없는 상태로 유지될 것입니다. 중요한 문제는 도시에 사는 원로들이 모여서 상의하고 결정할 것입니다. 원로들이 결정할 수 없는 문제만 왕이 직접 와서 처리할 것입니다.

왕은 하나가 아니며, 많은 왕이 있을 것입니다. 이 왕들의 주인이 예수님입니다. 요한계시록 19장 16절에 기록된 것과 같이, 예수님은 만왕의 왕이며, 만왕은 각자 여러 개의 도시를 다스리게 될 것입니다.

왕들은 시민을 지배하거나 시민에게서 경배를 받지 않습니다. 또한, 도시 안에는 왕궁이 없습니다. 왕은 자신이 다스리는 도시 안에 자신의 집을 가지고 있지 않습니다. 왕은 재산이나 재물을 소유하지 않습니다. 왕은 하나님을 섬기는 종입니다.

Step 11. 왕들은 하나님과 백성의 중재자입니다

창세기 1장 26절에서 하나님은 백성을 창조하십니다. 하나님의 백성은 땅에서 영원히 살도록 창조됩니다. 하나님의 백성은 완전한 자유를 누리게 됩니다. 그래서 하나님의 백성은 하나님에게 등을 돌릴 수도 있는 완전한 자유의지를 가지게 됩니다. 하나님의 백성은 언제든지 죄를 지을 수 있습니다. 죄를 지을 수 있다는 말은 거룩하지 않다는 뜻입니다. 하나님은 참된 자유를 주기 위해서 백성을 거룩하지 않게 창조하셨습니다. 사람은 자유를 누리면서도 하나님의 백성으로 살게 될 것입니다.

하나님은 거룩합니다. 하나님은 죄를 지은 사람을 만나실 수 없습니다. 그래서 하나님은 백성을 직접 만나지 않습니다. 대신에 하나님은 백성을 위해서 중재자를 세웁니다. 이들은 하나님과 백성 사이에서 중재자의 일을 하게 됩니다. 그들이 요한계시록 5장 10절의 [나라와 제사장]입니다. [나라와 제사장]은 처음부터 계획된 것입니다. 하나님의 계획대로 성취된 모습이 요한계시록 21장 24절입니다. 이 말씀에서 [땅의 왕들]은 하나님이 설계하신 중재자 곧 [나라와 제사장]입니다.

    Part 2. 창세기 1장을 위한 사전지식

이 왕들은 새 예루살렘 성으로 들어가고 나오면서 하나님을 밤낮으로 섬깁니다. 왕들은 사람의 눈에 보이기 위해서 몸을 가지고 있습니다. 왕들은 하나님 앞에 서기 위해 거룩해야 합니다. 백성 중에서 사람을 뽑아서 왕으로 삼는 것이 아닙니다. 백성은 거룩하지 않기 때문에 하나님은 중재자의 역할을 하나님의 아들들에게 맡기셨습니다. 하나님의 아들들은 처음부터 백성으로 창조되지 않았습니다. 하나님의 아들들은 물질이 창조하기 전에 하나님 옆에서 하나님을 모시도록 창조된 영입니다.

지금까지 완성된 하나님의 나라를 미리 설명했습니다. 구약과 신약 말씀 곳곳에 하나님이 이루고자 하는 하나님 나라의 모습이 기록되어 있습니다. 이 말씀을 조합하면 하나님이 원하는 나라를 알게 됩니다. 이 모는 내용이 창세기 1상에서 하나님이 이루려고 계획하신 하나님의 나라입니다.

Chapter 27

창세기 1장대로 진행되는 창조 과정

창세기 1장의 창조 계획은 모든 것을 다 설명하지 않습니다. 하나님이 창세기 1장의 계획을 선포하실 때, 당시의 환경을 배경으로 했기 때문입니다. 그런데 우리는 당시의 환경을 모릅니다. 당시의 배경을 모르기에 우리는 창세기 1장을 바르게 이해할 수 없습니다. 창세기 1장을 이해하기 위해서 몇 가지를 알고 있어야 합니다.

첫 번째로, 당시 지구상에는 이미 많은 사람이 살고 있었다는 사실을 알아야 합니다. 당시 사람들은 영이나 혼이 없는 사람입니다. 이들은 우리의 조상이며 우리와 같은 사람입니다. 수명도 현재의 사람들 수명과 같습니다.

두 번째로, 당시의 자연이 지금과 같았다는 것을 알아야 합니다. 현대인이 인공적으로 환경을 파괴하는 경우를 제외하면, 지구 환경이 6,000년 만에 급격히 달라지지는 않았을 것입니다.

세 번째로, 창세기 1장의 계획에는 아담과 하와가 선악과를 먹은 사건이 고려되지 않았다는 것을 알아야 합니다. 아담과 하와를 변수로 보고, 이 변수가 창세기 1장의 계획에 영향을 주지 않도록 처음부터 설계되었기 때문입니다.

네 번째로, 창세기 1장의 계획에는 사탄과 관련된 어떤 것도 고려되지 않았다는 것을 알아야 합니다. 사탄의 존재도 아담과 마찬가지로 하나의 변수입니다. 사탄이라는 변수가 창세기 1장의 계획에는 영향을 주지 못합니다.

물론 실제로는 사탄이 개입했고, 하나님의 계획에 영향을 끼쳤습니다. 그러나 창세기 1장의 계획은 달라지지 않습니다. 다만, 세부적인 과정에 큰 변화가 있었습니다.

이 Chapter에서는 창세기 1장에 맞춰 창조의 과정을 설명합니다. 여기서는 아담과 사탄이라는 변수를 고려하지 않고 설명합니다. 실제로는 아담이 선악과를 먹었기에 여기서 설명하는 대로 진행되지는 않았습니다.

Step 1. 하나님은 혼을 만들 것을 계획하셨습니다

하나님은 영원히 존재하는 하나님의 백성을 창조하고자 계획하셨습니다. 하나님의 백성은 여섯째 날 창조하게 될 [남자와 여자]입니다. [남자와 여자]는 하나님의 백성이 되어 하늘의 새와 바다의 고기와 땅의 짐승을 다스리면서 생육하고 번성하여 땅에 충만하게 살아야 합니다.

하나님은 계획대로 혼을 창조하셨습니다. 하나님은 혼을 창조하여 아담의 코에 불어넣었습니다. 모든 혼은 여섯째 날의 [남자와 여자]가 되기로 계획되어 있습니다. [남자와 여자]는 앞으로 등장할 하나님의 백성입니다. [남자와 여자]가 되기 위한 조건은 혼의 존재와 영원히 죽지 않는 육체입니다. 하나님은 혼을 창조하여 첫 번째 조건을 충족하셨습니다. 혼에 영원히 죽지 않는 육체가 생기면 [남자와 여자]의 창조는 끝납니다.

Step 2. 하나님의 아들들을 중재자로 세울 것을 계획하셨습니다

하나님은 자신과 백성 사이에 중재자를 세울 계획입니다. 혼을 중재자로 세우지 않습니다. 혼은 백성으로 창조되었습니다. 그래서 중재자의 역할은 하나님의 아들들이 맡도록 했습니다. 하나님의 아들들은 창세 전에 창조된 영입니다. 중재자가 되려면 하나님의 아들들에게도 몸이 필요합니다. 하나님은 하나님의 아들들을 아담과 하와 사이에서 남자아이로 태어나도록 계획하셨습니다.

Step 3. 혼은 아담과 하와가 동산에서 나간 후에 태어나도록 계획하셨습니다

하나님은 하나님의 아들들이 다 태어난 후에 아담과 하와를 동산 밖으로 내보낼 계획입니다. 그 후에 처음으로 혼이 태어나도록 계획하셨습니다. 아담과 하와가 에덴동산에 머무는 동안 혼은 태어나지 않습니다.

계획대로라면 아담과 하와는 동산에서 최소한 십사만 사천 년을 살았을 것입니다. 그 후에 아담과 하와는 동산 밖에서 첫 번째 혼인 가인을 낳았을 것입니다. 계획대로 진행된다면 가인은 아직 태어나지 않았을 것입니다. 가인은 하나님의 나라가 다 이루어진 이후에 태어났을 것이며, 가인은 죽음이 없는 세상에 태어나 영생을 누리게 될 상황입니다.

아담의 창조는 세부적인 계획에 속하며, 창세기 1장의 큰 계획에는 설명되어 있지 않습니다.

Step 4. 하나님의 아들들이 선악과를 먹도록 계획하셨습니다

하나님의 아들들은 혼이 아니라 영입니다. 사람으로 태어난 하나님의 아들들에게 선악과를 먹게 하여 사람의 감정을 이해하도록 계획하셨습니다. 중재자가 되기 위해서는 사람의 감정을 이해해야 합니다. 아담이 부끄러움을 느끼게 된 것과 같이, 하나님의 아들들이 부끄러움이라는 감정을 이해하도록 하셨습니다.

하나님의 아들들이 알아야 하는 선악의 감정은 부끄러움, 두려움, 공포, 흥분과 같은 감정들입니다. 하나님의 아들들은 감정에 지배받지 않아야 하지만, 감정이 어떤 느낌인지는 알아야 합니다. 그래야 하나님의 백성이 느끼는 감정을 이해할 것이기 때문입니다. 그래서 하나님은 선악과를 먹는 방법으로 선악의 감정을 알게 하신 것입니다. 이 내용은 저자의 저서 제2권《에덴동산과 하나님의 아들들》에 자세히 설명되어 있습니다.

Step 5. 하나님의 아들들이 생명과를 먹도록 계획하셨습니다

하나님은 사람으로 태어난 하나님의 아들들에게 생명나무의 열매를 먹게 하여 죽지 않는 몸을 갖도록 계획하셨습니다. 중재자는 백성이 볼 수 있는 존재여야 합니다. 그래서 몸을 가지려고 사람으로 태어났는데, 몸이 병들거나, 노화로 죽거나, 상처가 나면 안 됩니다. 생명과는 먹는 자의 몸을 죽지 않는 영원한 몸으로 만듭니다. 생명과는 영이나 혼에 작용하는 것이 아니라 몸에 작용하는 것이며, 몸을 죽지 않는 몸으로 바꿉니다. 이 내용은 저자의 저서 제2권《에덴동산과 하나님의 아들들》에 자세히 설명되어 있습니다.

Step 6. 하나님이 계획한 중재자의 수는 십사만 사천입니다

하나님의 아들들은 아담과 하와를 통해 에덴동산 안에서 사람으로 태어납니다. 이렇게 사람으로 태어나야 하는 하나님의 아들들은 십사만 사천입니다. 그래서 아담과 하와가 낳아야 하는 남자아이도 십사만 사천입니다. 언뜻 생각하기에 한 쌍의 부부가 낳기에는 그 수가 너무 많은 것 같습니다.

아담과 하와가 에덴동산 안에서 나가지만 않는다면 아담과 하와는 영생합니다. 두 사람이 동산에서 영생하다 보면 언젠가는 십사만 사천을 모두 낳게 될 것입니다. 하와가 에덴동산 안에서 아들을 낳을 때는 고통이 없었을 것입니다. 아담도 에덴동산 안에서는 일하지 않았습니다. 이것은 아담과 하와가 에덴동산에서 언약의 내용을 이행하는 동안, 아담과 하와에게 주시는 하나님의 배려입니다.

Step 7. 하나님의 아들들이 세상을 다스리도록 계획하셨습니다

어른이 된 하나님의 아들들은 에덴동산 밖으로 나가 세상을 다스릴 계획이었습니다. 하나님의 아들들은 영원히 죽지 않는 몸을 가지고 100년도 살지 못하는 평범한 사람들을 다스리게 됩니다. 지역의 사람들은 아담과 하와의 후손이 아니라 혼이 없는 일반 사람들입니다. 다른 민족의 공격을 받을 수도 있는데, 하나님의 아들들이 왕이 되면, 그때부터 죽지 않는 왕의 보호를 받으며 평안하게 살게 될 상황입니다.

당시에 많은 사람이 살고 있었습니다. 그들은 마을 단위로, 지역 단위로 모여서 살아갑니다. 그들은 영이나 혼이 없으며 단명하는 사람입니다. 그런데 하나님의 아들들이 한 명씩 동산을 나와서 특정 지역을 다스립니다. 하나님의 아들들이 다스리는 나라와 민족이 하나씩 늘어갑니다. 하나님의 아들들은 왕이 됩니다. 이런 방식으로 최소한 십사만 사천 년이 지난 후에는, 하나님이 원하는 왕들의 수가 채워질 것이며, 하나님의 아들들이 왕이 되어 세상의 모든 지역을 다스리고 있는 상황이 됩니다.

하나님의 아들들은 생명과를 먹고 죽지 않는 몸을 가지고 있습니다. 그러나 하나님의 아들들은 영의 능력을 사용할 수 없습니다. 영의 능력은 생명수의 샘물을 마셔야 사용할 수 있습니다. 생명수의 샘물은 궁창 아래의 물로 임하시는 하나님이 사람으로 오셔야 받을 수 있습니다. 하나님의 아들들은 생명과를 먹었으나 생명수를 마시지 못한 상태로 살아가게 됩니다. 가장 먼저 태어난 하나님의 아들들 중 하나는 최소한 십사만 사천 년을 지상에 살아 있게 됩니다.

그런데, 이 내용은 창세기 1장에 선언된 큰 계획에는 포함되지 않았습니다. 세부적인 계획에 포함된 내용입니다. 이 계획은 실현되지 않았습니다. 아담과 하와가 너무나 일찍 선악과를 먹었기 때문입니다.

Step 8. 하나님이 세상의 빛이 되기 위해 사람으로 오실 계획입니다

하나님의 아들들이 사람으로 태어나는데, 어느 정도 수가 차면, 세상의 빛이 되기 위해서 하나님이 사람으로 태어날 계획입니다. 이 계획은 창세기 1장에 선언된 큰 계획입니다. 하나님의 아들들이 얼마만큼 사람으로 태어나야 하나님이 세상의 빛으로 오시는지 모릅니다. 전체 십사만 사천 중에서 십만 명일지, 오만 명일지, 기준이 되는 정확한 수는 알지 못합니다. 이 계획은 아담의 범죄가 있든 없든 성취되었습니다. 예수님이 사람으로 오셨기 때문입니다. 아담이 선악과를 먹어서 예수님이 오신 것이 아니라, 아담의 범죄 여부와 상관없이 원래 예수님이 사람으로 오실 계획이었습니다.

예수님이 사람으로 오실 때 사람으로 태어난 모든 하나님의 아들들은 예수님의 탄생을 축하했을 것이며, 모두가 모여서 예수님을 반갑게 맞이했을 것입니다. 하나님의 아들들은 그들의 왕인 창조주 하나님을 세상에서 사람의 모습으로 다시 뵙는 것입니다. 계획대로 된다면, 세상에 두루 퍼져 지역사회를 다스리던 모든 왕이 모였을 것이며, 예수님은 왕들의 영접을 받게 되는 상황이었습니다. 계획대로 예수님이 오시려면, 아담 이후로 최소한 십만 년은 지나야 했을 것입니다. 물론, 이렇게 되지 않았습니다.

예수님이 사람으로 오시는 일은 세상의 빛이 되기 위한 것입니다. 이 일은 아담이 선악과를 먹는 일과는 상관이 없습니다. 아담이 선악과를 먹거나 먹지 않거나 이에 상관없이 반드시 성취될 계획입니다. 예수님이 빛으로 오시는 계획은 변하지 않았으나, 세부적인 실행 계획이 달라졌습니다. 예수님이 오시는 시기가 매우 빨라졌고, 아담 이후 4,000년 만에 이루어졌습니다.

아담이 선악과를 먹지 않았다면, 예수님은 하나님 나라의 법령을 선포한 후에 바로 죽음 없이 승천하실 계획입니다. 그러나 아담이 선악과를 먹었기에 원계획에 새로운 계획이 추가되었습니다. 예수님은 사역 후에 바로 승천할 계획이었으나, 십자가에 죽었다가 다시 살아나는 부분이 추가된 것입니다. 십자가의 죽음은 자기 백성을 그들의 죄에서 구원하기 위한 과정입니다. 이 과정이 추가되었습니다.

Step 9. 하나님이 생명수 샘이 되기 위해 사람으로 오실 계획이었습니다

어느 정도 시간이 흐른 후에, 다음 계획을 이루기 위해 하나님이 오십니다. 다음 계획은 생명수의 샘이 되기 위해서 하나님이 사람으로 오는 것입니다. 이 땅에 사람으로 오신 하나님은 사람으로 태어난 모든 하나님의 아들들에게 생명수의 샘물을 마시게 할 계획입니다. 생명수의 샘이 되려고 하나님이 궁창 아래의 물로 임하시는 것입니다.

아담이 선악과를 먹지 않았다면, 사람으로 태어난 하나님의 아들들은 하나도 죽지 않았을 상황입니다. 이런 상황에서 하나님은 궁창 아래의 물로 임하실 계획입니다. 그래서 생명수 샘물은 부활을 위한 조건이 아닙니다.

하나님이 생명수의 샘이 되기 위해 사람으로 태어날 때, 하나님의 아들들 대부분은 사람으로 이미 태어나 있는 상황입니다. 아담을 창조할 때부터 십만 년은 흘렀을 것입니다. 이 시기에 인류의 과학은 크게 발달했을 것이며, 하나님의 아들들은 이미 전 세계의 모든 지역을 다스리고 있었을 상황입니다.

Step 10. 모든 땅의 왕들이 한자리에 모이게 됩니다

십사만 사천이 모두 사람으로 태어나면, 하나님은 모든 하나님의 아들들을 한자리에 모을 것을 계획하셨습니다. 한자리에 모인 하나님의 아들들은 각 지역의 왕입니다. 모든 땅의 왕들은 사람이 된 하나님에게서 생명수의 샘물을 받아 마십니다.

생명수의 샘물은 영이나 혼에 작용하는 것이 아니라 몸에 작용합니다. 하나님의 아들들이 하나님 앞에 가려면 두 가지가 필요합니다. 하나는 생명나무의 열매이고 다른 하나는 생명수의 샘물입니다. 생명수의 샘물은 하나님의 아들들이 몸을 가진 채로 하나님 앞으로 갈 수 있게 합니다. 생명나무의 열매는 하나님의 아들들이 하나님 앞에서 섰을 때 몸이 파괴되지 않게 합니다.

하나님의 아들들이 한자리에 모이는 이유는 물질세계로 들어오시는 하나님을 맞이하기 위해서입니다. 하나님이 땅에 임하실 것이며, 하나님은 새 예루살렘 성안에 영원히 계실 계획입니다. 사람이 된 모든 하나님의 아들들은 그들의 왕인 하나님을 한자리에 모여 맞이합니다.

이 계획은 아직 성취되지 않았습니다. 이 계획이 성취되지 않은 이유는 아직 때가 이르지 않았기 때문입니다. 이 계획은 앞으로 이루어질 것입니다. 하나님의 아들들이 한자리에 모이는 일은 요한계시록 14장에 기록되어 있습니다.

Step 11. 하나님은 죽지 않는 식물을 창조하기로 계획하셨습니다

하나님은 지상의 식물을 죽음이 없는 영원한 식물로 바꾸는 것을 계획하셨습니다. 이 계획을 하나님의 아들들이 진행합니다. 많은 식물이 차례로 바뀌게 될 것입니다. 죽음이 없는 식물들은 영원히 살아 있으면서, 과일이나 채소를 맺어 사람에게 주도록 계획되었습니다. 이 계획은 때가 이르면 반드시 그대로 성취될 것입니다. 이 계획은 원계획으로 아담이 선악과를 먹는 일과는 상관없이 진행될 것입니다.

    Part 2. 창세기 1장을 위한 사전지식

Step 12. 하나님은 죽지 않는 새와 물고기를 창조하기로 계획하셨습니다

영원히 죽지 않는 식물이 창조되고 나면, 하나님의 아들들은 하늘의 새와 바다의 고기들을 영원히 죽음이 없는 동물로 바꿉니다. 새로운 새와 물고기를 창조하는 것은 아닙니다. 기존의 새와 물고기가 죽지 않게 하는 것입니다. 이때부터 새들은 푸른 풀을 먹습니다. 물고기는 물속에서 해초를 먹습니다. 죽지 않는 새와 물고기를 창조하는 계획은 때가 되면 반드시 그대로 성취될 것입니다.

Step 13. 하나님은 죽지 않는 들짐승을 창조하기로 계획하셨습니다

새와 물고기를 죽지 않은 몸으로 바꾸는 일이 끝나면, 하나님의 아들들은 땅에서 기는 동물과 땅의 들짐승을 죽지 않는 동물로 바꿉니다. 죽음이 있었던 동물이 죽음이 없는 동물로 바뀝니다. 새로운 동물을 창조하는 것은 아닙니다. 원래 있었던 동물에게 영원한 생명력을 주는 것입니다. 이때부터 땅에서 사는 동물은 푸른 풀을 먹게 됩니다. 동물이 풀을 먹도록 계획하셨기 때문입니다. 죽지 않는 들짐승을 창조하는 계획은 때가 이르면 반드시 그대로 성취될 것입니다.

Step 14. 하나님은 죽지 않는 사람을 창조하기로 계획하셨습니다

땅의 짐승에게 영생을 주는 일이 끝나면, 하나님의 아들들은 혼이 없는 사람들에게 죽지 않는 몸을 만들어 줍니다. 이후로 사람은 죽지 않는 몸을 가지게 됩니다. 또한, 아담과 하와는 동산 밖에서 첫 번째 혼을 낳습니다. 계속해서 혼이 태어나고 늘어납니다. 이때부터 사람은 과일과 채소만을 먹게 됩니다. 하나님이 그렇게 계획하셨기 때문입니다.

이때쯤 되면, 땅 위에는 하나님의 도시가 가득할 것입니다. 아담이 창조된 후로도 많은 시간이 흘렀기에 인류는 고도로 발달한 문명사회를 이루었을 것입니다. 많은 도시에는 혼이 없는 사람들이 영생을 누리며 살아갑니다. 그러나 이들은 하나님의 백성이 아닙니다. 혼이 없는 사람은 창세기 1장 27절에 나오는 [남자와 여자]가 아닙니다. [남자와 여자]는 아담과 하와의 후손입니다.

실제로는 아담이 선악과를 먹어서 이 내용대로 되지 않았습니다. 아담이 무척 일찍 에덴동산에서 나왔고, 에덴동산 밖에서 혼을 낳기 시작했습니다. 처음으로 태어난 혼은 가인입니다. 혼들이 온 땅에 퍼져나갔으며, 지금은 지구상의 사람 대부분은 혼이 있는 사람들일 것입니다.

Part 3
하나님의 창조 계획

Chapter 28

창조 전
- 땅이 혼돈하다는 말씀의 의미

창세기 1장을 구분하면 3가지로 나눌 수 있는데, 창세기 1장 1절, 창세기 1장 2절, 창세기 1장 3절부터 31절까지입니다. 창세기 1장 1절은 하나님이 만물을 창조하셨다는 말씀이고, 창세기 1장 2절은 창조 이전의 상태를 설명한 말씀이며, 창세기 1장 3절 이하는 창조의 설계에 관한 말씀입니다.

Step 1. 창세기 1장 1절은 물질창조에 관한 기록입니다

모든 만물은 하나님이 창조하셨습니다. 창세기 1장에서 물질창조에 관한 기록은 1절 단 한 구절뿐입니다. 창세기 1장 2절부터는 물질창조에 관한 기록이 아니라, 앞으로 하나님이 이루실 나라에 관한 내용입니다. 물질창조에 관한 기록은 1절 한 구절로 끝납니다. 하나님은 만물을 완전하게 창조하셨고, 물질창조는 이미 끝났습니다.

Step 2. 창세기 1장 3절부터는 창조를 위한 하나님의 계획입니다

하나님은 창세기 1장 3절부터 31절까지는 마지막 창조를 위한 계획입니다. 이 내용은 이 책에서 상세하게 설명할 것입니다. 이 Chapter에서는 창세기 1장 2절에서 [땅이 혼돈하다]고 하신 말씀의 의미를 설명하는 데 집중합니다.

Step 3. 창세기 1장 2절은 창조 이전의 상태를 기록한 것입니다

창세기 1장 2절에 [땅이 혼돈하고 공허하고 흑암이 깊음 위에 있다]는 말씀은 물질적 의미에서 우주의 상태를 설명하는 것이 아닙니다. 이 말씀은 땅 위에 하나님의 나라가 없다는 뜻입니다. 하나님의 나라가 세워지기 전의 상태를 땅이 혼돈하고 공허하며 흑암이 깊음 위에 있다고 표현한 것입니다.

하나님의 나라가 땅 위에 세워지지 않았기 때문에 혼돈과 공허가 발생한다는 의미는 아닙니다. 혼돈과 공허는 세상이 창조될 때의 상태를 설명한 것입니다. 시간이 흐르면서 세상은 차원이 낮은 상태에서 차원이 높은 상태로 발전합니다. 이 과정에서 처음 시작점에서는 아무것도 갖춰져 있지 않았다는 뜻입니다. 혼돈과 공허는 죄악이 만연한 상태나 파괴된 세상을 의미하지 않습니다.

하나님의 물질창조는 완전했습니다. 그러나 땅은 혼돈하고 공허합니다. 하나님의 창조가 완전했음에도 어떻게 땅에 혼돈과 공허가 존재할까요? 이것을 설명할 수 있는 좋은 예가 있습니다.

공장에서 컴퓨터를 만들었습니다. 이 컴퓨터는 조금 전에 만들어진 새로운 제품입니다. 공장에서 이 제품을 하자 없이 완벽하게 만들었습니다. 그런데 이 제품을 사용할 수는 없습니다. 이 제품에는 아직 운영체제가 설치되어 있지 않기 때문입니다. 하드웨어적으로는 완전해도 소프트웨어가 설치되지 않은 상태입니다. 운영체제를 설치하고 컴퓨터를 활용하기 위한 여러 앱(Application)을 설치하여야 합니다. 그 후에야 이 컴퓨터를 필요한 용도에 맞게 사용할 수 있습니다.

하나님은 천지를 창조하셨습니다. 하드웨어적으로 완전하게 창조하셨습니다. 하나님의 창조에는 부족한 것이 없습니다. 물질을 창조하는 일은 완전하게 이루어졌고, 조금의 모자람도 없습니다. 이것이 창세기 1장 1절의 내용입니다. 공장에서 컴퓨터가 완전하게 제조되어 생산된 것과 같습니다.

하나님은 만물을 창조하셨지만, 하나님이 바라는 모습은 아직 아닙니다. 하나님이 바라시는 모습은 하나님의 백성이 사는 땅 위에 세워진 하나님의 나라입니다. 하나님의 나라는 물질창조만으로는 이루어지지 않습니다. 하드웨어를 구축한 후 소프트웨어를 설치하는 것과 같습니다. 공장에서 아무리 제품을 잘 만들어도 소프트웨어의 설치는 별개의 문제입니다. 이처럼 하나님의 창조가 완전해지려면 물질의 창조와 생명체의 창조, 그 후에 하나님의 백성까지 창조해야 합니다. 그래서 하나님은 지금도 하나님의 백성을 창조하시는 중입니다.

Step 4. [땅이 혼돈하다]는 말씀의 히브리어 원문을 살펴봅니다

창세기 1장 2절 말씀에서 번역문제는 없습니다. 그래도 먼저 히브리어 원어를 살펴보겠습니다.

וְהָאָרֶץ הָיְתָה תֹהוּ וָבֹהוּ

[워하아레츠 하여타 토후 와보후]

וְהָאָרֶץ[워하아레츠]는 접속사 וְ[와우]와 정관사 הָ[하]와 명사 אָרֶץ[아레츠]가 합쳐진 형태입니다. 접속사 וְ[와우]는 [그리고]라는 의미입니다. אָרֶץ[아레츠]는 땅이라는 의미이며, 영어로는 earth로 번역됩니다. 이 단어는 [그리고 그 땅]이라는 의미입니다. 정관사 הָ[하]가 있는데, 아마도 창세기 1장 1절의 땅을 의미하는 것 같습니다.

     Part 3. 하나님의 창조 계획

הָיְתָה[하여타]는 הָיָה[하야]라는 동사의 Qal동사·완료형·3인칭·여성·단수의 형태입니다. הָיָה[하야]는 ~되다, ~이다라는 의미이며, 영어로는 to fall out, come to pass, become, be로 번역됩니다. 본문에서는 ~이 되다. ~이다로 번역됩니다.

תֹהוּ[토후]는 남성명사이며, [형태가 없다]는 뜻입니다. 영어로는 formlessness, confusion, unreality, emptiness로 번역됩니다. 본문에서는 혼돈으로 번역되었습니다.

וָבֹהוּ[와보후]는 접속사 וְ[와우]와 명사 בֹהוּ[보후]가 합쳐진 형태입니다. בֹהוּ[보후]는 비어 있다는 의미입니다. 영어로는 emptiness로 번역됩니다. 본문에서는 공허로 번역되었습니다.

תֹהוּ וָבֹהוּ[토후 와보후]는 [형태가 없다]와 [비어 있다]는 의미입니다. 이 말씀을 직역한다면 [땅은 형태가 없고 비었다]는 뜻입니다. 한글성경에서는 [땅은 혼돈하고 공허하다]로 번역되어 있습니다. 한글성경의 번역이 잘못된 것은 아닙니다. NIV에서는 Now the earth was formless and empty로, KJV에서는 And the earth was without form, and void로, NASB에서는 The earth was formless and void로 번역되었습니다. 영어성경은 formless and void로 번역되었습니다. 한글성경보다는 영어성경이 히브리어 원문에 더 가깝게 번역되었습니다.

이 말씀에서 히브리어 원문을 분석하고 연구하는 것으로는 진의를 알기 어렵습니다. 이 말씀의 진의를 알려면 이 말씀이 물질창조에 관한 내용이라는 생각을 버려야 합니다. 물질을 창조하기 전의 상태라고 생각하기 때문에 말씀의 진의를 알 수 없게 됩니다.

혼돈과 공허라는 단어는 상반된 개념을 가지고 있습니다. 혼돈이라는 단어는 영어로 formless입니다. 이것은 형태가 없다는 뜻입니다. 혼돈하다는 말은 질서가 없고, 형태가 잡히지 않았다는 뜻입니다. 공허라는 단어는 영어로 void입니다. 이 말은 비어 있다는 뜻입니다. 이 두 개의 단어를 함께 쓸 때 서로 모순됩니다. 모순이라고 하는 이유는 이 두 개의 단어를 물질창조의 개념으로 설명할 때, 공존할 수 없는, 상반된 뜻이 있다는 것입니다.

공허라는 말은 철학적 느낌을 줍니다. 그래서 더 멋있게 보입니다. 그런데 원문의 내용은 단순히 [없다]는 뜻입니다. [땅은 아무것도 없다]라는 문장입니다.

혼돈이라는 말도 철학적 느낌을 줍니다. 형이상학적으로 어떤 깊은 의미가 있어 보입니다. 그러나 בהו[보후]는 단순히 formless, 형태가 없다는 뜻입니다. 형태가 없다는 말을 생각해 보면, 이 말은 어떤 모양이 갖춰지지 않았다는 의미입니다. 예를 들면 연기가 피어오르는 것과 같습니다. 연기는 형태를 갖추지 않습니다. 그래서 모양이 이리저리 바뀌면서 점점 투명해져서 사라집니다. 또 다른 예로, 하늘에 구름이 있습니다. 구름은 형태가 정해져 있지 않습니다. 그래서 구름의 모양이 이리저리 바뀝니다. 이처럼 형태가 없다는 말은 겉모양이 결정되지 않았다는 뜻입니다. 그런데 연기나 구름에도 그것을 이루는 물질은 존재하고 있습니다.

공허라는 말은 아무것도 없다는 뜻입니다. 굳이 공허와 형태를 연결하여 생각해 본다면, 공허라는 말에는 형태를 갖출 수 없다는 결론이 필연적으로 따라옵니다. 뭔가 소재가 있어야 이것으로 어떤 형태든 만들 수 있기 때문입니다. 아무

것도 없으면 형태가 있을 수가 없습니다. 공허라는 개념에는 어떤 기본 소재도 없습니다.

혼돈은 뭔가가 있다는 의미입니다. 다만 그 뭔가의 형태가 정해지지 않아서 계속 바뀐다거나 질서가 없다는 의미입니다. 공허에는 아무것도 없지만, 혼돈에는 뭔가가 있습니다. 그래서 이 두 단어는 공존할 수 없는 상반된 뜻이 있습니다.

이 말씀을 물질창조의 기록으로 가정한다면, 혼돈과 공허는 상반된 뜻이 있다는 것입니다. 땅에 뭔가 있지만, 질서가 없다는 것이 혼돈입니다. 그런데 땅에 아무것도 없다는 것이 공허입니다. 있다, 없다는 모순된 두 단어가 함께 사용된 것은 이 단어가 지향하는 대상이 비물질적 요소라는 것입니다. 그래서 창세기 1장 2절은 물질창조의 기록이 아니라는 것입니다. 창세기 1장 2절은 비유입니다.

Step 6. [땅이 혼돈하다]는 말의 의미

하나님이 창세기 2장에서 아담을 창조하기 전, 하나님이 창세기 1장 3절에서 [빛이 있으라]고 말씀하기 전, 땅 위에는 이미 사람들이 널리 퍼져 살고 있었습니다. 이 사람들은 영도 없고 혼도 없으며 오직 육체로만 사는 사람입니다. 이들은 지성과 이성과 감성과 모든 것을 갖춘 인격체입니다. 다만 그 몸 안에는 영이나 혼이 없는 사람입니다.

몸 안에 영이나 혼이 없는 것은 자연스러운 것입니다. 영이나 혼이 없는 것은 이상한 것이 아닙니다. 모든 동물에게는 영이나 혼이 없습니다. 당시의 사람들도 동물과 다를 바 없이 영이나 혼이 없었습니다. 지구상에는 아주 오랜 시간 동안, 태어나고 자라고 죽으면서 다양한 동물들의 삶이 이어져 왔습니다. 그런데 갑자기 6,000년 전에 하나의 생명체인 사람에게서 혼이 등장합니다. 하나님이 창조하신 아담입니다. 이때부터 특별한 생명체의 역사가 시작되었습니다. 당시 이미 많은 사람이 살고 있었으나 혼은 오직 한 사람 아담에게만 있습니다.

혼은 창세기 1장 28절의 말씀과 같이 하늘의 새와 바다의 고기와 땅의 모든 짐승을 다스리며 살라고 하나님이 창조하신 것입니다. 하늘의 새와 바다의 고기와 땅의 모든 짐승은 혼이 다스려야 하는 대상입니다. 그래서 동물에게는 혼이 없습니다. 하나님이 동물에게는 혼을 창조하여 넣으시지 않았습니다.

혼이 없는 아담 이전의 사람들은 하나님을 본 적도 없으며, 하나님에 관하여 들은 적도 없습니다. 이때까지도 하나님은 사람에게 자신을 계시하시지 않았습니다. 만물을 창조할 때부터 창세기 1장 2절까지, 모든 시대의 사람들은 한 번도 하나님의 말씀을 듣지 못했습니다.

이때의 사람들에게는 육체의 생명만 있습니다. 땅에서의 생명이 끝나면 흙으로 돌아가 사라집니다. 사람에게는 세상이 전부입니다. 땅 위에서 한 번 사는 삶을 어떻게 사느냐 하는 것만이 중요할 뿐입니다. 남의 것을 빼앗으면 그것이 자신의 것이 됩니다. 사는 동안만 잘 살면 되기 때문입니다. 이들에게 공정과 정의는 크게 중요하지 않습니다. 아담 이전의 사람들에게 천국이나 내세에 관한 희망은 없습니다. 하나님이 이들에게 한 번도 천국이나 내세에 관한 말씀을 하신 적이 없기 때문입니다. 이들에게는 죽은 후에 심판을 받는다든가, 내세에서 벌을 받는다는 개념이 없습니다. 아담 이전의 사람들은 영이나 혼이 없어서 죽으면 소멸하여 사라지기에, 이들에게는 한 번의 삶이 전부입니다. 물론, 이들에게도 가족이나 타인에 대한 사랑과 희생은 있을 수 있습니다.

사람들은 가족을 이루고, 마을을 형성하고, 도시를 세워서 사회를 이루고 살았을 것입니다. 이렇게 많은 사람이 지역을 기반으로 살고 있었을 것입니다. 그들에게도 나름대로 규율과 관습과 법칙이 있었을 것입니다. 그러나 그 세계는 전쟁에 승리하여 모든 것을 빼앗으면 칭송을 받고 영웅이 되는 그런 세계였습니다.

하나님은 이런 세상을 혼돈의 세상이라고 표현하신 것입니다. 혼돈의 세상이란 뺏고 뺏기는 일이 계속 반복되는 세상입니다. 질서가 없으며, 정의가 없고, 공평과 공정이 없으며, 힘이 다스리는 세상입니다. 아무리 정의롭고 강력한 사람이 나타나 정의로운 사회를 이루어도, 그 사람이 죽으면, 그 후에는 다시 혼돈이 계속됩니다.

[땅이 혼돈하다]는 말씀은, 하나님이 세상에 개입하신 적이 없어서 약육강식의 세계, 적자생존의 세계, 강자 독식의 세계, 법이 없는 무질서한 세계라는 뜻입니다.

지금의 세계도 크게 다르지 않습니다. 민주주의 형태의 나라보다는 다른 형태의 나라가 더 많습니다. 여러 형태의 많은 독재 국가가 있습니다. 왕이 다스리는 왕정국가도 많습니다. 국왕이 선포한 말이 곧 그 나라의 법이 됩니다. 민주주의 형태의 나라에서도 진실이 묻히고 불법과 거짓이 많습니다. 판사도 진실을 다 알 수 없기에 잘못된 판결을 내리는 경우가 많습니다. 어떤 사건이 발생해도 그 일이 왜 어떻게 발생했는지 원인을 알기 어려운 경우가 많습니다. 민주주의 국가에서도 관련된 사람이 진실을 숨기면, 대다수 사람은 진실을 알지 못하는 경우가 많습니다. 그래서 땅 위에 있는 나라 대부분은 맑고 투명하고 진실한 사회가 아닙니다. 많은 사람이 속이고, 사기 치고, 거짓말을 하며, 사회에 어두운 그림자를 드리웁니다. 땅은 아직도 혼돈한 상태입니다.

하나님이 처음으로 사람에게 자신을 드러내기로 계획하셨는데, 이것이 창세기 1장의 내용입니다. 하나님은 혼돈의 세상에서 빛이 되셔서 혼돈과 공허를 끝내고 아름다운 하나님의 나라를 이루려고 하십니다. 아직도 땅이 혼돈의 상태인 이유는 하나님의 계획이 다 성취되지 않았기 때문입니다. 예수님이 빛으로 오셨지만, 땅은 아직도 혼돈하고 공허한 상태입니다. 이 내용은 [Chapter 32. 첫째 날 - 빛이 있으라]에서도 설명합니다.

Chapter 29

창조 전
- 땅이 공허하다는 말씀의 의미

이 Chapter를 읽기 전에 먼저 [Chapter 28. 창조 전 - 땅이 혼돈하다는 말씀의 의미]를 읽기 바랍니다. 이 구절에 관한 전반적인 내용을 위에서 설명했습니다.

[공허하다]는 히브리어 원어는 בֹּהוּ[보후]로 영어로는 emptiness이고 비었다는 뜻입니다. [땅이 공허하다]는 말씀은 땅 위에 사람이 없다는 의미입니다. 땅 위에 사람이 없다는 말은 [땅이 혼돈하다]는 부분을 설명했던 내용과 모순되어 보입니다.

[땅이 혼돈하다]는 말씀에서 땅 위에는 사람들이 많이 있었다고 설명했습니다. 이 사람들은 영이나 혼이 없는 사람입니다. 영이나 혼이 없는 사람들은 하나님이 보시기에 [흙]에 불과합니다. 이 내용은 [Chapter 28. 창조 전 - 땅이 혼돈하다는 말씀의 의미]에서 설명했습니다. 더 자세한 내용은 저자의 저서 제2권 《에덴동산과 하나님의 아들들》을 참고하면 됩니다.

아담이 창조되기 전에도 땅 위에는 아름다운 자연이 있었습니다. 많은 나무가 있었고, 많은 동물이 있었습니다. 새와 바다의 고기와 땅의 짐승들이 뛰어다니는 아름다운 자연의 세계입니다. 또한, 많은 사람이 살고 있었습니다. 지구 전 지역에 많은 사람이 각자의 지역에 모여 마을을 이루며 살고 있었습니다. 지금의 세상과 크게 다르지 않습니다. 다만 자연이 오염되지 않았고, 현대와 같은 과학기술이 발달하지 않았을 뿐입니다.

땅 위에 많은 사람이 있었으나, 하나님의 눈에는 사람이 아니라 [흙]입니다. 많은 동물이 있었으나 역시 하나님이 보시기에는 [흙]입니다. [흙]이 잠시 뭉쳐서 하늘을 날고, 바닷속을 헤엄치며, 땅 위를 뛰어다니는 것입니다. 사람이나 동물이나 모두 [흙]입니다. 그래서 하나님은 영생하는 생명체가 없다는 의미에서 [땅이 공허하다]고 말씀하신 것입니다.

사람들이 [흙]인 이유는 그들 속에 영이나 혼이 없으며, 짧은 생을 살고 죽기 때문입니다. [흙]으로 불리는 사람들은 하나님의 눈에는 살아 있지 않습니다. 하나님이 보시기에는 [흙]이 잠시 뭉쳐서 움직이는 것으로 살아 있는 것은 아닙니다. 하나님이 살아 있다고 말씀하실 때는 그 사람이 영원히 소멸하지 않는다는 의미입니다. 이 내용은 [Chapter 21. 창세기 1장의 생물이란 말의 의미]에서 설명했습니다.

[땅이 공허하다]는 말씀은 하나님이 보시기에 살아 있는 사람이 없다는 뜻입니다. 당시에도 많은 사람이 살고 있었으나 모두가 혼이 없는 [흙]의 존재이기 때문입니다.

   Part 3. 하나님의 창조 계획

Chapter 30

창조 전
- 흑암이 깊음 위에 있다는 말씀의 의미

이 말씀은 하나님이 아직 빛을 창조하시지 않았기에 이 우주가 매우 어둡다는 의미로 생각하게 됩니다. 이런 생각은 말씀을 읽을 때 자연스럽게 우리 머릿속에 떠오르는 생각입니다. 그런데 우주가 어두운 공간으로 보이더라도 흑암이 깊음 위에 있다는 말씀과는 상관이 없습니다. 흑암이 깊음 위에 있다는 말씀은 우주가 어두운 것과는 아무런 관련이 없습니다. 이 Chapter에서는 흑암이 깊음 위에 있다는 말씀을 설명합니다.

Step 1. 히브리어 원문을 살펴봅니다

וְחֹשֶׁךְ עַל־פְּנֵי תְהֹום

[워호세크 알-프네 터홈]

[흑암]으로 번역된 히브리어 원어는 חֹשֶׁךְ[호세크]로 영어로는 darkness로 번역됩니다. [깊음]으로 번역된 히브리어 원어는 תְהֹום[터홈]입니다. 영어로는 deep, depth로 번역되고 있습니다. פְּנֵי[프네]는 פָּנִים[파임]이라는 명사의 중성·복수의 형태입니다. 파임의 뜻은 얼굴입니다. עַל[알]은 '~위에'라는 뜻의 전치사입니다. 명사 앞에 연결되어 그 명사의 의미에 '~위에'라는 뜻이 추가됩니다. 본문에서는 '얼굴 위에'라는 의미가 됩니다. 직역하면 [어둠이 깊음 얼굴 위

에 있다가 됩니다.

Step 2. 흑암이 깊음 위에 있다는 말씀을 설명합니다

하나님은 [깊음]을 물질세계의 상태로 비유하여 표현하십니다. 구약성경에서 [깊음]이라는 단어는 깊은 바다를 의미하거나 깊은 샘을 의미하는 경우가 많습니다. 그러나 창세기 1장 2절에서는 깊은 바다나 깊은 샘을 의미하지 않습니다. 하나님이 말씀하는 흑암은 온 우주를 대상으로 합니다. 흑암은 다른 말로 칠흑 같은 어둠입니다.

하나님이 말씀하고자 하는 핵심은 빛과 어둠입니다. 흑암이 깊음 위에 있다는 말씀은 빛이 한 번도 세상에 비친 적이 없다는 것을 말씀합니다. 우주는 창조된 후로 138억 년이 흐를 때까지, 한 번도 빛을 받은 적이 없다는 것입니다. 이 말씀에서 빛은 항성(Star)이 발산하는 자연의 빛을 의미하지 않습니다. 절대적 존재인 하나님이 곧 빛입니다. 하나님이 세상에 자신을 나타내신 적이 없다는 뜻입니다. 그래서 이제 하나님이 물질세계에 자신을 나타내겠다는 의지를 표현한 것입니다.

Step 3. 하나님이 만드신 우주에 질서가 없다는 말은 아닙니다

하나님이 만드신 만물은 하나님의 섭리하에 모두 질서 정연하게 움직입니다. 은하와 항성과 행성과 우주의 모든 물질은 하나님이 세우신 규칙과 물리 법칙에 맞추어 움직이고 있습니다. 다만 우리 인류가 우주의 법칙을 제대로 깨닫지 못했을 뿐입니다. 만물은 하나님이 창조하신 것 그대로 움직입니다. 물론, 이 말은 과학적 변론이 아니라 신앙적 고백입니다.

　　　　　　　　　　　　　　　　Part 3. 하나님의 창조 계획

Step 4. 태양이나 항성이 없다는 뜻은 아닙니다

창세기 1장 2절에서 흑암이 깊음 위에 있다고 말씀합니다. 이때도 이미 우주는 창조되어 있었고, 태양이 있었으며, 태양이 밝은 빛을 내고 있었습니다. 흑암이라는 단어는 비유입니다. 이 단어는 물질창조와 관련이 없습니다. 이미 지구에 낮과 밤이 교차하고 있으며, 지구에는 생명체가 가득하고 아름다운 자연이 펼쳐져 있었습니다. 흑암은 가시광선과 같은 광원이 없어서 앞을 볼 수 없을 정도로도 어둡다는 의미가 아닙니다.

Step 5. 흑암이 깊음 위에 있는 것은 죄가 아닙니다

창세기 1장에서의 빛과 어둠은 비유입니다. 빛은 하나님을 의미합니다. 어둠은 절대적 어둠과 상대적 어둠이 있습니다. 창세기 1장 2절에서는 빛이 존재하지 않기 때문에 어둠만이 존재합니다. 빛이 없는 어둠은 절대적 어둠입니다.

상대적 어둠이란, 빛을 기준으로 비교했을 때의 어둠입니다. 빛을 기준으로 보면, 어둠은 빛에서 멀어진 것이며, 멀어진 정도에 따라 어둠의 깊이가 달라집니다.

창세기 1장 2절의 어둠은 절대적 어둠입니다. 절대적 어둠에는 기준으로 하는 빛이 없습니다. 그래서 빛으로 가지 않는다거나, 빛에 거하지 않는다거나, 빛을 싫어한다거나 하는 말을 할 수 없습니다. 절대적 어둠에는 빛과 어둠의 경계나 빛을 분모로 하는 어둠의 백분율은 존재하지 않습니다. 그래서 절대적 어둠에서는 선과 악을 규정하기 힘들고, 죄와 벌을 정의할 수 없습니다. 한마디로 절대적 어둠은 하나님에 관한 완전한 무지의 상태라고 표현할 수 있습니다.

Step 6. 이 말씀은 어둠이 사라져야 한다는 의미가 아닙니다

하나님을 빛이라고 가정하고 악을 어둠이라고 가정하면서 빛이 어둠을 이기고 어둠을 물리쳐야 한다는 식의 생각을 많이 합니다. 그런데 이런 의미는 아닙니다. 이런 식의 가정법은 하나님의 세계를 이해하기 어렵게 만듭니다. 하나님이 창조하신 세상은 선과 악, 빛과 어둠의 이분법적 세계가 아닙니다.

이것은 과정으로 생각해야 합니다. 과정에서 어둠은 먼저 있었습니다. 아무것도 없는 것 자체가 어둠이며, 어둠에서 시작하는 것입니다. 빛은 나중에 등장합니다. 빛이 등장한 후에는 빛과 어둠이 함께 있게 됩니다.

어둠은 없어지는 것이 아니라 극복하는 것입니다. 창세기 1장 2절에 나오는 어둠은 항상 존재합니다. 사람은 이 어둠에 머물러 있지 않아야 합니다. 어둠은 사라지는 것이 아니기에 그냥 그대로 있습니다. 다만 사람이 어둠에서 빛으로 나아가는 것입니다. 이 내용은 [Chapter 32. 첫째 날 - 빛이 있으라]에서 자세하게 설명합니다.

Step 7. 사탄은 어둠이 아닙니다

사탄은 어둠이 아니며 어둠의 상징도 아닙니다. 어둠과 사탄은 따로 분리하여 이해해야 합니다. 사탄은 어둠을 창조한 존재가 아닙니다. 사탄이 창조되기 전에도 어둠은 존재합니다. 어둠은 빛이 없을 때를 의미합니다. 하나님의 나라가 이 땅에 이뤄지고, 사탄이 불 못에 던져져서, 사탄이 세상에서 활동하지 못하게 되어도 어둠은 계속 존재할 것입니다.

어둠은 사람이나 천사들에게 항상 존재합니다. 사람들에게 참된 자유가 있기에 사람은 언제든지 빛이 아닌 어둠을 선택할 수 있습니다.

창세기 1장 2절에서 흑암이 깊음 위에 있다는 말씀은 이 세상에 어둠이 존재하지만, 아직 빛이 존재하지 않는 상태를 말합니다. 빛은 하나님을 의미합니다. 하나님이 세상을 만드셨으나 세상에 사는 사람들에게 자신을 계시하시지 않았습니다. 그래서 누구라도 하나님을 알지 못합니다. 사람은 하나님을 본 적도 없고 하나님의 은혜를 받은 적도 없고 하나님의 말씀을 들은 적도 없습니다. 하나님은 한 번도 사람 중 누구에게도 자신을 나타내시지 않았습니다. 그래서 땅이 깊은 어둠 속에 있다는 뜻입니다.

Chapter 31

창조 전
- 하나님의 신이 수면을 운행하신다

창세기 1장 2절에는 [하나님의 신이 수면을 운행하신다]고 기록되어 있습니다. 그런데 창조를 시작하려는 중대한 분위기에서 왜 이런 생뚱맞은 말씀을 하셨을까요? 이 말씀은 성경을 읽는 많은 사람을 어리둥절하게 만듭니다. 물을 창조했다는 기록은 없는데 물이 등장합니다. 그리고 하나님은 그 물 위를 이리저리 왔다 갔다 하신다고 합니다.

성경 말씀: 창세기 1장 2절
"하나님의 영은 수면 위에 운행하시니라"

굳이 이 말씀의 히브리어 원문을 살펴볼 필요는 없지만 그래도 히브리어 원문을 잠시 살펴봅니다.

וְרוּחַ אֱלֹהִים מְרַחֶפֶת עַל־פְּנֵי הַמָּיִם
[우루아크 엘로힘 머라헤페트 알-프네 하마임]

וְרוּחַ[우루아크]는 접속사 וְ[와우]와 רוּחַ[루아크]가 연결된 형태입니다. רוּחַ[루아크]는 명사 רוּחַ[루아크]의 중성·단수의 형태입니다. רוּחַ[루아크]는 영어로 breath, wind, spirit으로 번역되며, 한글로는 주로 영으로 번역됩니다.

אֱלֹהִים[엘로힘]은 하나님을 의미합니다.

מְרַחֶפֶת[머라헤페트]는 רָחַף[라카프]의 피엘동사·분사·여성·단수입니다. רָחַף[라카프]는 NIV에서 was hovering으로, KJV에서 moved로, NASB에서 was moving으로 번역되었습니다. רָחַף[라카프]는 히브리어 구약성경에서 단지 3회만 사용되어 그 의미가 정확하지 않습니다. מְרַחֶפֶת[머라헤페트]는 움직이고 있었다로 해석될 것 같습니다. 한글성경에서 [운행하시니라]로 되어 있는데, 번역상의 문제는 없는 것 같습니다.

עַל־פְּנֵי[알-프네]는 얼굴 위에라는 뜻입니다. 여기서 עַל[알]은 ~위에라는 뜻입니다. פְּנֵי[프네]는 פָּנִים[파님]의 중성·복수의 형태입니다. פָּנִים[파님]은 일굴이라는 뜻입니다.

הַמָּיִם[하마임]은 정관사 הַ[하]와 명사 מַיִם[마임]이 합쳐진 형태입니다. מַיִם[마임]은 물질명사로 물을 의미합니다.

이 문장을 번역하면 [그리고 하나님의 영은 수면 위에 움직이셨다]는 뜻입니다. 수면이라고 한 것은 창세기 1장 2절에 פְּנֵי הַמָּיִם(프네 하마임)을 번역한 것으로 [물의 얼굴]이라는 뜻입니다.

이렇게 히브리어 원문을 분석해 보았으나, 별다른 의미는 찾을 수 없습니다. 단지 번역된 내용 그대로입니다. 이 말씀의 진의를 알려면 성경 전체에 흐르는 물의 개념을 이해해야 합니다.

하나님은 어떻게 창조하실지 설계하신 후, 이 내용을 선포하고, 선포한 대로 일을 진행하십니다. 그리고 선포한 대로 완성하시는 분입니다. 하나님이 설계에 사용하신 단어는 창세기 1장에 선포된 말씀에 나옵니다. 하나님이 사용하신 단어의 의미는 선지자들과 예수님의 말씀에서도 찾을 수 있습니다. 또한, 하나님의 계획대로 완성된 결과가 요한의 계시록에도 표현되어 있습니다. 완성된 결과를 설명하는 말씀에서 하나님이 창세기 1장에서 사용하신 단어의 의미를 찾을 수 있습니다. 이렇게 하면 [물]의 의미를 알 수 있습니다. 이것은 [빛]의 의미를 찾는 것과 같은 방식입니다.

예수님은 창세기 1장을 이해할 수 있도록 해석하는 방법을 알려 주셨습니다. 예수님이 직접 [나는 세상의 빛이라]고 말씀하셨기 때문입니다. 이 말씀이 창세기 1장의 하나님의 창조에 관해 이해할 수 있는 핵심 열쇠입니다. 빛에 관해서는 [Chapter 32. 첫째 날 - 빛이 있으라]에서 설명합니다.

하나님의 영은 수면 위를 움직이고 있었습니다. 이 말씀은 일을 시작하기 전의 상태를 설명하는 것입니다. 일을 시작하기 전에 준비된 상황을 확인하는 모습을 보여 주는 것입니다. 우리가 어떤 일을 할 때 먼저 준비물을 점검하고 하나도 빠짐이 없는지 확인하는 것과 같습니다. 이 말씀에서 하나님이 알려 주고자 하는 것은 마지막 창조에서 [물]이 중요하다는 것입니다.

하나님은 창조의 작업을 시작하려고 하십니다. 하나님이 이루려고 하는 일은 에덴동산을 시작으로 해서 선지자들과 예수님과 제자들을 거쳐서 진행되고, 요한계시록에서 완성됩니다. 하나님이 이루시고자 하는 창조의 일은 창세기 1장 2절에서는 아직 시작되지 않았습니다.

하나님은 마지막 단계의 창조를 시작하시려고 합니다. 하나님이 창조하시려는 일은 사람에게 영원성을 주어 하나님의 백성을 만드는 일입니다. 창조되는 하나님의 백성은 영의 세계가 아니라 물질세계에서 영생하게 될 것입니다. 그래서 하나님은 이 땅 위에 영원한 하나님의 나라를 세우려고 하시는 것입니다. 땅 위에 사는 백성과 하나님 사이에 중재자도 필요하기에 하나님 곁에 있는 영들에게 중재의 역할을 맡기기로 합니다. 하나님은 이렇게 하나님이 하실 일을 계획하고 설계하셨습니다. 이 모든 과정에서 꼭 필요한 것이 하나 있었습니다. 그것이 물입니다. 그래서 하나님의 영이 물 위를 운행하신다고 기록한 것입니다.

첫째 날
- 빛이 있으라

성경 말씀: 창세기 1장 3절

"하나님이 이르시되 빛이 있으라 하시니 빛이 있었고, 빛이 하나님이 보시기에 좋았더라 하나님이 빛과 어둠을 나누사 하나님이 빛을 낮이라 부르시고 어둠을 밤이라 부르시니라 저녁이 되고 아침이 되니 이는 첫째 날이니라"

이 말씀은 물질창조에 관한 기록이 아니므로 물질창조에 맞춘 설명을 하지 않겠습니다. 물질창조의 기록이 아니라는 것은 [Part 1. 물질창조의 기록이 아니다]에서 여러 주제로 설명했습니다

창세기 1장은 창조를 4단계로 나누었을 때 마지막 단계의 창조입니다. 이 내용은 [Chapter 13. 하나님 창조의 4단계]에서 설명했습니다.

창세기 1장은 하나님이 마지막 단계의 창조를 실행하기 전에 먼저 창조의 과정에 관한 계획을 선포해 놓으신 것입니다. 그래서 창세기 1장의 내용은 하나님이 [내가 이렇게 창조하겠다]고 말씀하는 것입니다. 이 내용은 [Chapter 18. 창세기 1장은 처음부터 고한 종말이다]에서 설명했습니다.

하나님의 창조 계획을 당시 존재했던 모든 천사가 함께 들었습니다. 물론 사

탄도 함께 들었습니다. 이 내용은 [Chapter 23. 창세기 1장은 하나님의 계획표]에서 설명했습니다

창세기 1장 3절에는 첫째 날에 하나님이 하시려는 일이 기록되어 있습니다. [Chapter 16. 명령과 성취와 설명의 구조]에서 설명한 바와 같이, 첫째 날의 내용은 명령과 성취와 설명의 구조로 되어 있습니다. 창세기 1장 5절은 설명에 해당합니다. 하나님은 빛을 낮이라고 부르시고 어둠을 밤이라고 부르셨습니다. 여기서 하나님은 빛과 어둠에 관한 정의를 내리신 것입니다. 빛을 낮으로, 어둠을 밤으로 정하는 것은 하나님이 하시는 일을 바르게 이해할 수 있도록 합니다.

이 책에서 첫째 날 선포된 말씀을 사의적으로 해석하는 것은 아닙니다. 예수님의 해석을 가져와서 대입하는 것입니다. 예수님이 첫째 날의 창조를 해석할 수 있도록 단서가 되는 말씀을 이미 하셨고, 예수님의 말씀을 근거로 창세기 1장에 기록된 하나님의 계획을 이해하는 것입니다. 첫째 날의 계획을 해석하는 방법 그대로 둘째 날의 계획을 해석하면 하나님의 계획을 바르게 이해할 수 있습니다.

Step 1. 빛이 있으라

첫째 날에 선포한 계획은 하나님이 친히 빛이 되겠다는 계획입니다. 그리고 이 말씀은 성취되었습니다. [빛이 있으라]는 명령은 6,000년 전 하나님이 말씀을 선포하실 당시에는 아직 이루어지지 않은, 미래에 이루어질 일이었습니다. 이 명령은 2,000년 전에 예수님이 이 땅에 오심으로 성취되었고, 지금의 시점에서 보면 이미 과거에 성취된 말씀입니다.

"내가 세상에 있는 동안에는 세상의 빛이로라"

예수님은 세상을 위한 빛입니다. 예수님이 빛이라는 주장에는 모든 기독교인이 동의할 것입니다. 물론 비기독교인들은 동의하지 않을 것입니다. 그래도 요한복음 1장 9절의 기록과 같이 예수님은 그 시대에 땅을 비추던 빛입니다.

요한복음 9장 5절의 말씀은 창세기 1장 3절 말씀의 성취입니다. 창세기 1장 3절에서 하나님은 [빛이 있으라]고 말씀하셨고, 그래서 빛이 있게 되었습니다. 예수님의 사역은 창세기 1장 3절에 기록된 대로 첫째 날에 선포한 말씀을 이루는 것입니다.

예수님은 첫 번째 그룹에 속한 계획을 이루었습니다. 첫 번째 그룹이라는 표현은 [Chapter 17. 좋았더라와 심히 좋았더라 : 6개의 창조 계획]에서 설명한 것으로 그 Chapter에서 가져온 용어입니다. 첫 번째 그룹에는 하나의 계획만 있고 이 계획은 [세상에 빛이 있게 하는 것]입니다.

[빛이 있으라]는 말씀에서 [빛]은 예수 그리스도입니다. 예수님이 자신을 빛으로 표현하셨기에 빛은 하나님을 의미하는 것입니다. [빛이 있으라]는 말씀은 예수님이 세상에 사람으로 오시는 것을 의미합니다. 예수님이 이 땅에 사람으로 오실 것을 계획하고 선포한 내용이 첫 번째 그룹의 계획입니다. 예수님이 사람으로 태어났을 때, [빛이 있으라]는 말씀은 성취된 것입니다.

성경 말씀: 요한복음 1장 9절

"참 빛 곧 세상에 와서 각 사람에게 비추는 빛이 있었나니, 그가 세상에 계셨으

며 세상은 그로 말미암아 지은 바 되었으되 세상이 그를 알지 못하였고, 자기

땅에 오매 자기 백성이 영접하지 아니하였으나"

예수님은 참 빛입니다. 사도 요한이 이렇게 기록한 것은 예수님이 살아 계실 때 여러 번에 걸쳐서 자신을 빛으로 설명하셨을 것이기 때문입니다.

성경 말씀: 요한복음 15장 22절
"내가 와서 그들에게 말하지 아니하였더라면 죄가 없었으려니와 지금은 핑계 할 수 없느니라"

이 말씀에서 예수님은 [내가 와서]라고 합니다. 구약에서노 하나님은 모세를 통해서 율법을 주었고, 선지자를 통해서 말씀을 주셨습니다. 그러나 이런 방식 은 [빛이 있으라]는 말씀의 성취가 아닙니다. 하나님은 선지자에게 영으로 오셔 서 말씀하셨고, 모세에게는 직접 나타나셨어도 백성은 하나님을 직접 볼 수 없 었습니다. 하나님은 사람에게 계시하고 말씀하셨지만 이런 형식으로는 [빛이 있으라]는 말씀의 성취가 아니라는 것입니다. 성자 하나님이 직접 사람으로 이 땅에 오신 것이 빛이 세상에 있게 된 사건입니다. [내가 와서]라는 말씀은 하나 님이 직접 사람이 되신 것을 의미합니다.

[빛이 있으라]에 나오는 빛과 [빛과 어둠을 나누었다]에 나오는 빛은 서로 다 른 뜻을 가지고 있습니다. [빛이 있으라]의 빛을 절대적 빛이라고 부르겠습니다. 이 [절대적 빛]은 하나님을 의미합니다. 하나님이 이 세상에 오시는 것을 의미합 니다. 그래서 이 빛은 예수님을 의미합니다.

창세기 1장에서는 빛을 하나님으로 비유합니다. 빛은 절대적 존재를 의미합

니다. 하나님 외에는 빛이 없습니다. 빛은 창조주를 의미합니다. 피조물은 결코 빛이 될 수 없습니다. 하나님은 비교되지 않으며, 어떤 것으로도 빛과 견줄 수 없습니다. 이런 개념에서 빛을 설명할 때, 이 빛은 [절대적 빛]입니다.

Step 2. 하나님이 사람이 되다

성경 말씀: 요한복음 15장 24절
"내가 아무도 못한 일을 그들 중에서 하지 아니하였더라면 그들에게 죄가 없
었으려니와 지금은 그들이 나와 내 아버지를 보았고 또 미워하였도다"

이 말씀에서 예수님은 [아무도 못한 일]을 했다고 하십니다. 사람들은 이 일을 예수님이 베푼 기적이나 십자가의 죽음이라고 생각합니다. 그런데 예수님은 이 말씀을 하실 때, 아무도 못한 그 일이란 성육신을 말한 것입니다. [아무도 못한 일]은 하나님이 사람이 되신 일을 의미합니다. 그들이 나와 아버지를 보았다고 말씀하기 때문입니다.

아무도 못했다고 말씀한 이유는 누구도 하나님을 보여 주지 못했다는 뜻입니다. 예수님은 [지금은 그들이 나와 내 아버지를 보았다]고 말씀합니다. 예수님이 사람으로 오지 않았다면, 그들이 예수님과 하나님을 보지 못했을 것입니다. 예수님이 오기 전까지 사람들은 하나님을 보지 못했고 하나님의 음성을 듣지 못했습니다.

출애굽 당시에 이스라엘 사람들은 하나님의 임재를 경험했습니다. 하나님의 임재는 불기둥과 구름 기둥으로 느낄 수 있었고, 모세를 통해서 애굽에 내리는 재앙을 통해 느낄 수 있었습니다. 이스라엘 사람은 이런 방식으로 하나님의 임

                          Part 3. 하나님의 창조 계획

재를 경험했지만 누구도 하나님을 보지 못했고 하나님의 음성을 듣지 못했습니다. 모세나 선지자를 통해서 말씀을 들었어도 사람들은 하나님을 볼 수 없었습니다. 모세를 통해 십계명을 주셨지만, 백성은 하나님을 볼 수 없었습니다. 그래서 하나님은 백성이 직접 볼 수 있는 사람으로 오셨습니다. 그분이 예수님입니다. 예수님이 사람이 되신 것이 [빛이 있으라]는 말씀의 성취입니다. 예수님이 사람으로 오시기 전까지 빛이 세상을 비춘 일은 없었습니다.

모세는 하나님을 보았고 하나님의 음성을 들었습니다. 모세가 이스라엘 백성을 대표하여 하나님 앞에 섰지만 모세는 백성이 아닙니다. 모세는 하나님이 이스라엘 민족을 위해 보내신 그분의 종입니다. 모세가 하나님을 보았다고 해서 백성이 하나님을 본 것은 아니라는 말입니다.

하나님은 영이십니다. 영이신 하나님 옆에는 하나님의 종인 영(Spirit)들이 있습니다. 하나님은 옆에서 자신을 모시고 섰던 영들 중 하나를 사람으로 보내셨습니다. 그 영이 모세입니다. 하나님은 모세를 백성(혼, Soul)에게 보내신 것입니다. 그래서 혼(Soul)은 하나님을 본 적이 없었다는 말입니다. 영과 혼에 관한 구분과 설명은 저자의 저서 제2권 《에덴동산과 하나님의 아들들》에 자세히 설명되어 있습니다.

Step 3. 빛이 있었고

[빛이 있었다]와 같이 시제를 과거형으로 쓴 이유는 과거에 이미 실현되었다는 뜻이 아니라, 하나님이 말씀하면 아직 이루어지지 않았어도 반드시 이루어질 것이기에 이미 성취된 것으로 본다는 뜻입니다. 첫째 날에는 [그대로 되니라]는 문구가 없습니다. [그대로 되니라]는 문장을 넣지 않고, 대신 [빛이 있었고]로 기

록되어 있습니다. 이 내용은 [Chapter 16. 명령과 성취와 설명의 구조]에서 설명했습니다.

Step 4. 예수님의 승천은 계획되었다

창세기 1장에서 선포한 하나님의 계획에는 예수님의 승천이 포함되어 있었습니다. 다만 창세기 1장에는 굳이 이 내용을 기록하지 않았습니다. 그렇다면 예수님의 승천이 기록되어 있지도 않은데, 하나님의 계획에 포함되어 있다는 것을 어떻게 알 수 있을까요?

성경 말씀: 요한복음 16장 28절
"내가 아버지에게서 나와 세상에 왔고 다시 세상을 떠나 아버지께로 가노라
하시니"

이 말씀에서 예수님은 아버지에게서 나왔다고 말씀합니다. 많은 사람이 삼위일체 교리를 믿습니다. 그런데 삼위일체 교리를 믿는다고 할 때, 성부 하나님과 성자 하나님과 성령 하나님이 영원 전부터 함께 존재했다는 식으로 이해합니다. 삼위일체 교리는 설명하기 매우 어렵습니다. 그래서 삼위일체 교리를 이해하기 쉽도록 설명을 시도하는 것은 매우 조심스러운 일입니다.

예수님은 자신이 아버지에게서 나왔다고 말씀합니다. 예수님이 아버지에게서 나오기 전에 하나님은 유일한 하나님이셨습니다. 하나님 한 분 외에는 다른 신이 없다는 뜻입니다. 이때의 하나님은 성부·성자·성령이라는 명칭 없이 한 분 하나님입니다. 예수님이 아버지에게서 나올 때, 예수님은 독립된 하나님으로 이 땅에서 사람으로 태어나셨습니다.

성경 말씀: 요한복음 8장 40절
"지금 하나님께 들은 진리를 너희에게 말한 사람인 나를 죽이려 하는도다 아브라함은 이렇게 하지 아니하였느니라"

이 말씀에서 예수님은 아브라함이 자신에게 잘하였다고 말씀합니다. 창세기 18장 1절에는 아브라함이 하나님을 잘 모시는 내용이 나옵니다. 하나님이 두 천사와 함께 아브라함을 만났을 때 아브라함은 하나님을 최선을 다하여 섬겼습니다. 예수님은 아브라함이 자신에게 잘하였다는 것을 말씀하셨는데, 이 내용을 포함하여 말씀하신 것으로 보입니다.

하나님이 아브라함을 만나셨을 때 하나님 안에 예수님이 있었을까요? 마치 캥거루가 자기 새끼를 주머니에 넣고 다니듯이, 예수님이 성부 하나님 안에 들어 있었을까요? 당연히 이런 방식은 아닙니다.

하나님이 아브라함을 만나셨을 때, 성자 하나님이 따로 존재했던 것은 아닙니다. 성부 하나님이나 성자 하나님으로 나누어 존재했던 것이 아니라, 전적으로 하나님 한 분이셨습니다. 예수님이 아버지에게서 나오기 전까지는 오직 한 분 하나님만 계셨습니다. 예수님이 아버지에게서 나와 세상에 오셨을 때, 예수님은 성부 하나님이 경험한 모든 과거를 함께 공유합니다. 아브라함은 유일한 한 분 하나님을 대접했고, 예수님이 태어났을 때, 아브라함이 대접한 그 하나님이 성부와 성자로 두 분이 되셨습니다. 성부가 성자 하나님을 창조하신 것이 아니라, 한 분 하나님이 성부와 성자로 나뉘어 두 분이 되셨다는 뜻입니다.

성경 말씀: 요한복음 5장 43절
"나는 내 아버지의 이름으로 왔으매 너희가 영접하지 아니하나 만일 다른 사

람이 자기 이름으로 오면 영접하리라"

이 말씀에서도 예수님은 아버지의 이름으로 왔다고 말씀합니다. 아버지의 이름으로 왔다는 말은 곧 아버지에게서 나왔다는 뜻입니다. 예수님은 아버지에게서 나왔다는 것을 강조하셨습니다. 이 말씀은 아버지 옆에 있다가 왔다는 의미가 아닙니다. 유일한 하나님에게서 예수님이 나와서 독립된 하나님이 되셨다는 뜻입니다. 예수님이 나오기 전까지는 하나님은 한 분이었습니다.

성경 말씀: 요한복음 16장 28절
"내가 아버지에게서 나와 세상에 왔고 다시 세상을 떠나 아버지께로 가노라
하시니"

이 말씀에서도 예수님은 아버지에게서 나왔다고 하십니다. 천사가 전하는 소식을 듣고 마리아가 순종했을 때, 성부 하나님에게서 예수님이 따로 나와서 사람으로 잉태되셨습니다. 이때부터 성부와 성자는 독립된 분으로 있게 되었습니다. 이 사건 전까지는 성부도 없고 성자도 없으며 오직 하나님 한 분으로 계셨습니다.

성경 말씀: 요한복음 14장 7절
"보혜사 곧 아버지께서 내 이름으로 보내실 성령 그가 너희에게 모든 것을 가
르치고 내가 너희에게 말한 모든 것을 생각나게 하리라"

이 말씀에서 예수님은 예수님의 이름으로 보혜사가 올 것이라고 하십니다. 보혜사는 아버지의 이름으로 오시는 것이 아니라, 예수님의 이름으로 오신다는 것입니다. 이 말씀은 보혜사가 예수님에게서 분리되어 독립된 하나님이 될 것이라는 뜻입니다. 보혜사는 성부 하나님에게서 나오는 것이 아니라 성자 하나님

     Part 3. 하나님의 창조 계획

에게서 나옵니다. 예수님이 아버지에게서 나온 것과 같이, 보혜사는 예수님에게서 나온다는 것입니다. 예수님이 이 말씀을 하실 때는 세상에 계실 때입니다. 예수님이 아직 하늘로 올라가지 않으셨기에 보혜사가 존재하지 않았습니다.

성경 말씀: 요한복음 16장 7절

"…내가 떠나가는 것이 너희에게 유익이라 내가 떠나가지 아니하면 보혜사가 너희에게로 오시지 아니할 것이요 가면 내가 그를 너희에게로 보내리니"

이 말씀에서 예수님은 보혜사를 보내려면 자신이 가야 한다고 말씀합니다. 예수님이 하늘로 돌아가지 않으면 보혜사가 올 수 없다는 말입니다.

만약 예수님과 상관없이 보혜사가 아버지에게서 나오게 된다면, 굳이 예수님이 가지 않아도 보혜사는 오실 수 있습니다. 예수님이 가야만 한다는 말씀은 보혜사가 예수님에게서 나오기 때문입니다. 보혜사가 예수님에게서 나와야 하는데, 예수님이 이 땅에 계시면 보혜사가 나올 수 없다는 것입니다.

예수님은 하나님이 계신 곳으로 돌아가셨습니다. 이유는 보혜사를 보내기 위해서입니다. 빛이 있으라는 명령은 첫 번째 계획으로, 예수님이 이 땅에 빛으로 오는 것을 의미합니다. 두 번째 계획은 또 다른 보혜사가 오는 것입니다. 두 번째 계획 속에 보혜사를 보내기 위해 예수님이 아버지에게 돌아간다는 내용이 포함되어 있다는 것입니다. 이처럼 처음부터 예수님의 승천은 계획된 것입니다.

Step 5. 예수님의 죽음은 계획되지 않았다

창세기 1장의 계획에는 예수님의 죽음이 포함되어 있지 않습니다.

성경 말씀: 마태복음 1장 21절

"아들을 낳으리니 이름을 예수라 하라 이는 그가 자기 백성을 그들의 죄에서
구원할 자이심이라 하니라"

이 말씀에서 예수님이 이 땅에 오시는 이유는 자기 백성을 그들의 죄에서 구원하려는 것입니다. 자기 백성을 그들의 죄에서 구원하려면 예수님이 흠 없는 대속의 희생제물로 자신을 드려야 합니다. 예수님의 죽음은 태어날 때부터 계획되어 있었습니다. 요한복음 9장 5절을 보면, 예수님은 빛이 되기 위해서 오셨습니다. 예수님이 이 땅에 오시는 이유는 두 가지입니다. 하나는 빛이 되기 위해서이고, 다른 하나는 자기 백성을 죄에서 구원하기 위해서입니다.

예수님은 자기 백성을 죄에서 구하기 위해서 스스로 희생제물이 되셨습니다. 유월절 어린 양은 예수님을 예표합니다. 죄에서 구원하는 방법은 자기 백성의 죗값을 예수님이 대신 치르는 것입니다. 예수님은 죄가 없습니다. 그러나 십자가의 죽음을 통해서 자기 백성의 죄로 인한 형벌을 미리 받으신 것입니다.

예수님이 십자가에서 희생제물이 되기로 정해진 이유는 자기 백성이 죄에 빠지게 될 것이 확실해졌기 때문입니다. 만약 자기 백성이 죄에 빠질 가능성이 없었다면, 예수님이 대속의 피를 흘릴 이유가 없습니다. 자기 백성이 죄에 빠질 수밖에 없는 이유는 아담이 선악과를 먹었기 때문입니다.

하나님이 창세기 1장의 내용을 선포하실 때, 하나님은 아직 아담을 창조하시지 않았습니다. 또한, 하나님은 아담의 범죄를 미리 정하지 않았습니다. 아담이 선악과를 먹도록 정하셨다면, 선악과를 먹은 책임을 아담에게 물을 수 없습니다.

창세기 1장에서 하나님의 계획을 선포할 때는 아담의 범죄가 전혀 고려되지 않았습니다. 그래서 예수님이 십자가에서 희생제물이 되는 것을 계획하지 않았을 때입니다. 예수님의 죽음은 아담이 선악과를 먹은 후에 추가된 것입니다.

Chapter 33

첫째 날
- 빛과 어둠을 나눈다

[빛이 있으라]에 나오는 빛과 [빛과 어둠을 나누사]에 나오는 빛은 서로 다른 뜻입니다. [빛이 있으라]에 나오는 빛은 절대적 빛입니다. 여기서 절대적 빛, 상대적 빛, 절대적 어둠, 상대적 어둠에 관해 용어를 정리하려고 합니다. 그래야 [빛과 어둠을 나누사]라는 말씀을 바르게 이해할 수 있습니다.

Step 1. 예수님과 빛과 어둠과 혼돈을 구분합니다

[빛이 있으라]의 빛은 절대적 빛입니다. 절대적 빛은 존재에 관한 표현입니다. 그래서 절대적 빛은 예수 그리스도를 의미합니다. 예수님은 성자 하나님입니다. 하나님은 자신을 빛으로 표현하셨습니다. 창조주이신 하나님은 어떤 존재와도 비교될 수 없는 절대적인 분입니다. 그래서 저는 이 빛을 절대적 빛이라고 부르고자 합니다. 여기서 빛은 비유로 하나님을 의미합니다.

[빛과 어둠을 나누사]의 빛은 상대적 의미의 빛입니다. 이 빛은 절대적 의미의 빛이 아닙니다. [빛과 어둠]의 빛은 하나님을 의미하지 않습니다. 어둠에 비교되는 빛입니다. 그래서 이 빛은 존재에 관련된 의미가 아니라 상태에 관련된 의미입니다. 이 빛은 예수님이 말씀을 주셨기 때문에 시작되었습니다. [빛과 어둠]이라는 표현에서 빛과 어둠은 사람의 상태를 의미합니다.

[빛과 어둠을 나누시라는 말씀의 어둠은 상대적 의미의 어둠입니다. 이 어둠은 예수님이 말씀을 주셨기 때문에 빛과 함께 시작되었습니다. 빛과 어둠은 상태입니다. 빛과 어둠은 항상 같이 있습니다. 어둠은 빛이 부족한 상태를 말합니다.

[절대적 어둠]은 빛이 하나도 없는 어둠입니다. 절대적 어둠이 혼돈입니다. 혼돈은 빛이 있게 되면 사라집니다. 혼돈은 빛이 시작되기 이전의 어둠을 의미합니다. 그래서 절대적 어둠은 상대적 어둠과는 다른 차원의 어둠입니다. 혼돈도 역시 비유입니다. 혼돈도 존재에 관한 표현이 아니라 상태에 관한 표현입니다. 혼돈은 빛이 없는 완전한 어둠의 상태를 표현합니다. 그래서 혼돈은 사탄이나 악마를 의미하지 않습니다. 하나님을 전혀 모르는 상태, 하나님의 말씀을 전혀 들어본 적이 없는 상태를 의미합니다.

Step 2. 빛과 어둠, 혼돈은 사람의 상태를 설명합니다

[빛과 어둠]은 사람의 마음 상태를 표현하는 것입니다. 사람의 상태에 따라 빛에 거하는 자인지, 어둠에 거하는 자인지가 결정된다는 것입니다. 또한, 사람은 얼마든지 상태를 바꿀 수 있습니다. 어둠에 거하는 자가 빛에 거하는 자로 바뀔 수 있고, 빛에 거하는 자가 어둠에 거하는 자로 바뀔 수 있습니다. 사람은 어떤 순간에 빛의 상태에 있거나 어둠의 상태에 있을 수 있습니다. 사람은 빛과 어둠에 확정되지 않는 존재입니다.

사람이 빛의 상태에 있더라도 항상 어둠이 마음 한 곳에 있습니다. 반대의 경우, 사람이 어둠의 상태에 있더라도 항상 마음 한 곳에는 빛이 있습니다. 사람은 완전한 빛의 상태에 있을 수도 없고, 완전한 어둠의 상태에 있을 수도 없습니다.

빛과 어둠 그리고 혼돈을 예를 들어 설명합니다.

빛이 전혀 없는 방에 들어가면 완전한 어둠 속에 있게 됩니다. 눈을 뜨거나 눈을 감아도 같습니다. 이런 어둠 속에 있다면 눈은 필요하지 않습니다. 아무리 눈을 뜨고 보려고 해도 아무것도 보이지 않기 때문입니다. 눈이 필요하지 않은 칠흑 같은 어둠을 혼돈이라고 합니다. 이것은 혼돈에 관한 사전적 의미가 아니라, 창세기 1장에서 비유로 사용된 혼돈의 의미입니다.

이런 방에 아주 희미한 촛불 하나가 있다고 가정합니다. 눈을 뜨니 물건들의 형태와 위치를 조금 알 수 있습니다. 이때부터는 눈이 필요합니다. 약한 빛이라도 있으면, 조금이라도 보이게 됩니다. 이때는 눈을 감았을 때와 눈을 떴을 때가 다릅니다. 눈을 뜨고 방안을 둘러봅니다. 이때부터는 더 잘 보기 위해서 더 많은 빛이 있기를 바랄 것입니다. 이때부터 빛과 어둠을 느끼게 됩니다. 눈을 감았을 때는 혼돈이고, 눈을 떴을 때는 약한 빛으로 인해 나타난 어둠입니다.

어두운 밤에 밖으로 나갔을 때, 우리는 밤의 풍경을 봅니다. 밤이지만 주위의 상태를 볼 수 있습니다. 밤이지만 빛이 없는 것은 아닙니다. 빛이 있기에 밤길을 걸을 수 있습니다. 빛이 조금이라도 있다면 그 상태는 어둠입니다. 빛의 양이 많아야 밝음이 됩니다. 빛이 없는 완전한 어둠은 혼돈입니다. 그 외에 빛이 조금이라도 있다면, 그 빛의 양에 따라 빛과 어둠이 나뉘는 것입니다. 빛의 양이 1%였다면 어둠이고, 빛의 양이 99%였다면 밝음(빛)입니다.

사람에게 빛이 100%라는 상태는 불가능합니다. 사람은 자유롭게 생각할 수 있어서, 늘 반대의 경우를 떠올릴 수 있습니다. 이것이 자유이기 때문입니다. 자유의지란 빛의 반대편도 바라볼 수 있고, 생각할 수 있는 의지를 말합니다. 그래

     Part 3. 하나님의 창조 계획

서 사람은 완전한 빛의 상태에는 도달할 수 없습니다.

빛과 어둠 그리고 혼돈은 앞으로도 계속해서 설명하게 됩니다. 이 글을 읽어 내려가다 보면 더 정확한 의미를 이해하게 될 것입니다.

Step 3. 예수님이 오시기 전, 세상은 혼돈 속에 있었습니다

예수님이 이 땅에 빛으로 오시기 전까지 세상은 빛과 어둠으로 나뉘지 않았습니다. 이때 존재하는 것은 빛과 비교되는 어둠이 아니라 절대적 어둠이며 이것은 혼돈입니다. 예수님이 오신 후에야 빛과 어둠이 나뉘게 되었습니다. 절대적 빛이 임할 때, 비로소 혼돈이 사라지게 되고, 빛과 어둠이 나뉘게 됩니다. 이것이 창세기 1장 3절에서 5절까지의 내용입니다. 예수님이 빛으로 임하기 전까지 세상은 혼돈 속에 있었습니다.

모세가 시내산에서 하나님에게서 말씀을 받았으니 빛을 비춘 것이 아닌가 생각이 들 수 있습니다. 모세가 말씀을 받은 사건에 관해서는 뒤에서 설명합니다.

예수님 이전의 시대에도 여러 나라와 여러 지역에서 법과 질서와 공정과 공평이 있는 사회가 있었다면, 그 사회는 혼돈이 지배하는 사회가 아니라는 생각을 할 수 있습니다. 이 내용에 관해서도 뒤에서 설명합니다.

예수님이 오셨던 이스라엘과 다른 나라들을 분리하여 생각할 필요가 있습니다. 이스라엘 사람들에게는 예수님이 오셨기에, 예수님이 오신 시점을 기준으로 전까지는 혼돈의 상태이고 후로는 어둠의 상태입니다. 예수님이 오셔서 말씀을 선포하셨기에 혼돈의 상태가 사라져야 했지만, 그들이 빛이신 예수님을 거부했기에 지금까지도 혼돈의 상태에 있습니다. 그들은 예수님의 말씀이 옳다는 것을 이성적으로는 이해했으나, 그렇게 살 수 없다고 판단했기에 혼돈의 상태가 계속되고 있는 것입니다.

예수님을 전혀 알 수 없었던 다른 나라들은 혼돈의 상태입니다. 이성과 지성의 발전으로 높은 단계의 윤리와 도덕적 수준에 이르렀다고 하더라도 예수님을 알 수 없었기에 혼돈의 상태입니다. 복음의 전파로 예수님의 말씀을 듣게 되었다고 해도, 빛이신 예수님이 직접 오셨던 것과는 비교할 수 없습니다. 예수님이 이스라엘을 제외한 다른 나라에 직접 찾아오신 적은 없었기 때문입니다.

이스라엘을 제외한 모든 나라는 어둠이 아닌 혼돈의 세상에 사는 것입니다. 혼돈은 절대적 어둠입니다. 빛이 조금이라도 있다면, 그때부터는 혼돈이 아니라 어둠입니다. 그러나 빛이신 하나님을 경험한 적이 없었기에 사람들은 혼돈 속에 있다는 것 자체를 알지 못합니다. 이스라엘 민족만 하나님의 옷자락을 조금 경험했습니다. 세상은 빛이 존재한다는 것을 알지 못합니다. 기독교가 있는 국가 중 일부 나라에서 믿음이 있는 기독교인들은 하나님이 살아 계신다는 것을 경험하기도 합니다. 그러나 정말 일부에 불과합니다.

혼돈 속에 사는 사람에게는 빛이나 어둠의 개념이 없습니다. 자신들이 사는 세상이 어둠 속에 있다는 생각 자체를 하지 못합니다. 늘 그렇게 살아왔던 대로 세상을 살아갑니다. 이 사람들에게는 빛이나 어둠이 아니라 그냥 세상을 살아가는 생존방식만 있을 뿐입니다.

일부 기독교인들만이 혼돈의 세상 안에서 예수님의 말씀을 실천하려고 노력하면서 빛과 어둠의 경계를 오가며 살아갑니다. 일부 종교인들이나 양심적인

　　　　　　　　　　　　　　　Part 3. 하나님의 창조 계획

사람들은 물질적 가치관에서 벗어나 진정한 진리를 찾으려고 노력할지 모릅니다. 하지만 전 세계 인류의 삶은 주로 생존에 직결되어 있습니다. 생존과 삶의 문제가 가장 중요한 이슈(Issue)가 되어 있습니다.

죽음이 있는 세상이기에 사람은 죽기 전까지의 인생을 조금 더 잘 살기 위해 노력합니다. 죽음 이후의 내세가 있고 하나님이 계신다는 것을 알게 되면, 사람의 행동은 달라질 수 있습니다. 그러나 사람에게는 현재의 삶이 가장 중요합니다. 죽음이 있기에 죽기 전까지의 삶이 가장 중요한 가치가 됩니다. 죽으면 끝이라고 생각하기에 죽기 전까지는 어떤 방식으로 살더라도 잘 살기만 하면 되는 것입니다.

법을 어겨도 법의 맹점을 이용하여 빠져나가면 된다는 생각, 죄를 지어도 들키지만 않으면 된다는 생각, 다른 사람이 피해를 받아도 내가 잘되면 좋다는 생각, 손해보다 이익이 더 크다면 무엇이든 한다는 생각, 이런 생각이 현실이 되는 사회가 혼돈의 사회입니다.

약육강식의 세계, 승자독식의 세계입니다. 강한 자가 살아남는 세상입니다. 살아남는 자가 강한 자가 되는 세상입니다. 권모술수와 여러 거짓과 모략과 사기로 상대를 죽이거나 이기면 그 사람이 인정받는 세상입니다. 돈이 많은 자, 재판에서 이긴 자, 성공한 자가 하나님에게 복받은 사람으로 인식되는 세상이기도 합니다. 사람들은 이긴 자나 부자를 부러워합니다. 성공한 사람이 삶의 기준이 되고, 그 사람이 사용한 방법을 배우고 터득하려고 합니다. 성공을 위해서라면, 윤리나 도덕이 중요하지 않습니다. 이것이 혼돈의 세상입니다. 일부 선하게 사는 사람이나 말씀대로 사는 사람이 있더라도, 세상 자체는 혼돈의 세상입니다.

혼돈이 지배한다는 말은, 치졸하고 비겁한 계략을 사용하더라도 상대를 누르고 빼앗기만 한다면 승리자로 인정받는 세상이기에, 사람 대부분이 이런 방식으로 살아가고 있다는 말입니다. 결과가 과정을 정당화하는 세상입니다. 과정이 불의하고 불법적이라고 해도 결과가 좋다면 그 방법대로 한다는 세상입니다. 이런 사회가 있다면, 그 사회는 혼돈이 지배하는 사회입니다. 혼돈에 관련된 내용은 [Chapter 28. 창조 전 - 땅이 혼돈하다는 말씀의 의미]에서 설명했습니다.

사실, 지금 우리가 사는 세상도 크게 다르지는 않습니다. 만약 확실히 들키지 않으면서 시험지의 답을 알 방법이 있다면, 이런 부정한 방법을 사용해서라도 높은 점수를 받으려는 사람이 많을 것입니다. 만약 아무도 모르게 어떤 회사의 내부정보를 알게 되고 또 걸리지 않을 수만 있다면 아마도 많은 사람은 그 회사의 주식을 불법으로 취득하려고 할 것입니다. 만약 다른 사람이 전혀 모르고, 큰돈을 벌 수 있는 비밀정보를 얻을 수 있다면, 많은 사람이 이 정보를 이용하여 큰돈을 벌려고 할 것입니다.

다른 사람이 알 수 없다는 확신이 들면, 사람은 불법을 저지를 가능성이 큽니다. 이는 이 세상이 아직도 혼돈의 세상이기 때문입니다. 만약 내가 어떤 불법행위를 했을 때, 그 행위가 실시간으로 드러난다고 가정하면, 현대인 대부분은 불편해할 것입니다. 자신만의 비밀을 지킬 수 없고, 자신만의 사생활을 보장받지 못하며, 자신의 행위가 낱낱이 드러난다는 것은 현대인에게는 참을 수 없는 자유의 침해가 될 것이기 때문입니다.

하나님의 나라를 투명한 사회라고 가정합니다. 하나님의 나라 안에서는 어떤 불법적인 행동이라도 숨길 수 없으며, 절대적 존재가 모든 것을 지켜 보고 있다고 가정합니다. 이런 사회에서 사는 것이 답답하고 숨 막힐 것 같다고 여긴다면,

그 사람은 혼돈에 익숙한 사람입니다. 빛을 싫어하여 빛으로 나오지 않으려는 사람에 속합니다. 그런데 사실 우리 대부분이 이렇습니다.

아직 학교에 들어가지 않은 5살의 어린아이들이 있다고 가정합니다. 아이들은 아직 부모에게서 세상의 삶을 배우지 않았습니다. 그래서 이 아이들은 순수합니다. 이 아이들이 유치원에서 놀고 있습니다. 아이들은 CCTV가 많고 자신의 행위를 전혀 감출 수 없는 유치원에서도 자유롭게 놀고 지냅니다. 아이들은 자신을 비추는 CCTV에 관심이 없습니다. 아이들은 이런 제한에도 자신의 자유가 침해된다고 생각하지 못합니다. 그래서 아이들은 자유롭습니다. 자신의 행위를 속속히 다 들여다보고 있는 보육교사 앞에서도 개인의 자유나 사생활 보호라는 개념 없이 편한 마음으로 시간을 보냅니다.

많은 사람이 자신을 항상 지켜보시는 하나님을 믿는다고 말합니다. 하나님이 모든 것을 보며 모든 것을 아신다고 말합니다. 그러면서도 그 사람의 행동을 보면, 마치 아무도 보는 사람이 없는 것처럼 살아갑니다. 머리로는 하나님이 모든 것을 보신다고 생각하지만, 주위에 사람이 없을 때는 무의식적으로 아무도 보는 사람이 없다는 것을 전제로 행동합니다. 보는 사람이 없다고 생각할 때 불법적인 행동을 하기도 합니다. 아무도 모른다는 생각을 할 때 법을 어기거나 죄를 짓는 경우가 있습니다. 바로 이렇게 행동할 수 있는 것은 이 세상이 혼돈의 세상이기 때문입니다. 기독교인들이 선하게 살려고 노력해도 이 세상은 혼돈의 세상입니다.

전 세계의 인구를 두고 비교해 볼 때, 사후에 심판을 받는다고 믿는 사람은 많지 않습니다. 사람 대부분은 하나님(God)을 믿지 않거나 하나님을 믿어도 진심으로 믿지 않습니다. 그래서 사후의 일은 생각하지 않으며 현재의 삶만을 중요하게 생각합니다. 이 사람들은 자신의 인생만을 위해서 살아갑니다. 지금 내가 거짓말을 해도 당장에는 아는 사람이 없다고 느낄 때 거짓말을 쉽게 합니다. 그런 사람들이 사는 세상이 혼돈의 세상입니다. 지금까지도 많은 나라가 이런 혼돈 속에 있습니다.

많은 사람이 혼돈 속에 살고 있지 않다고 생각합니다. 사회에는 질서가 있고 법이 있으며, 공정과 공평이 있고, 착하고 선한 사람이 많이 살고 있다고 생각합니다. 그래서 우리가 사는 이 사회를 정의롭고 공평한 사회라고 믿습니다.

일부 기독교인을 제외하면 우리 사회에도 예수님의 말씀이 없습니다. 우리 사회도 기독교를 하나의 종교로만 보고 있습니다. 하나님이 지켜본다고 믿는 사람이 거의 없습니다. 빛이신 예수님이 없는 사회이기에 혼돈의 사회입니다. 일부 기독교인들이 빛과 소금의 역할을 하겠다고 하지만 효과는 미미합니다. 죄를 지어도 벌을 받지 않는 경우가 너무나 많기 때문입니다. 법을 어겨도 들키지만 않으면 처벌받지 않는 세상입니다. 사람을 지켜보며 옳고 그름을 정확하게 판결하는 절대적 존재가 없는 세상이기 때문입니다. 현재 우리가 사는 세상도 혼돈의 세상입니다.

Step 4. 빛과 어둠을 나누사

성경 말씀 : 창세기 1장 4절
"하나님이 빛과 어둠을 나누사 하나님이 빛을 낮이라 부르시고 어둠을 밤이라 부르시니라"

[빛이 있으라]는 말씀은 예수님이 이 땅에 오시는 것을 의미합니다. 그다음에

 Part 3. 하나님의 창조 계획

[빛과 어둠을 나누사]라고 기록되어 있습니다. 빛과 어둠을 나누는 일은 먼저 빛이 있고 난 이후의 일입니다. 빛과 어둠을 나누는 일은 예수님이 이 땅에 오신 이후에야 가능해집니다.

예수님이 오셔서 말씀을 선포하셨고, 이 말씀이 빛과 어둠을 나누는 기준이 됩니다. 빛과 어둠을 각각 말씀을 배운 사람의 마음 상태라고 표현할 수 있습니다. 빛에 거하는 자와 어둠에 거하는 자로 설명할 수 있습니다. 빛과 어둠은 흑백의 논리가 아닙니다. 빛과 어둠은 비율의 논리입니다. 빛이 얼마나 있는가에 따라 빛과 어둠이 나누어집니다.

하나님을 믿는 기독교인들은 자신의 행동을 하나님의 말씀에 비춰봅니다. 물론 모든 기독교인이 다 그렇게 하지는 않겠지만, 많은 기독교인이 믿음으로 살려고 노력합니다. 이들에게는 빛의 상태와 어둠의 상태가 공존합니다. 이들은 혼돈 속에 있지 않습니다. 그러나 혼돈이 지배하는 세상 속에서 빛의 삶을 살려고 시도하기에 매우 힘든 상태입니다. 또한, 성도들의 마음에는 빛만 있는 것은 아니며, 항상 어둠이 어느 정도 함께 있습니다. 때로는 말씀대로 살지 않고 죄를 짓기도 합니다. 그래서 이런 순간에는 어둠의 상태가 됩니다. 이 순간이 빛과 어둠이 교차하는 순간입니다.

빛과 어둠은 삶의 방식이며 상태입니다. 마태복음 5장의 산상수훈을 보면 빛의 삶이 어떤 것인지 알 수 있습니다. 빛의 삶이란 오른뺨을 맞으면 왼뺨을 대는 삶입니다. 오 리를 가자고 하면 십 리를 함께 가는 삶입니다. 겉옷을 달라고 하면 속옷까지 주는 삶입니다. 이웃 형제에게 욕을 하지 않는 삶입니다. 의에 주리고 목마른 자로 사는 삶입니다. 마음이 청결하며 이웃을 화목하게 하는 삶입니다. 내 손이나 눈이 죄를 범할 것 같을 때, 빼어 버리고 범죄하지 않으려고 노력하는 삶입니다. 이웃을 사랑하고 자신을 박해하는 사람을 위해 기도하는 삶입니다. 재물을 쌓아 두고 사는 것이 아니라, 나누어 주는 삶입니다. 예수님은 이렇게 행동하고, 이 행동을 보고 다른 사람들이 하나님에게 영광을 돌리도록 하라고 말씀하십니다. 이렇게 살기 시작할 때 어둠에서 빛으로 오는 것입니다. 이렇게 살고 있을 때, 빛의 상태가 됩니다.

빛과 어둠에서 어둠은 예수님이 주신 산상수훈의 명령을 지키지 않는 것입니다. 계명을 주셨기에 계명을 지키지 않는 일이 가능해졌습니다. 만약 계명을 주지 않았다면 계명을 어기는 일도 가능하지 않습니다. 계명을 주지 않았다면 어둠도 존재하지 않았다는 말입니다. 어둠이란 예수님의 말씀을 알고 있는데도, 말씀대로 살지 않고 오히려 반대의 선택을 했을 때의 상태입니다.

예수님은 일흔 번씩 일곱 번이라도 용서하라고 말씀합니다. 이 말씀과 같이 형제를 용서하면 빛 안에 머무는 것입니다. 그런데 형제를 용서하지 못하면, 말씀을 순종하지 않는 것이며, 어둠 안에 머무는 것이 됩니다. 어둠 안에 머문다고 표현하는 이유는 이 사람의 마음속에는 조금의 갈등이 있기 때문입니다. 형제를 용서하는 것이 옳다는 것을 알기 때문입니다. 다시 말해서, 빛이 조금 있다는 뜻입니다. 만약 이 사람의 마음에 조금의 동요도 없이 즉시로 형제를 용서하지 않았고, 또 이후로도 전혀 갈등조차 하지 않는다면, 이 사람의 마음에는 빛이 조금도 없는 것입니다. 예수님의 말씀이 전혀 없는 사람입니다. 이 사람은 어둠이 아니라 혼돈 속에 있는 것입니다.

기독교인은 빛에 머물기도 하고 어둠에 머물기도 합니다. 빛 안에서 행동하거나, 어둠 속에서 행동하거나, 빛과 어둠의 경계를 넘나들면서 두 상태를 오고 갈 때가 많습니다. 한 시간에도 여러 번 빛과 어둠의 상태가 교차합니다. 비록 기독

  Part 3. 하나님의 창조 계획

교인이 빛과 어둠 사이에서 일관되지 못하고 죄를 범한다고 하더라도, 계명을 알고 있으며 또 지켜야 한다는 것도 알기 때문에, 혼돈 속에 있는 것은 아닙니다. 단지 빛에 머물고자 하는 의지가 약해진 것입니다.

빛과 어둠은 천국이 시작된 후로도 영원히 존재합니다. 천국 백성이 되었다고 해서 어둠이 사라진 것은 아닙니다. 빛과 어둠은 흑백의 선택적 요소가 아니라, 비율로 표현되는 혼합형이기 때문입니다.

성경 말씀: 마태복음 5장 19절
"그러므로 누구든지 이 계명 중의 지극히 작은 것 하나라도 버리고 또 그같이 사람을 가르치는 자는 전국에서 지극히 작다 일컬음을 받을 것이요 누구든지 이를 행하며 가르치는 자는 천국에서 크다 일컬음을 받으리라"

이 말씀은 현재 이런 사람이 있다는 말이 아니라, 미래의 천국에서 일어나는 일이라는 말입니다. 이 사람은 계명을 버렸지만 지옥에 있는 사람이 아니라 천국에 있는 사람입니다.

이 말씀에는 [천국에서 지극히 작다]는 사람이 나옵니다. 이 사람은 그 마음에 빛이 50% 이하인 사람입니다. 천국에 있지만, 계명을 제대로 지키려는 의지가 약한 사람입니다. 천국에서도 하나님의 백성은 자유의지가 있고 자신이 원하는 것을 선택합니다. 천국 백성은 계명을 지켜야 합니다. 계명을 지키고자 하는 의지가 약해질 때, 어둠에 잡히고, 그 사람의 마음에서 어둠이 50%를 넘어가게 됩니다. 그래서 계명 하나를 버리는 것입니다. 물론 어둠에 잡히더라도 바로 계명을 지키면 빛으로 오게 됩니다.

이처럼 예수님이 오셔서 말씀을 주셨기에, 그 말씀이 기준이 되어, 빛과 어둠을 나누었습니다. 이것이 창세기 1장 4절 [빛과 어둠을 나누사]의 성취입니다.

Step 5. 예수님에 의해 빛과 어둠이 시작되었습니다

[빛과 어둠을 나누었다]는 말씀에서의 빛은 예수님에 의해 시작된 빛입니다. 빛과 어둠은 예수님이 오셔서 나누셨고, 이때부터 구분되기 시작했습니다. 이전까지는 빛과 어둠이 구분되지 않았고, 단지 절대적 어둠인 혼돈이 있었을 뿐입니다. 빛과 어둠은 예수님으로 인해 처음으로 정의된 것입니다.

예수님에 의해 빛과 어둠의 상태가 시작되었지만, 모든 지역에서 동시에 시작된 것은 아닙니다. 예수님이 이스라엘 민족에게 오셨기 때문에, 빛과 어둠을 나누는 일은 이스라엘 민족부터 시작되었습니다. 그러나 이스라엘 민족이 예수님을 거부하였기 때문에, 지금의 이스라엘 민족은 아직도 혼돈의 상태에 머물러 있습니다.

성경 말씀: 요한복음 15장 22절
"내가 와서 그들에게 말하지 아니하였더라면 죄가 없었으려니와 지금은 그 죄를 핑계할 수 없느니라"

이 말씀에서 예수님은 [말하지 아니하였더라면]이라고 하십니다. 예수님은 사람들에게 뭔가를 말씀했다는 것입니다. 예수님이 말씀하신 것은 계명입니다. 예수님은 사람으로 오셔서 계명을 선포하셨습니다. 만약 예수님이 계명을 선포하지 않았다면 세상 사람들에게는 죄가 없었을 것이라는 뜻입니다.

Part 3. 하나님의 창조 계획

구약에서도 모세와 선지자들이 하나님에게서 받아서 계명을 가르쳤습니다. 그래서 이스라엘 민족에게도 법이 있다고 주장할 수 있습니다. 그러나 십계명은 완전한 계명이 아닙니다. 예수님이 오셔서 하신 말씀이 완전한 계명이며, 빛과 어둠의 기준입니다. 이 내용은 뒤에서 설명합니다.

계명을 말씀하지 않았을 때 세상 사람들에게 죄가 없다는 말은, 사람의 나쁜 행동이 악하지 않다는 말이 아니라, 사람의 악행을 죄로 규정할 법이 아직 없었다는 뜻입니다. 사람의 악행을 죄로 규정하지 못한다는 말이 좋게 들릴지도 모르겠습니다. 죄인이 되지 않기 위해서라면 차라리 예수님의 말씀을 모르는 것이 더 낫지 않느냐는 것입니다.

법이 없는 사람은 하나님의 법 아래에 있지 않으므로 하나님의 백성이 될 수 없습니다. 사람의 행위를 선악 간에 판단하는 계명이 없다면 누구라도 하나님의 백성이 되지 못합니다. 하나님의 백성이 되려면 계명을 받아야 합니다.

예수님은 하나님의 백성이 될 사람을 위해 직접 계명을 선포하셨습니다. 하나님의 백성이 되려면 먼저 하나님 나라의 계명을 지키겠다고 서약해야 합니다. 예수님은 하나님 나라의 백성을 만들려고 세상에 빛으로 임하여 계명을 선포하셨습니다. 하나님의 나라에 계명이 먼저 존재해야 합니다. 그리고 계명을 지키기로 서약한 사람이 하나님의 백성이 되어 하나님 나라에 들어가는 것입니다.

절대적 빛이신 예수님이 세상에 오셔서 빛과 어둠의 기준이 되는 계명을 선포하셨습니다. 하나님의 백성이 된 사람 중에서 계명을 지키는 자는 빛 안에 머무는 것이고, 계명을 지키지 않는 자는 어둠 안에 머무는 것입니다. 계명을 통해서 무엇이 빛의 삶이고 무엇이 어둠의 삶인지가 분명해졌습니다.

예수님이 오셔서 빛과 어둠을 구분하셨고, 어둠을 버리고 빛을 선택해야 한다는 것을 교훈하셨습니다. 이 어둠은 빛을 기준으로 한 어둠입니다. 이 어둠은 빛이 존재해야만 정의를 내릴 수 있는 어둠입니다. 예수님이 말씀을 선포하셨기 때문에 [빛과 어둠]이 시작되었습니다.

Step 6. 구약의 십계명은 빛과 어둠의 기준이 아닙니다

모세 때, 이스라엘 민족은 십계명을 받았습니다. 하나님이 직접 십계명을 주셨고, 이 십계명은 이스라엘 민족이 하나님의 백성이 되기 위해서 지켜야 합니다. 그러나, 절대적 빛이신 예수님이 세상에 오신 것은 아니었기에 모세 때는 빛이 세상에 임한 것이 아닙니다.

모세의 십계명은 이스라엘 민족에게 절대적 빛이 임한 것이 아니라, 절대적 빛이 임할 수 있는 환경을 만들기 위해 준비작업으로 주어진 것입니다. 예수님이 이 땅에 사람으로 오시기 위한 발판을 마련한 것입니다.

십계명의 내용을 보면, 모든 계명이 행위 위주로 되어 있습니다. 반면 예수님이 주신 가장 큰 계명은 사랑하라는 것입니다. 하나님을 사랑하고 이웃을 사랑하라는 것입니다. 이것은 마음의 법을 요구하신 것입니다. 모세 당시의 사람들은 마음의 법까지는 이르지 못합니다. 왜냐하면, 하나님이 모세를 통해서 이스라엘 민족에게 말씀을 주실 당시에는 아직 사람들의 정신세계가 그만큼 성장하지 못했기 때문입니다.

십계명은 마음에서 나오는 정직함과 사랑까지는 요구하지 않고, 단지 행동만이라도 이웃에게 피해를 주지 않는 사람들이 되라고 요구합니다. 예수님은 [네

이웃을 네 몸과 같이 사랑하라]고 마음에서 나오는 사랑을 요구하셨지만, 모세 당시 사람들은 이런 높은 단계의 명령을 받을 준비가 되어 있지 않았습니다. 행위만이라도 이웃에게 피해를 주지 않을 만큼의 단계까지 준비되어 있으면, 예수님이 오셔서 더 높은 단계의 마음의 법을 선포하실 수 있습니다.

하나님이 모세에게 주신 십계명은 빛과 어둠을 나누는 기준이 아니라, 예수님이 사람으로 오시기 위한 준비작업으로 주어진 것입니다.

Step 7. 혼돈은 사라져야 합니다

혼돈은 죄가 아닙니다. 사람들은 혼돈으로 가득한 세상을 살아가면서 살아남기 위해 모든 방법을 동원합니다. 혼돈이 가득한 세상에서 정의와 공정과 공평을 따질 상황은 아닙니다. 내가 죽지 않기 위해서 상대를 죽여야 하는 일도 있었을 것입니다. 이런 상황이 자주 발생하는 사회는 혼돈의 사회입니다. 이 사회에서는 나와 가족이 살아남는 것만이 삶의 방식입니다. 혼돈에 관해서는 앞에서 설명했습니다.

혼돈의 사회에 관한 실제적인 예를 설명합니다.

아브라함이 하나님의 명대로 고향을 떠나 가나안 땅으로 갔을 때, 만약 도중에 호전적인 유목민들을 만나면 모든 것을 빼앗기고 아브라함은 죽었을 것입니다.

창세기 14장에는 롯이 사로잡혔다가 풀려난 내용이 기록되어 있습니다. 창세기 14장 14절을 보면, 아브라함은 집에서 키워 연습한 자 318명을 데리고 가서 롯을 찾아왔습니다. 왜 아브라함은 집에서 군사들을 준비했을까요? 언제든 강한 자가 군대를 이끌고 와서 죽이고 빼앗으면 되는 세상이었기 때문입니다. 아브라함이 살았던 시대는 혼돈의 시대였습니다. 혼돈의 시대에서 상대를 죽이고 빼앗는 것은 죄가 되지 않습니다. 단순한 본능이고 생존방식입니다.

혼돈의 시대에 사는 사람들이 죽이고, 빼앗고, 훔치고, 파괴하는 행동을 할 때, 이 행동들을 죄로 정하지 않습니다. 그러나 이런 사고방식과 행동 패턴을 보이는 사람은 하나님의 나라에 들어갈 수 없습니다. 하나님 나라에 들어가려면, 혼돈의 사고관에서 벗어나서 정신적으로 성장해야 합니다. 빛과 어둠을 구분할 줄 알아야 하고, 어둠을 버리고 빛을 선택할 줄 아는 사람이 되어야 합니다.

예수님이 오셨을 때, 혼돈은 사라져야 하고 빛과 어둠이 나타나야 했습니다. 혼돈이 사라진다는 말은 더는 생존을 위한 핑계가 통하지 않는다는 것을 의미합니다. 하나님의 나라에서는 죽음이 없을 것이기 때문입니다. 혼돈은 죽음이 없는 세상이 되어야 사라집니다.

예수님이 오셔서 이스라엘 민족에게만 빛을 비추셨습니다. 이스라엘 민족에게서 혼돈이 사라져야 했지만 사라지지 않았습니다. 이스라엘 민족은 예수님의 말씀을 깨달을 만큼 정신적으로 성장했습니다. 시대가 흐르면서 자연적으로 성장한 것입니다. 그들은 예수님의 말씀이 옳다는 것을 알았습니다. 그들이 예수님을 거부하여 혼돈의 상태에 머물러 있다고 하더라도, 예수님의 말씀이 옳다는 것을 알았기에, 이스라엘 민족은 죄를 핑계할 수 없습니다.

그런데 혼돈이 사라지지 않은 좀 더 근본적인 원인은 사람에게는 여전히 죽음이 있기 때문입니다. 혼돈이 사라지는 일은 예수님 때 이루어질 일이 아니었습니다.

　　　　　　　　　　　　　　　　　　　

사람에게 죽음이 계속되고 있는 한, 사람들은 예수님의 말씀에 전적으로 순종할 수 없습니다. 죽음이 있는 삶이기에 죽음을 느끼는 순간이 올 때는 죽지 않기 위한 행동이 본능적으로 나옵니다. 사람은 생명의 위협을 느낀다거나, 자신의 삶이 부정당한다거나, 가족의 생계가 보장되지 않을 때, 이런 상황에서는 죄를 짓는 것까지 감수합니다. 가족을 위해서 불법과 타협을 한다든가, 자식을 위해서 거짓으로 법정 증언을 한다든가 하는 것입니다.

혼돈이 있을 때, 빛과 어둠은 구분되지 않습니다. 혼돈의 세상에서는 정의와 불의가 모호한 경우가 많습니다. 인질로 잡힌 가족을 살리기 위해서 상대의 가족을 죽이거나 협박하는 일이 생깁니다. 이런 상황에서는 누가 먼저 불법을 저질렀느냐가 문제가 되지 않습니다. 무엇이 정의이고 무엇이 불의인가 하는 논쟁도 의미가 없습니다. 이런 상황이 발생하는 것 자체가 혼돈의 세계라는 뜻입니다. 죽음이 없다면 이런 상황은 발생하지 않습니다.

[빛과 어둠을 나누사]라는 말씀에서 빛과 어둠이 나타나면 혼돈은 사라집니다. 빛과 어둠이 나누는 일이 이뤄지면 죽음이 없는 세계가 시작될 것이기 때문입니다.

Step 8. 예수님이 오셨으나 혼돈은 계속되고 있습니다

예수님이 사람으로 오신 후에 빛과 어둠이 시작되었습니다. 창세기 1장 4절에서 빛과 어둠을 나누었지만, 예수님 당시의 사람들에게는 빛과 어둠이 나누어지지 않았습니다.

성경 말씀: 요한복음 1장 5절

"빛이 어둠에 비치되 어둠이 깨닫지 못하더라"

이 말씀에는 어둠이 깨닫지 못한다고 기록되어 있습니다. 어둠이 빛을 깨닫지 못하는 것은 절대적 어둠이기 때문입니다.

당시의 이스라엘 사람들은 단지 세상을 살아가는 가장 효율적인 방식으로 살고 있었을 뿐입니다. 그때는 이스라엘이 로마의 식민지였기에 사람들이 생계를 유지하기 쉽지 않은 삶을 살았습니다. 대부분은 열악한 삶을 살았습니다. 잘살기 위해서가 아니라, 살아남기 위해서 애썼을 있었을 것입니다.

그들은 예수님의 말씀을 들었어도 빛의 삶을 살겠다고 결심하지는 않았을 것입니다. 아마도 예수님의 말씀대로 살 수는 없다고 생각했을 것입니다. 예수님의 말씀대로 살면, 세상에서 제대로 살아남을 수 없으리라 생각했을 것입니다. 사람들은 그때까지 자신들이 살아온 방식을 버리지 않았습니다. 오른편 뺨을 맞으면 왼편도 돌려대고, 속옷을 달라 하면 겉옷까지 주는 삶을 살 수는 없었을 것입니다.

그들은 단지 정치적 메시아가 와서 그들을 힘든 삶에서 벗어나도록 도와주기를 바랐습니다. 당시의 이스라엘 사람들은 예수님의 말씀이 시대에 맞지 않는다고 생각했을 것입니다. 그들은 혼돈의 시대에 살고 있기 때문입니다. 그들의 세상에는 죽음이 있었고, 생명의 위협을 많이 느끼며 살 수밖에 없는, 생존이 쉽지 않은 환경이었기 때문입니다.

예수님이 오셔서 빛과 어둠을 나누는 일을 시작하셨지만 세상에는 적용되지 않았습니다. 예수님은 2,000년 전에 자신의 사역을 이루셨습니다. 그러나 아직은 예수님이 이룬 사역이 세상에 적용되지 않고 있습니다. 예수님은 할 일을 다 마치셨지만, 예수님이 하신 말씀은 이스라엘 사람들에게 빛이 되지 못했습니다.

고린도전서 13장 12절을 보면 [거울로 보는 것 같이 희미하다]고 합니다. 바울조차도 뚜렷하게 볼 수 없다고 고백한 것입니다. 당시 이스라엘 민족은 예수님의 말씀을 수용할 정도로 성장하지 못했던 것입니다. 그래서 이스라엘 민족에게서 빛과 어둠이 시작되지 못했고, 혼돈이 사라지지 않았습니다.

Step 9. 예수님이 가셨기에 인류를 덮은 혼돈은 계속되고 있습니다

혼돈이 계속 이어지고 있는 이유는 빛이신 예수님이 하나님에게로 다시 가셨기 때문입니다. 또한, 예수님의 말씀이 삶의 기준이 되어야 하지만, 사람 대부분은 기독교를 하나의 종교로 볼 뿐입니다. 예수님의 말씀이 모든 사람에게 삶의 기준이 되는 사회가 아니기에, 지금도 혼돈의 시대입니다. 사회의 모든 구성원은 각자 알아서 자신의 인생을 살아갑니다. 삶을 사는 방식은 각자 좋게 생각하는 신념과 철학에 따라 다릅니다. 예수님의 말씀은 일부 기독교인들의 삶에 한정되어 있습니다. 그래서 혼돈이 계속되고 있다는 것입니다.

성경 말씀 : 요한복음 9장 4절

"때가 아직 낮이매 나를 보내신 이의 일을 우리가 하여야 하리라 밤이 오리니

그 때는 아무도 일할 수 없느니라 내가 세상에 있는 동안에는 세상의 빛이로라"

예수님은 세상의 빛입니다. 예수님이 오시기 전까지는 세상에 빛을 비춘 적이 없었습니다. 예수님이 오셨을 때 세상에 빛이 있게 되었습니다. 이 빛은 예수님이 세상에 계시는 동안만 세상을 비춥니다.

이 말씀에서 예수님은 곧 밤이 온다고 말씀합니다. 밤이 온다는 것은 예수님이 세상에서 떠나가는 것을 의미합니다. 예수님이 세상에 계실 동안에만 세상의 빛입니다. 예수님이 계시는 동안에만 세상은 낮입니다. 예수님이 떠나면 세상을 비추던 빛이 사라집니다. 예수님은 자신이 승천하게 될 것을 말씀하신 것입니다.

세상을 비추는 절대적 빛인 예수님은 이스라엘 민족에게만 빛이었습니다. 예수님이 승천한 후로 이스라엘에서도 세상의 빛이 사라졌습니다. 이후로 세상은 밤이 되었습니다. 밤이 오면 아무도 하나님의 일을 할 수 없습니다.

예수님이 떠났기에 제자들에게는 다시 어둠이 시작되었습니다. 예수님이 계실 때도 이스라엘은 빛을 깨닫지 못했습니다. 예수님이 계실 때도 이스라엘은 혼돈의 상태였다는 의미입니다. 그러니 예수님이 떠난 이후에도 혼돈의 상태는 계속될 수밖에 없었을 것입니다.

세상은 혼돈의 상황에서 벗어난 적이 없었습니다. 예수님이 오신 유대 땅을 제외하면 세상은 빛은 받은 적이 없기 때문입니다. 또한, 유대 땅에서도 예수님을 배척했기 때문에, 예수님의 말씀을 받은 사람이 거의 없었습니다. 유대 사람 중에서 예수님의 제자들과 예수님을 따르던 초대교회 사람들을 제외한다면, 유대인들은 지금까지도 예수님과 기독교를 인정하지 않습니다. 그래서 하나님의 선민으로 선택받았던 이스라엘 민족도 혼돈의 상태에서 벗어난 적이 없습니다.

하나님의 나라가 이 땅 위에 임하게 될 때, 예수님은 만왕의 왕이 되실 것입니다. 그때가 되면 예수님의 말씀은 왕명(王命)이 될 것이고, 하나님 나라의 모든 사람은 빛과 어둠의 기준이 되는 말씀을 지켜 행할 것입니다.

Chapter 34

첫째 날
- 낮과 밤을 정하다

Step 1. 예수님이 있을 때가 낮입니다

성경 말씀: 창세기 1장 5절

"하나님이 빛을 낮이라 부르시고 어둠을 밤이라 부르시니라…"

이 말씀에서 하나님은 빛을 낮으로, 어둠을 밤으로 부르셨습니다. 이 말씀은 비유입니다. 이 말씀의 낮과 밤은 지구과학에서 말하는 낮과 밤이 아닙니다. 창세기 1장 5절에서 말하는 낮과 밤은 넷째 날에 사용된 낮과 밤의 의미와 같습니다. 넷째 날의 낮과 밤을 이해할 수 있도록 첫째 날에 낮과 밤의 의미를 정하셨고, 이 내용을 예수님이 직접 설명하셨습니다.

사람 대부분은 이 말씀을 읽을 때 낮과 밤을 지구과학적인 개념에서 이해합니다. 태양의 빛이 닿는 면이 낮이고, 태양의 빛이 닿지 않는 면이 밤이라는 개념으로 접근합니다. 태양이 떠오르면 낮이 되고, 태양이 지면 밤이 됩니다. 지구과학에서 낮과 밤의 길이는 계절에 따라 차이는 있지만 거의 비슷합니다. 낮이나 밤의 길이는 지구가 자전하면서 반 바퀴 도는 정도의 시간입니다.

그러나 창세기 1장의 낮과 밤은 다른 뜻입니다. 창세기 1장의 낮과 밤은 비유로서 창조주 하나님이 이 땅에 계시느냐 계시지 않느냐에 따라 결정됩니다.

이 말씀에서 예수님이 세상에 있는 동안은 세상의 빛이라고 말씀합니다. 빛이 있는 동안이 낮입니다. 그래서 [때가 아직 낮이다]라고 말씀한 것입니다. 예수님이 계실 때가 낮이고, 예수님이 계시지 않으면 밤입니다.

예수님은 밤이 온다고 말씀합니다. 밤이 온다는 말은 빛이 세상에 없다는 뜻입니다. 이 말씀은 예수님이 세상을 떠나는 것을 의미합니다. 예수님은 십자가에 달려 죽었다가 3일 만에 부활하셨습니다. 그리고 40일 후에 승천하셨습니다. 예수님이 승천하면서 세상에 있던 빛이 세상에서 사라졌습니다. 이것이 밤이 온다는 의미입니다.

예수님이 사람으로 오기 전까지 세상은 계속 밤이었습니다. 이 밤은 완전한 밤이며, 빛이 전혀 없는 밤이고, 칠흑 같은 밤입니다. 그래서 예수님이 오시기 전의 세상은 혼돈의 세상입니다.

인류 역사상 이 세상이 낮이 되었던 적은 단 33년뿐입니다. 예수님이 오시기 전까지 세상은 칠흑 같은 밤이었습니다. 예수님이 승천한 이후로 지금까지 밤이 계속되고 있습니다. 세상이 낮이었던 기간은, 예수님의 사역 기간만 따지면 3년이고, 예수님이 이 땅에 계셨던 기간을 따지면 33년입니다.

Step 2. 예수님은 하나님으로서의 능력을 사용하셨습니다

예수님은 이 땅에 빛으로 오셨습니다. 예수님이 빛으로 오셨다는 의미는 예수님이 창조주 하나님으로서 이 땅에 오셨다는 의미입니다. 예수님이 계신 곳이 낮이라는 말씀은 곧 예수님이 창조주 하나님으로서의 능력을 사용한다는 뜻입니다. 만약 예수님이 하나님으로서의 능력을 사용하지 않았다면, 비록 빛의 존재가 이 땅에 있었더라도 세상은 밤입니다.

예수님은 요한복음 9장 4절에서 [때가 낮이매]라고 말씀합니다. 그 이유는 요한복음 9장 1절에서 태어날 때부터 시각장애가 있는 사람의 눈을 뜨게 하실 것이기 때문입니다. 예수님이 신흙을 이겨 눈에 바르고 실로암 못에 가서 씻으라고 말씀한 이유는 진흙으로 이 시각장애인의 눈을 만들어 넣었기 때문입니다. 이 시각장애인 청년은 태어날 때부터 안구가 없는 사람이었습니다. 예수님이 진흙을 이겨 눈에 바른 것은 안구를 만들기 위한 행동이었습니다.

마가복음 8장 23절에는 시각장애인의 눈을 뜨게 하는데 진흙을 이겨 눈에 바르는 방법을 쓰시지 않았습니다. 이 시각장애인은 안구는 있었으나 그 기능을 상실하여 앞을 보지 못하는 경우였습니다. 그래서 손을 대고 안수만 하셨습니다.

이처럼 예수님이 계실 때가 낮이라는 말씀은 예수님이 하나님의 능력을 사용하여 하나님이 친히 우리와 함께 계신다는 것을 증명하셨기 때문입니다.

성경 말씀: 요한복음 11장 43절
"이 말씀을 하시고 큰 소리로 나사로야 나오라 부르시니 죽은 자가 수족을 베로 동인 채로 나오는데 그 얼굴은 수건에 싸였더라 예수께서 이르시되 풀어

놓아 다니게 하라 하시니라"

이 말씀에서 예수님은 죽은 나사로를 살리셨습니다. 죽은 자를 살리는 것은 하나님 외에는 어느 누구도 할 수 없는 일입니다. 이런 기적은 예수님이 창조주임을 나타냅니다. 빛의 존재인 예수님이 직접 하나님의 능력을 사용하셨습니다. 이런 초자연적인 기적을 통해 사람들은 하나님이 우리 가운데 함께한다는 것을 알 수 있게 됩니다. 이렇게 하나님이 직접 사람들과 함께 계시는 상태가 낮입니다.

성경 말씀: 요한복음 10장 25절
"…내가 내 아버지의 이름으로 행하는 일들이 나를 증거하는 것이거늘"

예수님은 하나님의 이름으로 기적을 보여 주십니다. 이런 일들이 가능한 것은 예수님이 창조주 하나님이기 때문입니다. 창조주 하나님만이 할 수 있는 일을 예수님이 하신 것입니다.

성경 말씀: 요한복음 9장 31절
"하나님이 죄인의 말을 듣지 아니하시고 경건하여 그의 뜻대로 행하는 자의 말은 들으시는 줄을 우리가 아나이다 창세 이후로 맹인으로 난 자의 눈을 뜨게 하였다 함을 듣지 못하였으니 이 사람이 하나님께로부터 오지 아니하였으면 아무 일도 할 수 없으리이다"

이 말씀에서 시각장애인 청년은 예수님이 하나님에게서 오셨다고 고백하고 있습니다. 예수님이 하시는 기적과 이적은 사람이 할 수 있는 일이 아니기 때문입니다.

예수님은 나사로를 살리셨고, 물 위를 걸으셨으며, 오병이어로 사람들을 먹이셨고, 바람과 파도를 잔잔하게 하셨습니다. 이렇게 많은 초월적인 일을 하신 것이 곧 예수님이 하나님이심을 증명하는 것입니다.

예수님이 빛이신 이유는 예수님이 하나님이기 때문입니다. 빛은 오직 창조주만을 비유하는 것입니다. 예수님이 계실 당시가 낮인 이유는 빛의 존재인 예수님이 능력을 사용하셨기 때문입니다. 하나님의 능력이 나타나는 곳은 낮입니다. 그 이유는 하나님이 친히 그 장소에 계셔서 백성과 함께 있기 때문입니다.

백성의 위치에서 보면 더 확실하게 알 수 있습니다. 백성이 있는 곳에 하나님의 능력이 나타날 때 백성은 하나님이 함께한다는 것을 느끼게 됩니다. 그 예가 새 예루살렘 성입니다. 하나님의 도시 위의 창공에 부양된 새 예루살렘 성의 문으로 하나님의 종들이 들어가고 나오는 것을 볼 때, 땅에 사는 하나님의 백성은 편안함을 느낄 것입니다. 하나님이 지켜주기에 어떤 불의나 불공정이나 불공평이나 고통이나 억울한 일을 당하지 않을 것이기 때문입니다. 이런 도시에 살고 있을 때가 낮입니다.

하나님의 백성이 하나님의 도시를 떠나 먼 곳으로 갔다고 가정합니다. 그곳에서는 새 예루살렘 성이 보이지 않습니다. 하나님의 보호를 받지 못한다고 느껴집니다. 하나님의 능력이 나타나지 않는 지역입니다. 이런 곳에 와 있을 때가 밤입니다.

낮과 밤의 의미를 확실하게 구분할 수 있을 것입니다. 낮과 밤의 구분은 넷째 날에 관한 말씀에서 다시 한번 설명합니다.

Chapter 35

첫째 날의 빛이 둘째 날의 물을 증거하다

첫째 날의 사역을 이루는 분은 예수님입니다. 예수님은 세상의 빛이 되려고 사람으로 오셨습니다. 둘째 날의 사역을 이루는 분은 생명수의 샘이 되려고 땅에 사람으로 오시는 하나님입니다. 첫째 날에 예수님이 사람으로 오셨던 것과 같이, 둘째 날의 하나님도 같은 방식으로 오십니다. 이 내용은 [Chapter 39. 둘째 날 - 궁창 아래의 물로 임하시는 하나님]에서 설명합니다.

예수님은 첫째 날의 사역을 이루는 중에 둘째 날의 사역을 돕기 위해 여러 가지 말씀을 하셨습니다.

성경 말씀: 요한복음 14장 16절
"내가 아버지께 구하겠으니 그가 또 다른 보혜사를 너희에게 주사 영원토록 너희와 함께 있게 하리니 그는 진리의 영이라 세상은 능히 그를 받지 못하나니 이는 그를 보지도 못하고 알지도 못함이라 그러나 너희는 그를 아나니 그는 너희와 함께 거하심이요 또 너희 속에 계시겠음이라"

이 말씀에서 예수님은 보혜사(保惠師, Helper)를 말합니다. 보혜사라는 단어는 헬라어로 Παράκλητον[파라클레톤]입니다. Παράκλητον[파라클레톤]은 παράκλητος[파라클레토스]의 목적격·남성·단수의 형태입니다.

$\pi\alpha\rho\acute{\alpha}\kappa\lambda\eta\tau\sigma\varsigma$[파라클레토스]는 영어로 helper라는 뜻입니다. 보혜사는 이름이 아니라 역할을 강조한 일반 명칭입니다. 예수님은 보혜사입니다. 보혜사인 예수님이 또 다른 보혜사를 보내 주신다고 말씀한 것입니다. 또 다른 보혜사의 이름은 드러나 있지 않습니다.

이 말씀에서 예수님은 [그가 또 다른 보혜사를 너희에게 주사 영원토록 너희와 함께 있게 하리니]라고 말씀하셨습니다. [영원토록 제자들과 함께하는 분]은 예수님인 보혜사보다는 예수님이 아닌 또 다른 보혜사입니다. 예수님은 떠나가지만, 또 다른 보혜사가 오시면 그 후로 그 보혜사가 영원히 함께 있을 것이라는 말씀입니다. 많은 사람이 예수님을 사랑한다고 고백하며, 나중에 예수님과 함께 영원히 살 것이라고 믿습니다. 그런데, 어쩌면 다시는 예수님을 만나지 못할 수도 있습니다. 분명한 것은 또 다른 보혜사가 와서 영원히 함께 있겠다고 하신 것입니다. 예수님을 볼 수 있는지는 확실하지 않더라도 또 다른 보혜사만큼은 분명히 우리와 영원히 함께 있을 것입니다.

이 말씀에서 또 다른 보혜사는 [너희 속에 거하신다]고 합니다. 이 말씀의 의미를 많이 오해합니다. 많은 사람은 [너희 속에 거한다]는 말씀의 의미를 [성령이 영의 상태로 우리의 몸 안에 들어와서 몸 안에 함께 있다]는 형태로 이해합니다. 헬라어 원어로 보아도 [몸 안에 있다]는 의미로 보입니다.

한 가지 예를 들어 설명합니다.

대통령은 늘 경호원들과 함께 있습니다. 경호원들은 늘 대통령을 감싸고 있습니다. 대통령은 경호원들에 둘러싸여 있습니다. 대통령은 경호원들 가운데 있습니다. 누군가가 대통령이 어디 있냐고 물으면 경호원들은 대통령이 우리와 함께 있으며 우리 안에 있다고 말할 것입니다. 대통령이 경호원들에게 둘러싸여 있다고 하더라도 대통령이 경호원들의 몸 안에 들어가 있는 것은 아닙니다.

이 말씀도 그렇습니다.

이 말씀에서 또 다른 보혜사는 예수님과 같은 형태로 존재한다는 뜻입니다. 예수님이 보혜사였던 것처럼, 또 다른 보혜사도 예수님처럼 몸을 가진다는 뜻입니다. 또 다른 보혜사는 눈에 보이지 않은 방식으로 존재하면서 성도들 몸 안으로 들어갔다 나왔다 하는 분이 아닙니다. 예수님이 보이는 몸을 가지고 이 땅에 오셨던 것처럼, 또 다른 보혜사도 똑같은 방식으로 하나님 아버지가 보내실 것이라는 뜻입니다.

예수님은 또 다른 보혜사가 이 땅에 사람으로 와서 둘째 날의 사역을 이루실 것이라고 미리 말씀해 두심으로, 둘째 날의 사역이 좀 더 쉬워지도록 도움을 주신 것입니다.

성경 말씀: 요한복음 14장 26절
"보혜사 곧 아버지께서 내 이름으로 보내실 성령 그가 너희에게 모든 것을 가
르치고 내가 너희에게 말한 모든 것을 생각나게 하리라"

이 말씀에서 예수님은 아버지가 보혜사를 보내실 것이라고 하셨는데, 그 보혜사는 예수님의 이름으로 온다는 것입니다.

그러면 여기서 예수님은 어떻게 오셨을까요?

    Part 3. 하나님의 창조 계획

예수님은 요한복음 5장 43절에서 [나는 내 아버지의 이름으로 왔으매]라고 말씀하셨습니다. 요한복음 10장 25절에서는 [내가 내 아버지의 이름으로 행하는 일들이 나를 증거하는 것이거늘]이라고 말씀하셨습니다. 예수님은 아버지의 이름으로 오셨습니다.

예수님이 아버지의 이름으로 오셨던 것같이 또 다른 보혜사는 예수님의 이름으로 오신다는 것입니다. 그런데 또 다른 보혜사는 아버지에게서 나오는 것이 아니라 예수님에게서 나옵니다. 언젠가 또 다른 보혜사가 이 땅에 사람으로 오시는데, 그분은 성부 하나님에게서 나오는 것이 아니라, 성자 예수님에게서 나오게 된다는 말씀입니다.

요한복음 14장 9절에서 예수님은 빌립에게 [나를 본 자는 아버지를 보았거늘 어찌하여 아버지를 보이라 하느냐]고 말씀합니다. 요한복음 14장 19절에서 예수님은 [나를 보리니]라고 말씀합니다. 이 말씀은 또 다른 보혜사가 예수님의 이름으로 오시는 것이기에, 또 다른 보혜사를 보는 것이 예수님을 보는 것이라는 뜻입니다. 예수님이 아버지의 이름으로 오셨기에 예수님을 보는 것이 아버지를 보는 것입니다. 또 다른 보혜사를 보는 것이 예수님을 보는 것이며, 아버지는 보는 것입니다.

성경 말씀: 요한복음 16장 7절
"…내가 떠나가는 것이 너희에게 유익이라 내가 떠나가지 아니하면 보혜사가
너희에게로 오시지 아니할 것이요 가면 내가 그를 너희에게로 보내리니"

이 말씀에서 예수님은 자신이 세상을 떠나는 것이 유익하다고 하셨습니다. 예수님이 가야만 또 다른 보혜사가 올 수 있기 때문입니다. 예수님이 세상을 떠나

지 않으면 보혜사가 올 수 없다고 하십니다. 그 이유는 보혜사가 예수님에게서 나오기 때문입니다.

만약 또 다른 보혜사가 아버지에게서 나온다면, 굳이 예수님이 아버지에게로 돌아가실 이유는 없습니다. 다른 이유로 예수님이 승천하신다고 하더라도, 보혜사를 보내는 이유로는 승천하실 필요가 없다는 것입니다. 예수님이 승천하지 않더라도 아버지에게서 보혜사가 나오면 되기 때문입니다.

보혜사가 예수님에게서 나온다면, 예수님은 보혜사가 나올 수 있도록 아버지가 계신 곳으로 돌아가야 합니다. 아버지가 계신 곳에서 보혜사가 예수님에게서 나오는 과정을 거쳐야 합니다. 이 과정을 이루기 위해 예수님은 아버지가 계신 곳으로 돌아가야 합니다. 예수님이 땅 위에 있는데, 하늘에서 내려온 보혜사가 땅에 있는 예수님에게서 나왔다고 말할 수는 없습니다.

성경 말씀: 요한복음 15장 26절
"내가 아버지께로부터 너희에게 보낼 보혜사 곧 아버지께로부터 나오시는 진리의 성령이 오실 때에 그가 나를 증언하실 것이요"

이 말씀에서 예수님은 또 다른 보혜사가 진리의 성령이라고 가르쳐 주십니다. 보혜사는 아버지에게서 나온다고 합니다. 이 말씀은 보혜사가 아버지에게서 나와서 존재의 형태를 갖추게 된다는 뜻이 아닙니다. 보혜사는 예수님에게서 나와서 존재의 형태를 갖추게 됩니다. 이 말씀은 또 다른 보혜사가 창조주 하나님임을 증명해 줍니다. 예수님은 계속해서 [내가 너희에게 보낸다]는 말씀을 합니다. 또 다른 보혜사는 예수님이 보냅니다. [아버지로부터]라는 말은 아버지의 이름으로 보낸다는 뜻이 아니라, 보혜사가 창조주 하나님이라는 뜻입니다. 예수

     Part 3. 하나님의 창조 계획

님은 계속 보혜사가 창조주 하나님이심을 말씀하고 있습니다.

하나님과 예수님과 또 다른 보혜사는 하나님입니다. 구약시대에는 유일하신 하나님이셨습니다. 성부 하나님과 성자 하나님과 또 다른 보혜사이신 하나님을 구분하고 설명하는 것은 사실 무의미합니다. 원래 창조주 한 분이었고, 유일하신 하나님이었기 때문입니다. 예수님이 요한복음 10장 30절에서 [나와 아버지는 하나이니라]고 말씀하신 것처럼, 하나님을 구분하는 것은 무의미한 일입니다.

그런데도 예수님은 [내가 보낸다]는 말씀을 반복해서 하셨습니다. 요한복음 14장 16절에서 [내가 아버지께 구한다]고 말씀하셨고, 요한복음 14장 26절에서 [내 이름으로 보내신다]고 말씀하셨고, 요한복음 15장 26절에서 [내가 아버지께 로부터 너희에게 보낸다]고 말씀하셨고, 요한복음 16장 7절에 [내가 그를 너희에게 보낸다]고 말씀하셨습니다. 예수님이 또 다른 보혜사를 말씀하실 때마다 [내가 보낸다]는 뜻을 밝히신 것입니다. 이렇게 말씀하는 이유는 또 다른 보혜사는 예수님에게서 나오는 분이기 때문입니다. 이렇게 예수님이 강조한 내용은 요한계시록 1장에서 분명하게 드러납니다.

예수님은 둘째 사역을 감당하게 될 하나님을 증거하고 계셨던 것입니다. 빛이신 예수님이 궁창 아래에 물로 임하는 하나님을 증거하셨습니다. 궁창 아래의 물로 임하는 하나님이 빛으로 임하신 하나님의 사역이 끝난 후에 다음 사역을 하기로 이미 창세기 1장에서 계획되었습니다. 그래서 예수님은 다음 사역을 이루게 될 또 다른 보혜사를 미리 설명하셨던 것입니다.

예수님은 요한복음 5장 39절에서 [너희가 성경에서 영생을 얻는 줄 생각하고 성경을 연구하거니와 이 성경이 곧 내게 대하여 증언하는 것이니라]고 말씀하셨습니다. 이 말씀을 읽으면서 많은 사람이 오해합니다. 지금의 성경 66권이 모두 예수님을 증언하는 것으로 생각합니다. 그러나 예수님이 이 말씀을 하실 당시에는 지금과 같은 성경 목록이 아니었습니다. 당시의 성경은 모세 5경을 의미합니다. 하나님이 모세에게 주신 말씀이 성경의 중심입니다. 신약의 27권은 있지도 않았습니다. 모세 5경은 예수님을 증거하는 말씀입니다. 선지자들과 시편과 많은 구약의 성경이 예수님을 증언합니다. 그런데 예수님은 또 다른 보혜사를 증언했습니다. 모세 5경이 예수님을 증언하는 말씀인 것처럼, 신약의 4복음서(마태, 마가, 누가, 요한)와 요한계시록은 또 다른 보혜사를 증언하는 말씀이 됩니다. 물론 4복음서는 예수님의 행적을 기록해서 예수님을 증거합니다. 그런데 이 4복음서의 내용에는 예수님의 말씀으로 또 다른 보혜사를 증언하는 내용도 포함되어 있습니다.

요한복음 15장 26절에서 예수님은 [그가 나를 증언하실 것이요]라고 말씀합니다. 또 다른 보혜사가 와서 증언하는 말을 듣게 되면, 예수님이 누구이며 어떤 일을 하셨는지 깨닫게 된다는 뜻입니다. 예수님은 하나님의 아들이며, 우리 죄를 대신하여 십자가에서 형벌을 받은 분이며, 구원자이시고, 성자 하나님이며, 이 땅에 오신 그리스도입니다. 이런 내용을 또 다른 보혜사가 증언한다는 말씀일까요?

또 다른 보혜사가 [예수님을 증언한다]고 말씀하신 이유는, 또 다른 보혜사가 오시는 시대에는 사람 대부분이 예수님을 잘 알지 못하는 상황에 놓인다는 것입니다. 예수님을 아는 것 같아도 알지 못하고, 예수님의 말씀을 대부분 오해하는 상황이 되어 있다는 것입니다. 그래서 사람들의 오해를 보혜사가 하나하나 바로잡아 준다는 뜻입니다.

"내가 아직도 너희에게 이를 것이 많으나 지금은 너희가 감당하지 못하리라
그러나 진리의 성령이 오시면 그가 너희를 모든 진리 가운데로 인도하시리니
그가 스스로 말하지 않고 오직 들은 것을 말하며 장래 일을 너희에게 알리시
리라 그가 내 영광을 나타내리니 내 것을 가지고 너희에게 알리시겠음이라"

이 말씀에서 예수님은 제자들에게 말하고 싶은 내용이 아직도 많다고 하셨습니다. 그런데 제자들이 감당할 수가 없어서 지금은 말할 수 없다고 하십니다. 그러면 제자들에게 말하고 싶어도 말하지 못했던 진리는 언제 들을 수 있는 것일까요?

예수님이 말하지 못했던 진리는 성경에 기록되지 않았습니다. 제자들이 듣지 못했기 때문입니다. 만약 제자들이 들었다면, 그 내용을 4복음서에 기록했을 것입니다. 하지만 이 진리들은 제자들이 감당할 수 없었기에 예수님이 말씀하지 않았습니다.

제자들은 왜 감당하지 못했던 것일까요? 혹시 예수님이 말씀을 너무 어렵게 하셨던 것은 아닐까요? 아니면 제자들의 수준이 너무 낮았기 때문일까요?

예수님이 말하지 못했던 진리는 당시의 인류가 감당할 수 없었습니다. 제자들의 수준이 낮아서가 아닙니다. 감당할 수 있는 시대가 아니었기 때문입니다. 당시의 인류 전체의 평균 수준이 진리를 들을 수 있는 수준이 아니었다는 뜻입니다. 제자들의 지능이 평균보다 높다고 가정해도 당시 인류가 가지고 있는 지식 수준을 넘어설 수는 없습니다. 인류 전체가 여러 시대를 거치는 과정을 통해 많이 발전해야 한다는 뜻입니다.

현대의 많은 기독교인은 성경에 없는 것은 믿지 않겠다고 말합니다. 성경에 없는 것을 말하면 이단이라고 합니다. 성경에 없으므로 진리가 아니라고 말합니다. 그런데 예수님이 말할 수 없었던 내용은 분명히 진리입니다. 다만 제자들이 감당할 수 없어서 성경에 기록되지 않았던 것입니다.

예수님은 [진리의 성령이 오셔서 모든 진리 가운데로 인도하신다]고 말씀합니다. [모든 진리 가운데]라고 말씀하신 이유는 예수님이 말하지 못했던 내용까지 말할 것이기 때문입니다. 또 다른 보혜사는 예수님이 말할 수 없어서 성경에 기록되지 않았던 진리를 말할 것입니다. 진리의 성령이 모든 진리를 말하게 되는 것은, 진리의 성령이 오시는 시대에는 그 진리를 감당할 수 있을 정도로 인류가 성장했다는 뜻입니다. 예수님 당시의 제자들은 감당할 수가 없었던 것을 진리의 성령이 오시는 때는 사람들이 감당할 수 있다는 뜻입니다.

예수님 당시에는 진리의 성령이 올 수 없는 시대입니다. 진리의 성령은 사람들이 더 깊은 진리를 수용할 수 있는 시대가 되었을 때 오십니다. 사람들이 더 깊은 진리를 이해할 수 있는 시대가 되었을 때 이 땅에 오셔서 예수님이 말하지 못한 진리까지 모두 말씀하는 것입니다. 이것이 또 다른 보혜사의 사역입니다.

이 말씀에서 예수님은 [내 것을 가지고 너희에게 알릴 것이다]라고 하십니다. 예수님은 굳이 [내 것을 알린다]고 강조합니다. 예수님은 또 다른 보혜사가 와서 말씀을 증거할 때, 그 증거되는 말은 원래 예수님의 것이라고 하십니다.

예수님은 왜 이런 말씀을 하시는 것일까요?

오랜 시간이 흐른 후에, 진리의 성령이 오셔서 예수님이 미처 하지 못한 말을 전할 때, 누군가는 성경에 없는 내용이라고 거부할 것입니다. 예수님은 이런 상황이 벌어질 것을 아시기에, 진리의 성령이 전하는 내용은 예수님이 하려던 말이라고 미리 언질(言質)을 주신 것입니다. 다시 말해서 성경에 없다고 해도 거부하지 말라는 당부입니다.

많은 시간이 흐른 후에, 모든 진리를 말할 수 있는 시대가 되었을 때, 예수님은 또 다른 보혜사를 이 땅에 보내십니다. 또 다른 보혜사는 둘째 사역을 합니다. 이때 또 다른 보혜사는 예수님이 말하지 못했던 진리까지 가르칠 것입니다. 많은 사람이 혼란스러워하고 놀라게 될 것이지만 이 진리는 본래 예수님의 것이기 때문에 거부하지 말고 수용하라고 권고하신 것입니다.

예수님은 둘째 사역을 담당하여 궁창 아래의 물로 임하시는 하나님의 사역을 돕고자 이렇게 미리 당부해 놓으신 것입니다. 첫째 날 빛으로 임하신 예수님이 둘째 날의 사역을 이루시는 또 다른 보혜사의 사역을 돕기 위해 미리 말씀하신 것입니다. 첫째 날의 빛이 둘째 날의 물을 증거한 것입니다.

Chapter 36

추가된 빛의 사역
- 자기 백성을 죄에서 구원하다

마태복음 1장 21절에서 주의 사자가 요셉에게 [자기 백성을 그들의 죄에서 구원할 자]라고 예수님을 소개합니다. 예수님은 죄를 속량하기 위해 자신을 희생의 제물로 주려고 이 땅에 오셨습니다. 그래서 예수님은 십자가에서 죽임을 당했으며, 예수님이 흘린 피는 구원받을 자기 백성의 죄를 대속합니다. 이는 분명한 사실이며, 구약에 나오는 제사법으로 설명이 됩니다.

그런데 원래 예수님이 이 땅에 오시기로 한 목적은 죄를 대속하기 위한 희생의 제물이 아니었습니다. 죄를 대속하기 위한 희생제물은 나중에 추가된 계획입니다.

하나님은 창세기 1장에서 아담을 창조하기 전부터 계획을 세우셨습니다. 이때 아담이 죄를 범하도록 정해 놓고 계획을 세운 것은 아닙니다. 창세기 1장의 계획에는 아담이 선악과를 먹게 될 상황을 고려하지 않았습니다. 창세기 1장에서 말씀하신 내용은 전체 계획의 굵직한 뼈대를 설명한 것과 같습니다.

하나님은 창세기 1장의 내용을 선포하고, 그 계획대로 에덴동산에서 시작하십니다. 에덴동산은 하나님의 아들들을 사람으로 태어나게 하는 장소입니다. 이 내용은 저자의 저서 제2권《에덴동산과 하나님의 아들들》에 자세히 설명되어 있습니다.

하나님의 아들들은 사람으로 태어나서 [나라와 제사장]의 직분을 감당할 수 있도록 준비를 합니다. 아담과 하와가 선악과를 먹지만 않는다면, 아담과 하와는 에덴동산에서 영원히 삽니다. 아담과 하와는 동산 안에서 하나님의 아들들을 낳습니다. 영적 존재인 하나님의 아들들이 하나씩 사람이 됩니다. 하나님의 아들들이 모두 사람으로 태어나면 아담과 하와는 사명을 마치게 됩니다. 이 과정에서 땅 위에는 하나님의 도시가 계속해서 세워집니다. 하나님의 아들들이 모두 사람으로 태어나려면 최소한 14만 4천 년보다 더 많은 시간이 지나야 합니다. 하나님의 아들들은 우주의 나이(약 138억 년) 이상을 하나님 옆에서 영으로 존재했기에 그들에게 14만 4천 년은 아주 짧은 시간입니다.

하나님의 아들들이 사람으로 태어나는 약 14만 4천 년의 시간 동안, 하나님은 창세기 1장에서 선언한 6일 동안의 모든 사역을 다 이루실 것입니다. 14만 4천 년이 흐르는 동안, 인류는 고도로 발전하여 과학적이고 자연 친화적인 도시를 땅 위에 세우게 될 것입니다. 14만 4천 년이 지난 후에, 아담과 하와는 에덴동산에서 나오게 되며, 이때부터 혼이 하나님의 백성으로 태어날 계획이었습니다. 하나님의 백성은 완성된 하나님의 도시에서 태어나도록 계획되어 있었습니다.

창세기 1장에 기록된 하나님의 계획에 의하면, 아담과 하와는 하나님의 아들들을 다 낳을 때까지 선악과를 먹지 말아야 했고, 하나님의 아들들이 다 태어나기 전에, 중간의 어느 시점에서 예수님이 이 땅에 빛으로 오는 일이 계획되어 있었습니다. 예수님이 오셔서 천국의 법령을 선포하시고 그대로 승천하여 하나님이 계신 곳으로 가면 되는 계획입니다. 첫째 날의 계획에는 희생제물이 되기 위한 죽음이 포함되어 있지 않습니다. 예수님에게는 단지 이 땅에서 세상의 빛이 되기 위한 사역만 있었습니다.

　하지만 아담과 하와는 단지 80년 정도만 살고 에덴동산에서 쫓겨 나왔습니다. 그래서 하나님의 아들들 대부분은 하나님 곁에서 영으로 머물며 기다리게 되었습니다. 하나님의 아들들 중 극히 적은 수가 아담과 하와를 통해서 사람으로 태어났습니다. 하나님의 아들들 대부분은 사람으로 태어나기를 기다리고 있었습니다. 그러나 아담과 하와를 통해서 거룩한 몸을 가지고 사람으로 태어나는 일은 불가능해졌습니다. 아담과 하와가 선악과를 먹고 거룩하지 못한 몸이 되었기 때문입니다.

　하나님은 창세기 1장에서 선포하신 계획에 몇 가지 계획을 추가합니다. 추가한 계획은 창세기 1장에는 기록되지 않았습니다. 아담이 선악과를 먹은 사건은 창세기 1장의 말씀이 선포된 후의 일이기 때문입니다.

　하나님은 하나님의 아들들을 사람으로 보내시는 일을 계속 진행합니다. 전에는 하나님의 아들들이 아담과 하와를 통해서 거룩한 몸으로 태어났습니다. 그런데 이제는 거룩하지 못한 몸을 가지고 태어나게 되었습니다. 하나님의 아들들은 거룩하지 못한 몸으로 태어나기에, 자신을 기억하지 못하며, 자신의 능력도 모르며, 100년도 살지 못하는 짧은 삶을 살게 되었습니다. 거룩하지 못한 몸을 가지고 태어나는 하나님의 아들들은 병들고, 아프고, 나이 들어 죽게 되는 몸을 가지고 태어납니다. 당연히 하나님의 아들들도 죄를 지을 수밖에 없습니다. 악인이 된다는 말이 아니라, 사람으로 태어나서 인간적 본능과 자라나는 환경의 영향으로 죄를 지을 수밖에 없는 처지에 놓이게 된다는 뜻입니다. 사람으로 태어나는 하나님의 아들들은 크거나 작거나 많거나 적거나 어쨌든 최소한 하나의 죄라도 짓게 된다는 뜻입니다.

예수님은 첫째 날의 사역을 이루기 위해 이 땅에 빛으로 오실 계획입니다. 그런데 하나님의 아들들이 죄를 지을 수밖에 없는 환경에서 태어나게 되었기에, 하나님은 하나님의 아들들을 죄로부터 구원하실 방법이 필요했습니다. 그래서 처음 계획에는 없었던 것인데, 하나님의 아들들을 죄의 세상에 보내는 것으로 인해 예수님이 희생의 제물이 되는 계획을 추가하셨습니다. 원래는 빛이 되기 위해 세상에 오셨다가 말씀을 선포하고 승천하면 되는 일이었으나, 승천하기 전에 먼저 십자가의 죽음으로 희생제물이 되는 과정과 부활하는 과정을 추가했습니다.

[자기 백성을 그들의 죄에서 구원할 분]이라는 말은 맞습니다. 그런데 이 계획은 처음부터 세웠던 계획은 아닙니다. 아남과 하와가 선악과를 먹지 않았다면, 하나님의 아들들은 거룩한 몸을 가지고 태어났을 것입니다. 그러면 하나님의 아들들은 죄를 짓지 않았을 것이며, 죄로부터 구원받아야 하는 일도 없었을 것입니다. 그러면 결과적으로 예수님이 십자가에서 희생제물이 되는 일도 없었을 것입니다.

하나님의 아들들을 죄 가운데 태어나도록 하셨기에, 예수님도 희생제물이 되어 그들을 죄로부터 구원할 방법을 준비하셨습니다. 예수님이 이 땅에 오시는 본래의 목적은 세상을 위한 빛이 되는 것이며 예수님은 이 모든 사역을 이루셨습니다.

또한, 나중에 추가된 사역까지 다 이루셨는데, 추가된 사역은 자기 백성을 그들의 죄에서 구원하는 것입니다. 이를 위해 예수님은 십자가에서 죽으셨고 부활하셨습니다.

Chapter 37

땅이 공허하다는 말씀에서 공허가 사라지다

창세기 1장 2절에서 땅은 공허했습니다. 땅이 공허하다는 말씀은 아무것도 없다는 뜻입니다. 이 내용은 [Chapter 29. 창조 전 - 땅이 공허하다는 말씀의 의미]에서 설명했습니다.

하나님은 영원히 살아 있는 하나님의 백성을 창조하려고 하십니다. 아담 이전까지 모든 생명체는 영원히 살지 못합니다. 하나님의 백성은 몸이 죽는다고 해도 사라져서는 안 됩니다. 사라지지 않는 존재가 되어야 하나님이 보실 때 살아 있는 것입니다. 하나님은 영원히 사라지지 않는 존재를 창조하시고 이 존재를 하나님의 백성으로 부르기로 하셨습니다. 이 존재가 혼(Soul)입니다.

하나님은 영(Spirit)의 특성을 갖는 혼(Soul)을 창조하십니다. 영(Spirit)은 영원히 존재합니다. 영(Spirit)은 사라지는 일이 없습니다. 그래서 영(Spirit)을 닮은 혼(Soul)도 영원히 존재하게 됩니다. 혼(Soul)은 영(Spirit)의 특성을 닮도록 창조되었습니다. 하나님은 이 혼(Spirit)을 아담 안에 넣었습니다.

하나님은 영과 혼을 만드셨습니다. 그런데 영과 혼은 다릅니다.

영도 피조물이기 때문에 무엇인가로 만들어졌습니다. 영을 이루고 있는 소재는 이 세상의 물질이 아닙니다. 영은 물질이 만들어지기 전에 창조되었기 때문입니다. 그래서 영은 세상의 물질로 되어 있지 않습니다. 그런데 혼은 이 세상의 물질로 만들어졌을 것으로 생각됩니다.

영은 물질 세상을 만들기 전에 창조되었습니다. 그래서 영들의 수는 고정되어 있습니다. 영들의 수는 늘거나 줄지 않습니다. 영들의 수가 늘지 않는 이유는 하나님이 더는 창조하시지 않기 때문입니다. 영들의 수가 줄지 않는 이유는 영들은 죽어서 사라지는 일이 없기 때문입니다.

혼은 그 수가 계속 늘어납니다. 혼은 생육하고 번성하여 땅에 충만해지기 위한 목적으로 창조되었습니다. 혼은 지금도 태어나고 있고, 앞으로도 계속 태어날 것입니다. 땅 위에 하나님의 나라가 이루어진 후에도, 혼들은 계속 태어날 것입니다. 혼의 수는 줄어드는 일이 없습니다. 혼이 죽어서 사라지는 일은 없기 때문입니다.

영의 시작은 세상을 만들기 전입니다. 그래서 영들은 사람으로 태어날 때가 시작이 아닙니다. 영들이 사람으로 태어나더라도 영의 나이는 이 우주의 나이보다 많습니다. 반면 혼들은 사람으로 태어나기 전에는 존재하지 않았습니다. 그래서 혼의 시작은 태어날 때입니다.

영은 몸을 가지고 있지 않습니다. 몸이 있다는 것은 영에게는 불편한 일입니다. 영은 처음부터 몸 안에 있도록 창조되지 않았기 때문입니다. 몸을 가지고 있지 않은 것이 영에는 더 편합니다. 그러나 혼은 몸 밖에 있으면 쉴 수가 없습니다. 혼은 몸 안으로 들어가고자 합니다. 하나님이 처음부터 혼을 몸 안에 있도록 창조하셨기 때문입니다. 하나님이 아담의 코에 생기를 불어넣으시는 행동이 곧 혼을 창조하는 행동이었습니다. 하나님은 혼을 몸 안에 있도록 창조하셨습니다.

혼은 영원한 존재입니다. 혼은 사라지지 않습니다. 혼은 태어날 때부터 영원한 존재로 태어납니다. 혼은 처음 시작할 때 몸을 가지고 태어납니다. 혼이 몸을 가지고 있을 때 생을 누리게 됩니다. 사람이 죽으면 혼은 몸과 분리되고, 몸은 썩어서 사라지게 됩니다. 몸을 이루던 물질은 자연으로 돌아갑니다. 이때도 혼은 존재합니다. 그러나 영생을 누리는 것은 아닙니다. 혼이 영생을 누리려면 몸이 있어야 합니다. 몸은 영이나 혼에게는 마치 옷과도 같은 것입니다.

하나님이 아담 속에 혼(Soul)을 창조해 넣으셨습니다. 그래서 영원히 사라지지 않는 첫 사람이 창조되었습니다. 몸이 죽어도 혼은 영원히 존재합니다. 그래서 아담은 하나님의 눈으로 보실 때 살아 있는 존재입니다. 하나님이 보시기에 아무것도 없던 세상에 처음으로 영원히 존재하는 사람이 있게 된 것입니다. 아담을 창조하기 전까지 세상은 비어 있었습니다. 영원한 존재가 하나도 없었기 때문에 세상은 공허했습니다. 그러나 이제 한 명의 영원한 존재가 생겼습니다. 이때부터 세상은 공허하지 않습니다. 아담 속에 넣은 혼(Soul)은 하나님과 같은 영(Spirit)을 닮아서 영원히 땅 위에 살아갈 존재입니다. 혼이 자녀를 낳으면 그 자녀는 혼으로 태어납니다. 이렇게 계속되면, 하나님의 눈에는 살아 있는 존재인 혼이 계속해서 태어나고 땅에 충만하게 될 것입니다.

땅이 공허에서 벗어나려면, 땅은 혼으로 채워져야 합니다. 죽지 않는 영원한 동물들로 채워져야 합니다. 그런데 아직은 동물들에게 죽음이 있습니다. 혼들도 영생하지 못합니다. 사람이 죽으면 몸은 사라지고 혼은 이 세상에서의 삶을 더는 누리지 못하고 땅 아래로 내려가 세상 끝날에 있을 부활을 기다립니다. 그래서 현재는 혼들이 땅을 채우지 못하는 상태입니다. 땅에서 공허가 사라지기 시작했지만, 공허가 완전히 사라진 상태는 아닙니다. 아담이 선악과를 먹어서 이런 상태가 계속되고 있습니다.

요한계시록 11장 15절에 언급된 것처럼 세상 나라가 우리 주와 그 그리스도의 나라로 바뀌게 되면, 죽음으로 인해 몸 없이 혼으로만 존재했던 모든 사람이 부활할 것이고, 이후로 태어나는 혼들은 영원히 몸의 죽음을 경험하지 않게 될 것입니다. 이때 땅은 공허에서 완전히 벗어나게 될 것입니다.

땅이 혼돈하다는 말씀에서 혼돈이 사라지다

Step 1. 예수님이 오기 전까지 혼돈의 시대였습니다

[땅이 혼돈하다]는 말의 의미는 [Chapter 28. 창조 전 - 땅이 혼돈하다는 말씀의 의미]에서 설명했습니다.

창세기 1장 1절의 결과로 지구는 완전한 자연환경을 갖추었습니다. 많은 식물이 있었고, 많은 새와 물고기와 땅 위의 짐승이 살고 있었습니다. 많은 사람이 살고 있었습니다. 영이나 혼은 없었고, 동물과 사람은 오직 몸만으로 살아갑니다.

이런 세상에서 사람은 지성과 이성과 감성을 갖추고 언어와 지식과 문화와 법과 다양한 기술을 가지고 살고 있었습니다. 사람은 지구를 지배하는 지적 생명체입니다. 사람은 영이나 혼이 없어도 인격체로서 존중받아야 하는 존재입니다.

영이나 혼이 없는 사람은 죽으면 소멸하여 사라집니다. 죽으면 끝이기에 사람에게는 현재의 삶이 제일 중요합니다. 이런 관점은 현대인에게도 마찬가지입니다. 다만 현대인 중 일부는 좀 더 차원이 높은 삶을 살려고 할 것입니다. 그리스도 이전 시대의 사람들은 현재를 잘 사는 것이 가장 중요한 가치였을 것입니다. 그래서 당시는 현재의 삶을 잘 살기 위해 상대를 죽이고 빼앗는 것도 가능한 시대였습니다.

그리스도 이전 시대까지 창조주 하나님이 사람들에게 나타나신 적은 없습니다. 그래서 세상은 칠흑 같은 어둠의 시대입니다. 이것이 바로 혼돈의 시대입니다. 세상이 창조된 후로, 예수님이 이 땅에 빛으로 오시기까지 세상은 혼돈의 시대였습니다. 혼돈의 시대란 싸워서 이긴 자가 성공한 인생을 사는 시대입니다. 힘이 있고 강한 자가 지배하는 시대입니다. 이긴 자가 진 자의 모든 것을 갖는 것은 당연한 결과라고 여기는 시대입니다.

Step 2. 예레미야 때도 혼돈의 시대에서 벗어나지 못했습니다

지금도 혼돈의 시대인 이유는 지금도 빛이 없는 시대이기 때문입니다. 아무리 선진국이라고 해도 법과 정의가 바르게 서지 못하는 경우가 있고, 법을 집행하는 사람의 성정에 따라 다른 판결이 나기도 하며, 권력을 쥔 사람에 의해 법이 바뀌기도 합니다. 이 내용을 설명하기 위해서 하나님이 하신 말씀을 참고합니다.

성경 말씀: 예레미야 4장 23절

"보라 내가 땅을 본즉 혼돈하고 공허하며 하늘에는 빛이 없으며, 내가 산들을 본즉 다 진동하며 작은 산들도 요동하며, 내가 본즉 사람이 없으며 공중의 새가 다 날아갔으며, 보라 내가 본즉 좋은 땅이 황무지가 되었으며"

이 말씀은 예레미야 선지자가 이스라엘 백성에게 하나님의 말씀을 전하는 내용입니다. 예레미야는 하나님의 심판이 임한다고 전하고 있습니다. 하나님이 이스라엘 백성의 악을 심판하시는데, 유다 왕국이 바빌론의 침공으로 멸망하게 될 것을 말하고 있습니다.

이 말씀에는 [땅을 본즉 혼돈하고 공허하며 하늘에는 빛이 없다]고 기록되어 있습니다. 이 말씀은 창세기 1장 2절 말씀과 매우 유사합니다. 예레미야서를 참고해서 하나님이 하시는 말씀에 집중하여 보면, 창세기 1장 2절 말씀의 의미를 알 수 있습니다. 이 말씀에서 [땅이 혼돈하고 공허하며 하늘에 빛이 없다]고 말한 원인은 바로 앞 구절에 있습니다.

성경 말씀: 예레미야 4장 22절
"내 백성은 나를 알지 못하는 어리석은 자요 지각이 없는 미련한 자식이라 악을 행하기에는 지각이 있으나 선을 행하기에는 무지하도다"

하나님은 이스라엘 백성이 하나님을 알지 못한다고 말씀합니다. 이스라엘 백성이 미련하고 어리석고 선을 행하기에 무지하다고 말씀합니다. 하나님을 알지 못하고 선을 행하기에 무지한 자들이 당시 이스라엘 백성입니다. 물론 이 말씀에서 말하는 이스라엘 백성은 남유다 왕국에 남아 있는 아브라함의 후손을 의미합니다. 이때는 모세가 하나님에게서 십계명을 받은 지 아주 오랜 시간이 흐른 뒤였습니다. 하나님의 말씀이 없었던 시대가 아닙니다. 그런데도 혼돈하고 공허하다고 말씀합니다.

하나님을 알지 못하고 선을 행하는데 무지한 사람들은 하나님의 계명을 지키지 않습니다. 아브라함의 후손인 이스라엘 사람이지만 하나님의 계명을 판단의 기준으로 삼지 않았습니다. 그들은 어떻게 하면 살아남을까, 어떻게 하면 혼란스러운 상황에서 생명을 유지할 수 있을까, 어떻게 하면 정비되지 않은 체계 속에서 빈틈을 파고들어 재물을 모을 수 있을까 하는 생각을 합니다.

하나님의 계명을 지키며, 하나님의 말씀대로 살며, 정의와 공의를 행하고, 가

난한 사람과 어려운 사람들을 도우며 바르게 살고자 하는 사람은 없었던 것입니다. 그들의 미래는 혼란스럽고, 안정되지 않았습니다. 사람들은 시시각각으로 바뀌는 정치적 상황에 따라 이리 흔들리고 저리 흔들렸습니다. 마음은 불안하고, 미래는 암울하고, 생계가 걱정되는 현실입니다. 이런 상황에서 이스라엘 사람들은 하나님을 의지하지 않았습니다. 하나님의 계명을 뒷전으로 하고 오직 살아남을 수 있는 방법을 찾아 분주하게 돌아다닐 뿐입니다.

이런 상태가 혼돈의 상태입니다.

Step 3. 빛의 시기에도 혼돈은 사라지지 않았습니다

빛의 시기는 예수님이 이 세상에 사람으로 살아 있었던 기간입니다. 예수님의 공생애 기간은 3년입니다. 공생애 기간을 뺀 30년은 예수님이 공적인 활동을 하지 않았던 시기라 빛을 비추는 시기가 아니라고 말할 수도 있지만, 예수님이 빛 자체이기에, 빛이 세상에 있었던 기간은 33년입니다.

이 시기에 잠시 세상에 빛이 있었습니다. 그래도 세상을 지배한 혼돈은 사라지지 않았습니다. 예수님이 오셔서 빛을 비추었으나 세상이 빛으로 나아오지 않았기 때문입니다.

성경 말씀: 요한복음 1장 5절
"빛이 어둠에 비치되 어둠이 깨닫지 못하더라"

빛이신 예수님이 이 땅에 오셨으나 어둠이 깨닫지 못한다고 기록되어 있습니다. 이 시기의 사람들은 예수님을 수용할 준비가 되지 않았습니다. 그래서 빛의 존재를 깨닫지도 못했고 예수님의 말씀을 제대로 이해하지 못했고, 예수님의 말씀을 실천할 수도 없었습니다.

예수님이 빛을 비추었다고 말할 때, 이 말은 창조주 하나님이 우리와 함께 계신다는 뜻입니다. 예수님은 창조주의 능력을 사용하여 창조주 하나님이 그들과 함께 계심을 증명하셨습니다. 창조주 하나님이 친히 법(령)을 말씀하셨습니다. 산상수훈은 하나님의 백성이 지켜야 하는 명령입니다. 그런데 예수님이 말씀하신 명령 자체는 빛이 아닙니다.

예수님이 창조주 하나님이라도 빛을 비추지 않을 수 있습니다. 사람들이 창조주의 존재를 느낄 수 없다면 빛을 비추지 않은 것이 됩니다.

예수님은 빛으로 오셔서 빛을 비추었습니다. 예수님은 창조주 하나님의 능력을 사용하여 당시 사람들에게 바로 이곳 여기에 창조주가 함께 있었다는 것을 증명하셨습니다. 오병이어의 기적, 물 위를 걷는 기적, 죽은 나사로를 살리는 기적 등 사람으로서는 할 수 없는, 오직 창조주 하나님만이 할 수 있는 일을 하심으로 자신이 하나님이심을 증명하셨습니다.

사람으로서 할 수 없는 일을 예수님이 하셨고, 사람들은 그것을 보고 들었지만, 예수님을 창조주 하나님으로 생각하지는 못했습니다. 빛이 그들에게 비친 것이지만 사람들이 빛을 깨닫지 못한 것입니다.

성경 말씀: 요한복음 9장 5절
"내가 세상에 있는 동안에는 세상의 빛이로라"

     Part 3. 하나님의 창조 계획

어떤 명언, 격언, 속담, 명제가 진리라고 믿어지더라도 말 자체는 빛이 아닙니다. 빛은 예수님 자체입니다. 빛 자체는 존재에 관한 것이고, 빛을 비춘다는 말은 행위에 관한 것입니다. 예수님은 빛 자체입니다. 빛이란 예수님의 존재를 설명하는 것입니다. 예수님이 빛을 비춘다는 말은 예수님이 창조주 하나님의 능력을 나타내 보여 주신다는 의미입니다. 빛 자체와 빛을 비추는 행위는 다른 것입니다. 예수님이 이 땅에 있기만 해도 자동으로 빛을 비추는 것은 아닙니다.

마태복음 5장에 나오는 산상수훈은 빛이신 예수님이 명령으로 내리신 말씀입니다. 예수님은 만왕의 왕입니다. 그래서 예수님이 말씀하신 산상수훈은 왕명(王命)이라고 할 수 있습니다. 산상수훈은 반드시 지켜야 하는 명령입니다. 명령 자체가 빛은 아니지만 빛이신 예수님이 하신 말씀이기 때문에 말씀을 지키는 것이 빛 안에 거하는 것이라고 할 수 있습니다. 모든 사람이 예수님의 명령을 지키며 살아갈 때 땅에서 혼돈이 사라지게 됩니다.

2천 년 전 예수님이 빛으로 오셨지만, 당시에 예수님은 땅을 다스리는 왕이 아니었습니다. 사람들이 예수님의 말씀을 듣기는 했지만, 세상 나라는 하나님의 나라가 아니었습니다. 예수님의 명령을 어겨도 형벌을 받지 않기에 사람들은 전혀 두려워하지 않았습니다. 예수님의 말씀은 높은 단계의 윤리 도덕적 규범으로 들렸을지라도 법적 구속력이 없었습니다. 사람들은 힘이 없는 예수님의 명령을 무시했습니다. 예수님의 말씀이 옳기는 하지만 그들이 살아가는 시대 상황에는 맞지 않았다는 것입니다.

산상수훈의 명령을 지키지 않으면 바로 감옥에 갇혀 벌을 받게 된다고 가정합니다. 그러면 모든 사람이 예수님의 명령을 지킬 것입니다. 모든 사람이 계명을 지키다 보면, 자연스럽게 사회현상이 됩니다. 계명을 지키는 것이 사람들의 습관이 되고 관습이 되고 문화가 됩니다. 이렇게 하나님의 도시에서는 예수님의 계명을 지키는 것이 기본적인 삶의 모습이 됩니다. 이런 상황이 되어야 빛 가운데 사는 것이며, 혼돈이 사라지는 것입니다.

2천 년 전, 빛이신 예수님이 이 땅에 오셨을 때도 땅에서 혼돈이 사라지지 않았습니다. 예수님이 빛을 비추고 진리를 말씀하셨지만, 사람들은 빛을 알지 못했고 예수님의 말씀을 지키지 않았습니다. 그래서 예수님이 이 땅에 계시는 동안에도 혼돈은 사라지지 않았습니다. 예수님이 세상에 계시는 33년 동안, 빛이 있으라는 하나님의 계획은 성취되었으나, 혼돈은 땅에서 사라지지 않았습니다.

Step 4. 예수님이 승천한 후로 지금까지도 혼돈의 시대입니다

예수님의 승천 이후로 지금까지 우리는 밤의 시대에 살고 있습니다. 혼돈이 땅에서 사라지지 않았습니다. 예수님은 요한복음 9장 5절에서 [세상에 있는 동안]이라는 조건을 말씀하셨습니다. 예수님은 세상을 위한 빛으로 임하셨는데, 조건은 예수님이 세상에 계시는 동안입니다. 예수님이 세상을 떠나시면 빛이 땅에서 사라지는 것입니다.

성경 말씀: 요한복음 9장 4절
"때가 아직 낮이매 나를 보내신 이의 일을 우리가 하여야 하리라 밤이 오리니
그 때는 아무도 일할 수 없느니라"

예수님은 [때가 아직 낮이매]라고 말씀하셨습니다. 예수님이 세상에 계신 중이기에 낮입니다. 예수님이 세상에 있는 동안만 세상은 낮입니다. 예수님은 [밤이 오리니]라고 말씀하셨습니다. 예수님이 없을 때가 밤입니다. 예수님이 승천하여

하나님에게로 가시면, 세상에는 예수님이 더는 계시지 않기에 그때부터 세상은 밤이 됩니다. [밤이 오리니]라는 말씀은 승천을 염두에 두고 하신 말씀입니다.

밤의 시기는 예수님이 승천하신 후부터입니다. 그때부터 이 세상에는 밤이 시작되었습니다. 예수님이 승천하신 후로 세상은 낮이 되었던 적이 없습니다. 세상에는 지금까지 밤이 지속되고 있습니다.

예수님이 승천하신 후로 지금까지, 자신을 하나님의 종이라고 말하면서 하나님의 일을 한다고 주장하는 사람이 있다면 그 사람은 예수님을 거짓말하는 분으로 만드는 것입니다. 빛이 다시 이 땅에 오기 전까지 세상은 계속 밤이며, 밤에는 어느 누구도 하나님의 일을 할 수 없기 때문입니다. 이 땅에 빛이 다시 임해야 세상의 밤은 끝날 것입니다.

예수님이 승천한 후로 지금까지 세상에는 혼돈이 계속되고 있습니다. 예수님이 오신 곳은 현재의 중동지역입니다. 그 외의 지역에는 한 차례도 빛이 임한 적이 없었습니다. 다른 지역들은 혼돈이 계속 이어져 왔습니다.

지난 2천 년 동안, 전 세계가 동시에 예수님의 말씀을 지켰던 시기는 없었습니다. 일부 지역에서 예수님의 말씀을 지킨다고 해도, 다른 지역들은 여전히 예수님을 알지 못하거나 예수님의 말씀을 지키지 않았습니다. 세상은 계속 혼돈의 시대였고, 예수님의 말씀을 듣고 지키는 지역에도 밤이 계속되고 있습니다. 예수님을 믿는 지역에서도 낮이 아니라 밤인 이유는, 세상의 빛이신 예수님이 이 땅에 계시지 않기 때문입니다. 세상에 예수님이 계시는 동안만 낮입니다.

Step 5. 땅에서 혼돈이 사라지는 시대가 옵니다

땅에서 혼돈이 사라진다는 말은, 모든 사람이 예수님의 계명을 지키며 산다는 뜻입니다. 지금까지 예수님의 명령인 산상수훈은 매우 지키기 어려운 말씀으로 알려져 있습니다. 산상수훈의 말씀을 지키려면 아주 높은 도덕적 단계에 이르러야 한다고들 말합니다.

오 리를 가자고 하면 십 리까지 같이 가고, 왼뺨을 때리는 사람에게 오른뺨까지 내어주고, 겉옷을 달라는 사람에게 속옷까지 주며, 빌리는 사람에게 빌려주고, 용서를 구하는 사람에게는 일흔 번씩 일곱 번까지 용서하며, 형제에게 미련한 놈이라고 비웃지 않고 욕하지 않으며, 내 몸을 사랑하는 것처럼 이웃을 사랑하는 삶을 사는 것입니다.

이 말씀은 왕명(王命)입니다. 예수님의 나라가 이루어지면 누구나 반드시 지켜야 하는 명령입니다. 예수님의 나라가 이루어지면, 하나님의 나라 안에서는 누구나 이렇게 살게 될 것입니다. 모두가 그렇게 살기에 명령을 지키는 것이 어렵지 않게 됩니다. 이렇게 하나님의 나라에 사는 모든 사람이 예수님의 계명을 지킬 때, 이 나라에서는 혼돈이 사라질 것입니다.

땅에서 혼돈이 사라지는 시기는 이 땅 위에 하나님의 나라가 세워질 때입니다. 이때가 되면 하나님의 나라에 사는 모든 사람은 범죄의 피해자가 될 걱정을 하지 않을 것입니다. 사람들 사이에서 정의와 공의가 실현되고 질서와 양보가 이루어지며 사랑을 피부로 느끼게 될 것입니다.

성경 말씀: 요한계시록 11장 15절

"일곱째 천사가 나팔을 불매 하늘에 큰 음성들이 나서 이르되 세상 나라가 우리
주와 그의 그리스도의 나라가 되어 그가 세세토록 왕 노릇 하시리로다 하니"

하나님의 나라가 언제 이루어질까요? 세상 나라가 우리 주와 그 그리스도의
나라가 되는 것은 요한계시록에서 일곱째 천사가 나팔을 불 때입니다. 이 말씀
은 아직 이루어지지 않은 말씀입니다.

요한계시록의 말씀이 이루어질 때, 이 땅 위에는 하나님의 나라가 세워질 것
입니다. 요한계시록 11장에서 일곱째 천사가 나팔을 부는 그 시점부터 하나님
의 나라가 세상에서 실현되기 시작합니다. 요한계시록에 기록된 7년간 있을 시
련의 시간이 지나고 나면, 1천 년 동안 그리스도가 다스리는 왕국이 시작됩니
다. 이것을 천년왕국이라고 부릅니다. 천년왕국이 시작될 때, 세상 나라가 하나
님의 나라가 되어, 땅 위에서 그리스도의 도시가 세워지기 시작합니다. 이때부
터 땅에서 혼돈이 사라지기 시작합니다.

성경 말씀: 이사야 25장 7절
"또 이 산에서 모든 민족의 그 가리워진 면박과 열방의 그 덮인 휘장을 제하시며
사망을 영원히 멸하실 것이라 주 여호와께서 모든 얼굴에서 눈물을 씻기시며…"

이 말씀은 이사야 선지자에게 주신 하나님의 말씀입니다. 사망을 영원히 멸하
실 때 있을 일을 설명하고 있습니다. 그때 모든 민족의 가려진 면박을 제한다는
것입니다.

가려진 면박과 덮인 휘장은 사망을 영원히 멸할 때 제거됩니다. 그전까지는
계속 면박으로 가리고 휘장으로 덮일 것이라는 뜻입니다. 사망을 영원히 멸하

는 때는 요한계시록을 보면 천년왕국이 끝나고 백보좌 심판이 있을 때입니다. 요한계시록 20장 14절에 [사망과 음부가 불 못에 던져진다]고 기록되어 있기 때문입니다.

요한계시록의 내용이 성취될 때까지 모든 민족을 면박으로 가리겠다는 것이며, 열방을 휘장으로 덮겠다는 뜻입니다. 요한계시록의 내용이 성취될 때까지 사람들은 진리를 깨닫기 어렵습니다. 하나님이 그때까지 면박으로 가리겠다고 하셨기 때문입니다.

지금도 세상은 혼돈의 시대에 머물러 있습니다. 예수님이 오신 후로 2천 년이 흘렀지만, 아직도 기독교인들은 진리가 무엇인지 잘 모르고 있고, 학계에서는 여러 가지 신학과 여러 가지 해석이 있어서 하나로 통합되지 못할 것입니다. 이 모든 것은 하나님이 직접 면박으로 가리셨기 때문입니다. 천년왕국이 끝나고 사망이 불 못에 던져질 때까지 모든 사람은 진리를 깨닫지 못할 것이며, 빛을 알지 못해서 빛으로 나오지 못할 것입니다.

그러나 천년왕국이 끝날 때, 모든 사람은 참 하나님이 이 땅 위에 하나님의 나라를 세우고 영원한 하나님의 백성을 창조하셨음을 깨닫게 될 것입니다. 이때부터 혼돈이 세상에서 사라지고, 사람들은 빛 안에서 살아갈 것입니다.

Chapter 39

둘째 날
- 궁창 아래의 물로 임하시는 하나님

둘째 날에 하나님은 물을 궁창 위의 물과 궁창 아래의 물로 나누셨습니다. 이 과정에서 궁창을 만드셨습니다. 여기서 중요한 점은 위의 물과 아래의 물로 나뉘게 되었다는 것입니다.

둘째 날, 궁창의 창조와 물이 나뉘게 된 내용은 물질창조의 기록이 아닙니다. 이 내용은 [Chapter 9. 홍수 때 하늘에서 내린 비가 궁창 위의 물인가?]에서 이미 설명했습니다.

이 말씀은 하나님이 궁창 아래의 물로 오신다는 계획을 선언한 것입니다. 둘째 날에 선포한 내용은 하나님이 생명수의 샘이 되기 위해 사람으로 오겠다는 계획입니다. 물론 많은 분이 의아하게 생각할 것입니다. [궁창을 만들어 궁창 위의 물과 궁창 아래의 물로 나눈다]는 문장을 하나님이 생명수의 샘이 되기 위해 사람으로 이 땅에 오신다는 의미라고 해석하는데, 어떻게 이렇게 해석되는지 의문이 들 것입니다.

둘째 날의 말씀을 해석하는 방식은 첫째 날의 말씀을 해석하는 방식과 같습니다. 그 이유는 둘째 날의 말씀을 해석할 수 있도록 첫째 날의 말씀을 어떻게 해석할지 단서가 되는 말씀(요 9:5)을 예수님이 제공해 주셨기 때문입니다. 첫째 날에 관한 해석 방법은 [Chapter 32. 첫째 날 - 빛이 있으라]에서 설명했습니다.

Step 1. 엿새 동안의 말씀 선포는 하나님의 실행 계획서입니다

창세기 1장은 하나님이 행하실 계획이라고 설명했습니다. 이 내용은 [Chapter 18. 창세기 1장은 처음부터 고한 종말이다]에서 설명했습니다. 하나님이 6일 동안 선포하신 말씀은 하나님이 직접 하실 일이라는 사실을 꼭 기억해야 합니다. 둘째 날 선포한 말씀도 하나님이 직접 이루실 일입니다.

첫째 날의 [빛이 있으라]는 말씀은 하나님이 직접 세상을 위한 빛이 되기 위해 사람으로 이 땅에 오시는 것을 의미했습니다. 이것은 단순히 주관한다, 섭리한다는 정도가 아닙니다. 하나님이 직접 행동하신다는 것입니다. 그래서 성자 하나님이 친히 사람이 되셨습니다.

둘째 날에 선포한 말씀도 같은 방식입니다. 때가 되면 물로 임하시는 하나님이 사람으로 이 땅에 오신다는 뜻입니다. 궁창 위의 물은 하늘에 계신 하나님이며, 궁창 아래의 물은 땅 위에 직접 사람으로 오시는 하나님을 의미합니다. 하나님이 직접 행동하신다는 것입니다.

궁창 위의 물과 궁창 아래의 물로 나눈다는 말이 어떻게 하나님이 사람으로 태어나는 것을 의미하느냐고 질문한다면, 그 사람은 [빛이 있으라]는 말이 어떻게 하나님이 사람으로 태어나는 것이냐고 예수님에게 질문하는 것과 같습니다. 예수님은 세상의 빛이 되기 위해 이 땅에 사람으로 오셨습니다. 마찬가지로, 하나님이 생명수의 샘이 되려고 이 땅에 사람으로 오신다는 것입니다. 예수님의 해석을 믿는다면, 둘째 날에 관한 해석도 가능하다는 것을 알 것입니다.

Step 2. 빛이 하나님을 의미하듯이 물도 하나님을 의미합니다

빛(광자) 자체는 하나님이 아닙니다. 백성에게는 하나님이 빛과 같은 존재라는 의미입니다. 마찬가지로 물(H2O) 자체도 하나님은 아닙니다. 하나님은 백성에게 생명을 주시는 근원이라는 의미입니다.

예수님은 세상을 위한 빛입니다. 예수님 스스로 자신을 세상을 위한 빛이라고 말씀하셨습니다. 예수님은 첫째 날에 선포한 말씀에서 빛을 자신이라고 설명해 주셨습니다. 이 내용은 [Chapter 32. 첫째 날 - 빛이 있으라]에서 설명했습니다.

성경 말씀: 요한복음 16장 28절
"내가 아버지에게서 나와 세상에 왔고 다시 세상을 떠나 아버지께로 가노라
하시니"

이 말씀에서 예수님은 아버지에게서 나왔다고 하십니다. 유일하신 하나님에게서 예수님이 나왔습니다. 예수님이 나온 후부터 성부 하나님과 성자 하나님으로 나뉘게 되었습니다.

이와 같은 방식으로, 때가 이르면 이 땅에 물로 임하시는 하나님이 예수님에게서 나옵니다. 예수님이 아버지에게서 나온 것과 같이 물로 임하는 하나님은 예수님에게서 나옵니다. 첫째 날에 선포한 말씀을 성취하는 방식 그대로 둘째 날에 선포한 말씀을 성취하는 것입니다. 하나님이 같은 형태로 한 번 더 행동하신다는 것입니다.

둘째 날에 선포한 말씀에서 하나님은 자신을 물로 비유하십니다. 하나님이 하

늘 아래 이 땅 위에 물로 임하신다는 하나님 자신의 실행 계획입니다. 둘째 날의 말씀은 하나님이 생명수를 주기 위해서 생명수의 샘이 되려고 이 땅에 사람으로 오신다는 뜻입니다.

첫째 날의 빛을 예수님 자신으로 비유하신 것과 같이, 둘째 날의 물도 하나님 자신을 비유한 것입니다.

Step 3. 물은 생명수를 의미합니다

둘째 날에 선포한 말씀에서 물은 사람을 위한 생명수를 의미합니다. 이 생명 수는 하나님만이 주실 수 있는 것입니다. 생수의 근원이 되시는 분은 하나님이 기 때문입니다.

성경 말씀: 예레미야 2장 17절
"내 백성이 두 가지 악을 행하였나니 곧 그들이 생수의 근원되는 나를 버린 것 과 스스로 웅덩이를 판 것인데 그것은 그 물을 가두지 못할 터진 웅덩이들이 니라"

성경 말씀: 예레미야 17장 13절
"이스라엘의 소망이신 여호와여 무릇 주를 버리는 자는 다 수치를 당할 것이 라 무릇 여호와를 떠나는 자는 흙에 기록이 되오리니 이는 생수의 근원이신 여호와를 버림이니이다"

하나님은 예레미야 선지자를 통해서 자신을 생수의 근원이라고 말씀합니다. 생수는 하나님에게서 나옵니다. 그러나 생수 자체는 하나님이 아닙니다. 생수는 생명을 주는 에너지 같은 것입니다. 이 에너지가 생명의 근원이신 하나님에게서 나온다는 뜻입니다. 이 말씀에서 하나님이 강조하는 것은 하나님이 생수를 주신다는 것입니다.

생수는 처음부터 준비된 것입니다. 이 생수는 창세기 1장 2절에 기록되어 있는 물입니다.

성경 말씀: 창세기 1장 2절
"하나님의 영은 수면 위에 운행하시니라"

이 말씀은 하나님이 일을 시작하기 전에 가장 중요한 것이 무엇인지를 보여 주는 것입니다. 이 땅 위에 하나님의 나라를 만들 것인데, 이 과정에서 가장 중요한 것을 준비했다는 의미입니다.

어떤 사람이 빵을 만들려고 합니다. 빵을 만드는 작업을 시작하기 전에, 먼저 밀가루, 우유, 달걀, 설탕 등 꼭 필요한 음식 재료를 준비합니다. 그리고 빵을 만들기 시작합니다. 이처럼 하나님도 마지막 창조를 시작하기 전에, 먼저 재료를 보여 주신 것입니다.

하나님이 재료를 보여 주신 이유는 이 재료를 사용한 작업이 가장 힘들고 중요한 작업이기 때문입니다. 그래서 조금이나마 하나님의 계획을 깨달을 수 있도록 재료를 먼저 펼쳐 보여 주신 것입니다. 6일 동안의 작업 중에서 둘째 날 하는 일이 매우 어렵고 힘든 일이기 때문입니다. 둘째 날의 작업이 가장 어려운 일이라는 내용은 [Chapter 17. 좋았더라와 심히 좋았더라 : 6개의 창조 계획]에서 설명했습니다.

유일신을 믿는 유대인들에게 있어서 하나님이 이 땅에 사람으로 오신다는 내용은 매우 받아들이기 어려운 진리입니다. 마찬가지로, 생수의 근원이 되신 하나님이 이 땅에 생명수의 샘이 되기 위해 사람으로 오신다는 내용도 지금의 기독교인에게는 믿기 어려운 진리일 것입니다.

첫째 날의 계획이나 둘째 날의 계획은 매우 어렵고 힘든 계획입니다. 그런데도 하나님은 이 일을 이루십니다. 다만 둘째 날의 계획은 첫째 날의 계획보다 더 어렵습니다. 그래서 하나님은 생명수에 관하여 좀 더 많은 정보를 알려 주십니다. 하나님이 미리 주신 정보는 창세기 1장 2절과 예레미야 2장 17절입니다.

하나님은 마지막 창조의 작업에서 생명수 샘을 만들기 위해 물을 가지고 궁창 아래로 온다는 말씀을 합니다. 이를 위해 하나님이 창세기 1장 2절에서 [물 위를 다닌다]고 미리 기록해 놓으셨습니다. 창세기 1장 2절에서 하나님은 [내가 이 물을 가지고 창조 작업을 이룰 것이다]라고 보여 주는 것입니다. 요리를 설명하는 방송에서, 요리를 시작하기 전에 먼저 요리의 재료를 보여 주는 것과 같습니다.

Step 4. 예수님은 둘째 날의 사역을 미리 증거하셨습니다

예수님은 2천 년 전에 오셔서 첫째 날에 선포한 빛의 사역을 이루셨습니다. 첫째 날의 사역이 끝나면 다음 사역은 둘째 날의 사역입니다. 그래서 예수님은 둘째 날의 사역을 돕기 위해서 여러 가지 중요한 사실을 미리 말씀하셨습니다. 둘째 날의 사역이 첫째 날의 사역보다 어려운 일이며, 6일 동안 선포한 사역 중에서 가장 어려운 사역이기 때문입니다. 이 내용은 [Chapter 35. 첫째 날의 빛이 둘째 날의 물을 증거하다]에서 설명했습니다. 여기서 좀 더 보강하여 설명합니다.

예수님은 생수가 하나님에게서 나온 것임을 말씀합니다.

성경 말씀: 요한복음 4장 13절
"예수께서 대답하여 이르시되 네가 만일 하나님의 선물과 또 네게 물 좀 달라
하는 이가 누구인 줄 알았더라면 네가 그에게 구하였을 것이요 그가 생수를
네게 주었으리라"

이 말씀에서 예수님은 생수가 하나님의 선물이라고 하십니다. 신약성경에서
하나님의 선물이라고 할 만한 내용은 많이 있습니다. 그런데 그 내용을 보면 제
자들이 말했던 것으로 여러 가지 은사를 의미합니다. 은사에는 방언의 은사, 예
언의 은사, 병 고치는 은사 등등 많은 은사가 있습니다. 고린도전서 12장에 이런
은사들이 여러 가지로 나열되어 있습니다. 이 은사가 곧 성령이 주시는 선물이
라고 합니다.

그런데 예수님이 직접 하나님의 선물이라고 말씀한 것은 이 말씀이 유일합니
다. 성자 하나님이 직접 말씀하신 선물은 생수입니다. 생수는 하나님이 아니라
하나님이 주시는 선물입니다. 그래서 생수는 독립된 의지가 있는 존재가 아니
라 의지가 없는 단순한 도구이며 에너지입니다.

예수님은 사마리아 여인에게 생수가 하나님의 선물이라고 말씀하셨지만 정
작 생수를 달라는 사마리아 여인에게는 생수를 주지 않았습니다. 대화를 보면,
생수를 달라는 요청이 있었을 때, 예수님은 사마리아 여인에게 남편을 불러오라
고 말씀합니다. 예수님은 대화의 흐름을 바꾸어 사마리아 여인에게 생수를 주
지 않았습니다. 예수님은 생수를 누구에게도 주지 않았습니다. 열두 제자에게
주었다는 기록도 없습니다. 만약 제자들이 생수를 받았다면, 제자들의 서신서

에 생수에 관한 내용이 기록되었을 것입니다. 그러나 요한복음과 요한계시록을 제외하면 신약성경에 생수에 관한 기록은 없습니다. 요한복음은 예수님이 직접 말씀한 내용이고, 요한계시록은 계시의 내용입니다. 예수님의 제자 중 누구의 서신에서도 생수에 관한 기록을 남기지 않았습니다.

예수님이 하나님의 선물을 말씀하면서도 생수를 주지 않은 것은 예수님이 하실 사역이 아니기 때문입니다. 생명수와 관련된 사역은 둘째 날의 사역입니다. 예수님은 첫째 날의 사역을 하는 중입니다. 예수님은 둘째 날의 사역을 하지 않습니다. 둘째 날의 사역은 예수님이 아닌 또 다른 보혜사가 할 계획입니다. 다만 둘째 날의 사역이 매우 어렵고 힘든 사역이기에 예수님이 도움을 주려고 생수에 관해서 미리 설명하셨습니다. 둘째 날의 사역이 조금은 더 쉬워지도록 돕고 계셨습니다.

성경 말씀: 요한복음 4장 14절
"내가 주는 물을 마시는 자는 영원히 목마르지 아니하리니 내가 주는 물은 그
속에서 영생하도록 솟아나는 샘물이 되리라"

이 말씀에서 예수님은 생수가 사람 속에서 생명수의 샘이 된다고 말씀합니다. 예수님은 생수를 주는 분입니다. 예수님의 생수를 받아 마신 사람 속에는 샘이 생기고, 이 샘에서 샘물이 영원히 솟아날 것이라고 말씀하셨습니다. 영원하다고 말씀하지는 않았으나 샘이라는 단어가 계속 솟아난다는 뜻을 내포합니다.

이 말씀에서 예수님의 생수와 생명수 샘물은 다릅니다. 예수님이 주시는 생수와 생명수 샘에서 솟아나는 생명수는 그 효과가 다르기 때문입니다.

예수님이 주시는 생수는 영생하게 하는 효과가 없습니다. 영생하게 하는 것은 샘물입니다. [영생하도록 솟아나는 샘물]이라는 번역은 헬라어 원문에 맞게 번역되었습니다. [영생하도록]이란 문구는 εἰς ζωὴν αἰώνιον[에이스 조엔 아이오니온]으로 되어 있습니다. [영원한 생명]이라는 뜻으로 영생이란 번역이 맞습니다. 영생을 주는 샘의 물이라는 것입니다.

물론, 예수님이 주는 생수를 마셔도 영생하게 될 것입니다. 예수님이 주는 생수는 샘을 만들고, 샘에서 나오는 물이 영생하게 합니다. 그래서 결국에는, 예수님이 주는 생수를 마시면 영생하게 됩니다.

이 말씀에서 예수님이 주는 생수의 효과는 샘을 만드는 것입니다. 예수님이 주는 물을 마신 자는 생명수의 샘을 가지게 됩니다. 샘에서 나오는 물은 샘을 만들지 않습니다. 그래서 샘을 가지려면 예수님에게서 생수를 받아 마셔야 합니다.

예수님은 당시에 누구에게도 생수를 주지 않았습니다. 그래서 예수님이 계실 당시에는 배 속에 샘이 있는 사람은 없었습니다. 샘물을 사람에게 주어 마시게 하는 사역은 둘째 날의 사역이기 때문입니다. 둘째 날의 사역은 예수님이 하실 사역이 아닙니다.

성경 말씀: 요한복음 7장 37절
"명절 끝날 곧 큰 날에 예수께서 서서 외쳐 이르시되 누구든지 목마르거든 내게로 와서 마시라 나를 믿는 자는 성경에 이름과 같이 그 배에서 생수의 강이 흘러나오리라 하시니"

이 말씀에서 예수님은 배에서 생수의 강이 흘러나온다고 말씀합니다. 사마리아 여인에게 하신 말씀과 같습니다. 샘에서 물이 솟아납니다. 이 물이 흘러서 강이 됩니다. 예수님이 주는 물을 마신 사람은 배 속에 샘을 가지게 됩니다. 이 샘에서 생수의 강이 흐르게 된다는 뜻입니다. 요한복음 4장 14절의 말씀과 요한복음 7장 37절의 말씀은 같은 뜻입니다. 예수님은 첫째 날 선포한 [빛의 사역]을 이루시는 중에도 계속해서 생수에 관한 말씀을 하셨습니다.

Step 5. 예수님은 흰옷 입은 무리에게 생수를 주지 않습니다

성경 말씀: 요한계시록 7장 17절
"이는 보좌 가운데에 계신 어린 양이 그들의 목자가 되사 생명수 샘으로 인도하시고 하나님께서 그들의 눈에서 모든 눈물을 씻어 주실 것임이라"

이 말씀에서 어린 양은 예수님입니다. 예수님은 흰옷 입은 무리를 생명수의 샘으로 인도하신다고 말씀합니다. 예수님은 하나님의 선물인 생수를 주는 분입니다. 그런데도 예수님은 흰옷 입은 무리에게 직접 생수를 주지 않고, 생명수의 샘으로 인도하신다는 것입니다. 이 말씀에서 집중하는 부분은 예수님이 생수를 주지 않는다는 것입니다.

흰옷 입은 무리가 예수님이 주는 생수를 받아 마신다면, 다시는 목마르지 않을 것이며, 배 속에 샘이 생겨서 따로 물을 마실 필요가 없게 됩니다. 배 속에 생긴 샘에서 샘물이 끊임없이 솟아날 것이기 때문입니다. 자신의 배 속에 샘이 생겼기 때문에 더는 어린 양을 따라 생명수의 샘을 찾을 필요가 없게 됩니다.

이 말씀에서 목자이신 예수님은 생수를 주지 않고 샘으로 인도하십니다. 흰옷 입은 무리는 생명수의 샘에서 샘물을 마십니다. 이 샘물은 흰옷 입은 무리를 영생하게 하지만, 배 속에 샘을 만들지는 않습니다. 예수님은 흰옷 입은 무리의 배 속에 샘이 만들어지는 것을 원하지 않습니다. 그래서 생수를 직접 주지 않는 것입니다.

흰옷 입은 무리는 배 속에 샘이 없으므로 언젠가 다시 목마르게 됩니다. 배 속에 샘이 있어야 다시는 목마르지 않습니다. 배 속에 샘이 없다면 다시 목마르게 됩니다. 다시 목마르게 되면 그때 다시 생명수의 샘으로 와서 샘물을 마시면 됩니다. 이렇게 하시는 것은 흰옷 입은 무리를 보호하려는 것입니다.

Step 6. 생명수 샘물을 주는 하나님은 이기는 자의 하나님입니다

성경 말씀 : 요한계시록 21장 6절
"내가 생명수 샘물을 목마른 자에게 값없이 주리니 이기는 자는 이것들을 상속으로 받으리라 나는 그의 하나님이 되고 그는 내 아들이 되리라"

이 말씀에서 생명수를 주는 분은 요한계시록 21장 5절의 말씀대로 보좌에 앉으신 분입니다. 보좌에 앉으신 분은 하나님입니다. 하나님이 생명수의 샘물을 주신다는 것입니다.

이 말씀에서 생명수의 샘물을 받아 마시는 자는 이긴 자입니다. 이기는 자가 상속으로 받을 것이라고 했기 때문입니다. 이기는 자는 요한계시록 7장 37절에 기록된 흰옷 입은 무리입니다. 흰옷 입은 무리가 목자이신 어린 양을 따라 생명수 샘으로 인도받기 때문입니다. 흰옷 입은 무리는 생명수의 샘물을 마십니다. 그래서 이기는 자는 흰옷 입은 무리를 의미합니다.

이 말씀에서 이기는 자가 생명수의 샘물을 마십니다. 생명수의 샘물을 마셨기 때문에 이기는 것이 아닙니다. 먼저 이기는 자가 되어야 합니다. 이기지 못한 자는 생명수의 샘물을 마실 수 없습니다. 이기는 자라는 말씀에서 이긴다는 말이 무슨 의미인지는 여기서는 설명하지 않습니다. 물론 쉽게 생각하면 세상을 이기는 자라고 말할 수 있습니다.

이 말씀에서 보좌에 앉으신 분이 이기는 자의 하나님이 되고, 이기는 자는 하나님의 아들이 됩니다. 아들이 된다는 것은 예수님이 하나님의 아들인 것과는 다른 개념입니다. 이기는 자는 피조물입니다. 피조물이지만 하나님의 아들로 삼는다는 뜻입니다. 이 말씀은 이기는 자를 하나님 곁에 두고 영광스러운 존재로 삼는다는 뜻입니다.

이 말씀에서 생명수 샘물을 주는 분이 이기는 자의 하나님이 되겠다고 하십니다. 생명수 샘물을 주는 분이 하나님이라는 것입니다. 그런데 피조물은 하나님이 될 수 없습니다. 그래서 이기는 자는 생명수의 샘물을 주는 존재가 될 수 없습니다. 생명수의 샘물을 마시는 자는 피조물이며, 생명수의 샘물을 주는 분은 창조주 하나님입니다.

이 말씀에서 생명수의 샘물을 주는 하나님은 어린 양이 아닙니다. 보좌에 앉으신 이가 생명수의 샘물을 주신다고 말씀하셨지만, 요한계시록 7장 17절에서 어린 양은 생명수의 샘물을 주지 않고 생명수의 샘으로 인도하기 때문입니다. 어린 양은 생명수를 주는 분이지만, 생명수의 샘물을 주는 분은 아닙니다. 생명수의 샘물을 주는 하나님은 어린 양이신 성자 하나님이 아니라 또 다른 보혜사 하나님입니다.

Step 7. 보좌에 앉으신 이가 성령과 신부입니다

성경 말씀 : 요한계시록 22장 17절
"성령과 신부가 말씀하시기를 오라 하시는도다 듣는 자도 오라 할 것이요 목
마른 자도 올 것이요 또 원하는 자는 값없이 생명수를 받으라 하시더라"

이 말씀에서 성령과 신부는 하나님입니다. 요한계시록 21장 6절에서 보좌에
앉아 계신 분이 생명수의 샘물을 주신다고 말씀하셨습니다. 그런데 성령과 신
부가 생명수를 받으라고 권고하고 있습니다. 생명수를 주는 분이 하나님이기에
성령과 신부는 하나님입니다.

예수님은 생명수의 샘물을 주지 않으며, 샘을 만드는 생수를 주십니다. 그런
데 보좌에 앉으신 분은 생명수의 샘물을 주신다고 말씀합니다. 그래서 보좌에
앉으신 분은 어린 양이 아닙니다. 어린 양이 아니면서 생명수를 주는 분은 또 다
른 하나님입니다. 결론적으로 성령과 신부는 보좌에 앉으신 하나님입니다.

어린 양이 흰옷 입은 무리를 성령과 신부에게 인도하면, 성령과 신부가 생명
수의 샘물을 흰옷 입은 무리에게 주십니다. 성령과 신부에게 생명수의 샘이 있
고, 어린 양은 생명수의 샘으로 인도합니다. 성령과 신부는 어린 양이 아닙니다.

성령과 신부는 또 다른 창조주 하나님입니다. 성부 하나님이 어린 양이신 예
수님과 하나이듯이, 성령과 신부도 어린 양과 성부 하나님과 함께 하나가 됩니
다. 성령과 신부도 또 다른 보혜사로서 예수님에게서 나온 하나님입니다.

이 말씀에서 [성령과 신부]의 신부는 교회가 아닙니다. 교회란 믿는 사람들의

모임, 집합체입니다. 예수님을 믿는 모든 성도를 교회라고 할 수 있습니다. 교회 자체는 피조물입니다. 피조물은 창조주 하나님이 될 수 없습니다. 생명수를 주는 신부는 하나님입니다. 교회는 신부가 될 수 없습니다.

이 말씀에서 값없이 생명수를 받을 수 있는 사람은 이기는 자입니다. 이기지 못한 자는 생명수를 받을 수 없습니다. 성령과 신부가 와서 생명수를 받으라고 권고하더라도 이 권고는 이기는 자에게 하는 것입니다. 요한계시록 21장 6절에서 이기는 자가 상속으로 받을 것이라고 말씀하셨기 때문입니다.

이 말씀에서 값없이 생명수를 받는 사람은 흰옷 입은 무리가 됩니다. 요한계시록 7장 17절에서 예수님이 흰옷 입은 무리를 생명수의 샘으로 인도하신다고 말씀하셨기 때문입니다. 이기는 자가 되어 흰옷을 입지 못하면, 생명수의 샘물을 마실 수 없습니다.

이 말씀에서 생명수의 샘이 배 속에 있는 분은 성령과 신부입니다. 성령과 신부의 배 안에 있는 샘에서 생명수가 솟아 나와 흐르며 강을 이루게 됩니다.

Step 8. 성령과 신부는 예수님의 생수를 받아 마셨습니다

성경 말씀: 요한복음 4장 14절
"내가 주는 물을 마시는 자는 영원히 목마르지 아니하리니 내가 주는 물은 그
속에서 영생하도록 솟아나는 샘물이 되리라"

이 말씀에서 예수님은 생수를 주는 분이고, 생수를 받아 마신 사람은 배 속에 생명수의 샘을 갖게 됩니다. 그런데 예수님은 흰옷 입은 무리에게도 생수를 주

Part 3. 하나님의 창조 계획

지 않았습니다. 그들 속에 생명수의 샘이 없기에 그들은 생명수의 샘으로 인도를 받는 것입니다.

이 말씀에서 예수님은 생수를 누군가에게 주겠다는 것을 말씀하십니다. 누군가는 예수님에게서 생수를 받아 마실 것입니다. 예수님은 피조물에게 생수를 주지 않으셨기에 예수님에게 생수를 받아 마신 사람은 하나님입니다.

요한계시록 22장 17절에서 생명수를 주시려고 목마른 자를 초청하는 분은 성령과 신부입니다. 성령과 신부는 피조물이 아닙니다. 하나님인 성령과 신부가 어린 양이신 예수님에게서 생수를 받아 마셨다는 뜻입니다.

어린 양이신 예수님은 하나님의 선물인 생수를 성령과 신부에게 주셨고, 성령과 신부는 생수를 받아 마셨기에 배 속에 생명수의 샘을 가지게 되었습니다. 배에서 솟아나는 샘물로 생명수의 강이 흐르게 됩니다. 세상을 이긴 흰옷 입은 무리가 어린 양의 인도를 받아 성령과 신부에게 와서 생명수를 마십니다. 이 과정을 하나님이 설계하셨고, 창세기 1장에서 선포하셨습니다.

Step 9. 성령과 신부는 사람으로 태어나서 예수님을 믿습니다

성경 말씀: 요한복음 7장 37절
"명절 끝날 곧 큰 날에 예수께서 서서 외쳐 이르시되 누구든지 목마르거든 내게로 와서 마시라 나를 믿는 자는 성경에 이름과 같이 그 배에서 생수의 강이 흘러나오리라 하시니"

이 말씀에서 예수님은 누구든지 오라고 말씀합니다. 그런데 사마리아 여인이 생수를 달라고 했을 때, 예수님은 말을 돌려서 생수를 주지 않습니다. 예수님은 생수를 받으라고 외쳤습니다. 예수님은 생수를 받을 기회의 문을 누구에게나 열어 놓았습니다. 누구든지 예수님에게 와서 마시라는 것입니다. 그러나 이 문에 들어갈 수 있는 존재는 피조물이 아닙니다.

이 말씀에서 예수님은 [나를 믿는 자]라고 말씀합니다. 마치 예수님을 믿는 모든 사람이 다 가능한 것으로 보입니다. 하지만 피조물은 이기는 자가 되더라도 예수님이 주는 생수를 마시지 못할 것입니다. 창세기 1장 둘째 날에 그렇게 계획되어 있기 때문입니다. 다만 [믿는 자]라고 자격을 폭넓게 열어 놓으신 이유는 성령과 신부도 이 땅에 사람으로 와서 예수님을 믿는 신앙의 과정을 밟게 될 것이기 때문입니다.

예수님이 이 말씀을 하실 때, 성령과 신부 외에는 누구라도 예수님의 생수를 마시지 못할 것을 알고 계셨습니다. 이 계획은 창세기 1장에서 둘째 날에 선언된 말씀이기 때문입니다. 하나님이 친히 생명수의 샘이 되기로 계획하셨기 때문입니다. 그래서 하나님이 아닌 존재는 누구라도 생명수의 샘이 되지 못합니다.

어린 양이신 예수님에게서 또 다른 하나님이 나와서 이 땅에 사람으로 태어날 것입니다. 이 하나님은 성령과 신부입니다. 이 땅에 사람으로 태어난 하나님은 궁창 아래의 물로 임한다는 하나님의 계획에 따라 사람으로 태어나는 것입니다.

성자 하나님도 사람으로 태어났기에, 예수님에게서 나온 하나님이 사람으로 태어나는 것도 불가능한 일은 아닙니다. 예수님의 선례가 있기 때문입니다. 이렇게 사람으로 오신 하나님이 성령과 신부입니다.

성령과 신부는 사람으로 태어나서 예수님이 주는 생수를 마십니다. 그리고 성령과 신부의 배 속에 생명수의 샘이 만들어지게 됩니다. 이렇게 되었을 때, 생명수의 샘을 가진 하나님이 이 땅에 사람으로 등장하는 것입니다. 이 과정이 둘째 날 궁창 아래의 물로 임한다는 하나님의 계획입니다.

Chapter 40

생명수의 샘물
- 영생하게 하는 힘

궁창 아래의 물로 임하시는 하나님은 생명수의 샘이 됩니다. 하나님의 종들은 생명수의 샘에서 솟아나는 샘물을 마실 것입니다. 그래서 궁창 아래의 물은 생명수의 샘을 가지고 땅에 사람으로 오시는 하나님을 의미합니다. 생명수의 샘물에 관해서는 예수님이 이미 설명하셨습니다.

성경 말씀: 요한복음 4장 14절
"내가 주는 물을 마시는 자는 영원히 목마르지 아니하리니 내가 주는 물은 그 속에서 영생하도록 솟아나는 샘물이 되리라"

이 말씀에서 예수님은 생명수의 샘물이 영생하게 한다고 하십니다. [영생하도록]이란 문구는 앞에서 살펴본 바와 같이, εἰς ζωὴν αἰώνιον[에이스 조엔 아이오니온]으로 되어 있습니다. αἰώνιον[아이오니온]은 영원하다는 뜻으로 영원한 생명이라는 번역이 맞습니다. 그러면 영원한 생명이란 무엇일까요?

Step 1. 영이나 혼의 불멸성을 생각해 볼 수 있습니다

영이나 혼은 영원히 사라지지 않고 존재합니다. 우리의 존재가 소멸하여 사라지는 일은 없다는 것입니다. 하나님은 처음부터 영원히 사라지지 않는 영과 혼을 창조하셨습니다. 그래서 영(Spirit)이나 혼(Soul)은 영원한 존재입니다. 그런데 영과 혼은 생명수 샘물을 마시지 않아도 영원히 존재합니다. 그래서 요한복음 4장 14절에서 말하는 영생은 영이나 혼의 영존성을 의미하지 않습니다.

Step 2. 몸의 영존성을 생각해 볼 수 있습니다

우리 몸이 죽지 않는 몸이 되는 것을 영생이라고 생각해 볼 수 있습니다. 지금은 누구라도 죽습니다. 이 죽음은 육체의 죽음입니다. 기독교인들의 시각에서 죽음이란 육체와 혼의 분리 또는 육체와 영의 분리입니다. 몸이 죽지 않는다고 말할 때, 이 말은 영이나 혼이 몸과 분리되지 않는다는 뜻입니다. 이렇게 될 때, 영생이라고 말할 수 있을 것 같습니다. 그러면 몸의 영존성을 두 가지로 나누어 생각해 볼 수 있습니다. 하나는 소프트웨어적인 몸의 영존성이고, 다른 하나는 하드웨어적인 몸의 영존성입니다.

Step 3. 소프트웨어적인 몸의 영존성

이 경우는 우리 몸의 DNA에 중점을 둡니다. 우리 몸의 DNA는 이중나선구조입니다. 그래서 세포분열을 할 때, 간혹 변이가 일어납니다. 그런데 DNA 정보가 완전해져서 세포분열에도 변이가 일어나지 않고, 바이러스도 세포 내로 침입할 수 없으며, 어떤 세균이라도 모두 막아내는 면역력이 있다면, 사람은 병에 걸리지 않을 것입니다. 또한, DNA가 완전해져서 노화가 진행되지 않는다면, 육체적 죽음은 사라질 것입니다. DNA가 완전해지면, 병들지 않고 아프지 않으며 노화가 없기에 사람은 영원히 살게 될 것입니다.

유전공학을 연구하는 사람은 이런 소프트웨어적인 영생을 추구할 것 같습니다. 우리 인류는 아직 이런 높은 단계의 의학 기술까지 발전하지 못했습니다. 그런데, 최고 단계의 의학적 기술 발전이 불가능하지는 않을 것입니다.

다만, 이런 형태의 영생은 몸이 파괴되는 것을 막지 못합니다. 바로 옆에서 폭탄이 터진다고 가정할 때, 소프트웨어적으로 포탄 파편이 몸을 뚫고 지나가는 것을 막지는 못할 것입니다. 교통사고를 당하거나, 화재가 발생했다거나, 산사태로 매몰되는 등의 문제가 발생했을 때, 몸에 가해지는 물리적 충격을 DNA의 동작만으로는 막을 수 없을 것입니다. 소프트웨어적인 영생을 영원히 지속하려면 몸에 물리적 충격을 가하지 않아야 합니다.

Step 4. 하드웨어적인 몸의 영존성

이 경우는 외부 충격에 대한 강한 저항성에 중점을 둡니다. 웬만한 불에는 타지 않으며, 물속에 오래 있어도 몸이 불지 않으며, 총알이 몸을 관통하지 못하고, 큰 돌에 맞아도 피 한 방울 나오지 않을 정도로 강한 몸이어야 합니다. 그러면 누구라도 그 사람을 죽일 수 없을 것입니다. 이것이 하드웨어적인 몸의 영존성입니다.

총으로 쏘고 칼로 찌른다고 하더라도, 총알은 팅겨 나가고, 칼은 들어가지 않고 휘어져서 부리질 뿐입니다. 독을 마셔도 위에 전혀 손상이 없습니다. 위에서 모든 독을 짧은 순간에 중화시켜 물로 만듭니다. 독가스를 마셔도 폐에는 전혀 문제가 없습니다. 폐(Lung)세포에서 해당 독가스를 아주 짧은 순간에 수소기체로 분해하여 날숨으로 배출합니다. 높은 곳에서 떨어지거나 달려오는 차에 받혀도 몸에는 털끝 하나 손상이 없습니다. 사람의 뼈는 티타늄보다 강해서 사람과 충돌하는 자동차의 경우 오히려 차가 부서집니다. 이런 사람이 있다면 이 사람은 죽일 수가 없습니다.

하드웨어적인 몸의 영존성은 외부의 물리적인 충격에 매우 강한 경우입니다. 외부의 충격에 몸이 죽는 일은 없습니다. 그러나 하드웨어적인 몸의 영존성을 가지고 있다고 하더라도, 사람의 몸이 영원히 유지되려면, 스스로 노화하지 않아야 한다는 조건이 붙습니다.

Step 5. 생명수 샘물과 소프트웨어적인 영생

영생을 위해서는 이 두 가지 영존성이 모두 있어야 합니다. 몸 자체에 병들지 않고, 노화하지 않고, 숙지 않는 기능이 구현되어야 합니다. 외부의 물리적 충격에도 몸에 손상이 가지 않거나, 아주 짧은 시간에 몸을 복구하는 것이 필요합니다. 이렇게 사람이 영생하려면 두 가지 요소가 다 필요합니다.

소프트웨어적인 몸의 영존성은 기술적으로 가능해 보입니다. 유전공학이 최고로 발전한다면 가능할 것 같습니다. 지금은 병원에서 일반적인 세포성 질병을 대부분 치료하고 있는 것 같습니다. 잘은 모르지만, 바이러스 감염에 의한 질병도 치료의 단계에 들어서고 있는 것 같습니다.

아직 의학 기술에서 정복하지 못한 병은 암입니다. 암은 우리 몸의 세포가 변형되어 무한 증식하는 경우입니다. 본래 세포가 자기의 역할을 하지 않으면서 무한 증식하여 우리 몸의 기능을 떨어뜨립니다. 결국에는 죽음에 이르게 되는 병입니다. 지금의 의학 기술은 암을 완전히 정복하지 못한 상태에서 무진행 생존 기간을 늘려가는 방식으로 발전하고 있습니다. 암과 함께 살아가는 것입니다. 그러나 이것도 의학계에서는 과도기일 것입니다. 결국에는 암세포를 정복할 것이며, 암세포의 종류에 따라 즉시로 치료가 가능한 기술을 개발할 것입니다.

소프트웨어적인 몸의 영생은 하나님이 주시는 생명수 샘물로 얻는 것이 아니라, 인간의 의학 기술과 유전공학과 생체공학과 생화학기술과 나노과학 등 여러 분야의 기술 발달로 얻게 될 것입니다. 소프트웨어적인 몸의 영생은 기술의 발전을 통해 이루어질 수 있습니다. 예수님이 말씀하신 생명수 샘물은 영생하게 하는 효과가 있지만, 이 효과는 이런 소프트웨어적인 몸의 영생과는 상관이 없습니다.

생명수의 샘물은 몸의 영생과는 상관이 없습니다.

Step 6. 생명수 샘물과 하드웨어적인 영생

하드웨어적인 영생이란 실제로는 영생이 아닐 수 있습니다. 우리 몸이 외부적인 힘으로는 파괴되지 않는 것입니다. 다만 몸 자체가 유지되는 것은 몸의 DNA에 의해 이루어집니다. 하드웨어적이라는 말은 몸을 이루는 세포나 뼈나 피부가 매우 강한 성질을 갖는다는 뜻입니다. 피부가 평소에는 부드럽지만, 외부에서 강한 충격이 들어올 때, 외부의 충격을 중화시킬 정도로 피부가 경화된다는 설정입니다. 이런 설정은 세포를 영원히 유지하는 기능이 아니라, 외부로부터 내부의 세포들을 보호하는 것입니다. 그래서 하드웨어적인 영생은 세포의 강화에 중점을 두는 것이며, 세포의 영속성에 중점을 둔 것은 아닙니다.

생명수 샘물은 영생하게 하는 효능이 있습니다. 그런데 이 영생한다는 개념이 하드웨어적인 영생은 아닙니다. 생명수 샘물을 마시고 난 후에, 하드웨어적

　　　　　　　　　　　　　Part 3. 하나님의 창조 계획

으로 몸이 강화되어 단단한 갑옷을 입은 것처럼 좋아졌다고 가정합니다. 그럴 지라도 내부의 세포가 병들어서 죽어 간다면, 이 죽음은 하드웨어적으로는 막을 수 없기 때문입니다.

생명수의 샘물은 사람을 영생하게 만듭니다. 그러나 생명수 샘물의 기능은 소프트웨어적인 영존성을 주는 것도 아니고, 하드웨어적인 영존성을 주는 것도 아닙니다. 현대인의 눈으로 볼 때 기술적으로 더 발전하면 몸의 영생도 가능해 보입니다.

생명수 샘물로 영생한다는 말씀은 이런 종류의 영생을 말하는 것이 아닙니다.

Step 7. 생명이란 하나님 앞에서 살아 있다는 뜻입니다

하나님이 말씀하는 생명은 하나님 앞에서 살아 있는 것을 의미합니다. 하나님 앞에서 살아 있다는 말은 소멸하지 않는다는 의미입니다. 이 내용은 [Chapter 21. 창세기 1장에서 생물이란 말의 의미]에서 설명했습니다.

영생의 의미는 혼(Soul)과 영(Spirit)에서 다르게 사용됩니다.

혼은 땅 위에서 생육하고 번성하여 충만하도록 창조되었습니다. 그래서 혼에게 영생이란 땅 위에서 영원히 존재하는 것입니다. 혼이 몸을 가지고 땅 위에서 산다면 생명이 있는 것입니다. 만약 몸이 영원히 파괴되지 않는다면, 혼은 땅 위에서 영생을 누리게 될 것입니다.

영(Spirit)은 땅 위에서 생육하고 번성하여 충만하게 하려고 창조된 것이 아님니다. 영은 땅을 창조하기 전에 먼저 창조되었습니다. 영은 하나님 앞에서 하나님을 섬기도록 창조되었습니다. 그래서 영에게 생명이란 하나님 앞에 가는 것입니다. 영은 소멸되는 일이 없습니다. 영은 몸을 가지고 있지 않았습니다. 그래서 영에게 죽음이란 소멸도 아니고 육체의 죽음도 아닙니다. 영에는 죽음의 개념이 없습니다. 영에게 가장 고통스러운 것은 하나님 앞으로 가지 못하는 것입니다.

그런데 이제 조금 다른 상황이 되었습니다. 이제는 영도 몸을 가진 채로 하나님을 섬겨야 합니다. 영이 몸을 가지기 위해 사람으로 태어났어도, 사람으로 머물면서 땅 위에서 살고 있다면, 그 영은 창조 목적에 맞지 않는 것입니다. 영은 몸을 가진 채로 다시 하나님 앞에 돌아가 영원히 하나님을 섬겨야 합니다. 영에게 있어서 생명이란 하나님 앞에서 하나님을 밤낮으로 섬기는 것입니다. 영은 원래 하나님을 밤낮으로 섬겼습니다. 달라진 것이 있다면, 영이 몸을 가지고 있다는 것입니다.

만약 영이 몸을 가지고 있는데, 땅에 매여서 하나님이 계신 곳으로 가지 못한다면, 그 영은 구원받아야 하는 상황입니다. 영이 땅에서 영생한다는 표현은 맞지 않습니다. 이것은 사람이 물속에서 산소마스크를 쓰고 산소통을 매고 평생 살아가는 것과 비슷합니다. 이렇게는 영원히 살아 있어도 고통입니다.

영에게 생명이란 하나님 앞에 있는 것이며, 영에게 영생이란 하나님 앞에 영원히 있는 것이고, 영에게 구원이란 땅과 육체의 속박에서 벗어나서 하나님에게로 가는 것입니다.

성경 말씀: 누가복음 4장 29절

    Part 3. 하나님의 창조 계획

"일어나 동네 밖으로 쫓아내어 그 동네가 건설된 산 낭떠러지까지 끌고 가서
밀쳐 떨어뜨리고자 하되 예수께서 그들 가운데로 지나서 가시니라"

나사렛 사람들은 예수님을 거부했습니다. 나사렛 사람들은 예수님을 잡고 동네 밖에 산 낭떠러지까지 끌고 가려고 했습니다. 그런데 그들 손에 잡힌 예수님이 갑자기 그들 가운데를 유유히 지나서 가셨습니다.

당시에는 예수님이 제자들을 두기 전이었습니다. 예수님 혼자서 나사렛의 많은 사람을 뿌리치고 지나가신 것입니다. 여러 사람이 예수님을 잡고 있었는데 갑자기 예수님의 몸이 그들의 손에서 사라졌고, 그들이 예수님을 잡으려고 해도 잡을 수 없는 상황이 벌어진 것입니다. 이런 능력은 예수님이 성자 하나님이기에 가능했을 것입니다.

성경 말씀: 요한복음 15장 6절
"사람이 내 안에 거하지 아니하면 가지처럼 밖에 버려져 마르나니 사람들이
그것을 모아다가 불에 던져 사르느니라"

예수님은 이 말씀에서 예수님의 제자들이 예수님 안에 거해야 한다고 말씀하십니다. 예수님을 거절하고 예수님에게 순종하지 않으면, 그 사람은 생명수의 샘물로 인도받지 못합니다. 그러면 그 사람은 버려진 가지처럼 마르게 됩니다. 생명수의 샘물을 마시지 못해서 생명수가 고갈되는 것입니다. 생명수가 고갈되는 것을 마른다고 표현하셨습니다. 사람들이 그것을 모아다가 불에 던진다고 말씀합니다. 마른 가지가 되면 사람들의 손에 잡힐 수 있게 됩니다.

예수님 안에 거하면 마른 가지가 되지 않습니다. 생명수의 샘에서 생명수를

마시기 때문입니다. 마르지 않은 가지는 예수님처럼 사람들의 손에 잡히지 않습니다. 사람들이 잡으려고 할 때, 마르지 않은 가지는 능력을 사용하여 사람들의 손에 잡히지 않게 됩니다. 예수님이 나사렛 사람들의 손에서 벗어나서 유유히 사라진 것과 같이 마르지 않은 가지는 이런 능력이 있다는 뜻입니다.

성경 말씀: 요한계시록 7장 17절
"이는 보좌 가운데에 계신 어린 양이 그들의 목자가 되사 생명수 샘으로 인도
하시고 하나님께서 그들의 눈에서 모든 눈물을 씻어 주실 것임이라"

만약 예수님을 따르면, 생명수 샘으로 인도를 받고, 샘물을 마시게 되며, 마르지 않은 가지가 됩니다.

사람들의 손에 잡힌다는 말은 지구의 중력에서 벗어나지 못한다는 말입니다. 그래서 사람들이 잡으려고 할 때, 사람의 손에서 벗어나지 못하는 것입니다. 만약 예수님처럼 능력을 사용한다면, 사람들은 몸이 있는 영을 손으로 잡을 수 없습니다. 생명수 샘물이 있는 영은 능력을 사용하여 중력을 벗어나 날아오를 수 있습니다. 생명수 샘물이 있는 영은 몸이 있어도 중력의 제한을 받지 않습니다.

생명수의 샘에서 나온 생명수가 없으면 영은 몸의 제한을 받습니다. 그래서 영이 몸 안에 갇혀서 능력을 사용할 수 없게 됩니다. 생명수의 샘물이 고갈된 영은 몸에 갇히게 되어 땅에서 머물게 되며, 하나님에게 갈 수 없습니다.

생명수의 샘물은 영생하게 하는 효과가 있습니다. 생명수의 샘물은 혼에게 주는 영생이 아니라 영에게 주는 영생을 말합니다. 이 영생은 영이 영원히 하나님 앞에 있는 것을 말합니다.

    Part 3. 하나님의 창조 계획

예수님이 말씀하시는 생명수의 샘물은 영을 영생하게 하는 필수 요소입니다. 생명수의 샘물은 둘째 날 궁창 아래의 물로 임하시는 하나님이 주는 것으로 계획되었습니다. 궁창 아래의 물로 임하신 하나님은 예수님에게서 생수를 받아마시고 그 배에 생명수 샘을 만듭니다. 궁창 아래의 물로 임하신 하나님은 자신의 샘에서 솟아난 생명수를 영(Spirit)에게 마시게 합니다. 샘의 물을 마신 영은 하나님 앞에서 영생하게 됩니다. 이 과정은 영을 사람으로 보내신 하나님이 사람이 된 영을 몸을 가지고 있는 상태로 다시 하나님에게로 돌아오게 하는 것입니다.

생명수 샘물은 혼을 위한 것이 아니라 영을 위한 것입니다. 하나님의 아들들에게 영생이란 몸의 제약에서 벗어나 하나님이 계신 곳에 가서 밤낮으로 하나님을 섬기는 것입니다.

창세기 1장에는 사람으로 태어난 영을 다시 하나님 옆에 두려고, 하나님이 친히 사람이 되어 생명수의 샘을 만드는 과정이 포함되어 있습니다. 이 과정은 하나님이 계획하신 전체 계획 중에서 가장 핵심이 되는 계획입니다.

Chapter 41

생명수의 샘물에 추가된 기능
- 죄와 더러움을 씻는다

성경 말씀: 스가랴 13장 1절

"그 날에 죄와 더러움을 씻는 샘이 다윗의 족속과 예루살렘 주민을 위하여 열리리라 만군의 여호와가 말하노라 그 날에 내가 우상의 이름을 이 땅에서 끊어서 기억도 되지 못하게 할 것이며 거짓 선지자와 더러운 귀신을 이 땅에서 떠나게 할 것이라"

이 말씀은 죄와 더러움을 씻는 샘이 열릴 것이라는 말씀입니다. 죄와 더러움을 씻는다는 말이 조금 생소할 것입니다. 기독교인들은 예수님이 우리 죄를 대속하셨다는 말을 반복해서 들어왔습니다. 예수님의 피로 죄사함을 받았다는 사실을 믿어 왔습니다. 그런데 죄와 더러움을 씻는 샘이라는 표현은 거의 들어본 적이 없었을 것입니다. 목사님들이 거의 전하지 않는 말씀이기 때문입니다.

예수님의 피로 죄사함을 받는 것과 샘물로 죄와 더러움을 씻는 것은 다릅니다. 샘은 끊임없이 솟아난다는 것을 전제로 합니다. 예수님의 희생은 일회적이고 완전하며 한 번의 적용으로 끝납니다. 그래서 샘과 예수님의 보혈은 다릅니다.

예수님이 흘린 보혈로 얻어지는 죄의 용서는 예수님의 희생으로 가능했습니다. 죄를 용서받는다는 말은 우리의 죄가 그냥 사라진다는 뜻이 아닙니다. 우리의 죄는 반드시 대가를 치러야 합니다. 죄를 용서받는다는 것은 우리 스스로 죄의 대가를 치르는 것이 아니라, 예수님이 우리 대신 죄의 대가를 치른다는 뜻입니다. 예수님이 우리 대신 죄의 대가를 치름으로 우리의 죄가 소멸됩니다. 그런데 죄와 더러움을 씻는 샘에는 희생의 개념이 없습니다.

예수님이 희생의 피를 흘리신 사건은 첫째 날 선언된 계획에는 없었습니다. 처음 계획은 예수님이 희생(죽음의 제물)하지 않고 바로 승천하는 것입니다. 그런데 아담과 하와가 선악과를 먹었고, 그로 인해서 하나님의 아들들이 죄를 지을 수밖에 없는 환경에서 태어나게 되었습니다. 이를 아시는 하나님이 하나님의 아들들이 짓게 될 죄를 대속하려고 피흘림의 제사를 계획하셨습니다. 예수님의 죽음은 원계획에 추가된 것입니다. 예수님이 빛으로 오셨다가 바로 승천하기로 되어 있던 계획에 승천하기 전 피흘림의 희생과 부활의 과정이 추가된 것입니다.

생명수 샘의 기본 기능은 하나님의 아들들이 몸의 제한에서 벗어나 하나님 앞에 있도록 하는 것입니다. 영에게 영생을 주는 것입니다. 그런데, 아담과 하와가 선악과를 먹었고, 그로 인해서 하나님의 아들들이 죄를 지을 수밖에 없는 상황에서 태어나게 되었습니다. 사람은 환경에 영향을 받습니다. 그래서 사람으로 태어난 하나님의 아들들은 자라면서 심령이 상하고 세상의 더러움을 보고 배우게 됩니다. 마음이 더러워지는 것입니다.

하나님은 사람으로 태어날 영(Spirit)을 위하여 죄와 더러움을 씻는 기능을 생명수 샘에 추가하셨습니다. 궁창 아래의 물로 임하시는 하나님이 생명수의 샘물을 하나님의 아들들에게 줍니다. 하나님의 아들들은 생명수 샘물을 마시고, 각자 자신의 더러워진 마음을 샘물로 씻습니다. 죄와 더러움을 씻는 일은 둘째 날 선언된 계획에는 없었지만, 아담의 범죄 이후에 추가된 것입니다.

이처럼 생명수의 샘과 예수님의 보혈은 다릅니다. 죄와 더러움을 씻는 것과 예수님의 피로 죄를 용서받는 것은 나무와 열매로 이해할 수 있습니다.

성경 말씀: 마태복음 12장 33절
"나무도 좋고 열매도 좋다 하든지 나무도 좋지 않고 열매도 좋지 않다 하든지 하라 그 열매로 나무를 아느니라 독사의 자식들아 너희는 악하니 어떻게 선한 말을 할 수 있느냐 이는 마음에 가득한 것을 입으로 말함이라 선한 사람은 그 쌓은 선에서 선한 것을 내고 악한 사람은 그 쌓은 악에서 악한 것을 내느니라"

이 말씀을 보면, 사람이 악한 말을 하는 것은 그 사람의 마음에 악이 가득하기 때문입니다. 악한 말을 하는 것은 열매에 해당합니다. 악한 것으로 가득한 마음은 나무에 해당합니다. 나무가 좋으면 그 입으로 나오는 말도 좋은 말입니다. 나무가 나쁘면 열매도 나쁩니다.

사람이 죄를 범하면 반드시 그 죄의 대가를 치러야 합니다. 죄를 범한다는 말은 곧 행위가 있었다는 의미입니다. 행위는 열매에 해당합니다. 악한 행위는 벌을 받아야 합니다. 그러나 마음의 악한 생각은 벌을 받지 않습니다. 하나님도 생각만 가지고는 벌을 내리시지 않습니다.

성경 말씀: 창세기 4장 6절
"여호와께서 가인에게 이르시되 네가 분하여 함은 어찌 됨이며 안색이 변함은 어찌 됨이냐 네가 선을 행하면 어찌 낯을 들지 못하겠느냐 선을 행하지 아니하면 죄가 문에 엎드려 있느니라 죄가 너를 원하나 너는 죄를 다스릴지니라"

  Part 3. 하나님의 창조 계획

이 말씀에 가인이 분해서 얼굴색이 변했다고 기록되어 있습니다. 가인이 매우 화가 났음을 보여 줍니다. 하나님은 가인에게 죄가 가인을 원한다고 말씀합니다. 죄가 가인을 원한다는 말은 가인의 마음속에 죄를 저지르고 싶은 욕망이 들끓어 오른다는 의미입니다. 가인이 아벨을 죽이고 싶어 한다는 뜻입니다. 이 말씀에서 하나님은 가인에게 죄를 다스리라고 하셨습니다. 아벨을 죽이지 말라는 뜻입니다. 하나님은 가인에게 아벨을 미워하는 마음을 다스리라고 권고하신 것입니다.

가인이 아벨을 죽이기 전까지는 하나님이 가인에게 벌을 내리지 않습니다. 아벨을 죽이고 싶은 마음이 가득하더라도 아벨을 죽이지 않으면 가인은 벌을 받지 않습니다. 행위가 따르지 않았기 때문입니다. 살인이라는 나쁜 열매가 아직은 맺히지 않았을 때입니다.

예수님은 마음에 가득한 것을 입으로 말한다고 하셨습니다. 가인은 아벨을 죽이고 싶어 하는 마음이 가득했습니다. 이제 곧 가인은 아벨을 죽이는 행동을 시작할 것입니다. 하나님은 이때 가인이 행동으로 옮기기 전에 악의 고리를 끊고 행동으로 옮기지 말라고 하셨습니다. 그러나 예수님의 말씀처럼 마음에 가득한 것이 결국에는 행동으로 나타납니다. 가인은 아벨을 죽입니다.

가인은 끊임없이 끓어오르는 아벨에 대한 미움을 다스려야 했습니다. 분노를 가라앉히고 미워하는 마음을 사라지게 하여 악한 생각을 더는 하지 않는 상태가 되어야 합니다. 그러나 이 일은 매우 힘듭니다. 정말로 쉽지 않은 일입니다.

가인의 경우, 예수님의 피는 살인에 대한 죗값을 대신 치르는 것입니다. 가인이 아벨을 죽이지 않은 상태에서는 예수님의 피로 치러야 하는 죄가 없는 상태입니다. 아벨을 죽이지 않았을 때는 살인죄를 물을 수 없기 때문입니다.

가인이 아벨을 죽이기 전에, 가인의 마음은 아벨에 대한 미움으로 가득했습니다. 아벨을 죽이지 않았다고 하더라도 타인에 대한 미움이 가득한 사람은 하나님에게 합당하지 않습니다. 하나님에게 합당한 사람이 되려면 타인에 대한 미움을 가져서는 안 됩니다. 살인죄를 범하지 않았어도 타인에 대한 미움으로 가득한 사람은 그 마음을 먼저 해결해야 합니다.

여기서 미움이 가득한 마음은 나무에 해당합니다. 살인은 열매에 해당합니다. 나쁜 나무는 나쁜 열매를 맺습니다. 그러나 하나님은 가인이 비록 나쁜 나무라도 나쁜 열매를 맺지 말라고 권고하신 것입니다. 하지만 예수님의 지적하신 바와 같이 나쁜 나무는 결국에는 나쁜 열매를 맺습니다.

죄를 범하지 않으려면 먼저 나쁜 나무를 좋은 나무로 바꿔야 합니다. 이 일을 가능하게 하는 것이 바로 죄와 더러움을 씻는 샘입니다.

악한 생각과 죄의 유혹에 시달리는 사람은 먼저 죄와 더러움을 씻는 샘으로 씻어야 합니다. 사람의 노력만으로는 매우 어렵습니다. 나쁜 열매를 맺기 전에 죄와 더러움을 씻는 샘에서 자신을 씻으면 나쁜 열매를 맺지 않을 수 있습니다.

만약 악한 생각과 죄의 유혹으로 범죄를 저질렀다면, 그 사람은 이미 나쁜 열매를 맺은 것입니다. 이 사람은 죄와 더러움을 씻는 샘에서 자신을 씻어야 합니다. 자신의 나쁜 나무 상태를 좋은 나무 상태로 바꾸어야 합니다. 그래야 나쁜 열매를 맺는 일을 중단할 수 있습니다. 그 후에 나쁜 열매는 이미 행위로 드러난 것이기에 예수님의 피로 죗값을 치러야 합니다. 나쁜 열매를 맺지 않았다면 예

     Part 3. 하나님의 창조 계획

수님의 피로 죗값을 치르는 것까지는 필요하지 않았을 것입니다. 나쁜 열매를 맺었다면 반드시 예수님의 피로 죗값을 치러야 합니다.

죄와 더러움을 씻는 샘과 예수님의 보혈은 이렇게 다릅니다.

죄와 더러움을 씻는 샘이 마지막 때 열릴 것이라고 합니다. 마지막 때인 이유는 스가랴 13장 2절에서 [거짓 선지자와 더러운 귀신을 이 땅에서 떠나게 할 것이라]고 말씀한 그 날이기 때문입니다.

아직은 거짓 선지자와 더러운 귀신이 이 땅에 있습니다.

성경 말씀: 마태복음 13장 43절
"더러운 귀신이 사람에게서 나갔을 때에 물 없는 곳으로 다니며 쉬기를 구하되 쉴 곳을 얻지 못하고 이에 이르되 내가 나온 내 집으로 돌아가리라 하고 와 보니 그 집이 비고 청소되고 수리되었거늘 이에 가서 저보다 더 악한 귀신 일곱을 데리고 들어가서 거하니 그 사람의 나중 형편이 전보다 더욱 심하게 되느니라 이 악한 세대가 또한 이렇게 되리라"

이 말씀에서 더러운 귀신은 다른 사람들 속에 들어가려고 돌아다닙니다. 더러운 귀신이 다니는 곳을 보면 물 없는 곳입니다. 물 없는 사람 속에는 얼마든지 들어갈 수 있다는 뜻입니다.

이 말씀에서 물 없는 곳이란, 생명수의 샘물을 마시지 않은 사람을 의미합니다. 생명수의 샘물을 마시면, 그 사람 속에 있던 귀신은 나가고, 다른 더러운 귀신은 들어올 수 없습니다. 생명수의 샘물을 마신 사람은 귀신이 없는 깨끗한 사람이 됩니다.

　궁창 아래의 물로 임하시는 하나님은 생명수의 샘을 만듭니다. 그 생명수의 샘에서 물이 솟아나 흐르게 됩니다. 이 생명수의 샘물을 마시는 자마다 죄와 더러움을 씻게 될 것입니다.

　　　　　　　　　　　　　　　　　　　　　Part 3. 하나님의 창조 계획

Chapter 42

생명수의 샘물에 추가된 기능
- 치유 효과

성경 말씀: 마태복음 9장 2절

"침상에 누운 중풍병자를 사람들이 데리고 오거늘 예수께서 저희의 믿음을 보시고 중풍병자에게 이르시되 소자야 안심하라 네 죄 사함을 받았느니라 어떤 서기관들이 속으로 이르되 이 사람이 참람하도다 예수께서 그 생각을 아시고 가라사대 너희가 어찌하여 마음에 악한 생각을 하느냐 네 죄 사함을 받았느니라 하는 말과 일어나 걸어가라 하는 말이 어느 것이 쉽겠느냐 그러나 인자가 세상에서 죄를 사하는 권세가 있는 줄을 너희로 알게 하려 하노라 하시고 중풍병자에게 말씀하시되 일어나 네 침상을 가지고 집으로 가라 하시니"

이 말씀에서 죄를 용서받으면 병이 낫는다는 것을 알 수 있습니다. 모든 병이 다 해당하는 것은 아닐 것입니다. 그래도 이 말씀을 통해 죄와 병이 관련되어 있음을 알 수 있습니다.

사람의 몸이 아픈 경우를 나누어 보겠습니다. 첫째, 바이러스에 감염되어 병이 생기는 경우입니다. 둘째, 병원성 세균이 몸에 침투하여 생기는 경우입니다. 셋째, 귀신에 의해 병증이 나타나는 경우입니다. 넷째, DNA 오류에 의한 선천적 또는 후천적 장애가 발생하는 경우입니다. 다섯째, 우리 몸의 정상 세포가 암세포로 바뀌는 경우입니다.

이 분류는 제가 의학을 전공한 사람이 아니라서 신뢰할 만한 것은 아닙니다. 대략 구분한 것이니 이해해 주시기 바랍니다.

Step 1. 바이러스나 병원성 세균에 감염된 경우

이런 경우 대부분은 병원에서 항바이러스제 등을 사용해서 치료합니다. 어떤 바이러스는 치료하지 못합니다. 이 경우 우리 몸의 면역력으로 바이러스를 이기도록 하는 대증치료가 가능합니다. 그 외에 대부분은 병원에서 치료를 받으면 나을 수 있는 것 같습니다.

Step 2. 귀신에 의해 병증이 나타나는 경우

이 경우에 실제적인 몸의 이상은 없습니다. 다만, 귀신이 우리 몸의 기능을 마비시켜 장애 상황을 만들거나 병적인 증상을 일으키는 경우입니다. 귀신이 나가면 병적인 증상도 사라집니다. 아픈 것 같았던 증상들이 사라지는 것은 실제로는 아팠던 것이 아니라 아픈 증상만 있었기 때문입니다.

Step 3. DNA 오류에 의한 선천적 또는 후천적 장애가 발생하는 경우

우리 몸의 DNA에 이상이 생겨서 발생하는 경우입니다. BRCA 유전자가 대표적인 예입니다. 일반인일 경우, 80세까지 산다고 가정했을 때, 유방암이 발생할 확률이 3%라고 합니다. 그런데 BRCA 유전자에 돌연변이가 있으면 유방암이 발생할 확률이 60~80%까지 높아진다고 합니다. 난소암이 발생할 확률은 40%까지 높아지고, 남성도 전립선암이 발생할 확률이 높아진다고 합니다.

이 경우 치료방법은 따로 없는 것 같습니다. 아직은 유전자를 바꿀 수 없는 것 같습니다. 관련된 병이 발생하지 않도록 세심하게 건강관리를 해야 한다고 합니다. 시간이 흐르면 BRCA 유전자의 돌연변이도 치료하는 방법이 나올 수 있을 것입니다.

Step 4. 우리 몸의 정상 세포가 암세포로 바뀌는 경우

현재의 의학은 암세포를 정복하기 위해 부단히 노력하고 있을 것입니다. 아직 파악조차 하지 못한 암세포의 종류도 많이 있다고 합니다. 우리 몸의 정상 세포가 암세포로 바뀌는 과정을 계속 연구하면 언젠가는 암세포를 정복할 수 있을 것입니다.

Step 5. 생명수의 샘물은 귀신에 의한 병증을 사라지게 합니다

생명수의 샘물은 죄와 더러움을 씻는 샘입니다. 생명수의 샘물을 받게 되면, 몸 안에 생명수의 샘물이 있게 됩니다. 물이 있으면 귀신이 나갑니다. 그러면 귀신에 의해 발생한 병적 증상은 사라집니다. 몸은 본래 아프지 않았기에 귀신이 나가면 정상으로 돌아옵니다.

귀신이 나가는 경우는 두 가지입니다. 이 내용은 마태복음 12장 43절에 나와 있는 예수님의 말씀을 근거로 합니다. 하나는 예수님의 이름으로 쫓아내는 것입니다. 그런데 이 방법으로 쫓겨나간 귀신은 나중에 다시 들어옵니다. 예수님은 자기보다 악한 귀신 일곱을 데리고 온다고 하셨습니다.

다른 하나는 생명수의 샘물을 마시는 것입니다. 생명수의 샘물이 몸 안에 있으면, 귀신은 그 사람 속에 있을 수 없습니다. 귀신은 스스로 나와서 물 없는 곳을 찾아다닙니다. 귀신이 머물렀던 사람에게 다시 돌아와도 생명수의 샘물이 있기에 다시 들어가지 못합니다. 귀신은 물 없는 곳으로 가야 쉴 수 있기 때문입니다.

생명수의 샘물을 마시면, 귀신에 의한 병적인 증상도 사라지고, 더는 그 귀신뿐 아니라 다른 귀신들도 들어오지 못합니다. 마치 병이 치유되는 것과 같은 효과입니다. 실제로는 몸이 아프지 않았기에 원래대로 돌아온 것입니다.

Step 6. 생명수의 샘물은 죄·더러움으로 인해 생긴 병을 치유합니다

마태복음 9장 2절에서 보면, 중풍병자는 귀신에 들린 것 같지 않습니다. 예수님이 귀신을 쫓아냈다는 기록이 없기 때문입니다. 예수님은 이 중풍병자의 병을 치료해 주셨습니다. 그런데 치료하는 방법은 죄를 사해 주시는 것입니다. 이 중풍병자는 죄를 용서받았고 그로 인해 중풍병이 나았습니다.

예수님은 이 중풍병자에게 생명수의 샘물을 주신 것이 아니라, 예수님의 피로 죄를 사하는 권세를 가지고 죄를 사해주신 것입니다. 죄 사함을 받으면 몸이 회복됩니다.

성경 말씀: 요한복음 5장 14절
"그 후에 예수께서 성전에서 그 사람을 만나 이르시되 보라 네가 나았으니 더
심한 것이 생기지 않게 다시는 죄를 범하지 말라 하시니"

이 말씀은 예수님이 38년 된 병자를 치유하신 내용입니다. 이 말씀에서 죄를

                                    Part 3. 하나님의 창조 계획

범하면 더 심한 것이 생기게 된다는 것을 알 수 있습니다. 죄를 지으면 병이 생긴다는 뜻입니다. 물론 모든 죄가 다 병을 유발하는 것은 아닐 것입니다.

이 말씀에서 죄와 병은 관련이 있습니다. 죄로 인해 병이 생기는 것입니다. 그래서 죄를 씻는다면 병이 사라질 것입니다. 병의 원인이 죄였을 때 가능한 경우입니다. 병의 원인이 죄가 아니라 다른 이유였다면, 죄를 용서받는다고 하더라도 병은 낫지 않을 것입니다.

생명수 샘물은 예수님의 경우와는 다릅니다. 생명수의 샘물은 죄의 결과인 열매와 관련된 것이 아닙니다. 생명수의 샘물은 나무를 깨끗하게 하는 것입니다. 그 사람의 생각을 맑게 하고, 그 사람의 감정을 가라앉게 하며, 극한 감정이 올라오지 않게 합니다. 또한, 생명수의 샘물은 몸을 깨끗하게 합니다. 생명수의 샘물은 몸을 깨끗하게 하여 병을 고칩니다. 몸의 어떤 부위를 생명수 샘물로 씻으면, 그 부위가 조금 깨끗해집니다. 그러면 그 부위에 있는 염증이나 병중의 진행이 멈춥니다. 이후에는 면역력으로 몸을 치유할 수 있습니다.

병이 죄와 더러움으로 인해 발생한 것인지 아닌지는 본인이 잘 판단해야 합니다. 죄는 각자의 개인적인 영역이라서, 객관적인 원인을 성경에서 찾을 수 없습니다. 그래서 병이 생겼을 때, 자신이 어떤 죄를 저질렀는지 또는 정말 그 죄로 인해 생긴 병이 맞는지 판단하기는 어렵습니다.

Step 7. 생명수의 샘물로 암을 고칠 수 있는가?

생명수의 샘물로 암을 치료한 예는 없습니다. 다만, 생명수의 샘물이 암의 무진행 생존 기간을 늘려주는 사례가 있었습니다. 암의 크기가 커지지도 않았고 줄지도 않았습니다. 암의 표지자 수치가 줄어드는 것은 확인했습니다. 이 내용은 의학적인 결과가 아니니 믿지 않아도 됩니다. 암을 겪었던 사람의 개인적인 경험에 의한 것입니다.

생명수의 샘물은 우리 몸의 죄와 더러움을 씻습니다. 우리 몸의 세포를 씻어 깨끗하게 하고 세포를 강하게 만듭니다. 그래서 정상 세포가 항암제의 독성에 강해져서 항암제 투여로 인한 부작용을 겪지 않는 것 같았습니다.

Step 8. 생명수의 샘물로 통증이 사라집니다

생명수 샘물을 받은 분은 대부분 통증이 사라지는 것을 경험합니다. 만성두통이 사라지는 경우가 있었고, 손가락, 팔목, 발목의 관절통이 사라지는 예도 있습니다. 통증이 매우 심할 때는 통증이 완전히 사라지지는 않았어도 강도가 많이 감소합니다. 생명수의 샘물을 받으면 통증의 원인이 사라지지는 않아도 통증이 느껴지지 않는 특별한 경험을 할 수 있습니다.

그래도, 병원에서 통증의 원인을 찾아서 근본적인 치료를 하는 것이 좋습니다.

Chapter 43

셋째 날
- 천하의 물인 하나님의 아들들

첫째 날의 계획은 예수님의 사역을 빛의 관점에서 기록한 것입니다. 마찬가지로, 둘째 날의 계획은 하나님의 아들들과 하나님의 일을 물(생명수)의 관점에서 기록한 것입니다. 궁창 아래의 물은 하나님을 의미하고, 천하의 물은 하나님의 아들들을 의미합니다. 물론, 물 자체는 하나님도 아니며 하나님의 아들들도 아닙니다. 이 내용은 비유입니다. 궁창 아래의 물도 하나님이 아니라 하나님이 하시는 일이며, 천하의 물도 하나님의 아들들이 아니라 그들의 상태를 말합니다. 궁창 아래의 물이란 하나님이 물을 가지고 궁창 아래로 오신다는 의미입니다. 생명수의 샘을 가지고 오신 하나님은 이 샘물을 하나님의 아들들에게 주어 마시게 합니다.

하나님의 아들들은 영(Spirit)으로서 하나님 옆에 있었습니다. 하나님이 사람이 될 것을 하나님의 아들들에게 명하셨고, 하나님의 아들들은 여러 시대에 몇 번에 걸쳐 동시다발적으로 평범한 가정에서 사람으로 태어났습니다. 궁창 아래로 임하신 하나님이 이들에게 생명수의 샘에서 솟아나는 샘물을 마시게 합니다. 하나님의 아들들 중 한 명이 생명수를 마시면 하나의 물이 됩니다. 그래서 생명수를 마신 하나님의 아들들 전체를 천하의 물이라고 부르신 것입니다.

천하의 물이 하나님의 아들들이라는 것을 순서에 따라 단계(Step)별로 설명합니다. 설명 과정에서 Step의 제목과 각 Step의 결론으로 잘 이해하기를 바랍니다.

Step 1. 니고데모와의 대화 : 성령(Holy Spirit)이 아니라 영(Spirit)입니다

성경 말씀: 요한복음 3장 5절

"예수께서 대답하시되 진실로 진실로 네게 이르노니 사람이 물과 성령으로 나
지 아니하면 하나님의 나라에 들어갈 수 없느니라"

이 말씀에서 예수님은 하나님의 나라에 들어가기 위해서 물과 성령으로 나
야 한다고 말씀합니다. 여기서 물과 성령이라고 기록되어 있는 헬라어 원문은
ὕδατος καὶ Πνεύματος[후다토스 카이 프뉴마토스]입니다. [물과 영]이라는 뜻
입니다. 성령이라고 번역하려면 거룩하다는 뜻의 ἅγιος[하기오스]가 있어야 합
니다. 물론 이 단어가 없이 πνεῦμα[프뉴마]만으로도 성령으로 번역하는 예가
있습니다.

많은 분이 [물과 성령]으로 번역된 성경 말씀을 읽을 때, 성령을 받는 것으로
이해합니다. 그래서 하나님 나라에 들어가기 위해서는 물 세례와 함께 성령을
받아야 한다고 생각합니다만 이 말씀은 그런 뜻이 아닙니다.

교회에서 [성령을 받는다]고 말할 때, 이 말의 의미는 한 성도가 예수님을 믿은
후에 하나님으로부터 성령을 받는다는 뜻입니다. 예수님을 믿기 전에는 성령이
그 사람에게 없었습니다. 성령은 예수님을 믿고 난 후에 받게 되는 것입니다. 기
독교인 대부분이 [성령을 받는다]고 할 때는 이런 의미로 말하는 것입니다.

교회에서 [성령은 받는다]는 개념은 모호합니다. 여러 가지 해석이 존재합니

다. 또한, 성령을 받았다고 믿는 성도에게서도 다양한 의견이 있습니다. 성령을 받은 후에도 완전한 인격적 변화가 없고, 잘못된 삶을 계속 살거나, 죄의 유혹이 멈추지 않는 등 삶의 변화가 뚜렷하게 나타나지 않은 경우도 많습니다. 그래서 물과 성령으로 거듭나야 한다고 말하면서도 자신이 없는 경우가 많습니다. 이 렇게 개념이 명확하지 않고 희미한 이유는 이 말씀의 뜻을 원래의 의미와 다르 기 해석했기 때문입니다.

이 말씀에서 [성령]으로 번역한 Πνεύματος[프뉴마토스]는 영(Spirit)으로 번 역해야 합니다. 성령으로 번역하면 창조주 하나님을 의미하게 됩니다. 영으로 번역하면 창조주 하나님만이 아니라 피조물인 천사까지 다 포함됩니다. 니고데 모에게 예수님이 말씀한 [물과 영]에서 [영]은 혼(Soul)이 아니라는 의미입니다. 또한, 성령 하나님도 아닙니다. 영은 밤낮으로 하나님을 섬기는 종입니다.

예수님이 [물과 영]으로 난다고 말씀하실 때, [영]은 처음부터 태어나는 것입 니다. 정확하게 표현한다면, 영이 몸을 가지고 사람으로 태어나는 경우를 의미 합니다. 태아가 형성될 때, 아직 혼이 만들어지기 전에, 하나님의 명령을 받은 영이 태아 몸 안에 들어가면, 혼이 생성되지 않고, 영 자체가 사람으로 태어나는 것입니다. 이렇게 하나님의 아들들이 사람으로 태어납니다. 사람 대부분은 혼 이 태어나는 것이지만, 일부 사람은 하나님의 계획에 따라 영이 몸을 가지고 태 어나는 것입니다.

[물과 영]은 하나님의 나라에 들어가는 조건입니다. 이 두 가지 조건을 갖추지 않으면 하나님 나라에 들어갈 수 없다는 뜻입니다. 이 조건 중 영의 조건은 태어 날 때부터 정해집니다. 영이 사람으로 태어나서 물(생명수)을 받으면 천국에 들 어갈 조건이 충족됩니다. 만약 영이 물의 조건을 갖추지 못하면, 영은 땅 위에서

혼과 함께 하나님의 백성처럼 영원히 살아야 합니다. 영이 물의 조건을 갖추면, 어린 양의 피로 속량을 받고, 땅에서 구원을 받아 하나님이 계신 곳으로 갈 것입니다. 예수님이 니고데모에게 하신 말씀은 영에 관한 것입니다.

Step 1의 결론입니다.

영이 물을 받아서 다시 몸을 가져야 하나님이 계신 곳에 갈 수 있습니다. 하나님이 계신 곳에 가는 존재는 혼(Soul)이 아니라 영(Spirit)입니다.

Step 2. 니고데모와의 대화 : 혼은 구원받는 것이 아니라 창조되는 것입니다

하나님은 창세기 1장 26절에서 생육하고 번성하여 땅에 충만하게 될 남자와 여자를 창조한다고 말씀하셨습니다. 이렇게 창조될 남자와 여자는 하늘의 새와 바다의 고기와 땅의 모든 짐승을 다스리며 살게 될 것입니다. 남자와 여자는 미래에 나타나게 될 하나님의 백성입니다.

이렇게 창조하기로 계획된 대상은 혼(Soul)입니다. 하나님은 아담의 코에 생기를 불어넣어 혼을 창조하셨습니다. 아담과 하와로부터 태어나는 후손은 혼으로 태어납니다. 혼은 태어날 때부터 하나님의 백성으로 태어나는 것입니다. 혼은 하나님의 백성으로 태어나는 것이기에 하나님의 백성이 되기 위해 따로 갖춰야 하는 조건은 없습니다.

하나님의 백성인 혼은 태어날 때부터 죽음이 없고, 질병과 노화가 없고, 불의와 불공정과 불공평과 차별이 없고, 생활에 필요한 기본적인 것을 무상으로 받게 됩니다. 하나님의 백성으로 태어나는 혼에게 무엇을 먹을지, 무엇을 마실지,

  Part 3. 하나님의 창조 계획

무엇을 입을지 걱정하지 않도록 필요한 모든 것을 제공하기로 되어 있습니다. 혼은 태어날 때부터 하나님의 나라 안에서 영원히 살도록 계획되어 있었습니다. 혼은 하나님의 창조가 완성된 후에 태어나도록 계획되어 있었습니다. 하나님이 계획하신 것처럼 하나님의 나라에서 혼은 계속 태어날 것이고, 이 모든 것을 누리게 될 것입니다.

지금까지 한 번의 인생을 살다가 죽어서 땅 아래로 내려가 대기하고 있는 모든 혼(Soul)도 남자와 여자가 되기로 정해진 하나님의 백성입니다. 지금까지의 모든 혼은 아직은 창세기 1장 27절의 남자와 여자가 아닙니다. 그 이유는 하나님의 나라가 이 땅 위에 아직 실현되지 않았기 때문입니다. 하나님의 나라가 이 땅 위에 실현되면 죽었던 모든 혼이 부활하는데, 이때 혼은 창세기 1장 27절의 남자와 여자가 됩니다. 지금까지의 모든 혼은 하나님의 창조 작업이 끝나기 전에 태어났습니다. 아담과 하와가 너무나 빨리 에덴동산에서 나왔기 때문입니다.

혼들은 태어나서 살다가 질병과 노화를 경험하고, 불의와 불공평과 불공정과 차별을 경험하고, 고통과 죽음을 경험하고, 그 후에는 부활하여 하나님의 심판까지 받게 되었습니다. 이런 과정을 겪는 혼들은 전체가 아닌 극히 적은 일부입니다. 아담과 하와로부터 시작해서 천년왕국이 시작될 때까지, 그사이에 태어난 혼들만이 이런 과정을 겪습니다. 물론 우리 시대의 사람들도 이 사이에 포함됩니다. 이런 과정을 겪는 것은 혼이 살아가는 현재 우리의 세상에는 아직 하나님의 나라가 이루어지지 않았기 때문입니다. 하나님의 나라가 이루어지기 전에 태어나서 이런 과정을 겪는 것입니다.

지금부터 백만 년이 흐른 후에, 하나님의 나라에는 그 백만 년 동안 태어난 많은 혼이 모두 다 함께 살고 있을 것입니다. 이 혼 중에서 죽음과 심판을 경험한 이들은 극히 일부에 불과할 것입니다. 천국이 완성된 후에 태어날 혼들을 지난 6천 년 동안 태어난 혼들과 비교했을 때, 비교할 수 없을 정도로 많을 것이기 때문입니다. 하나님의 나라가 이루어진 후에도, 혼은 생육할 것이고, 번성할 것이며, 땅 위를 충만하게 채워갈 것입니다. 만약 어떤 혼이 지금 태어나지 않고 하나님의 나라가 이루진 후에 태어난다면 그 혼은 질병과 노화와 죽음을 경험하지 않을 것입니다.

Step 2의 결론입니다.

혼은 하나님의 백성으로 창조되었기에, 혼이 구원받기 위해 해야 할 일은 없습니다. 혼은 구원받는 것이 아니라 창조되고 있는 것입니다. 예수님과 니고데모와의 대화에 혼은 포함되어 있지 않습니다.

Step 3. 니고데모와의 대화 : 하나님의 나라는 새 예루살렘 성입니다

성경 말씀: 요한복음 3장 5절
"예수께서 대답하시되 진실로 진실로 네게 이르노니 사람이 물과 성령으로 나지 아니하면 하나님의 나라에 들어갈 수 없느니라"

이 말씀에서 하나님의 나라는 땅 위에 세워지는 도시가 아닙니다. 영이 가야 하는 하나님의 나라는 하늘에 있는 새 예루살렘 성입니다. 땅 위에 있는 도시는 하나님이 다스리시는 세상 나라입니다. 땅 위에 있는 도시는 하나님의 백성이 살아갈 장소입니다. 땅 위의 도시는 혼(Soul)을 위해 마련한 것입니다.

성경 말씀: 요한계시록 11장 15절

"…세상 나라가 우리 주와 그의 그리스도의 나라가 되어 그가 세세토록 왕 노
릇 하시리로다…"

이 말씀을 보면, 세상 나라의 권세가 그리스도에게로 옮겨집니다. 이때부터
땅 위의 모든 도시는 하나님의 도시가 됩니다. 하나님의 도시에서 하나님의 백
성이 영원히 살게 될 것입니다. 땅은 하나님의 백성이 생육하고 번성하여 충만
해지기 위한 삶의 터전입니다.

성경 말씀: 요한계시록 21장 2절
"…거룩한 성 새 예루살렘이 하나님께로부터 하늘에서 내려오니…"

반면 거룩한 새 예루살렘 성이 하늘에서 내려옵니다. 땅 위에 있는 하나님의
도시들 위로 공중에 새 예루살렘 성이 머물러 있습니다. 이 말씀에서 새 예루살
렘 성이 땅 위에 내려앉았다는 기록은 없습니다.

성경 말씀: 요한계시록 21장 10절
"성령으로 나를 데리고 크고 높은 산으로 올라가 하나님께로부터 하늘에서 내
려오는 거룩한 성 예루살렘을 보이니"

이 말씀에서 새 예루살렘 성은 하나님으로부터 하늘에서 내려오고 있습니다.
그런데 사도 요한이 성안의 모습을 보기 위해 성문으로 걸어 들어간 것은 아닙
니다. 성안을 보기 위해 성령으로 사도 요한을 크고 높은 산으로 올려놓았다고
기록되어 있습니다.

왜 지상에서 성문을 통해 걸어 들어가지 않았을까요?

거룩한 새 예루살렘 성은 그 바닥이 땅 위에 닿아 있지 않습니다. 새 예루살렘 성은 창공에 부양되어 있습니다. 도시 가운데 땅 위 바닥에 내려앉아 있는 모습이 아닙니다. 크고 높은 산이 얼마나 높은지는 모르지만, 이 산은 현실에는 없을 것입니다. 사도 요한은 미래에 이루어질 내용을 3D 입체 영상으로 계시를 받고 있습니다. 아마도 미래에 이 산은 없을 것입니다. 새 예루살렘 성을 보여 주기 위해서 사도 요한을 높은 곳에 올려놓는 영상을 만들어 낸 것입니다. 계시를 이런 방식으로 보여 주는 이유는 새 예루살렘 성이 땅에서는 내부를 볼 수 없다는 뜻입니다. 새 예루살렘 성은 땅에 닿지 않았다는 것을 나타내기 위해서입니다. 새 예루살렘 성은 지면에서는 그 안을 볼 수 없는 높은 곳에 있습니다.

세상 나라의 도시들은 하나님이 하나님의 백성을 위한 삶의 터전으로 주셨습니다. 혼은 창조될 때부터 하나님의 백성으로 창조되었습니다. 그래서 혼은 무조건 하나님의 도시에 들어가 살게 되어 있습니다. 예수님이 니고데모에게 하신 말씀에는 천국의 조건이 있습니다. 하나님의 나라에 들어가기 위해서는 물과 영으로 태어나야 한다는 조건입니다. 이렇게 조건을 내건 천국은 땅 위의 백성을 위한 세상 나라가 아닙니다. 땅이 아니라 하늘에 있는 하나님의 나라입니다.

Step 3의 결론입니다.

하나님의 나라는 땅 위 도시들로 세워지는 세상 나라가 있고, 공중에 부양된 새 예루살렘 성이 있습니다. 땅에 있는 세상 나라와 하늘에 있는 새 예루살렘 성 모두 하나님의 나라입니다. 예수님이 니고데모에게 말씀하는 하나님의 나라는 하늘에 있는 새 예루살렘 성입니다.

Step 4. 새 예루살렘 성에는 땅의 왕들만 들어갑니다

성경 말씀: 요한계시록 21장 24절
"땅의 왕들이 자기 영광을 가지고 그리로 들어가리라"

이 말씀에서 땅의 왕들이 새 예루살렘 성으로 들어갈 것이라고 합니다. 그렇다면 땅의 왕들이 아닌 백성은 새 예루살렘 성으로 들어갈 수 없을까요? 땅의 왕들이 들어가는 것만 기록되었을 뿐이고, 백성도 새 예루살렘 성에 들어갈 수 있는데 다만 기록에서만 빼놓은 것일까요?

성경 말씀: 요한계시록 21상 26설
"사람들이 만국의 영광과 존귀를 가지고 그리로 들어가겠고"

이 말씀에서 사람들이 그리로 들어간다고 되어 있습니다. 사람들은 땅의 왕들이 아니라 백성으로 보입니다. 또 [그리로]라는 말은 새 예루살렘 성을 의미합니다. 그러니 백성도 만국의 영광과 존귀를 가지고 새 예루살렘 성에 들어가는 것으로 보입니다. 그런데 이 말씀의 헬라어 원문은 다릅니다.

καὶ οἴσουσιν τὴν δόξαν καὶ τὴν τιμὴν τῶν ἐθνῶν εἰς αὐτήν.
[카이 오이수신 텐 독산 카이 텐 티멘 톤 에드논 에이스 아우텐]

καὶ[카이]는 [그리고]라는 접속사입니다. οἴσουσιν[오이수신]은 φέρω[페로]라는 동사의 미래·직설법·능동태·3인칭·복수의 형태입니다. φέρω[페로]는 영어로 carry, bring으로 번역되며, 한글로 가져온다는 뜻입니다. τὴν δόξαν καὶ τὴν τιμὴν[텐 독산 카이 텐 티멘]은 영광과 명예라는 뜻입니다. 이

말씀에서는 τιμὴν[티멘]을 존귀로 번역하였습니다. τῶν ἐθνῶν[톤 에드논]은 [나라들의]라는 뜻입니다. 개역개정에서는 나라들을 만국으로 번역하였습니다. εἰς αὐτήν[에이스 아우텐]은 인칭대명사로서 [그녀에게로]라는 뜻입니다. αὐτήν[아우텐]은 새 예루살렘 성을 지시합니다.

이 헬라어 원문을 직역하면 [그들이 만국의 영광과 명예를 그리로 가져올 것이다]는 뜻입니다. 이 문장에서 주어는 없습니다. [사람]이라는 헬라어 단어는 ἄνθρωπος[안드로포스]입니다. 그런데 헬라어 원문에는 이 단어가 없습니다. 주어가 없으므로 οἴσουσιν[오이수신]이라는 동사의 인칭·성·수를 가져와서 번역해야 합니다. 주어를 [그들]로 번역해야 하는데, 개역개정에서 주어를 [사람들]로 번역해 놓아서 오해를 불러일으킵니다.

이 문장에서 주어가 없는 것은 앞 문장의 주어와 같기 때문입니다. 그들은 앞 문장에 있는 땅의 왕들입니다. 예를 들어 [내가 밥을 먹었다. 물을 마셨다. 그 후에 커피를 마셨다]는 문장을 보겠습니다. 이 문장에서 커피를 마신 사람이 누구인지 주어는 없습니다. 그러나 문장이 계속 이어지면서 주어는 [내가]가 됩니다. 요한계시록 21장 26절의 [사람들]은 원문에서는 [그들]이고, [그들]은 [땅의 왕들]입니다. 제대로 번역하면 [땅의 왕들이 만국의 영광과 존귀를 새 예루살렘 성으로 가져온다]는 것입니다.

요한계시록 21장 24절과 요한계시록 21장 26절은 같은 내용입니다. 26절의 사람들은 24절의 땅의 왕들이고, 24절의 자기 영광은 26절의 만국의 영광과 존귀입니다. 24절에서 자기 영광은 오역입니다. 24절에서 명예란 단어가 빠졌습니다. 26절의 [사람들]을 [그들]로 번역했어야 합니다. 한글성경에는 많은 번역상의 오류가 있습니다. 헬라어 원문으로 비교해 보면 두 문장은 같은 내용임을 바로 알 수 있습니다. 한글성경에서는 이 두 문장이 다른 내용으로 보이게 번역되었습니다. 요한계시록 21장 24절은 뒤에서 분석합니다.

성경 말씀: 요한계시록 21장 27절
"…오직 어린 양의 생명책에 기록된 자들만 들어가리라"

이 말씀에서 새 예루살렘 성에는 어린 양의 생명책에 기록된 자들만 들어간다고 되어 있습니다. 생명책은 두 종류입니다. 요한계시록 20장 15절의 생명책과 요한계시록 21장 27절의 어린 양의 생명책입니다. 생명책과 어린 양의 생명책은 다릅니다. 이 내용은 저자의 저서 제1권《하나님의 창조는 끝나지 않았다》에 설명되어 있습니다. 여기서는 설명하지 않습니다.

이 말씀에서 어린 양의 생명책에 기록된 자들은 모두 땅의 왕들입니다. 땅의 왕들만이 새 예루살렘 성에 들어가며, 하나님의 백성은 새 예루살렘 성에 들어갈 수 없습니다. 물론 어린 양의 생명책에 왕들과 백성이 모두 기록되어 있다고 생각할 수도 있을 것입니다. 그러나 어린 양의 생명책에 기록된 자들은 모두 땅의 왕들이고 이들만이 새 예루살렘 성에 들어갈 수 있습니다.

Step 4의 결론입니다.

새 예루살렘 성에는 땅의 왕들만 들어갑니다. 혼은 하나님의 백성으로 창조되었습니다. 그래서 혼은 새 예루살렘 성에 들어갈 이유가 없습니다. 혼은 창조 목적대로 땅 위에서 생육하고 번성하여 충만하게 영생을 누릴 것입니다.

Step 5. 혼은 하나님을 위해서 살지 않고 자신을 위해 살게 됩니다

혼은 땅에서 자신을 위해서 살 것입니다. 그러나 영은 본래 하나님을 옆에서 섬기던 존재로서 사람이 된 후에도 계속 하나님을 섬기게 될 것입니다. 물론 먼저 첫째 부활에 참여해야 합니다. 혼은 영과는 다르게 하나님을 위해 살지 않고 자신을 위해 살 것입니다. 혼이 자신을 위해 산다는 게 어떤 것인지를 설명합니다.

성경 말씀: 출애굽기 20장 8절

"안식일을 기억하여 거룩하게 지키라 엿새 동안은 힘써 네 모든 일을 행할 것이나, 일곱째 날은 네 하나님 여호와의 안식일인즉 너나 네 아들이나 네 딸이나 네 남종이나 네 여종이나 네 가축이나 네 문안에 머무는 객이라도 아무 일도 하지 말라"

이 말씀에서 하나님은 안식일을 거룩하게 지키라고 명령하셨습니다. 일주일 중 하루인 안식일을 지키라는 것입니다. 그리고 여기서 [엿새 동안은 힘써 네 모은 일을 행할 것이라]고 합니다. 6일 동안은 하나님을 위해서가 아니라, 자신을 위해서 살라는 말입니다.

성경 말씀: 이사야 66장 22절

"내가 지을 새 하늘과 새 땅이 내 앞에 항상 있는 것 같이 너희 자손과 너희 이름이 항상 있으리라 여호와의 말이니라 여호와가 말하노라 매월 초하루와 매 안식일에 모든 혈육이 내 앞에 나아와 예배하리라"

이 말씀에서 새 하늘과 새 땅은 미래에 땅 위에 세워질 하나님의 나라를 의미합니다. 하나님의 나라에서 매월 초하루와 안식일마다 하나님에게 예배를 드릴 것입니다. 땅 위에 하나님의 도시가 세워지고, 하나님의 백성이 그 도시에서 영생을 누리게 될 것입니다. 땅 위에 세워진 하나님의 나라는 영원할 것입니다.

하나님의 나라에서도 하나님에게 드리는 예배는 영원히 사라지지 않습니다. 매월 초하루와 안식일마다 하나님에게 예배를 드려야 합니다. 매월 초하루는 매월 1일을 의미합니다. 안식일은 매주 1번 하나님에게 예배드리는 날입니다. 한 달을 4주로 계산했을 때, 하나님에게 예배드리는 날은 매월 5일이 됩니다. 하나님의 백성은 한 달 30일 중 25일은 예배를 드리지 않아도 됩니다. 달마다 25일간은 자신을 위해서 살아갑니다. 자신이 하고 싶은 일을 하면서 영원히 행복하게 살라는 뜻입니다.

십계명과 이사야 선지자의 글에서 알 수 있듯이, 하나님의 백성은 자신을 위해서 살게 되어 있습니다. 하나님은 하나님의 백성을 창조하시고 7일 중 6일 동안은 자신을 위해서 살라고 말씀한 것입니다.

Step 5의 결론입니다.

혼(Soul)은 1년 365일 밤낮으로 하나님을 섬기라는 목적으로 창조된 것이 아닙니다. 하나님은 혼에게 일주일 중에서 엿새 동안은 자신을 위해서 살라고 하신 것입니다.

Step 6. 새 예루살렘 성은 백성을 위한 삶의 터전이 아닙니다

아담과 하와의 후손은 하나님의 백성이 되기로 정해진 상태에서 사람으로 태어난 혼(Soul)입니다. 아담과 하와의 후손은 하나님의 백성으로 창조되었습니다. 그래서 창조 목적 자체는 중재자가 아니라 백성입니다. 이렇게 창조된 하나님의 백성은 하나님의 나라가 이 땅 위에 실현되었을 때 모두 부활하여 하나님의 나라에서 영원히 살 것입니다. 이때부터 천국에 살면서 생육하고 번성하여 땅에 충만해질 것입니다. 또한, 창세기 1장 28절의 말씀대로 하늘의 새와 바다의 고기와 땅의 모든 짐승을 다스리며 영원히 살 것입니다.

하나님의 백성은 땅 위에서 생육하고 번성하여 충만해지기 위한 목적으로 창조되었습니다. 그래서 하나님의 백성은 땅 위에서 살아야 합니다. 그러나 새 예루살렘 성은 땅 위에 있지 않습니다. 모든 하나님의 백성이 볼 수 있도록 공중에 부양되어 있습니다. 이것은 하나님이 백성과 함께한다는 표시입니다. 백성은 땅에서 살지만 늘 공중에 부양된 새 예루살렘 성을 눈으로 볼 수 있습니다. 이로써 하나님이 늘 자신들과 함께 있음을 인지합니다. 하나님의 백성은 하나님이 계신 새 예루살렘 성에 살지 않습니다.

Step 6의 결론입니다.

혼은 새 예루살렘 성에 들어가지 않습니다. 혼은 처음부터 땅에서 생육하고 번성하여 충만하게 살도록 창조되었고, 새 예루살렘 성은 땅에 있지 않고, 하늘에 있기 때문입니다.

Step 7. 땅의 왕들은 혼(Soul)이 아니라 영(Spirit)입니다

Step 1에서, 영이 물(생명수)을 마시고 다시 몸을 가지면 천국에 들어간다고 결론을 맺었습니다. Step 3에서, 예수님이 니고데모에게 말씀하는 천국은 새 예루살렘 성이라고 결론을 맺었습니다. 이 두 결론을 합치면, 영이 물을 마시고,

                                    Part 3. 하나님의 창조 계획

다시 몸을 가지게 될 때, 영은 새 예루살렘 성에 들어간다는 것입니다. Step 2, Step 4, Step 5, Step 6에서 혼은 새 예루살렘 성에 들어가지 않는다고 결론을 맺었습니다.

지금까지 설명한 것을 종합하면, 새 예루살렘 성에 들어가는 존재는 영입니다. 새 예루살렘 성에 들어가는 존재는 땅의 왕들입니다. 그래서 땅의 왕들은 혼이 아니라 영이라는 결론이 도출됩니다.

새 예루살렘 성에 들어가서 하나님을 밤낮으로 섬기는 것은 영이 하는 일입니다. 영들은 하나님과 백성 사이에 중재자가 되는 것입니다. 영에 관한 내용을 좀 더 설명합니다.

출애굽 과정에서 하나님은 시내산에서 하나님과 이스라엘 백성 사이에 중재자인 제사장을 세우셨습니다. 중재자가 구약에 나오는 제사장입니다. 미래의 어느 시점에서 하나님의 나라가 이 땅 위에 실현되었을 때, 하나님 나라에는 [나라와 제사장]이 있을 텐데, 이것을 예표로 보여 주신 것이 모세에게 주신 제사장 제도입니다. [나라와 제사장]은 요한계시록 1장 6절, 요한계시록 5장 10절에 기록되어 있습니다. 이스라엘의 제사장 제도는 모형(예표)이며, 요한계시록의 [나라와 제사장]은 그 원형(실체)입니다. 하나님의 나라에 [나라와 제사장]이 존재하도록 하나님이 처음부터 설계하셨습니다.

영은 땅 위에서 생육하고 번성하여 충만해지기 위한 목적으로 창조된 것이 아닙니다. 영은 이 세상이 만들어지기 전에 창조된 피조물입니다. 그래서 영은 백성이 될 수 없습니다. 하나님이 영을 창조하신 목적은 그 영을 하나님 옆에 두는 것이기 때문입니다.

하나님은 영에게 중재자의 역할을 부여하셨습니다. 그래서 하나님은 영을 중재자로 만들기 위해 몸을 갖도록 하셨습니다. 처음에 영은 몸이 없었는데, 영이 하나님의 뜻에 따라 몸을 가지기 위해 이 땅에 사람으로 태어나기 시작했습니다. 처음에 영들이 아담과 하와를 통해서 에덴동산 안에서 사람으로 태어났습니다. 이들은 대략 30~40명 정도 될 것으로 추측합니다. 에덴동산 안에서 태어나 그 안에 있는 생명과와 선악과를 먹고, 하나님이 원하시는 중재자의 자격을 갖추게 되었습니다. 이들은 태어날 때부터 자신이 누구인지를 알고, 태어나기 전까지의 모든 일을 기억합니다. 또한, 죽지 않고, 병들지 않고, 영으로서의 능력을 그대로 사용할 수 있었습니다. 이 내용은 저자의 저서 제2권 《에덴동산과 하나님의 아들들》에 설명되어 있습니다.

이후 아담이 선악과를 먹는 바람에 영들이 아담과 하와를 통해서 사람으로 태어나는 일은 중단되었습니다.

하나님은 처음 하나님의 계획에 따라 영이 사람으로 태어나는 일을 재개(再開)하셨습니다. 그런데 이번에는 상황이 조금 달라졌습니다. 영은 죽음이 있는 평범한 사람으로 태어납니다. 그 결과로 병들고 아프고 나이가 들며 죽습니다. 영이 죽을 수밖에 없는 몸으로 태어나더라도 하나님은 계속 영들을 사람으로 보내십니다. 영은 하나님의 계획에 따라 몸을 가져야 합니다. 몸이 있어야 하나님과 백성 사이에서 중보자의 역할을 할 수 있기 때문입니다.

시대와 지역에 차이를 두고 영들은 순차적으로 사람이 되었습니다. 영은 100년도 안 되는 수명을 가지고 사람으로 태어나 자신을 기억하지 못하고 자신의 능력을 사용하지 못한 채 삽니다. 그렇게 사람으로 태어난 영은 평범한 사람으로 삶을 살았습니다. 그리고 각자 자신에게 정해진 길을 걸었습니다. 아브라함,

이삭, 야곱, 다윗, 이사야, 예레미야, 베드로, 요한, 야고보 등 성경에 나오는 많은 이들이 이에 해당할 것입니다.

이처럼 아담 이후로 지금까지 6천 년 동안 영들은 필요에 따라 이 땅에 사람으로 태어났습니다. 물론 모두 죽었고 지금은 첫째 부활을 기다리고 있습니다. 이들은 중재자가 되기 위해서 하나님의 나라가 이 땅 위에 실현되기를 기다리고 있습니다. 이들이 새 예루살렘 성에 들어가 하나님을 밤낮으로 섬기게 되는 영들입니다. 새 예루살렘 성에 들어가는 땅의 왕들은 혼(Soul)이 아니라 영(Spirit)입니다.

Step 7의 결론입니다.

영은 세상을 창조하기 전부터 하나님을 모셨습니다. 영은 그들이 하던 역할을 계속 이어갑니다. 다만, 이전에는 몸이 없었던 것이고, 이후로는 첫째 부활에서 얻은 몸을 가지고 하나님을 섬길 것입니다. 땅의 왕이란, 영에게 몸이 생겼기에 하나님을 섬기는 일에 있어서 더 심화된 방식을 말합니다. 땅의 왕은 혼이 아니라 영입니다.

Step 8. 새 예루살렘 성은 하나님을 섬기는 장소입니다

많은 분이 새 예루살렘 성에 들어가 행복하게 사는 것을 꿈꿉니다. 새 예루살렘 성을 천국이라고 생각하고, 예수님을 믿고 구원받았다고 생각하는 모든 성도가 함께 행복하게 사는 삶의 터전이라고 생각합니다. 그러나 이런 생각이 잘못되었다는 것을 앞에서 설명했습니다.

새 예루살렘 성은 백성을 위한 삶의 터전이 아니며, 땅의 왕들을 위한 휴식처도 아닙니다. 새 예루살렘 성은 땅의 왕들이 성안에 자신만의 공간에서 편안하게 쉬는 그런 구조가 아닙니다.

성경 말씀: 요한계시록 21장 24절
"땅의 왕들이 자기 영광을 가지고 그리로 들어가리라"

이 말씀은 땅의 왕들이 자기 영광을 가지고 자신의 거처로 들어간다는 뜻으로 보입니다. 그러나 그런 뜻이 아닙니다.

이 말씀에서 땅의 왕들은 하나님의 종이고, [자기 영광]은 하나님에게 드리는 영광이고, [그리로]는 새 예루살렘 성을 의미합니다. 이 말씀은 땅의 왕들이 만국의 영광을 하나님에게 드리기 위해서 새 예루살렘 성으로 들어간다는 의미입니다. 이 말씀을 헬라어 원문으로 확인하겠습니다.

καὶ οἱ βασιλεῖς τῆς γῆς φέρουσιν αὐτῷ δόξαν καὶ τιμὴν τῶν ἐθνῶν εἰς αὐτήν.
[카이 호이 바실레이스 테스 게스 페루신 아우토 독산 카이 티멘 톤 에드논 에이스 아우텐]

이 원문은 헬라어 원문 중에서 RP Byzantine Majority Text 2005를 인용한 것입니다. 다른 원문도 크게 다르지는 않습니다.

καὶ οἱ βασιλεῖς τῆς γῆς[카이 호이 바실레이스 테스 게스]는 [그리고 땅의 왕들이라는 뜻입니다. φέρουσιν[페루신]은 φέρω[페로]라는 동사의 현

     Part 3. 하나님의 창조 계획

재·직설법·능동태·3인칭·남성·복수의 형태입니다. φέρω[페로]는 영어로 carry, bring으로 번역되며, 가져온다는 뜻입니다. αὐτῷ[아우토]는 [그에게]라는 뜻입니다. δόξαν καὶ τιμὴν[독산 카이 티멘]은 [영광과 명예]라는 뜻입니다. ἐθνῶν[에드논]은 ἔθνος[에드노스]의 소유격·중성·복수의 형태입니다. ἔθνος[에드노스]는 영어로 nation이며, 한글로는 [나라]입니다. τῶν ἐθνῶν[톤 에드논]은 [나라들의]라는 뜻입니다. εἰς αὐτήν[에이스 아우텐]은 인칭대명사로 '그녀에게로'라는 뜻입니다. 여기서 αὐτήν[아우텐]은 새 예루살렘 성을 지시하고 있습니다.

이 원문을 직역하면 [땅의 왕들이 나라들의 영광과 명예를 새 예루살렘 성으로 하나님에게 가져온다]는 뜻입니다. 개역개정에서는 [땅의 왕들이 자기 영광을 가지고 그리로 들어가리라]고 번역되어 있는데 잘못된 번역이라고 할 수 있습니다.

[땅의 왕들이 자기 영광을 가지고 그리로 들어가리라]는 번역에서 들어간다는 동사는 원문에 없습니다. 헬라어 원문의 동사는 [가져온다]입니다. 또한, 자기 영광이라고 번역되었으나, 원문을 보면 나라들의 영광과 명예입니다. 자신이 소유한 영광이라는 의미가 아닙니다. 땅의 왕들은 예수님에게서 일정 지역의 나라를 위임받았습니다. 땅의 왕들은 만왕(Kings)이고, 예수님은 만왕의 왕(King of Kings)입니다. 그래서 땅의 왕들을 다스리는 왕은 예수님입니다. 땅의 왕들은 예수님을 위해서 자신의 일터인 나라(Nation)에서 명예와 영광을 가져옵니다. 이 명예와 영광은 자신 개인의 소유가 아니며 하나님에게서 받은 나라 안에서 얻은 것입니다. 이 명예와 영광은 하나님을 위해서 일한 결과로 얻은 것입니다. 이 명예와 영광은 마태복음 21장 41절에서 새로운 농부들이 하나님에게 제때에 드리는 열매를 의미합니다. 이 명예와 영광은 왕들의 소유가 아니라

하나님의 소유이며, 하나님에게 드려야 하는 소출입니다.

[땅의 왕들이 자기 영광을 가지고 그리로 들어가리라]는 번역에서 [그리로]는 새 예루살렘 성을 의미합니다. 그런데 헬라어 원문에 있는 αὐτῷ[아우토]가 한글성경에는 번역되지 않았습니다. αὐτῷ[아우토]는 [그에게]라는 의미입니다. αὐτῷ[아우토]는 하나님을 의미하며, [하나님에게]로 번역해야 합니다. 참고로, 다른 헬라어 원문에는 αὐτῷ[아우토]가 없기도 합니다.

땅의 왕들이 새 예루살렘 성에 들어가는 이유는 자신의 집에 들어가 쉬려는 것이 아닙니다. 땅의 왕들이 새 예루살렘 성에 들어가는 이유는 하나님이 그곳에 계시기 때문입니다. 땅의 왕들이 밤낮으로 일하는 곳이 새 예루살렘 성입니다. 땅의 왕들은 자신에게 맡겨진 나라에서 영광과 명예를 얻어서 하나님에게 드리기 위해서 새 예루살렘 성으로 들어가는 것입니다.

새 예루살렘 성을 왕궁으로 설명할 수 있습니다. 왕궁에는 왕이 머무는 처소가 있습니다. 또한, 왕이 나랏일을 결정하는 장소이기도 합니다. 이 왕궁에는 백성이 살지 않습니다. 백성이 사는 집은 왕궁 안에 없습니다. 왕궁은 백성을 위한 삶의 터전이 아닙니다. 대신들이나 신하들은 왕궁 밖에 있다가 왕궁 안으로 입궐을 합니다. 이들에게 궁은 일하는 곳입니다. 이처럼 새 예루살렘 성도 종들이 하나님을 위해서 일하는 곳입니다.

Step 8의 결론입니다.

새 예루살렘 성은 땅의 왕들이 하나님을 섬기는 장소입니다. 땅의 왕들이 존귀와 영광을 드리려고 하나님이 계신 곳으로 나아가는데, 하나님이 새 예루살렘 성안에 계십니다.

Step 9. 땅의 왕들은 하나님의 종입니다

성경 말씀: 요한계시록 22장 3절

"다시 저주가 없으며 하나님과 그 어린 양의 보좌가 그 가운데에 있으리니 그의 종들이 그를 섬기며 그의 얼굴을 볼 터이요 그의 이름도 그들의 이마에 있으리라 다시 밤이 없겠고 등불과 햇빛이 쓸 데 없으니 이는 주 하나님이 그들에게 비치심이라 그들이 세세토록 왕 노릇 하리로다"

이 말씀에서 그의 종들이 하나님을 섬긴다고 기록되어 있습니다. 하나님과 어린 양의 보좌가 종들 가운데 있습니다.

이 말씀에서 [그들이 세세토록 왕 노릇 하리로다]고 기록되어 있습니다. 이 말씀에서 [왕 노릇 하다]는 잘못된 번역입니다. 헬라어 원문에서 보면, [왕 노릇 하다]는 동사는 βασιλεύσουσιν[바실류수신]입니다. 앞에서 살펴봤던 것처럼 이 단어는 βασιλεύω[바실류오]가 동사원형입니다. βασιλεύω[바실류오]는 통치하다, 다스린다는 뜻입니다. 왕이 아닌데, 왕인 것처럼 산다는 뜻이 아닙니다. 실제로 왕이 되어 다스린다는 뜻입니다.

이 말씀에서 하나님의 종들은 왕이 되어 땅을 세세토록 다스리게 된다고 합니다. 요한계시록 22장 5절에 [그들이 세세토록 왕 노릇 하리로다]고 기록되어 있는데, 여기서 [그들]은 요한계시록 22장 3절에 나와 있는 [그의 종들]입니다.

이 말씀에서 [다시 밤이 없다]고 기록되어 있습니다. 하나님의 종들이 있는 곳에는 밤이 없습니다. 밤이 필요하지 않기 때문입니다. 새 예루살렘 성안은 항상 낮일 수밖에 없습니다. 하나님의 영광과 어린 양의 빛이 등이 되어 항상 밝기 때문입니다. 또한, 종들에게 밤이 필요 없는 이유는 쉴 필요가 없는 몸을 가지고 있기 때문입니다. 하나님의 종들은 몸이 있으나 피곤하거나 피로가 쌓이는 몸이 아닙니다. 그래서 휴식이 필요하거나 고단한 상태가 발생하지 않습니다. 백성의 눈으로 볼 때, 새 예루살렘 성에서는 밝은 낮에도 일하고 자신들이 잠을 자는 밤에도 일하는 것으로 비칩니다. 그래서 새 예루살렘 성은 밤낮으로 일하는 곳이 됩니다.

Step 9의 결론입니다.

세상을 다스리는 왕들은 새 예루살렘 성에서 하나님을 섬기는 종들입니다.

Step 10. 사람으로 태어난 영은 하나님의 아들들입니다

요한계시록 21장 24절에서 땅의 왕들이 새 예루살렘 성에서 들어간다고 되어 있습니다. 새 예루살렘 성에 들어가는 존재는 영이라고 설명했습니다. 영이라고 말할 수 있는 대상은 하나님과 천사들입니다. 천사라고 한다면, 욥기 38장 7절에 기록된대로, 새벽 별들과 하나님의 아들들이 있습니다. 이렇게 영이라고 할 수 있는 대상 중에서 하나님의 아들들이 세상에 사람으로 태어났습니다.

하나님의 아들들이 사람으로 태어난다는 말은 저자의 저서 제2권《에덴동산과 하나님의 아들들》에 자세히 설명되어 있습니다. 또한, 이 책에서도 여러 번 설명하고 있습니다.

땅의 왕들이라고 기록되어 있는데, 어떤 사람이 뭔가를 잘해서 왕으로 선출되거나 등용된다는 의미는 아닙니다. 공로가 있어서 땅에서 왕으로 임명되는 것은 아닙니다. 땅의 왕이란 하나님과 백성 사이에서 중보자의 역할을 하는 것입니다. 중보자는 하나님을 위한 일꾼입니다. 하나님의 아들들은 하나님의 나라에서 일하기 위한 목적으로 땅의 왕이 되려고 사람으로 태어나는 것입니다.

Step 10의 결론입니다.

사람으로 태어나는 영은 하나님의 아들들이며 땅의 왕들입니다.

Step 11. 땅의 왕들은 십사만 사천입니다

성경 말씀: 요한계시록 14장 1절
"또 내가 보니 보라 어린 양이 시온 산에 섰고 그와 함께 십사만 사천이 서 있는데 그들의 이마에는 어린 양의 이름과 그 아버지의 이름을 쓴 것이 있더라"

이 말씀에서 십사만 사천의 이마에는 어린 양의 이름과 하나님의 이름이 기록되어 있다고 합니다. 요한계시록 22장 4절에는 [그의 이름도 그들 이마에 있으리라]고 기록되어 있습니다. 요한계시록 22장 3절의 [그들]은 하나님과 어린 양의 이름이 이마에 기록된 자들입니다. 그래서 요한계시록 22장 3절의 [그들]은 요한계시록 14장 1절에 나오는 십사만 사천입니다.

요한계시록 22장 5절에는 종들이 [세세토록 왕 노릇 하리로다]고 기록되어 있습니다. 이 종들은 영원히 세상을 다스리는 땅의 왕입니다. 그래서 요한계시록 14장 1절에 나오는 십사만 사천은 땅의 왕들입니다.

Step 11의 결론입니다.

십사만 사천은 땅의 왕들이며, 하나님의 종들이며, 새 예루살렘 성에 들어가는 영들입니다.

Step 12. 십사만 사천은 흰옷 입은 무리입니다

성경 말씀: 요한계시록 14장 3절

"그들이 보좌 앞과 네 생물과 장로들 앞에서 새 노래를 부르니 땅에서 속량함을 받은 십사만 사천 밖에는 능히 이 노래를 배울 자가 없더라"

이 말씀에서 십사만 사천은 땅에서 속량함을 받았습니다. 속량함을 받았다는 말은 헬라어 원어로 ἠγορασμένοι[헤고라스메노이]입니다. ἠγορασμένοι[헤고라스메노이]는 ἀγοράζω[아고라조]라는 동사의 완료분사·수동태·주격·남성·복수의 형태입니다. ἀγοράζω[아고라조]는 영어로 buy입니다. 한글로는 [내가 산다]는 뜻입니다. 돈을 주고 산다는 뜻입니다. ἠγορασμένοι[헤고라스메노이]는 영어로 having been redeemed입니다. [속량을 받은 그들]이라고 해석할 수 있습니다. 이 말씀은 예수님이 피로 그들을 사서 하나님에게 드렸다는 뜻입니다. 요한계시록 1장 6절과 요한계시록 5장 10절의 말씀에 나오는 [나라와 제사장]입니다. 예수님이 십사만 사천을 땅에서 속량하신 이유는 그들을 하나님 앞에서 [나라와 제사장]을 삼기 위해서입니다.

이 말씀에서 십사만 사천은 예수님의 피로 속량을 받았습니다. 십사만 사천은 새 예루살렘 성에서 밤낮으로 하나님의 섬기는 하나님의 종들입니다. 그들의 이마에 하나님과 어린 양의 이름이 있습니다. 십사만 사천은 땅의 왕들입니다.

십사만 사천은 어린 양의 생명책에 기록된 자들입니다. 땅의 왕들이 어린 양의 피로 속량을 받은 하나님의 아들들입니다. 이들은 모두 영(Spirit)입니다.

십사만 사천은 구약에서부터 현재까지 모든 시대에 걸쳐 이 땅에 사람으로 보냄을 받은 하나님의 종들을 모두 합한 수입니다. 특정 시기 특히 마지막 때(세상 끝날)의 사람들만 십사만 사천이 되는 것은 아닙니다.

성경 말씀: 요한계시록 7장 14절
"그가 나에게 이르되 이는 큰 환난에서 나오는 자들인데 어린 양의 피에 그 옷을 씻어 희게 하였느니라 그러므로 그들이 하나님의 보좌 앞에 있고 또 그의 성전에서 밤낮 하나님을 섬기매"

이 말씀에서 흰옷 입은 무리는 예수님의 피로 씻어 희게 된 사람들입니다. 어린 양이신 예수님의 피로 죄사함을 받은 사람들입니다.

또한, 흰옷 입은 무리는 하나님의 성전에서 밤낮으로 하나님을 섬길 것입니다. 하나님의 성전에서 밤낮으로 섬긴다는 기록은 요한계시록 22장 3절 말씀과 일치합니다. 요한계시록 22장 3절에는 [그의 종들이 하나님을 섬긴다]고 기록되어 있습니다. 또한, 요한계시록 22장 5절에 [다시는 밤이 없다]고 기록되어 있습니다. 이 종들은 밤낮으로 하나님을 섬깁니다. 흰옷 입은 무리가 요한계시록 22장 3절에 기록된 하나님의 종들입니다.

하나님의 백성으로 창조된 혼은 밤낮으로 하나님을 섬기지 않습니다. 혼은 밤에 쉬어야 합니다. 혼은 매월 25일 동안은 자신을 위해서 살게 될 것입니다.

흰옷 입은 무리는 예수님의 피로 씻어 옷이 희어진 사람들입니다. 예수님의 피로 죄에서 해방되어 하나님의 소유가 된 사람들은 [나라와 제사장]입니다. [나라와 제사장]은 요한계시록 1장 5절, 요한계시록 5장 9절에 기록되어 있습니다. 흰옷 입은 무리는 십사만 사천으로 나라와 제사장입니다. 하나님의 아들들은 땅의 왕들이며, 하나님의 종들이며, 십사만 사천입니다. 이들은 모두 같은 존재입니다. 같은 존재를 역할과 과정에 따라 다르게 표현한 것입니다.

Step 12의 결론입니다.

영인 하나님의 아들들이 사람으로 태어나면 영의 조건을 갖추는 것입니다. 이들이 물을 받아마시면 [물과 영]의 조건을 갖추는 것이 됩니다. 이들이 첫째 부활에 참여하여 다시 몸을 가지면, 하나님의 나라인 새 예루살렘 성에 들어갑니다. 이 과정이 예수님이 니고데모에게 하신 말씀의 내용입니다.

이 과정을 통해 첫째 부활에 참여한 하나님의 아들들이 나라와 제사장이며, 새 예루살렘 성에 들어가는 땅의 왕들이며, 땅에 구속을 받은 십사만 사천이며, 예수님의 피로 씻어 깨끗해진 흰옷 입은 무리입니다.

Step 13. 십사만 사천은 생명수의 샘물을 마십니다

성경 말씀: 요한계시록 7장 17절
"이는 보좌 가운데에 계신 어린 양이 그들의 목자가 되사 생명수 샘으로 인도하시고 하나님께서 그들의 눈에서 모든 눈물을 씻어 주실 것임이라"

이 말씀에서 흰옷 입은 무리는 어린 양의 인도를 받습니다. 목자이신 예수님

　　　　　　　　　　　　　　　　　　　Part 3. 하나님의 창조 계획

이 흰옷 입은 무리를 생명수의 샘으로 인도하십니다. 흰옷 입은 무리는 생명수 샘으로 가서 샘물을 마십니다. 생명수의 샘물은 백성을 위한 것이 아니라 흰옷 입은 무리 곧 제사장들을 위한 것입니다.

흰옷 입은 무리는 하나님의 아들들이며, 십사만 사천이며, 땅의 왕들이며, 하나님을 섬기는 종들입니다. 그래서 십사만 사천은 생명수의 샘물을 마시는 사람입니다.

하나님의 아들들인 영이 생명수의 샘물을 마시면 [영과 물]이라는 조건을 갖추게 됩니다. 이런 조건을 갖추었을 때, 요한복음 3장 5절에 기록된 말씀과 같이 하나님의 나라에 들어갈 수 있는 조건이 충족됩니다. 영인 하나님의 아들들이 생명수를 마시고 새 예루살렘 성안으로 들어가 하나님 앞으로 가는 것입니다.

이 말씀에서 한가지 주의해서 볼 점은, 흰옷 입은 무리가 생명수의 샘으로 인도받는 시점이 하나님의 보좌 앞에 간 이후라는 사실입니다. 예수님이 니고데모에게 하신 말씀을 보면, 하나님의 보좌 앞에 가는 데 필요한 조건은 [물과 영]입니다. 요한복음 3장 5절에서 예수님이 니고데모에게 하신 말씀은 보좌에 가기 전에 생명수가 필요하다는 것입니다. 요한계시록 7장 17절에서는 흰옷 입은 무리가 보좌 앞에 있는 상태에서도 생명수 샘으로 인도를 받아야 한다는 것입니다. 예수님이 니고데모에게 하신 말씀과 흰옷 입은 무리를 생명수 샘으로 인도하는 말씀에는 시점이 일치하지 않습니다. 같은 사건을 묘사하고 있는 것이 아니라는 말입니다.

결론적으로, 생명수의 샘물은 첫째 부활을 이루는 데 필요하면서 동시에 하나님의 앞에서 종으로 있을 때도 계속 필요합니다. 생명수의 샘물은 한 번만 마시면 되는 것이 아니라 주기적으로 반복해서 마셔야 합니다. 생명수는 하나님이 아니라 하나님이 주시는 선물입니다. 시간이 흐르면서 줄어드는 것입니다. 생명수가 줄어들어 고갈되면 목이 마르게 됩니다. 이때 생명수의 샘으로 가서 샘물을 마셔야 합니다. 하나님이 이런 방식을 사용하시는 이유는 하나님의 아들들을 사랑하기에 그들을 보호하려는 것입니다.

흰옷 입은 무리는 예수님의 피로 죄사함을 받은 사람입니다. 이미 죄사함을 받았어도 어린 양의 인도를 받아 생명수 샘물을 마셔야 합니다. 흰옷 입은 무리는 땅에서는 왕들이며, 하나님 앞에서는 수종 드는 종들입니다. 이들은 하나님의 아들들로서 사람으로 태어나 몸을 가지고 있는 영(Spirit)입니다. 흰옷 입은 무리는 십사만 사천으로 땅에서 속량을 받아 하나님에게 속한 사람입니다. 이들은 예수님의 피로 죄사함을 받아 하나님을 위한 나라와 제사장이 됩니다. 이것이 하나님의 아들들을 중재자로 세우고자 하는 하나님의 계획입니다.

Step 13의 결론입니다.

하나님의 아들들은 생명수의 샘물을 마셔야 합니다. 첫째 부활을 위해서 생명수를 마셔야 하고, 부활 후에도 계속해서 생명수를 마셔야 합니다.

Step 14. 십사만 사천은 이스라엘 민족에 한정되지 않습니다

많은 분이 십사만 사천은 이스라엘 민족에 속한 사람들 중에서 구원받은 사람의 수라고 생각합니다. 이스라엘 사람을 제외하고 세계의 모든 사람 중에서 구원받는 사람의 수는 십사만 사천밖에 안 될 리는 없다는 것입니다. 지금까지 아주 많은 사람이 구원을 받았을 것이며, 이스라엘 사람 중에서는 십사만 사천 명이 구원받는다는 주장을 폅니다. 이런 방식으로 생각해 볼 때, 예수님을 믿는 전 세계 사람들을 세어본다는 것이 가능할지는 모르지만, 적어도 십사만 사천 명보다는 많을 것 같습니다.

모든 시대 전 세계의 사람들을 대상으로 십사만 사천 명만 구원을 받고 다른 사람들은 모두 지옥에서 영원히 고통받는다고 가정한다면, 우리는 구원받기 위해서 엄청난 노력을 해야 할 것입니다. 지옥에서 영원히 고통을 받는 것만큼은 피해야 하기에 무슨 수를 쓰더라도 십사만 사천 안에 들어가야 할 것입니다. 그러면 예수님을 믿는 것도 경쟁이고 또 다른 고통이 될 것입니다. 그러나 이것은 잘못된 생각입니다.

하나님은 하나님의 백성을 창조하려고 혼을 만드셨습니다. 혼은 처음부터 하나님의 백성이 되기 위한 목적으로 창조되었습니다. 모든 사람은 결국에는 하나님의 나라에서 하나님의 백성으로 살게 될 것입니다. 하나님은 창조한 목적을 반드시 이루는 분이기 때문입니다. 모든 혼은 생육하고 번성하면서 땅을 정복하고, 하늘의 새와 바다의 고기와 땅의 짐승들을 다스리며 하나님의 나라에서 영원히 살 것입니다. 지금까지 많은 혼이 태어났고, 더 많은 혼이 태어날 것입니다. 하나님의 백성으로 태어나는 혼은 그 수에 제한이 없습니다.

십사만 사천만 구원받는다는 말을 설명합니다.

십사만 사천이 구원받는다고 말할 때는, 요한계시록 14장 3절의 말씀을 정확하게 인용해야 합니다. 십사만 사천은 땅에서 구속받는 것입니다. 구속이라는 말은 속량(贖良)이라는 뜻입니다. 십사만 사천만 지옥에서 구원받는다는 뜻이 아닙니다. 십사만 사천이 땅에서 선택을 받아 하늘로 올려져서 하나님 옆으로 가게 되었다는 뜻입니다. 다시 말해서, 땅에서 하늘로 옮겨졌다는 것입니다. 십사만 사천 외의 모든 사람은 땅에서 하늘로 옮겨지지 않고, 그냥 땅에서 계속 살아갑니다. 하나님이 백성을 위해 준비한 천국은 이 땅 위에 있을 것이기 때문입니다.

요한계시록 11장 15절에는 세상 나라가 우리 주와 그 그리스도의 나라가 되었다고 기록되어 있습니다. 세상 나라인 이 땅 위에서 하나님의 나라가 세워지게 되었다는 것입니다. 그래서 땅 위에는 하나님의 도시들이 많이 세워지고, 사람들이 땅 위에서 영원히 살 수 있는 환경이 갖추어진다는 것입니다. 땅 위에서 생육하고 번성하여 충만해지는 천국의 삶을 시작할 수 있다는 말입니다. 하나님의 백성은 땅 위에서 영원히 살게 될 것이기에 하늘로 옮길 이유가 없습니다.

앞에서 언급했던 것처럼, 십사만 사천은 구원받은 이스라엘 민족의 수이고, 이 수와 상관없이 수많은 다른 민족 사람들이 구원받는다는 주장이 있습니다. 왠지 이 주장이 그럴듯해 보입니다. 그러나 앞에서 설명한 대로, 십사만 사천은 구원받는 사람의 수가 아니라, 하나님의 아들들의 수입니다. 하나님의 아들들은 이스라엘 민족에 한정되어 있지 않습니다.

성경 말씀: 요한계시록 7장 9절
"이 일 후에 내가 보니 각 나라와 족속과 백성과 방언에서 아무도 능히 셀 수 없는 큰 무리가 나와 흰옷을 입고 손에 종려 가지를 들고 보좌 앞과 어린 양 앞에 서서 큰 소리로 외쳐 이르되 구원하심이 보좌에 앉으신 우리 하나님과 어린 양에게 있도다 하니"

이 말씀에서 흰옷 입은 무리가 [구원하심이 보좌에 앉으신 우리 하나님과 어린 양에게 있도다고 외칩니다. 흰옷 입은 무리가 하나님과 어린 양에게 구원을 받았다고 고백하는 장면입니다.

이 말씀에서 흰옷 입은 무리는 십사만 사천입니다. 요한계시록 7장 4절을 보면, 사도 요한이 인 맞은 자의 수를 귀로 듣습니다. 그 수가 총 십사만 사천이라는 것을 듣기만 했고 보지는 못했습니다. 그런데 그 소리를 듣고 난 후에, 흰옷 입은 무리를 보았던 것입니다.

예를 들어, 새로 출시하는 차를 소개하는 어떤 행사장을 생각해 보겠습니다. 신차가 흰 천에 덮여 있습니다. 사회자가 차를 소개합니다. [이 차는 새로 출시한 자력 부상 자동차입니다]라고 소개하며 천을 치웠을 때, 사람들은 눈을 들어 새로운 차를 보게 됩니다. 이때 눈에 보이는 차가 바로 새로 나온 자력 부상 자동차입니다. 앞에 보이지 않는 다른 차는 상관이 없는 차입니다.

사도 요한이 일만 이천, 일만 이천, 일만 이천 등의 소리를 듣고 나서, 눈을 들어보았을 때 흰옷 입은 무리가 보인 것입니다. 흰옷 입은 무리가 십사만 사천입니다. 요한계시록 7장 3절에서 십사만 사천은 하나님의 인으로 이마에 인을 맞습니다. 그래서 이 종들의 이마에는 하나님의 이름과 어린 양의 이름이 있게 된 것입니다.

인 맞은 자들은 이스라엘 자손 각 지파에서 일만 이천 명씩입니다. 이스라엘 지파가 12지파입니다. 그래서 십사만 사천이 됩니다. 요한계시록 7장의 12지파와 실제 구약의 12지파와는 조금 차이가 납니다. 이 차이는 지금은 설명하지 않습니다.

하나님은 아담을 선택하기 전에 하늘 조직을 설계하셨습니다. 하나님은 하나님의 아들들을 12개의 조직으로 구분하셨습니다. 그리고 12개의 조직으로 영의 세계를 설계하셨습니다. 이제 하나님은 이렇게 설계한 대로 이 땅 위에 하나님의 나라를 만들고자 하셨습니다. 하나님은 하나님의 나라를 예표로 보여 줄 사람을 선택하고, 그의 후손을 통해서 제사장 나라의 예표로 보여 주려고 합니다.

하나님은 아브라함을 선택하고 하나님의 계획에 맞게 그들의 삶을 이끄셨습니다. 또한, 야곱의 아들들을 하늘 조직을 표현하는 예표로 사용하고자 하셨습니다. 하늘의 조직이 12개로 되어 있기에 야곱은 12명의 아들을 낳아야 했습니다. 야곱의 두 아내 레아와 라헬이 12명의 아들을 다 낳을 수 없었기에 여종까지 동원하여 12명의 아들이 되게 하셨습니다. 굳이 야곱의 아들들을 12명으로 만드는 이유는 그들을 통해 하늘 조직을 나타내기 위해서입니다.

야곱이 처음에 12명의 아들을 낳았기에 거기에 맞춰 요한계시록 21장 12절에서 하늘의 조직을 12로 만들고 야곱의 12지파 이름을 기록한 것이 아닙니다. 처음부터 하늘 조직을 12개로 계획하셨고, 그 이름을 야곱 아들들의 이름을 빌려 설명한 것입니다. 만약 하늘 조직을 8개로 계획했다면 야곱은 8명의 아들을 낳았을 것입니다. 야곱의 아들의 수는 하늘 조직의 수에 맞춰진 것입니다.

아담이 창조되기 전부터 하늘 조직은 12개로 구분되었고, 하나님의 아들들은 12개의 각 조직에 소속되어 있었습니다. 처음에는 하나님의 아들들을 아브라함의 후손으로만 보냈습니다. 그래서 하나님의 아들들이 이스라엘 민족의 사람으로만 태어났습니다.

예수님이 십자가에 못박여 죽던 날 이후로, 하늘에 영으로 남아 있던 하나님의 아들들은 더는 이스라엘 민족의 후손으로 태어나지 않았습니다. 예수님 때까지 사람이 되지 못하고 하나님 옆에 영으로 남아 있던 모든 하나님의 아들들을 여러 민족의 사람으로 태어나게 하셨습니다. 그래서 하나님의 아들들은 이스라엘 민족에 한정되지 않게 되었습니다.

요한계시록 7장 9절에서 흰옷 입은 무리는 [각 나라와 족속과 백성과 방언] 가운데서 나온다고 기록되어 있습니다. [나라와 족속과 백성과 방언]으로 번역된 헬라어 원어는 ἔθνους καὶ φυλῶν καὶ λαῶν καὶ γλωσσῶν[에드누스 카이 퓨론 카이 라온 카이 그로스손]입니다. NASB에는 every nation and all tribes and peoples and tongues로 번역되었습니다. ἔθνους[에드누스]는 나라들이란 뜻이고, φυλῶν[퓨론]은 종족들이란 뜻이고, λαῶν[라온]은 사람들이란 뜻이고, γλωσσῶν[그로스손]은 혀들이라는 뜻입니다. [혀들]이라는 단어는 언어들이라는 뜻입니다.

이스라엘 민족이 여러 나라에 퍼져 살고 있다고 가정합니다. 이스라엘 사람은 여러 나라 사람들 속에 섞여 살고 있을 수 있습니다. 그러나, φυλῶν[퓨론]은 여러 종족이란 말로서 이스라엘 민족만이 아닌 다른 종족도 포함된다는 뜻입니다. γλωσσῶν[그로스손]은 많은 언어라는 뜻으로 히브리어뿐만이 아니라, 영어나 중국어나 한국어나 다른 언어를 포함하여, 어떤 언어를 구사하든지, 다른 언어를 사용하는 사람도 십사만 사천에 포함되어 있다는 말입니다.

Step 14의 결론입니다.

십사만 사천은 이스라엘 사람만이 아니라, 전 세계의 어느 나라, 어느 민족에 속한 사람이라도 포함될 수 있습니다. 하나님이 십사만 사천의 하나님의 아들들을 사람으로 보낼 때, 이스라엘 민족에게만 보내지는 않았다는 뜻입니다.

Step 15. 십사만 사천은 천하의 물입니다

성경 말씀: 요한복음 3장 5절

"예수께서 대답하시되 진실로 진실로 네게 이르노니 사람이 물과 성령으로 나

지 아니하면 하나님의 나라에 들어갈 수 없느니라"

이 말씀에서 예수님은 하나님의 나라에 들어가기 위한 조건으로 [물과 영]을 말씀하셨습니다. 이 말씀에서 하나님의 나라는 새 예루살렘 성입니다. 사람으로 태어난 영이 물인 생명수를 받고 첫째 부활을 하면 하나님의 나라에 들어간다는 뜻입니다. 이 내용은 이미 앞에서 설명했습니다.

이 말씀에서 [영]은 하나님의 아들들이 사람으로 태어나는 것을 의미합니다. 그래서 혼으로 태어난 사람은 태어날 때부터 영이 아니기에 첫째 부활에는 참여할 수 없습니다. 영이란 존재는 태어난 후에 취득할 수 있는 조건이 아닙니다.

십사만 사천은 처음부터 하나님을 모시고 섰던 하나님의 아들들입니다. 하나님의 아들들은 처음에는 몸이 없는 상태로 하나님을 섬겼는데, 새 예루살렘 성으로 들어가는 시점에서는 몸을 가지고 있는 상태로 하나님을 섬기게 되는 것입니다. 하나님의 아들들이 하나님을 밤낮으로 섬기는 것에는 변함이 없습니다. 단지 하나님의 섬기는 장소와 상태가 조금 달라진 것입니다.

하나님의 아들들 하나하나가 물을 받아마셨기에 각자 하나의 물입니다. 이들이 모이면 십사만 사천입니다. 십사만 사천의 물이 모이는 것입니다. 이렇게 모

　　　　　　　　　　　　　　　　　　Part 3. 하나님의 창조 계획

인 물이 창세기 1장 9절의 [천하의 물]입니다.

아담이 선악과를 먹지 않았다면, 생수의 근원이신 하나님이 생명수의 샘이 되기 위해 궁창 아래로 임하실 때, 십사만 사천의 영들이 사람으로 태어나 있었을 것입니다. 이때 십사만 사천은 몸을 가지고 살아 있었을 것입니다. 생명수의 샘이 된 하나님이 십사만 사천에게 생명수의 샘물을 마시게 할 것입니다. 어느 날 십사만 사천이 모입니다. 그리고 이 땅에 들어오시는 하나님을 영접하고 그대로 하나님을 위한 제사장의 역할을 시작했을 것입니다.

아담이 선악과를 먹었기에 하나님의 아들들은 죽을 수밖에 없는 몸을 가지고 태어났습니다. 에덴동산 안에서 생명과를 먹고 죽지 않는 몸을 가졌던 첫 번째 그룹에 속한 하나님의 아들들은 모두 스스로 죽음을 선택하게 되었습니다. 이 내용은 저자의 저서 제2권《에덴동산과 하나님의 아들들》에 설명되어 있습니다.

이후로 하나님의 아들들은 죄를 지을 수밖에 없는 상황에서 태어납니다. 그래서 어린 양의 피로 죄사함을 받아야 하는 상황이 발생했습니다. 또한, 생명수의 샘물로 죄와 더러움을 씻는 과정이 필요하게 되었고 부활의 과정이 필요하게 되었습니다.

Step 15의 결론입니다.

천하의 물은 생명수를 받은 하나님의 아들들을 의미합니다.

Chapter 44

셋째 날
- 한곳으로 모이고

성경 말씀: 창세기 1장 9절

"하나님이 이르시되 천하의 물이 한 곳으로 모이고 뭍이 드러나라 하시니 그 대로 되니라"

하나님은 창세기 1장 9절에서 [천하의 물이 한곳으로 모이라]는 말씀을 하셨 습니다. 이 말씀을 땅이 드러나기 전에 지구 전체가 물에 잠겨 있는 모습으로 상 상해 볼 수 있을 것입니다. 그런데 이런 상태에서 지구 전체의 물이 한곳으로 모 일 수 있을까요? 지구가 자전하는 중인데 가능할까요? 비유가 아니라고 가정하 고, 물질창조의 관점에서 볼 때, 천하의 물은 한곳으로 모일 수 없습니다. 그래 서 이 말씀은 물질창조의 기록이 아닙니다. 이 내용은 [Chapter 8. 천하의 물이 한곳으로 모일 수 있는가?]에서 설명했습니다.

번역상의 문제는 없습니다만 히브리어 원문을 살펴보겠습니다. 다음은 창세 기 1장 9절 전체 문장입니다.

יִקָּווּ הַמַּ֫יִם מִתַּ֫חַת הַשָּׁמַ֫יִם אֶל־מָק֫וֹם אֶחָד֩ וְתֵרָאֶה֩ הַיַּבָּשָׁ֫ה וַיְהִי־כֵ֫ן וַיֹּ֫אמֶר אֱלֹהִ֫ים

[와이요메르 엘로힘 잎콰우 하마임 미트타하트 하샤마임 엘-마코움 에하닫 워테라예 하이바샤 와이히-켄]

[천하의 물이 한곳으로 모이라]는 문장은 מִתַּחַת הַשָּׁמַיִם אֶל־מָקוֹם אֶחָד יִקָּווּ הַמַּיִם[잎콰우 하마임 미트타하트 하샤마임 엘-마코움 에하닫]입니다. 이 원문은 [하늘 아래의 물들이 한곳에서 기다린다]는 뜻입니다. 동사 יִקָּווּ[잎콰우]는 קָוָה[콰바흐]의 니팔형·미완료·3인칭·남성·복수의 형태입니다. קָוָה[콰바흐]는 구약에서 49회 사용되었으며, 주로 wait로 번역되었습니다. 창세기 1장 9절에서 이 동사의 뜻을 gather로 번역했는데, wait로 번역해야 합니다. 그런데 wait로 번역하면 내용을 이해하기 힘들기에 gather로 번역한 듯합니다.

이 말씀에서 하나님은 [천하의 물이 한곳으로 모이고]라고 하셨습니다. 이 명령은 일(Work) 단위를 기준으로 나눌 때 둘째 그룹에 속합니다. 둘째 그룹은 둘째 날과 셋째 날에 걸쳐 있습니다. 이 계획은 선포한 날(Day)을 기준으로 나눌 때 셋째 날에 해당합니다. 둘째 그룹에 속하면, 둘째 날에 다 성취되어야 하지만, 셋째 날까지 말씀을 선포합니다. 이것은 둘째 그룹이 다른 그룹보다 힘든 과정임을 나타냅니다. 이 내용은 [Chapter 17. 좋았더라와 심히 좋았더라 : 6개의 창조 계획]에서 설명했습니다.

천하의 물은 생명수의 샘물을 마신 하나님의 아들들을 의미합니다. 이 내용은 [Chapter 43. 셋째 날 - 천하의 물인 하나님의 아들들]에서 설명했습니다.

이 말씀은 생명수의 샘물을 마신 하나님의 아들들이 한곳에 모여 기다린다는 뜻입니다.

Step 1. 모여야 하는 이유

천하의 물은 하나님의 아들들이라고 설명했습니다. 생명수의 샘에서 솟아나는 물을 마신 하나님의 아들들입니다. 하나님의 아들들은 아담과 하와를 통해서 계속 사람으로 태어났습니다. 이들은 사람으로 태어나서 생명나무의 열매를 먹었고, 선악을 알게 하는 나무의 열매를 먹었습니다. 하나님의 아들들이 점점 더 많이 태어납니다. 이들은 십사만 사천이며, 이들 모두가 사람으로 태어날 계획입니다.

하나님의 아들들은 사람으로 태어나서 어느 정도 자라면 스스로 에덴동산을 나갈 계획입니다. 십사만 사천 모두가 에덴동산에 계속 머물러 있을 수는 없습니다. 이들은 죽음을 경험하지 않고 영원히 살아 있을 계획입니다. 그래서 하나님의 아들들은 어느 정도 자란 후에는 에덴동산 밖으로 나가 세상의 도시를 다스릴 계획이었습니다.

하나님의 아들들인 십사만 사천이 대부분 사람으로 태어났을 때, 궁창 아래의 물로 임하여 생명수의 샘이 되려고 하나님이 사람으로 태어납니다. 이때는 이미 많은 하나님의 아들들이 사람으로 태어나서 땅의 사방에 퍼져 많은 도시를 다스리고 있었을 것입니다. 이것이 원래 계획입니다.

생명수의 샘을 가진 하나님이 사람이 되어 땅의 사방을 다니면서 하나님의 아들들에게 샘물을 마시게 합니다. 십사만 사천 명에게 생명수의 샘물을 주어야 하기에 시간이 꽤 걸릴 예정입니다. 물론 십사만 사천이 하나씩 와서 생명수 샘물을 받아 마실 수도 있습니다.

이렇게 십사만 사천에게 생명수의 샘물을 주고 나면 십사만 사천이 모입니다. 십사만 사천이 모여서, 영광중에 만왕의 왕으로 임하시는 거룩한 하나님을 기다립니다.

이것이 [천하의 물이 한곳으로 모인다]는 의미입니다. 히브리어 원어를 반영한다면, [천하의 물이 한곳에서 기다린다]는 뜻입니다.

Step 2. 아담이 선악과를 먹어서 계획이 조금 달라졌습니다

지금까지 설명한 내용은 하나님의 원래 계획입니다. 하나님의 원계획은 취소되거나 실패하지 않습니다. 다만, 아담이 선악과를 먹었기에 조금 다른 상황에서 하나님의 계획이 이루어집니다. 세부적인 실행과정이 조금 달라진다고 하더라도, 하나님의 원계획은 달라지지 않습니다. 하나님이 창세기 1장에서 선언하신 모든 계획은 그대로 성취됩니다. 만약 아담이 선악과를 먹지 않았다면, Step 1에서 설명한 대로 이루어졌을 것입니다.

아담이 선악과를 먹은 후로, 하나님의 아들들은 죽음이 있는 몸으로 태어나서 자신을 기억하지 못하고, 능력도 사용하지 못하며, 80년도 안 되는 짧은 삶을 살면서 자신의 사명을 다하고 죽었습니다. 그래서 하나님이 궁창 아래의 물로 임하실 때, 많은 하나님의 아들들은 먼저 사람으로 태어났다가 죽고 없는 상태입니다. 궁창 아래의 물로 임하여 생명수의 샘이 된 하나님은 동시대에 몸을 가지고 살아 있는 하나님의 아들들과 그 이전 시대에 이미 죽은 하나님의 아들들 모두에게 생명수의 샘물을 마시도록 합니다. 그런데 살아 있는 하나님의 아들들이 생명수의 샘물을 마시는 과정과 이미 죽은 하나님의 아들들이 생명수 샘물을 마시는 과정이 다릅니다.

십사만 사천중에는 아브라함, 이삭, 야곱과 같은 종들과 이사야, 예레미야와 같은 선지자들이 포함되어 있을 것입니다. 또 살아서 낙원으로 갔던 에녹과 엘리야도 포함되어 있을 것입니다. 또 예수님의 제자들과 초대교회 성도들이 포함되어 있을 것입니다. 또 마지막 시기에 사람으로 태어난 하나님의 아들들도 포함되어 있을 것입니다. 마지막 시기를 기준으로 봤을 때, 십사만 사천중에서 마지막으로 태어난 하나님의 아들들을 제외하면 모두 죽은 상태입니다. 이미 죽은 이들도 궁창 아래의 물로 임하신 하나님으로부터 생명수의 샘물을 마시고 새 예루살렘 성으로 들어가 하나님의 뵙게 될 것입니다.

생명수의 샘으로 임하신 하나님이 먼저 땅 위에 살아 있는 하나님의 아들들에게 생명수의 샘물을 마시도록 합니다. 그 후에 요한계시록 14장에서 모든 십사만 사천을 모읍니다. 이때는 지상이 아니라 지하에 있는 낙원에 모일 것입니다. 이들의 모임은 지상의 사람에게는 보이지 않을 것입니다. 죽었던 모든 하나님의 아들들은 낙원에서 새로운 몸을 가질 것입니다. 그리고 그곳에서 새로운 몸을 위해 생명수의 샘물을 마실 것입니다.

참고로, 낙원은 땅 아래에 있습니다. 이 낙원이 에덴동산입니다. 에덴동산은 홍수 때, 땅 아래로 내려졌습니다. 요한계시록 2장 7절을 보면, 생명나무가 낙원에 있다고 기록되어 있습니다. 누가복음 23장 43절에서 예수님은 강도와 함께 낙원에 있을 거라고 말씀합니다. 마태복음 12장 40절에서는 예수님이 밤낮 사흘 동안 땅속에 있을 거라고 말씀합니다. 예수님은 십자가 위에서 죽으신 후에 땅속인 낙원에 강도와 함께 가셨습니다. 그 낙원에는 아직도 생명나무가 그대로 있습니다.

아담이 선악과를 먹지 않았다면, 이 모든 과정이 지상에서 평안한 상태로 이

   Part 3. 하나님의 창조 계획

루어졌을 것입니다. 아담이 선악과를 먹었기에, 한곳으로 모이는 일은 지상이 아닌 지하에서 이루어지게 되었습니다. 죽어서 몸이 없는 하나님의 아들들에게 몸을 가지게 하는 과정이 필요했기 때문입니다.

하나님이 궁창 아래의 물로 임하실 때는 영으로 남아 있던 모든 하나님의 아들들이 사람으로 태어났을 것입니다. 이 시기에는 많은 하나님의 아들들이 사람으로 살아 있는 상태일 것입니다. 아담이 선악과를 먹었기에, 이미 많은 하나님의 아들들이 사람으로 왔다가 죽었지만, 마지막 때 사람으로 태어난 하나님의 아들들도 그 수가 적지는 않을 것입니다. 몇백 명일지, 몇천 명일지, 몇만 명일지는 모르지만, 생명수의 샘이 된 하나님이 그들을 찾아서 생명수의 샘물을 마시게 하는 일은 시간이 설릴 것입니다. 이늘은 여러 도시에 퍼져 살고 있을 것이며, 이들이 생명수의 샘물을 마신 후에, 나중에 한곳으로 모이는 데에는 원계획대로 진행될 것입니다.

아담이 선악과를 먹었기에, 생명수의 샘물을 마신 하나님의 아들들이 한곳으로 모일 때, 살아 있는 하나님의 아들들은 십사만 사천 전부가 아니라 일부입니다. 모두 한자리에 모이는 원계획에서 보완된 부분이 있는데, 이는 지상이 아니라 지하의 낙원에서 모이는 것입니다.

Step 3. 한자리에 모이는 장소는 시온산입니다

아담이 선악과를 먹지 않았다면, 에덴동산 옆에 있는 지상의 큰 도시가 모이는 장소였을 것입니다. 이들이 한곳에 모이는 이유는 세상 안으로 들어오시는 하나님을 맞이하기 위함입니다. 만왕의 왕이 들어오는 곳으로 모일 계획이기 때문입니다.

아담이 선악과를 먹었기에 하나님의 아들들이 짧은 삶을 살다 죽었습니다. 그래서 이미 죽은 하나님의 아들들을 고려하여 한자리에 모이는 장소가 시온산이 되었습니다. 이 장소는 요한계시록 14장에 기록된 시온산입니다. 시온산은 지상에 있는 특정 산을 의미하지는 않습니다. 시온산에 모인 하나님의 아들들은 아담 때부터 시작하여 마지막으로 사람이 된 하나님의 아들들까지 모두를 포함합니다. 십사만 사천이 시온산에 모였을 때, 십사만 사천은 생명수 샘물을 마시고 많은 물소리가 됩니다.

마지막 시기에 살아 있었던 하나님의 아들들은 죽음을 경험하지 않고 시온산으로 이동할 것입니다. 그러나 이미 죽어서 몸이 사라진 하나님의 아들들은 요한계시록 6장 11절에서 다섯째 인을 뗄 때 새로운 몸을 가질 것입니다. 새로운 몸을 가지게 된 하나님의 아들들은 일곱째 인을 떼기 전에 시온산에서 모두 생명수의 샘물을 마실 것입니다.

시온산을 굳이 지형으로 해석한다면 지하에 있는 낙원입니다. 그곳에는 생명나무가 있기 때문입니다. 하나님의 아들들은 모두 생명나무의 열매를 먹어야 하기에 새로운 몸을 가질 때 낙원에 있게 될 것입니다. 궁창 아래의 물로 임하신 하나님도 생명수의 샘이 되어 낙원에 있게 될 것입니다.

십사만 사천은 모두 생명수의 샘물을 마셔야 합니다. 영이 물을 마시고, [물과 영]의 조건을 갖추어 첫째 부활에 참여하여 하나님이 계신 새 예루살렘 성에 들어가야 합니다. 이 과정은 죽어서 몸이 없는 상태였어도 다시 몸을 가지게 한 후에 계속 진행됩니다.

몸을 가지는 것은 의학에 의해서가 아니라 하나님의 능력으로 이루어질 것이라고 생각합니다. 전적인 하나님의 능력으로 십사만 사천은 새로운 몸을 가지게 될 것입니다. 이것은 첫째 부활이며, 요한계시록 20장 4절에서 6절에 기록되어 있는 내용입니다.

십사만 사천이 어린 양의 피로 죄사함을 받으려면 먼저 생명수의 샘물을 마셔야 합니다. 요한복음 13장 10절에서 예수님은 목욕한 사람은 발밖에 씻을 필요가 없다고 말씀합니다. 어린 양이신 예수님은 먼저 목욕을 한 사람에 한해서 발을 씻겨 주기 때문입니다. 목욕하지 않은 사람의 발은 씻기지 않으신다는 뜻입니다. 목욕한다는 것은 죄와 더러움을 씻는 샘에서 샘물로 씻는 것을 의미합니다. 생명수의 샘이 곧 죄와 더러움을 씻는 샘입니다. 궁창 아래의 물로 임하신 하나님은 십사만 사천에게 생명수의 샘물을 마시게 하여 어린 양 앞에 나아갈 수 있는 자격을 갖추게 하는 것입니다. 이 과정이 [나라와 제사장]이 되는 과정의 일부입니다.

[나라와 제사장]이 된 흰옷 입은 무리는 이미 어린 양의 피로 씻은 상태입니다. 먼저 생명수의 샘물로 씻었기에 어린 양의 피가 적용된 것입니다. 하나님의 아들들은 [나라와 제사장]이 된 이후에도 주기적으로 생명수의 샘물을 마셔야 합니다. 생명수 샘물은 줄어드는 것이기에 시간이 지나면 고갈됩니다. 그래서 요한계시록 7장 17절에서 이미 어린 양의 피로 씻은 흰옷 입은 무리를 생명수의 샘으로 인도하신다고 한 것입니다.

아담이 선악과를 먹었기에 한곳으로 모이는 일이 조금 복잡해졌습니다.

아담이 선악과를 먹지 않았다면, 하나님의 아들들은 하나도 죽지 않았을 것입니다. 또한, 사람으로 태어나기 이전의 모든 과거를 기억하고 있었을 것입니다.

그래서 자신이 생명수의 샘이 된 하나님을 찾아서 생명수를 마셔야 한다는 하나님의 계획을 알고 있었을 것입니다. 하나님의 아들들이 한곳으로 모이는 일은 수월하게 진행되었을 것입니다.

사람으로 태어난 하나님의 아들들은 태어나기 이전의 과거 일을 전혀 기억하지 못합니다. 자신이 생명수의 샘물을 마셔야 한다는 사실도 기억하지 못합니다. 그래서 자기 자신이 누구인지 모르는 하나님의 아들들을 찾아 생명수 샘물을 마시게 하는 것은 힘든 일이 되었습니다.

Chapter 45

셋째 날
- 뭍이 드러난다

하나님은 창세기 1장 9절에서 [뭍이 드러나라]고 말씀하셨습니다. 이 말씀은 물질창조의 기록이 아닙니다. 천하의 물(H2O)이 한곳으로 모일 수 없기에 뭍(Ground)이 드러난다는 말도 가능하지 않습니다. 이 내용은 [Chapter 8. 천하의 물이 한곳으로 모일 수 있는가?]에서 설명했습니다

번역상의 문제는 없습니다만 히브리어 원문을 살펴보겠습니다. 다음은 창세기 1장 9절 전체 문장입니다.

יִקָּו֨וּ הַמַּ֜יִם מִתַּ֤חַת הַשָּׁמַ֙יִם֙ אֶל־מָק֣וֹם אֶחָ֔ד וְתֵרָאֶ֖ה הַיַּבָּשָׁ֑ה וַֽיְהִי־כֵֽן
וַיֹּ֣אמֶר אֱלֹהִ֗ים

[와이요메르 엘로힘 잎콰우 하마임 미트타하트 하샤마임 엘-마코움 에하닫 위테라예 하이바샤 와이히-켄]

이 전체 문장 중에서 [뭍이 드러나라]는 문장은 וְתֵרָאֶ֖ה הַיַּבָּשָׁ֑ה[워테라예 하이바샤]입니다.

וְתֵרָאֶ֖ה[워테라예]는 접속사 וְ[와우]와 תֵרָאֶה[테라예]가 하나로 연결된 형태입니다. תֵרָאֶה[테라예]는 동사 רָאָה[라아]의 니팔형 · 연결형 미완료 · 3인칭 · 여

성·단수의 형태입니다. רָאָה[라아]는 영어로 see에 해당하며 한글로는 [보인다]는 뜻입니다. וַתֵּרָאֶה[워테라에]는 [그리고 그녀가 보여진다]는 의미입니다. 여기서 [그녀]는 3인칭·여성·단수의 형태를 반영한 것입니다. 그녀는 여성 명사 יַבָּשָׁה[얍바샤]를 의미합니다.

הַיַּבָּשָׁה[하이바샤]는 정관사 הַ[하]와 명사 יַבָּשָׁה[얍바샤]의 여성·단수가 합쳐진 형태입니다. יַבָּשָׁה[얍바샤]는 [마른 것]이라는 뜻입니다. 창세기 1장 9절에서 יַבָּשָׁה[얍바샤]는 NIV에서 dry ground로, KJV에서는 dry land로 번역되었습니다. 한글로는 [뭍]으로 번역되었습니다. 이 문장을 직역하면, [그리고 마른 것이 보여진다]가 됩니다.

하나님은 천하의 물이 한곳으로 모여 기다리게 하십니다. 그리고 천하의 물이 기다리는 그곳에서 땅이 드러납니다. 여기서 드러나는 땅은 대지(Ground)가 아닙니다.

이 말씀을 해석하려면, [Chapter 26. 성경에서 말하는 하나님의 나라]에서 설명한 대로 완성된 하나님의 나라를 생각해야 합니다. 그리고 그 조각 중 하나를 이 Chapter에서 가져다가 퍼즐을 맞춰야 합니다. [뭍이 드러나는 것]은 완성된 창조의 장면 중 하나입니다.

[Chapter 26. 성경에서 말하는 하나님의 나라]에서 [Step 11. 왕들은 하나님과 백성의 중재자입니다]라는 부분이 있습니다. 여기서 하나님이 중재자를 세운다고 설명했습니다. 뭍이 드러나는 과정은 중재자를 세우는 과정입니다.

중재자는 하나님과 백성 사이에서 중재의 역할을 합니다. 중재자는 백성 중에서 선택하여 세우지 않습니다. 창세기 1장 28절에서 생육하고 번성하여 땅에 충만하게 하려고 백성을 창조하셨기 때문입니다. 백성은 하나님에게 가는 것이 아니라, 땅에서 영원히 살게 되어 있습니다.

중재자는 하나님 앞에 갑니다. 중재자는 하나님을 대면하여 보며 섬깁니다. 그래서 중재자를 백성 중에서 뽑지 않고 하나님의 아들들에게 직접 맡기는 것입니다. 하나님의 아들들은 영입니다. 하나님의 아들들은 그들이 창조될 때부터 하나님 앞에 있었습니다. 창조 때부터 하나님 앞에 있을 수 있었기에 하나님의 아들들이 중재자가 되는 것입니다.

하나님의 아들들은 중재자가 되어 사람과 대면하여 보고 대화해야 합니다. 그래서 하나님의 아들들은 몸을 가져야 합니다. 하나님의 아들들은 중재자가 되기 위해 사람으로 태어났다가 몸을 가지고 하나님에게로 돌아갑니다.

아담이 선악과를 먹지 않았다면, 몸을 가지고 태어난 하나님의 아들들은 모두 살아 있었을 것입니다. 에덴동산 안에서 태어나는 하나님의 아들들 십사만 사천은 생명과를 먹고 영원히 죽지 않는 몸을 가집니다. 이들은 선악과를 먹고 사람들이 느끼는 선악의 감정을 이해하게 됩니다. 이들은 생명수의 샘물을 마시고 몸의 제한에서 벗어납니다. 이 과정을 모두 마친 후에 하나님의 아들들이 한 곳으로 모입니다. 그곳으로 거룩하신 하나님이 임재합니다. 그곳이 새 예루살렘 성입니다. 거룩하신 하나님이 이 물질세계 안으로 들어오시는 것입니다. 이때 모든 하나님의 아들들이 거룩하신 하나님, 창조주 하나님을 맞이합니다. 하나님의 아들들은 몸을 가지고 있는 상태에서 거룩하신 하나님 앞에 섭니다.

몸은 물질로 되어 있습니다. 몸은 영에게 흙으로 만든 옷과 같습니다. 거룩하신 하나님 앞에 흙으로 된 옷을 입고 영들이 서는 것입니다. 원래 육체를 가진 존재는 거룩하신 하나님 앞에 설 수 없었습니다. 누구라도 찬란한 영광 속에 임하시는 거룩한 하나님 앞에 육체로 있었던 적은 없습니다. 그런데 중재자가 되기로 한 하나님의 아들들은 몸을 가지고 하나님을 섬겨야 합니다. 그래서 필요한 것이 물입니다.

하나님은 영이 몸을 가지고 하나님 앞에 나타나는 순간을 매우 기뻐하십니다. 하나님이 [내 앞에 몸을 가지고 돌아오라]고 요구하신 것입니다. 하나님의 아들들은 흙으로 된 옷을 입고 하나님 앞에 서게 되는데, 흙으로 만들어진 몸이 곧 יַבָּשָׁה[얍바샤]입니다. 생명수로 채워져야만 몸을 가지고 있는 상태에서도 하나님 앞에 있을 수 있습니다. 그래서 물 가운데서 마른 것이 드러난다고 말씀한 것입니다. 드러난다는 말은 하나님 보좌 앞에 나온다는 뜻입니다. 물은 생명수를 말하며, 마른 것은 몸을 의미합니다. 하나님 앞에 흙으로 된 몸이 드러나는 순간입니다.

아담이 선악과를 먹지 않았다면, 앞에서 설명한 대로 하나님의 계획이 순조롭게 진행되었을 것입니다. 그런데, 아담이 선악과를 먹었기에 세부적인 과정이 달라졌습니다. 그래도 창세기 1장의 계획에는 변함이 없습니다.

아담이 선악과를 먹었기에 하나님의 아들들은 죽음이 있는 몸으로 태어났습니다. 하나님의 아들들은 사명을 다하고 죽었습니다. 이들이 몸을 가지고 하나님 앞에 서려면 먼저 몸이 있어야 합니다. 몸을 가지기 위해 부활의 과정이 추가되었습니다. 또한, 죄를 지을 수밖에 없는 환경이었기에 모든 하나님의 아들들은 죄가 있습니다. 그래서 어린 양의 피로 죄를 씻는 과정이 추가되었습니다. 또한, 살아 있을 때 생명나무의 열매를 먹을 수 없었기에 부활한 후에 낙원에서 생명나무의 열매를 먹어야 합니다.

아담이 선악과를 먹지 않았다면, 하나님의 아들들은 거룩한 몸의 상태를 유지했을 것입니다. 그러면 죄와 더러움을 씻는 샘이 필요하지 않았습니다. 어린 양의 피로 죄를 용서받는 과정도 필요하지 않았습니다. 또, 죽었다가 다시 살아나는 첫째 부활의 과정도 필요하지 않았습니다.

한글성경에는 [뭍]이라고 번역했는데 히브리어 원어상으로는 [마른 것]입니다. 하나님의 아들들이 깨끗한 몸을 가지고 하나님 앞에 설 때, 하나님은 하나님의 아들들에게서 흙으로 된 마른 것을 보게 됩니다. [마른 것]은 생명수 샘물을 마신 하나님의 아들들이 가지고 있는 몸을 의미합니다. 생명수 샘물을 마신 하나님의 아들들이 몸을 가지고 하나님 앞에 서는 것입니다. 생명수 샘물을 마시지 않으면 육체를 가지고 하나님 앞에 설 수 없습니다.

[뭍이 드러나라]는 말씀은 생명수 샘물을 받은 하나님의 아들들에게 육체를 가지고 하나님을 맞으러 나오라는 명령의 말씀입니다.

Chapter 46

셋째 날
- 땅은 풀과 채소와 과목을 내라

성경 말씀: 창세기 1장 11절

"하나님이 이르시되 땅은 풀과 씨 맺는 채소와 각기 종류대로 씨 가진 열매 맺

는 나무를 내라 하시니"

이 말씀은 과거에 이미 완료된 창조의 내용을 말하는 것이 아닙니다. 이 내용은 [Chapter 2. 태양이 없는데, 식물이 자랄 수 있는가?]에서 설명했습니다.

이 말씀을 이해하려면 [Chapter 21. 창세기 1장에서 생물이란 말의 의미]에서 설명했던 생물의 의미를 이해해야 합니다.

영원히 살지 못하고 죽는 동물은 [생물]이 아니라 [흙]이라고 했습니다. 이와 마찬가지로, 식물도 죽어서 썩어 사라지면 생물이 아니라 흙입니다. 500년이나 1,000년을 사는 나무도 있지만, 그 나무도 언젠가는 죽습니다. 땅 위에는 많은 산이 있고, 산들은 푸른 나무들로 뒤덮여 있습니다. 이런 아름다운 풍경이 펼쳐져 있더라도 하나님의 눈에는 단지 흙이 넓게 펼쳐져 있는 것에 불과합니다.

하나님은 땅에게 풀과 채소와 나무를 내라고 말씀합니다. 이 말씀은 아직 성취되지 않았습니다. 현재 우리 자연 속에는 영원히 살아 있는 풀과 채소와 나무가

없기 때문입니다. 사람이 밭을 갈아서 얻는 채소는 이 말씀의 성취가 아닙니다.

하나님이 땅에 풀과 채소와 나무를 내라고 명령하셨기에 이 명령은 반드시 성취됩니다. 하나님이 말씀하셨기 때문입니다. 이 말씀이 성취되면, 영원히 죽지 않는 풀과 채소와 나무가 땅에서 자라날 것입니다.

아담이 선악과를 먹지 않았다면, 이 말씀은 앞으로 20만 년, 혹은 30만 년이 지난 후에 이루어졌을 것입니다. 기간을 정확하게는 알 수 없으나 오랜 후에나 이루어질 말씀입니다.

아남이 선악과를 먹었기에 이 발씀은 전년왕국 때 이루어지게 되었습니다. 전년왕국은 아담이 선악과를 먹었기에 생겨난 특별 기간입니다. 만약 아담이 선악과를 먹지 않았다면 천년왕국이라는 특별 기간은 따로 필요하지 않았을 것입니다. 창세기 1장의 계획만으로도 아주 오랜 기간이 소요되기 때문입니다. 아담이 선악과를 먹었기에 원계획을 이루는 데 필요한 기간이 6,000년으로 매우 짧아졌습니다. 그래서 천년의 시간을 따로 설정할 필요가 생겼습니다. 이 기간은 하나님의 일을 방해한 사탄을 벌하는 데 필요한 기간이기도 합니다.

아담이 선악과를 먹어서 이 명령은 천년왕국 때 성취될 것입니다. 지금은 천년왕국 기간이 아닙니다. 또한, 천년왕국은 아직 시작되지 않았습니다. 천년왕국은 요한계시록 20장 4절에 기록되어 있습니다.

천년왕국 기간에 풀과 채소와 나무가 영원한 생명을 가지게 될 것입니다. 이 기간에 우리가 모르는 새로운 종을 개발하는 것은 아닙니다. 이 식물들은 우리가 이미 잘 알고 있는 식물들입니다. 풀이라면 토끼풀, 제비꽃, 잔디와 같은 것이고, 채소라면 상추, 배추, 시금치와 같은 것이고, 나무라면 사과나무, 배나무, 감나무 같은 것입니다. 각각의 종류는 매우 많습니다. 이런 식물들은 이미 우리가 잘 아는 식물입니다. 지금은 이런 식물들이 모두 죽습니다.

이런 풀과 채소와 나무들이 죽지 않는 식물이 될 때, [땅은 풀과 채소와 나무를 내라]고 말씀하신 하나님의 명령이 성취되는 것입니다. 이전에 없던 모르는 식물을 새로 만드는 것이 아니라, 이미 알고 있는 식물들을 죽음이 없는 식물로 바꾸는 것입니다.

천년왕국이 진행되는 동안, 땅 위의 푸른 풀들은 죽지 않고 영원히 살아 있는 풀로 바뀌게 될 것입니다. 풀이 영원히 죽지 않는다는 것은 땅 아래에 뻗어 있는 줄기와 뿌리가 영원히 죽지 않는다는 의미입니다. 땅 아래에 있는 줄기와 뿌리에서 땅 위로 잎들이 자라 올라옵니다. 동물들이 땅 위로 올라온 풀을 먹습니다. 동물은 풀을 뜯어 먹지만, 땅 아래에 있는 줄기와 뿌리는 영원히 죽지 않습니다. 풀은 계절과 상관없이 영원히 죽지 않고 항상 땅 위로 잎을 낼 것입니다.

천년왕국 기간에 영원히 살아 있는 씨 맺는 채소가 만들어질 것입니다. 씨 맺는 채소가 영원히 살아 있다는 것인데, 이것이 어떻게 이루어질지는 아직 모르겠습니다. 채소는 계절과 상관없이 항상 푸르게 자라나 있을 것 같습니다. 사람이 채소를 먹으려고 땅에서 뽑으면, 그 채소에서 씨가 떨어지고, 그 자리에서 채소가 자라나지 않을까 싶습니다. 사람이 농사하지 않아도, 항상 그 자리에는 같은 채소가 있을 것 같습니다. 물론, 일하더라도 천년왕국 이후에는 사람이 직접 농사하지 않을 것입니다.

천년왕국 기간에 열매 맺는 나무도 영원히 살아 있는 나무로 바뀌게 될 것입니다. 나무가 한번 자라면 영원히 죽지 않습니다. 나무에서 열매가 생깁니다. 나무는 항상 일정량의 열매를 유지합니다. 열매는 사람을 위한 먹을거리입니다. 사람이 열매를 따 먹으면, 나무는 그 자리에 다시 열매를 맺습니다. 이렇게 나무는 항상 열매를 달고 있습니다. 열매는 아무리 오래 달려 있어도 상하거나 변하지 않습니다. 기온이 높거나 낮거나, 날씨가 흐리거나 맑거나, 늘 변하지 않고 그 자리에 나무가 있으며 그 자리에 열매가 있습니다. 천년왕국 이후로는 기후재난이나 기상이변이나 자연재해가 발생하지 않을 것입니다.

성경 말씀: 마태복음 21장 19절

"길 가에서 한 무화과나무를 보시고 그리로 가사 잎사귀 밖에 아무 것도 찾지 못하시고 나무에게 이르시되 이제부터 영원토록 네가 열매를 맺지 못하리라 하시니 무화과나무가 곧 마른지라"

이 말씀은 예수님이 시장하셔서 무화과를 먹으려고 하셨다는 기록입니다. 그 런데 마가복음 11장 13절에는 무화과의 때가 아니라고 기록되어 있습니다. 예 수님이 무화과가 있는지 보려고 가셨지만, 아직 때가 되지 않아서 무화과는 없 었습니다. 예수님은 무화과나무를 저주하셨습니다. 무화과나무는 아무 잘못 없 이 저주를 받았습니다. 무화과나무가 말을 할 줄 알았다면 억울하다고 호소했을 것입니다. 그러면 예수님은 왜 때도 아닌데 무화과나무에 억지를 부렸을까요?

예수님은 교훈을 주고자 하셨습니다. 예수님은 이 행동을 통해서 하나님의 나 라에 있게 될 나무의 모습을 설명하신 것입니다. 하나님의 나라가 이루어지면, 하나님의 나라에도 나무들이 있을 것인데, 나무들은 계절과 상관없이 항상 열매 를 맺고 있을 것입니다. 하나님 나라의 나무는 항상 열매를 맺고 있어야 한다는 것을 예수님이 행동으로 보여 주신 것입니다.

하나님은 땅에 풀과 채소와 나무를 내라고 말씀하셨습니다. 이 명령은 반드시 성취될 것입니다. 아담이 선악과를 먹었기에 이 말씀은 매우 빨리 이루어질 것입니다. 그때가 바로 천년왕국 기간입니다. 이때부터 식물에 죽음이 없는 영원한 생명이 주어지게 될 것입니다. 또한, 제철에만 열매는 맺는 것이 아니라 항상 열매를 맺고 있을 것입니다.

Chapter 47

넷째 날
- 두 큰 광명체와 별들의 구분

성경 말씀: 창세기 1장 16절

"하나님이 두 큰 광명체를 만드사 큰 광명체로 낮을 주관하게 하시고 작은 광명체로 밤을 주관하게 하시며 또 별들을 만드시고 하나님이 그것들을 하늘의 궁창에 두어 땅을 비추게 하시며 낮과 밤을 주관하게 하시고 빛과 어둠을 나뉘게 하시니 하나님이 보시기에 좋았더라"

이 말씀은 창세기 1장 16절에서 18절까지의 말씀입니다. 이 말씀은 넷째 날에 이루신 일을 이해하는 중요한 핵심 구절입니다. 이 말씀을 대강 읽고 넘어가면 쉽게 오해하게 됩니다. 그래서 이 문장은 잘 파악해야 합니다. 조금만 주의를 기울이면 이 문장을 바르게 이해할 수 있습니다. 번역상의 문제는 없는 것 같아서 히브리어 원문을 분석하지는 않겠습니다.

이 문장은 잘 보면, 두 개의 큰 단락으로 나누어집니다. 하나는 두 개의 큰 광명체에 관한 내용이고, 다른 하나는 별들에 관한 내용입니다.

이 말씀에서 [두 큰 광명체를 만드사]라고 되어 있습니다. 두 개의 큰 광명체는 얼핏 생각하면 태양과 달입니다. 두 개의 큰 광명체에 관한 설명은 바로 다음에 오는 문구입니다. 이 문구는 [큰 광명체로 낮을 주관하게 하시고 작은 광명체로 밤을 주관하게 하시며]입니다. 여기까지가 첫 번째 단락에 속하는 문장입니다.

두 번째 단락은 [별들]에 관한 것입니다. 두 개의 단락으로 나누는 이유는 창세기 1장 16절 앞부분에 [두 큰 광명체]를 만들었다고 기록되어 있기 때문입니다. 별들은 두 개의 큰 광명체에 속하지 않습니다. 그래서 별들에 관한 내용은 두 큰 광명체에 포함되지 않고 따로 구분됩니다. 두 개의 큰 광명체를 먼저 기록하고 두 번째로 별들에 관한 내용을 기록했다는 의미입니다.

두 개의 단락을 나누어 볼 때, 첫 번째 단락은 두 큰 광명체에 관한 것이고, 다음과 같습니다.

"두 큰 광명체를 만드사 큰 광명체로 낮을 주관하게 하시고 작은 광명체로 밤을 주관하게 하시며"

두 개의 단락으로 나누어 볼 때, 두 번째 단락은 별들에 관한 것이고, 다음과 같습니다.

"또 별들을 만드시고 하나님이 그것들을 하늘의 궁창에 두어 땅을 비추게 하시며 낮과 밤을 주관하게 하시고 빛과 어둠을 나뉘게 하시니"

이렇게 두 개의 단락을 구분하고 넷째 날의 말씀을 파악해야 합니다. 그렇지 않으면 크게 오해하게 됩니다.

만약 [두 큰 광명체를 만드사]라는 문구를 넣지 않았다면 어땠을까요? 그래도 문장은 매끄럽게 이어집니다. 만약 이 문구를 뺐다면, 사람 대부분이 생각하는 대로 설명할 수밖에 없었을 것입니다. 이 문구를 넣었기에 하나님의 의도를 정확하게 이해할 수 있게 됩니다. 이 문구를 넣었기에 별들에 관한 설명을 부분이 아니라 전체로 이해할 수 있게 되었습니다. 그뿐만 아니라, 이 문구는 말씀을 쉽게 생각하는 사람에게는 함정이 됩니다.

Chapter 48

넷째 날
- 큰 광명체는 낮을 주관한다

성경 말씀: 창세기 1장 16절

"하나님이 두 큰 광명체를 만드사 큰 광명체로 낮을 주관하게 하시고 작은 광
명체로 밤을 주관하게 하시며…"

이 말씀은 물질창조의 기록이 아닙니다. 이 말씀이 해와 달과 별들을 창조한
기록으로 보이기는 합니다. 그런데 큰 광명은 태양이 아니며, 작은 광명도 달이
아닙니다. 이 내용은 [Chapter 3. 달이 밤을 주관하는 것이 맞을까?]에서 설명했
습니다.

이미 앞에서 살펴본 것과 같이 광명체라는 히브리어 원어는 מָאוֹר[마오르]입
니다. 그런데 히브리어에 태양과 달이라는 단어가 따로 있습니다. 여호수아 10
장 12절에 שֶׁמֶשׁ[세메쉬]와 יָרֵחַ[야라크]가 나오는데, שֶׁמֶשׁ[세메쉬]는 태양이라
는 뜻이고, יָרֵחַ[야라크]는 달이라는 뜻입니다. 우주와 항성과 위성의 창조를 설
명하려고 했다면, מָאוֹר[마오르]가 아니라, שֶׁמֶשׁ[세메쉬]와 יָרֵחַ[야라크]를 사용
했을 것입니다.

이 말씀에서 말하고 싶은 것은 빛의 존재입니다. 창세기 1장에서 빛은 하나님
을 의미합니다. 넷째 날의 광명체도 빛을 발하는 존재로서 하나님 자신을 의미

합니다. 큰 광명체와 작은 광명체와 별들은 모두 하나님을 의미합니다. 이 내용은 차차 설명할 것이며, 이 Chapter에서는 큰 광명체만을 설명합니다.

Step 1. 큰 광명체의 의미

큰 광명체는 성자 하나님을 의미합니다. 첫째 날의 빛도 예수님이며, 넷째 날의 큰 광명체도 예수님입니다. 첫째 날의 빛이 예수 그리스도라는 내용은 [Chapter 32. 첫째 날 - 빛이 있으라]에서 설명했습니다.

첫째 날의 빛은 예수님이 세상에 오셔서 하나님 나라의 말씀을 선포하는 사역을 의미합니다. 넷째 날의 큰 광명체는 작은 광명체와 함께 별을 세우는 사역을 의미합니다. 예수님은 이렇게 두 가지 사역을 이루십니다. 예수님은 첫째 날의 사역을 이미 이루셨습니다. 넷째 날 큰 광명체의 사역은 아직 이룰 때가 되지 않았습니다. 예수님의 두 가지 사역을 설명하려면, 먼저 낮이라고 하는 단어의 의미를 알아야 합니다.

Step 2. 낮의 의미

절대적인 빛은 하나님을 의미합니다. 예수님이 이 땅에 오셨기에 세상에 빛이 존재하게 되었습니다. 빛이 오시기 전에 세상은 혼돈 상태였습니다. 그런데 예수님이 오신 후로 상대적 빛과 어둠의 개념이 생겼습니다. 이는 산상수훈으로 대표되는 예수님의 명령이 선포되었기 때문입니다.

빛과 어둠을 비교할 때, 상대적 빛과 어둠은 흑백의 논리가 아닙니다. 이것은 비율에 관한 것입니다. 얼마나 예수님의 말씀대로 사느냐에 따라 빛에 거하는 자가 되기도 하고 어둠에 거하는 자가 되기도 합니다. 예수님이 다스리는 나라에서 오직 빛으로만 사는 하나님의 백성은 없을 것입니다. 또한, 오직 어둠으로만 사는 백성도 없을 것입니다. 이 내용은 [Chapter 33. 첫째 날 - 빛과 어둠을 나눈다]에서 설명했습니다.

창세기 1장에서 하나님이 빛을 낮이라 부르시고, 어둠을 밤이라고 부르셨습니다. 그런데 예수님이 오셔서 빛과 어둠, 낮과 밤을 구분하여 개념을 정리하셨습니다. 창세기의 하나님이 곧 예수님입니다. 예수님이 오셔서 창세기 1장의 말씀을 조금은 이해할 수 있도록 해석해 놓으신 것입니다.

낮이란 빛의 존재인 하나님이 계실 때가 낮입니다. 밤이란 빛의 존재인 하나님이 계시지 않을 때가 밤입니다. 하나님이 계신다는 의미는 하나님이 창조주의 능력과 권능으로 함께 계실 때입니다. 하나님이 변장하고 아무런 능력과 권능이 없는 것처럼, 마치 평범한 사람인 것처럼 우리 주위에 있다면, 이 경우는 낮이 아닙니다. 빛의 존재가 있을지라도 창조주 하나님의 존재를 보여 주지 않기 때문입니다.

낮이란, 거룩하신 하나님이 창조주의 능력과 권능을 가지고 피조물 앞에 위엄을 나타내실 때를 말합니다. 그래서 모든 피조물이 창조주가 계심을 느끼고 경배합니다. 창조주의 보호를 받기에 안심하고 사는 곳입니다. 이런 곳이 낮입니다. 하나님을 모르거나 두려워하지 않는 지역은 밤입니다. 이 내용은 [Chapter 34. 첫째 날 - 낮과 밤을 정하다]에서 설명했습니다.

　　　　　　　　　　　　　　　　　　　Part 3. 하나님의 창조 계획

Step 3. 큰 광명체가 낮을 주관한다

예수님은 하나님입니다. 성자 하나님이 이 땅에 빛으로 임하셨습니다. 예수님이 직접 사람으로 오셔서 잠시 백성과 함께 계셨습니다. 예수님은 자신을 숨기지 않고 창조주 하나님으로서의 능력과 권능을 보여 주셨습니다. 낮을 주관한다는 말은 하나님이 직접 능력과 권능으로 사람과 함께하는 것을 의미합니다. 큰 광명은 예수님을 의미합니다. 그래서 큰 광명이 낮을 주관한 일이 한 번 있었습니다. 2,000년 전 예수님이 직접 유대 땅에 오셨던 사건입니다.

Chapter 49

넷째 날
- 작은 광명체는 밤을 주관한다

성경 말씀: 창세기 1장 16절

"하나님이 두 큰 광명체를 만드사 큰 광명체로 낮을 주관하게 하시고 작은 광명체로 밤을 주관하게 하시며…"

이 말씀은 물질창조의 기록이 아니라고 말했습니다. 이 내용은 [Chapter 3. 달이 밤을 주관하는 것이 맞을까?]에서 설명했습니다.

광명체, 태양, 달이라는 히브리어 원어는 [Chapter 48. 넷째 날 - 큰 광명은 낮을 주관한다]에서 이미 설명했습니다.

Step 1. 작은 광명체의 의미

큰 광명체가 예수 그리스도를 비유하고 있다는 것을 앞에서 설명했습니다. 그렇다면, 같은 패턴으로 작은 광명체의 의미도 알 수 있습니다. 광명체는 빛을 발하는 존재입니다. 그래서 광명체는 하나님을 의미합니다.

[작은 광명체]라는 말에서 [작다]는 단어를 통해 [작은 광명체]는 예수님이 아니라는 것을 알 수 있습니다. 예수님은 큰 광명체이기 때문에, 작은 광명체는 예

수님만큼 돋보이지 않는다는 것을 알 수 있습니다.

[작은 광명체]도 같은 광명체이기에 하나님을 의미합니다. 큰 광명체는 예수님을 의미하며, 예수님은 이 땅 위에 사람으로 오셨습니다. 그래서 예수님과 같은 패턴을 적용해 보면, 작은 광명체도 세상에 사람으로 오신다는 것을 알 수 있습니다.

작은 광명체의 존재는 현재의 기독교인들이 전혀 예상하지 못합니다. 하나님이 예수님 때와 같이 다시 사람으로 태어난다는 것은 누구도 상상하지 못합니다. 현재의 기독교인들은 예수님의 재림만을 알고 있습니다. 현재의 기독교인들이 작은 광명체의 존재를 전혀 생각하지 못한 이유는, 큰 광명체를 예수님을 생각하지 못했기 때문입니다. 큰 광명체를 태양으로만 생각했기 때문입니다.

광명체가 하나님을 나타내며, 큰 광명체가 예수님이라면, 작은 광명체는 예수님이 아닌 다른 하나님을 비유하는 것이 됩니다. 예수님이 [아버지와 나는 하나다]라고 말씀하신 것 같이, 작은 광명체도 [아버지와 나는 하나다]라고 말씀하든가 또는 [예수님과 나는 하나다]라고 말씀할 만한 상황입니다.

창세기 1장은 마지막 창조를 위한 하나님 자신의 실행계획서입니다. 그래서 큰 광명체는 하나님이 직접 사람으로 오셔서 낮을 주관하겠다는 뜻입니다. 하나님이 직접 예수 그리스도가 되어 이 땅에 오셔서 하나님의 나라를 가르치고 그 나라의 법을 선포한다는 하나님의 계획입니다. 이 계획이 첫째 날의 계획입니다.

마찬가지로, 작은 광명체도 하나님이 직접 사람으로 오셔서 밤을 주관하겠다는 뜻입니다. 하나님이 직접 알려지지 않은 또 다른 사람이 되어, 이 땅에서 하기로 계획했던 일을 이루겠다는 하나님의 계획입니다. 이 계획은 둘째 날에 이룰 계획입니다.

우리는 성자 하나님이신 예수님이 사람으로 태어나셨다는 것을 알고 있습니다. 하나님이 사람으로 태어나는 일이 한 번 있었기에, 그런 일이 또다시 일어나지 말란 법은 없습니다. 창세기 1장에서 하나님은 큰 광명체, 작은 광명체로 사람이 되겠다고 계획하셨습니다. 하나님은 큰 광명체로 사람이 되는 일을 이미 이루셨고, 작은 광명체로 사람이 되는 일도 이루신다는 것입니다.

Step 2. [밤]의 의미

밤이란 창조주 하나님이 우리 옆에 있는지 알 수 없는 상태를 의미합니다. 이 내용은 [Chapter 34. 첫째 날 - 낮과 밤을 정하다]에서 설명했습니다

빛의 존재가 이 땅에 사람으로 오셨다고 가정하더라도, 그분이 창조주 하나님의 능력을 사용하지 않는다면, 사람들은 창조주 하나님이 옆에 계신다는 것을 느낄 수 없습니다.

일부 사람들은 자신을 지켜보는 절대적 존재를 느끼지 못하면 자신의 행동을 아무도 모른다고 생각합니다. 그래서 자신의 부끄러운 행동을 누구도 알 수 없을 것으로 생각합니다. 아무도 모른다는 생각으로 잘못된 행동을 서슴없이 합니다. 이런 사람들이 많아지면 그 사회에 어두운 그림자가 드리우게 됩니다.

하나님이 없어도, 예수님의 말씀을 몰라도, 사회는 유지될 수 있고, 사람은 서

                                       Part 3. 하나님의 창조 계획

로 도우며 삶을 유지할 수 있습니다.

그러나 죽음이 있는 한 사람은 죽음을 두려워하여 삶에 매달리게 됩니다. 자신과 가족의 생명을 중시하게 되고, 가족의 생계를 책임져야 합니다. 그러다 보니, 비겁한 사람이 되고, 비굴한 사람이 되기도 하고, 정의와 공의와 공평과 공정을 뒤로하고 자신의 이익을 먼저 추구합니다. 선을 가장하고 뒤로는 악과 타협을 합니다. 이런 일들이 우리 사회에 만연하게 되는 것은 우리가 짧은 생을 살고 죽기 때문입니다. 물론, 이 이유만으로 모든 잘못을 덮을 수는 없습니다.

하지만 죽음이 없다면 많은 문제가 자연스럽게 해결됩니다. 죽음이 없다면 근본적인 문제들이 해결됩니다. 생계를 위해서 거짓된 삶을 살 필요가 없습니다. 그런데 죽음이 없는 영원한 생명은 창조주 하나님이 주시는 것입니다. 죽음이 없다는 말은 창조주 하나님이 다스린다는 뜻입니다. 하나님이 다스리는 하나님의 나라가 이 땅에 이루어지기 전까지, 세상은 어둠에서 벗어날 수 없다는 뜻이기도 합니다.

만약 하나님이 우리 시대에 예수님으로 오셔서 기적과 이적을 베풀고, 아픈 사람을 낫게 하고, 죽은 자를 살린다면 사람들은 예수님에게 달려가서 예수님을 의지할 것입니다. 예수님을 따르는 사람이 많아질 것입니다. 2,000년 전 예수님이 하셨던 것처럼, 우리 시대에 오신 예수님도 약자를 돌아보고 그들을 위로하며 바른 삶을 가르칠 것입니다.

악한 사람들과 나쁜 사람들은 예수님 만나기를 꺼리게 될 것입니다. 예수님이 그들의 속마음을 바로 꿰뚫어 보기 때문입니다. 예수님이 그들의 생각과 과거의 행위를 꾸짖고 많은 사람 앞에 그들의 잘못을 드러냅니다. 그러면 우리 사회는 죄와 악이 줄어들 것이고, 선행과 사랑이 늘어날 것입니다. 많은 사람이 스스로 악행을 줄이고 선한 삶을 살려고 노력할 것입니다. 사회는 낮으로 바뀌게 됩니다.

2,000년 전 예수님은 나쁜 권력자들을 꾸짖기는 하셨으나 그들에게 벌을 내리지는 않았습니다. 그래서 당시의 사람들은 예수님을 두려워하지 않았습니다. 예수님 앞에 나서지 않으면서도 뒤로는 예수님을 죽이려고 모의합니다. 이렇게 모의하는 것은 예수님을 두려워하지 않았기 때문입니다.

이 땅 위에 사람으로 오신 하나님이 잘못된 것을 지적한다고 가정합니다. 이분은 어떤 방법으로도 해를 입지 않는다고 가정합니다. 또 이분은 말한 대로 이루는 능력이 있다고 가정합니다. 사람들이 악행을 하면, 이분이 바로 벌을 내린다고 가정합니다. 그러면, 그 사회는 점점 밝아질 것이며, 정의와 공의와 공정과 공평이 이루어지고, 선한 사람이 많아질 것이며, 조금씩 살기 좋은 사회로 변해갈 것입니다. 이런 상태가 되었을 때 낮의 상태입니다.

지금은 밤입니다. 하나님이 침묵하고 계시기 때문입니다. 사람들은 하나님을 알고 있으며, 하나님의 말씀도 알고 있습니다, 그러나 하나님이 오래 침묵하시기에 사람들은 말씀대로 살지 않는 경우가 많습니다. 밤이란 하나님의 말씀을 아는 사람들이 말씀대로 살지 않는 것을 의미합니다.

사람이 사는 세상에는 절대적 능력을 소유한 창조주 하나님의 통치가 필요합니다. 그렇지 않으면 낮이 될 수 없습니다. 그래서 하나님은 초월적 능력이 있는 하나님의 아들들을 제사장으로 세워서 하나님의 나라를 통치하도록 계획하신 것입니다.

    Part 3. 하나님의 창조 계획

Step 3. 작은 광명체가 밤을 주관한다

이 말씀은 예수님이 아닌 하나님이 이 땅에 사람으로 와서 어둠의 세계를 지배한다는 의미가 아닙니다. 예수님이 큰 광명체로 세상에 오셨지만, 당시 사회를 지배하지 않은 것과 같습니다.

작은 광명체는 하나님이 한 번 더 사람으로 태어난다는 계획입니다. 작은 광명체는 어린 양이신 예수님이 아닙니다. 작은 광명체는 사람으로 태어나서, 자신이 해야 할 일을 하고, 그 일을 마치면 다시 본래의 하나님으로 돌아갑니다.

밤을 주관한다는 뜻은, 작은 광명체는 큰 광명체와는 다르게 창조주 하나님의 능력을 사용하지 않는다는 뜻입니다. 그래서 많은 사람이 하나님이 친히 사람으로 오셔서 우리와 함께 계셨다는 사실을 알 수 없습니다.

예수님은 창조주 하나님의 능력으로 죽은 나사로를 살리고, 선천적 시각장애인의 눈을 뜨게 하며, 38년 된 병자를 걷게 하고, 물 위를 걸으셨으며, 오병이어로 많은 사람을 먹이셨습니다. 이런 일들은 사람이 할 수 있는 게 아닙니다. 창조주 하나님의 능력을 사용할 때 사람들은 하나님이 우리와 함께 계신다는 것을 느끼게 됩니다. 이 경우가 낮입니다.

작은 광명체는 이런 능력을 사용하지 않기 때문에, 사람들은 하나님이 우리와 함께 계신다는 것을 느낄 수 없습니다. 사람들은 하나님이 우리를 방문하셨다는 것을 알 수 없습니다.

작은 광명체가 밤을 주관한다는 말씀은 하나님이 사람들 모르게 사람으로 태어나서 자기 일을 마치고 아버지에게로 가신다는 뜻입니다.

Step 4. 낮이든 밤이든 [주관한다]고 표현한 이유

[주관한다]고 표현한 것은, 어느 사회든지 또는 어느 지역이든지, 그곳에 하나님이 임하셨다면, 그곳은 하나님이 다스리는 곳입니다. 그 지역을 다스리는 제사장이 있으면 낮이고, 그 지역을 다스리는 제사장이 없으면 밤입니다. 낮이든 밤이든 하나님이 방문하신다면 그곳은 하나님이 주관하는 지역입니다. 만약 하나님이 주관하지 않는 지역이 있다면, 그곳은 낮도 아니고 밤도 아닙니다. 하나님이 주관하지 않는 곳은 혼돈의 세계입니다.

Chapter 50

넷째 날
- 낮과 밤을 주관하고 빛과 어둠을 나눈다

성경 말씀: 창세기 1장 16절

"…또 별들을 만드시고 하나님이 그것들을 하늘의 궁창에 두어 땅을 비추게

하시며 낮과 밤을 주관하게 하시고 빛과 어둠을 나뉘게 하시니…"

이 말씀에는 두 큰 광명체와는 다른, 별이라는 빛의 존재에 관한 내용이 기록되어 있습니다. 이 말씀에는 하나님의 이루고자 하는 가장 중요한 뜻이 있습니다. 이 내용을 설명합니다.

Step 1. [그것들]이 지시하는 것은 별들이다

이 말씀을 해석할 때, 창세기 1장 17절에 [하나님이 그것들을 하늘의 궁창에 두어]라는 문장이 있는데, 여기서 [그것들]을 무엇으로 해석하느냐가 중요합니다. 첫째는 [그것들]을 큰 광명체, 작은 광명체, 별들이라고 해석하는 경우입니다. 둘째는 [그것들]을 별들로만 해석하는 경우입니다.

사람 대부분은 창세기 1장을 물질창조의 기록으로 보고 첫째 견해로 해석을 합니다. [그것들]을 물질세계에 있는 해, 달, 별들이라고 해석합니다. 그런데 창세기 1장은 하나님의 계획이기에, [그것들]은 별들만을 의미합니다.

성경을 읽는 사람 대부분은 창세기 1장 16절에서 18절까지의 말씀을 분류할 때, 16절을 하나의 문장으로 끊습니다. 그리고 17절과 18절을 다른 하나의 문장으로 끊습니다. 그 후에 17절과 18절은 태양과 달과 별들에 관한 것이라고 해석합니다. 그 이유는 태양과 달과 별들을 하나로 묶어서 낮과 밤을 주관하고 빛과 어둠을 나뉘게 하셨다고 하는 해석입니다. 다시 말해서, 창세기 1장 17절, 18절에서 낮과 밤을 주관하고, 빛과 어둠을 나누는 일은 태양과 달과 별들이라는 해석입니다. 이 해석은 매우 자연스럽게 느껴집니다.

만약 태양과 달과 별들을 모두 포함하여 설명하는 것이 목적이라면, [두 큰 광명체를 만드시]라는 문구는 적절하지 않습니다. 두 큰 광명체와 별들을 포함하여 주어로 사용했어야 합니다. 또 낮을 주관한다는 말과 밤을 주관한다는 말이 18절에서 중복됩니다. 중복되는 부분을 제거하는 것이 맞습니다. 다음과 같은 문장으로 바뀌어야 맞았을 것입니다.

"하나님이 태양과 달과 별들을 만드시고, 그것들을 하늘의 궁창에 두어 땅에
비추게 하시고 낮과 밤을 주관하게 하시며 빛과 어둠을 나누게 하시니라"

하나님은 창세기 1장을 통해서 물질창조를 설명하는 것이 아닙니다. 하나님은 창세기 1장에서 하나님의 창조 계획을 선포하는 것입니다. 이 창조는 하나님의 나라를 창조하는 것입니다. 그래서 하나님은 태양과 달을 사용하지 않고 광명체라는 단어를 사용하셨습니다. 하나님이 광명체라는 단어를 사용한 것은 별들과 구분하기 위해서입니다.

이 말씀을 자세히 보면, 다음과 같은 구조임을 알 수 있습니다. 먼저 두 개의 그룹으로 나눕니다. 첫 번째 그룹은 광명체이고, 두 번째 그룹은 별들입니다. 첫 번

                                                Part 3. 하나님의 창조 계획

째 그룹을 다시 두 개의 항목으로 나눕니다. 첫째 항목은 큰 광명체이고 둘째 항목은 작은 광명체입니다. 두 번째 그룹은 별들이라는 하나의 항목만 있습니다.

창세기 1장 16절에 [두 큰 광명체를 만드사]는 첫 번째 그룹을 시작하는 말입니다. 창세기 1장 16절 끝부분에서 [또 별들을 만드시고]는 두 번째 그룹을 시작하는 말입니다. 첫 번째 그룹의 두 개의 항목에 관한 설명은 창세기 1장 16절 중반에 있습니다. 두 번째 그룹의 한 개 항목에 관한 설명은 17절과 18절의 내용입니다. 이 구조를 잘 이해하면 하나님이 하시려는 계획을 깨닫게 됩니다.

Step 2. 두 큰 광명체를 만드사

하나님이 태양과 달이라는 단어를 사용하지 않고 두 큰 광명체라는 단어를 사용하셨습니다. 두 큰 광명체라는 단어 속에 별들은 포함되지 않습니다. 하나님이 두 큰 광명체를 만들었다고 표현하신 이유는 별들을 포함하지 않으려는 목적이 있습니다. 두 광명체와 별들은 다르기 때문입니다.

하나님이 두 광명체라는 단어를 사용하신 것은 이 두 큰 광명체는 사라질 것이기 때문입니다. 태양과 달과 별들은 사라지지 않는 영원한 존재라는 개념이 있습니다. 창세기 1장은 이런 개념을 가져다 사용하고 있습니다. 다만 두 큰 광명체는 영원히 빛나지 않을 것입니다. 그래서 태양과 달이라는 단어를 사용하지 않았습니다. 두 큰 광명체는 예수님과 또 다른 보혜사입니다. 또 다른 보혜사는 생명수의 샘이 되기 위해서 사람으로 오신 하나님입니다.

큰 광명체는 낮을 주관하고, 작은 광명체는 밤을 주관합니다. 그런데 큰 광명체가 낮을 주관하는 일은 영원하지 않습니다. 작은 광명체가 밤을 주관하는 일도 영원하지 않습니다. 큰 광명체와 작은 광명체는 시간이 지나면 낮과 밤을 주관하지 않게 될 것입니다. 그래서 큰 광명체를 태양으로 사용할 수 없고, 작은 광명체를 달로 사용할 수 없었습니다.

두 큰 광명체는 별들을 빛내주는 보조적인 역할을 합니다. 넷째 날의 말씀에서 주인공은 별들입니다. 큰 광명체와 작은 광명체는 별들을 세우기 위한 사역을 하고, 이 사역을 마친 후에는 무대 뒤로 사라질 것입니다.

Step 3. 또 별들을 만드시고

이 말씀부터는 별들에 관한 내용을 설명하는 것입니다. 17절과 18절은 별들에 관한 설명입니다. 17절과 18절의 내용에는 두 큰 광명체에 관한 설명이 포함되어 있지 않다는 것입니다.

16절과 17절과 18절에서 세종류의 빛나는 존재를 확인할 수 있습니다. 첫째는 큰 광명체이고, 둘째는 작은 광명체이고, 셋째는 별들입니다. 세 종류의 광명체에 관하여 그 역할을 설명합니다.

큰 광명체의 역할은 낮을 주관하는 것이라고 16절에 설명되어 있습니다. 작은 광명체의 역할은 밤을 주관하는 것이라고 16절에 설명되어 있습니다. 그런데 별들의 역할은 16절에는 설명되어 있지 않습니다. 별들의 역할은 17절과 18절에 설명되어 있습니다.

하나님은 빛나는 존재를 두 그룹으로 나누셨습니다. 두 그룹으로 나누고 있다는 것은 [두 큰 광명체를 만드시]라는 문구에서 알 수 있습니다. 앞에서 설명한 대로, [두 큰 광명체]라는 문구는 별들을 제외한다는 뜻이 분명하기 때문입니다. 하나님은 두 큰 광명체라는 문구를 사용하여, 별들과는 다른 그룹으로 나누신 것입니다. 그래서 첫째 그룹에 관한 설명은 16절에 나타나 있지만, 둘째 그룹에 관한 설명은 16절에 없습니다. 하나님은 둘째 그룹에 관한 설명을 뒤에 오는 17절과 18절에서 설명합니다. [두 큰 광명체를 만드사]라는 문구 뒤에 오는 문장이 첫째 그룹에 관한 설명입니다. 마찬가지로 [별들을 만드시고]라는 문구 뒤에 오는 내용이 둘째 그룹에 관한 설명이 됩니다. 성경의 장과 절을 정할 때, 특히 절을 정하는 작업에서 [또 별들을 만드시고]라는 문장을 17절 앞 구절로 정했어야 했습니다.

물론 장과 절은 하나님이 나누신 것이 아닙니다. 그래서 절을 가지고 설명하는 것은 아닙니다. 단지 [또 별들을 만드시고]라는 문구 뒤에 두 번째 그룹에 관한 역할이 기록되어 있다는 것을 설명하는 것입니다.

Step 4. 별들이 낮과 밤을 주관하다

큰 광명체도 하나님이고, 작은 광명체도 하나님이며, 별들도 하나님입니다. 창세기 1장에서 빛을 내는 존재는 하나님을 의미합니다. 하나님은 빛이시기 때문입니다.

큰 광명체는 성자 예수님을 의미합니다. 작은 광명체는 또 다른 보혜사로서 생명수의 샘이 된 하나님을 의미합니다. 별들도 생명수의 샘이 된 하나님이지만, 별들은 작은 광명체와는 다릅니다. 별들에 관해서는 바로 이어서 설명하겠지만, 여기서는 먼저 낮과 밤을 주관하는 것에 집중하여 설명합니다.

별들이 낮과 밤을 주관한다는 것은 별들이 낮도 주관하고 밤도 주관한다는 의미입니다. 낮을 주관하는 일은 큰 광명체의 역할입니다. 큰 광명체가 하던 역할을 별들에 위임한다는 뜻입니다. 또 밤을 주관하는 일은 작은 광명체의 역할입니다. 이 역할을 작은 광명체가 별들에 위임한다는 뜻입니다.

별들이 등장하게 될 때, 큰 광명체의 역할과 작은 광명체의 역할을 별들에 위임한다는 뜻입니다. 이 말씀은 별들이라는 하나님이 나타나서, 하나님의 나라가 이루어진 곳에서는 보이는 하나님의 능력과 권능으로 통치하신다는 것이고, 하나님의 나라가 이루어지지 않는 곳에서는 보이지 않는 하나님의 섭리로 관리하신다는 것입니다. 이 내용은 [Chapter 34. 첫째 날 - 낮과 밤을 정하다]에서 설명한 것과 같습니다.

Step 5. 별들은 하나님의 새로운 존재 방식입니다

창세기 1장 16절에 나오는 별들은 앞으로 등장하게 될 하나님의 새로운 모습입니다. 이는 요한계시록 4장 5절에 나오는 하나님의 일곱 영입니다. 또한, 요한계시록 5장 6절에 기록된 하나님의 일곱 영입니다. 하나님은 창세기 1장에서부터 일곱 영을 [별들]로 표현하신 것입니다. 하나님은 창세기 1장의 모든 창조 작업을 끝내고 안식하실 때, 일곱 영으로 두고, 일곱 영이 물질세계를 다스리도록 합니다. 이후에 홀로 하나가 되신 하나님은 물질세계에 일곱 영을 둔 채로 영원 속에 안식합니다. 이후로 피조물은 일곱 영을 통하여 거룩하신 하나님을 볼 수 있습니다.

일곱 영은 성자 하나님에게서 나온 또 다른 하나님으로 어린 양의 이마에 있는 일곱 눈과 일곱 뿔입니다. 일곱 영은 창조주 하나님에게서 나왔으나, 자신을 경배받을 존재로 여기지 않고, 자신을 낮춰 종의 형체를 가지며, 거룩하신 하나님을 섬기는 종의 자리에 섭니다.

Step 6. 하늘의 궁창에 두어

창세기 1장 17절에는 [하늘의 궁창에 두어]라는 문구가 있습니다. 이 말씀을 읽는 사람 대부분은 아마도 우주를 떠올릴 것입니다. 최근 갈릴레오가 활동했던 16세기 이전까지 인류는 천동설을 믿었습니다. 구약시대와 신약시대와 16세기까지 사람들은 창세기 1장의 말씀을 읽을 때 하나님이 둥근 돔 형태의 천정에 태양과 달과 별들을 매달아 놓았다는 생각을 했던 것 같습니다.

이 말씀은 물질창조의 기록이 아니기에, 하늘의 궁창은 창공이나 우주를 뜻하지 않습니다.

성경 말씀: 마태복음 5장 34절
"…도무지 맹세하지 말지니 하늘로도 하지 말라 이는 하나님의 보좌임이요"

이 말씀에서 예수님은 하늘을 하나님의 보좌라고 하십니다. 그래서 창세기 1장 17절의 [하늘의 궁창]은 하나님의 보좌를 의미합니다. 별들을 하늘의 궁창에 두겠다는 말씀은 별들이 하나님과 어린 양의 보좌가 된다는 뜻입니다. 다시 말해서, 일곱 영은 거룩한 하나님을 비춰주는 거울과 같은 존재가 된다는 뜻입니다. 일곱 영을 통해서 거룩한 하나님을 만날 수 있다는 의미입니다.

창세기 2장 2절에는 하나님이 창조의 일을 마치고 제 칠일에 안식하셨다고 기록되어 있습니다. 칠 일이 되는 때에 하나님은 영원의 세계에 안식하신다는 게획입니다. 하나님이 창조를 다 마치시면, 성부 하나님은 어린 양이신 예수님과 또 다른 보혜사와 함께 홀로 하나가 되십니다. 구약에서는 하나님이 유일하신 분으로 하나였습니다. 그렇게 다시 하나가 되신 하나님이 영원의 세계에 안식하면서, 물질세계에는 하나님 자신의 또 다른 모습으로 일곱 영을 남기신다는 뜻입니다.

이 과정에서 일곱 영은 하나님의 보좌로 불리게 됩니다. 하나님의 보좌에는 하나님과 어린 양이 앉아 계십니다. 그런데 하나님과 어린 양이 보이지는 않습니다. 천사들과 하나님의 아들들은 더는 하나님과 어린 양의 모습을 볼 수 없습니다. 하나님과 어린 양이 영원의 세계로 돌아가 안식하시기 때문입니다. 다만 하나님의 보좌가 그들 앞에 있습니다.

성경 말씀: 요한복음 14장 9절

"…네가 나를 알지 못하느냐 나를 본 자는 아버지를 보았거늘 어찌하여 아버지를 보이라 하느냐"

이 말씀에서 예수님은 예수님을 본 것이 아버지를 본 것이라고 말씀합니다. 천사들과 하나님의 아들들이 새 예루살렘 성에서 하나님과 어린 양의 보좌를 봅니다. 그런데 이 보좌가 일곱 영입니다. 천사들과 하나님의 아들들은 일곱 영을 보는데, 이것이 하나님 아버지와 어린 양이신 예수님을 보는 것과 같다는 뜻입니다.

일곱 영은 나무로 된 의자도 아니고, 황금으로 만들어진 의자도 아닙니다. 일곱 영은 일곱 명의 사람입니다. 사람이지만, 그 본질은 하나님의 영으로서 각자가 독립된 개체입니다. 그래서 일곱 영 중 한 분을 마주 보고 서 있을지라도, 겉

                    Part 3. 하나님의 창조 계획

모습은 하나님도 어린 양도 아니지만, 그들의 본질은 하나님과 어린 양이라는 것입니다.

성경 말씀: 요한계시록 22장 1절
"또 그가 수정 같이 맑은 생명수의 강을 내게 보이니 하나님과 및 어린 양의 보좌로부터 나와서"

이 말씀에서 새 예루살렘 성에는 하나님과 어린 양의 보좌가 있다고 기록되어 있습니다. 이 말씀에서 하나님과 어린 양의 보좌는 새 예루살렘 성 한가운데 고정된 의자(Chair)가 아닙니다. 하나님과 어린 양의 보좌는 걸어 다닙니다. 하나님과 어린 양의 보좌는 사람 형태를 띠고 있습니다. 하나님과 어린 양의 보좌는 말을 하며 대화하고 복을 주는 분입니다. 하나님과 어린 양의 보좌는 경배를 받지 않습니다. 하나님과 어린 양의 보좌는 영원의 세계에 안식하는 거룩한 하나님을 반영하는 거울과도 같습니다.

이 말씀에서 하나님과 어린 양의 보좌에서 생명수의 강이 흐릅니다. 이 생명수의 강은 보이는 형태의 물이 아닙니다.

성경 말씀: 요한복음 7장 38절
"나를 믿는 자는 성경에 이름과 같이 그 배에서 생수의 강이 흘러나오리라 하시니"

이 말씀에서 생수의 강이 배에서 흘러나오는 것은 의자(Chair)가 아니라 예수님을 믿는 사람입니다. 예수님은 예수님을 믿는 사람에게서 생수의 강이 흐를 것이라고 말씀하셨습니다. 그래서 요한계시록 22장 1절에 기록된 하나님과 어린 양의 보좌는 사람입니다.

이 말씀에서 일곱 눈은 세상에 보냄을 받아 사람으로 태어납니다. 일곱 눈이 일곱 영입니다. 사람으로 태어난 일곱 영은 예수님을 믿고 생수를 마십니다. 일곱 영은 예수님이 주시는 생수를 마시고 그 배 속에 생명수의 샘을 가지게 됩니다. 일곱 영의 배 속에 있는 생명수의 샘에서 생명수의 강이 흐르게 됩니다. 생명수의 강과 생수의 강은 같은 뜻입니다.

이렇게 일곱 영이 하나님과 어린 양의 보좌가 됩니다. 일곱 영에서 생명수의 강이 흐르기 때문입니다. 하나님과 어린 양의 보좌가 곧 하늘입니다. 그래서 창세기 1장 17절에 기록된 [하늘의 궁창]은 하나님과 어린 양의 보좌를 비유하고 있습니다. 창세기 1장 17절에 나오는 별들은 요한계시록 5장 6절에 나오는 일곱 영을 의미합니다.

마지막 창조를 마친 후에, 물질세계에 일곱 영을 두시고, 성부 하나님과 성자 하나님은 안식하겠다는 것입니다. 이것이 하나님의 계획입니다.

Step 7. 땅을 비추게 하시며

별들이 땅을 비추게 하신다는 말씀에서 땅은 셋째 날 말씀하신 땅을 의미합니다. 이 땅은 천하의 물이 한곳으로 모인 후에, 물 위로 드러나는 마른 것입니다.

이 마른 것을 하나님은 땅이라고 칭하셨습니다. 땅을 비추게 하신다는 말은 이 [마른 것]에게 빛을 비춘다는 의미입니다.

셋째 날의 땅은 하나님 앞에 몸을 가지고 섬기게 되는 하나님의 아들들이라고 설명했습니다. 하나님의 아들들이 흙으로 된 몸을 가지고 하나님 앞에 서게 되는 것을 의미합니다. 이것이 뭍이 드러난다는 의미입니다. 이는 [Chapter 45. 셋째 날 - 뭍이 드러난다]에서 설명했습니다.

창세기 1장에서의 땅은 몸을 가지고 있는 하나님의 아들들을 의미합니다. 별들이 땅을 비춘다는 말씀은 별들로 표현되는 하나님이 나라와 제사장에게 빛을 비춘다는 의미입니다. 나라와 제사장은 몸을 가지게 된 하나님의 아들들이며, 십사만 사천입니다.

성경 말씀: 요한계시록 22장 5절
"다시 밤이 없겠고 등불과 햇빛이 쓸 데 없으니 이는 주 하나님이 그들에게 비치심이라 그들이 세세토록 왕 노릇 하리로다"

이 말씀에서 [다시 밤이 없다]의 뜻은 새 예루살렘 성안에 있는 하나님의 종들에게 밤이 없다는 것입니다. 땅 위에 사는 만국 백성은 지구 행성에 살고 있으며, 지구 행성은 자전을 멈추지 않습니다. 그래서 땅에 사는 백성에게는 여전히 낮과 밤이 있습니다.

이 말씀에서 [등불과 햇빛이 필요 없다]는 말은 새 예루살렘 성에서 하나님을 섬기는 종들에게 자연광이 필요하지 않다는 뜻입니다. 땅 위에 사는 만국 백성은 여전히 자연광이 필요합니다. 지구 행성에는 여전히 아름다운 자연이 있을 것이기 때문입니다.

이 말씀에서 [주 하나님이 그들에게 비치신다]고 합니다. 하나님이 빛이 되어 빛을 비춥니다. 이 말씀에서 빛을 받는 [그들]은 세세토록 땅의 왕이 되는 사람들입니다. 땅의 왕은 당연히 하나님의 종입니다. 하나님이 땅의 왕이 된 [나라와 제사장]들에게 비추신다는 뜻입니다. 하나님의 영광은 직접 백성을 비추지 않습니다. 이것이 넷째 날, 별들이 [땅을 비추게 하신다]는 말씀의 의미입니다.

성경 말씀: 요한계시록 21장 23절
"그 성은 해나 달의 비침이 쓸 데 없으니 이는 하나님의 영광이 비치고 어린 양
이 그 등불이 되심이라"

이 말씀에서 성은 새 예루살렘 성을 의미합니다. 이 말씀에서 성안에는 하나님의 영광이 빛이 되고, 어린 양이 등불이라고 합니다. 새 예루살렘 성안에서는 태양이나 달이 아니라 하나님과 어린 양이 빛이 되신다는 것입니다. 하나님과 어린 양이 비추는 빛은 새 예루살렘 성안에서 받을 수 있습니다. 새 예루살렘 성안에 들어가는 자들만이 그 빛을 받을 수 있습니다. 새 예루살렘 성안으로 직접 들어갈 수 없는 백성은 하나님의 영광을 직접 받을 수 없습니다.

새 예루살렘 성에 들어가는 자들은 오직 어린 양의 생명책에 기록된 자들로서 땅의 왕들입니다. 땅을 다스리는 왕들만이 새 예루살렘 성안으로 들어갈 수 있습니다. 땅의 왕들은 만왕의 왕이신 예수 그리스도에게서 일정 지역의 땅을 받습니다. 그래서 예수님의 종인 그들이 땅을 다스리는 왕이 됩니다.

성경 말씀: 요한계시록 21장 24절

　　　　　　　　　　　　　　　　　Part 3. 하나님의 창조 계획

"만국이 그 빛 가운데로 다니고 땅의 왕들이 자기 영광을 가지고 그리로 들어
가리라"

이 말씀에서 만국이 그 빛 가운데로 다닌다고 합니다. [그 빛]은 마치 하나님
과 어린 양의 영광으로 오해하기 쉽습니다. [그 빛]에서 [그]는 하나님과 어린 양
이 아니라, 새 예루살렘 성을 지시합니다. 그래서 이 말씀의 의미는 만국이 새
예루살렘 성의 빛 가운데 다닌다는 뜻입니다. 만국은 하나님의 백성이며, 하나
님의 백성은 새 예루살렘 성의 보호를 받는다는 의미입니다.

만국이 그 빛 가운데 다닌다고 한 [그]와 [그리로 들어가리라]고 한 [그리]는 같
은 장소를 지시합니다. 이어진 문장에서 반복적으로 지시하고 있기 때문입니
다. [땅의 왕들이 자기 영광을 가지고 그리로 들어가리라]는 말씀은 오역입니다.
헬라어 원문대로 번역하면, [땅의 왕들이 그들 나라의 영광과 명예를 그것 안으
로 가져오리라]입니다. [그 빛]에서의 [그]와 [그것 안으로]에서의 [그것]은 둘 다
23절의 새 예루살렘 성을 지시합니다. 그래서 [그 빛]은 새 예루살렘 성의 빛입
니다. 땅에 사는 만국 백성은 하나님의 백성입니다. 하나님의 백성은 하나님의
종이 아닙니다. 그래서 땅에 사는 하나님의 백성은 하나님과 어린 양의 빛을 직
접 받을 수 없습니다.

성경 말씀: 요한계시록 21장 19절
"그 성의 성곽의 기초석은 각색 보석으로 꾸몄는데 첫째 기초석은 벽옥이요
둘째는 남보석이요 셋째는 옥수요 넷째는 녹보석이요 다섯째는 홍마노요 여
섯째는 홍보석이요 일곱째는 황옥이요 여덟째는 녹옥이요 아홉째는 담황옥이
요 열째는 비취옥이요 열한째는 청옥이요 열두째는 자수정이라"

이 말씀에서 열두 가지 보석은 새 예루살렘 성을 이루는 중요한 요소입니다. 새 예루살렘 성은 보이는 건축물이면서 동시에 하나님의 아들들이 하나님을 모시는 장소입니다. 요한계시록 21장에서 새 예루살렘 성을 설명할 때, 건축물의 소재를 기록하지 않았습니다. 보석은 건축물의 건축 소재가 아니라, 하나님의 아들들을 표현하는 것입니다. 실제로 건축에서 보석을 건축재료로는 사용하지 않습니다. 보석은 건축물을 위한 화려한 장식물로 사용될 수 있을 것입니다.

하나님은 빛이십니다. 창세기와 요한계시록에서 하나님 외에는 어떤 존재도 빛으로 비유하지 않습니다. 하나님의 아들들은 피조물입니다. 비록 천사와 같은 존재이지만 피조물입니다. 하나님의 아들들이 몸을 가지고 [나라와 제사장]이 되었지만, 이들은 피조물입니다. 이들은 땅의 왕들이 되어 예수님을 왕으로 모시는 만왕이 됩니다. 땅을 다스리는 왕이 되었지만, 이들은 빛이 아닙니다. 그래서 하나님은 요한계시록 21장에서 이들을 보석에 비유합니다. 보석은 스스로 빛을 발하지 못합니다. 다만 보석에 빛이 들어왔을 때 보석은 여러 가지 영롱한 빛을 발합니다. 스스로는 빛을 내지 못하지만, 빛을 받을 때 아름답게 빛나는 것이 보석입니다.

땅의 백성은 하나님을 직접 볼 수 없습니다. 그러나 땅의 백성은 영롱하게 빛나는 보석을 볼 수 있습니다. 보석이 곧 땅의 왕들이기 때문입니다. 땅의 왕들은 몸을 가지고 있기에 백성과 만날 수 있고 대화할 수 있습니다. 백성은 땅의 왕들을 보고 하나님을 느낄 수 있습니다. 보석은 스스로 빛나지 않기에 보석이 빛을 내는 것을 보게 되면, 보석에게 빛을 주는 광원이 있다는 것을 알 수 있습니다. 하나님의 아들들이 만왕이 되어 능력을 사용할 때, 그들에게 능력을 주시는 하나님이 뒤에 계신다는 것을 느낄 수 있다는 말입니다.

창세기 1장 17절에 있는 별들이 땅을 비추게 하신다는 말씀은 하나님이 일곱 영으로 존재하면서, 그 일곱 영이 땅의 왕들인 하나님의 아들들에게 빛을 비춘다는 뜻입니다. 일곱 영은 직접 백성에게 빛을 비추지 않습니다.

Step 8. 빛과 어둠을 나눈다

빛과 어둠을 나누는 일은 [Chapter 33. 첫째 날 - 빛과 어둠을 나눈다]에서 설명했습니다. 빛과 어둠을 나누는 일은 빛으로 세상에 오신 예수님이 하신 일입니다. 별들인 일곱 영은 예수님이 이루신 일을 계속 이어받아 그대로 유지합니다. 일곱 영은 예수 그리스도 성자 하나님에게서 모든 권한과 역할을 위임받아서 하나님의 뜻대로 만물을 주관합니다. 큰 광명체이신 예수님은 자신의 모는 것을 별들에 위임하시고 하나님과 함께 어린 양으로서 안식하실 것입니다.

Step 9. 징조와 계절과 날과 해를 이루게 하라

성경 말씀: 창세기 1장 14절
"하나님이 이르시되 하늘의 궁창에 광명체들이 있어 낮과 밤을 나뉘게 하고
그것들로 징조와 계절과 날과 해를 이루게 하라"

이 말씀은 별들의 역할을 설명합니다. 하나님이 넷째 날에 하시려는 일의 목적은 두 광명체가 낮과 밤의 권한을 별들에게 위임하고, 별들이 징조와 계절과 날과 해를 이루게 하려는 것입니다.

창세기 1장 16절에서 [두 큰 광명을 만드사]라고 되어 있는데, 이 말씀은 넷째 날에 큰 광명체와 작은 광명체를 만든다는 의미는 아닙니다. 다음과 같이 생각

하면 이해될 것입니다.

어떤 아버지가 있습니다. 가난했던 아버지는 어린 자녀를 보면서 가난을 물려줄 수 없다고 생각했습니다. 아버지는 사업을 시작하여 30년 동안 열심히 회사를 키웠습니다. 회사는 중견기업이 되었고, 많은 사람의 칭송을 받는 좋은 기업이 되었습니다. 아들이 자라서 40세가 되었습니다. 아버지는 아들에게 이 회사를 물려주려고 합니다. 아버지는 아들에게 말합니다. "아들아, 내가 너에게 주려고 회사를 만들었다. 이 회사는 이제부터 네가 경영해야 한다."

이 글에서 아버지는 아들에게 주려고 회사를 만들었다고 합니다. 그런데 회사는 물려주는 당일에 만든 것이 아니라 이미 30년 전에 만들어 키운 것입니다.

창세기 1장 16절에서 두 큰 광명체는 별들에게 모든 것을 주려고 먼저 준비한 것입니다. 별들은 하늘의 궁창에 앉는 날, 낮과 밤을 주관하는 권세를 두 광명체로부터 받습니다. 두 큰 광명체는 별들을 위해서 첫째 날과 둘째 날에 먼저 준비되어 있었습니다. 두 광명체를 넷째 말에 만들었다는 의미는 아닙니다.

문장만으로 본문 말씀을 본다면, 넷째 날에 두 큰 광명체를 만든 것으로 해석할 수 있습니다. 하지만 하나님은 이런 의미로 말씀을 기록한 것은 아닙니다. 왜냐하면, 빛과 어둠을 나누고, 낮과 밤을 정하는 일이 이미 첫째 날의 말씀 속에 명시되어 있기 때문입니다. 큰 광명체는 넷째 날에 만들어진 것이 아니라, 첫째 날에 창조된 것입니다. 큰 광명체는 예수 그리스도를 의미하기 때문입니다.

창세기 1장 16절은 두 큰 광명체가 별들에게 역할을 위임하는 내용입니다. 그래서 16절의 내용은 별들을 설명하기 위한 것입니다. 별들에는 낮과 밤을 주관

Part 3. 하나님의 창조 계획

하는 권세가 있습니다. 낮을 주관하는 권세는 큰 광명체에서 온 것이고, 밤을 주관하는 권세는 작은 광명체에게서 온 것입니다. 그래서 넷째 날에는 별들이 주인공입니다. 큰 광명체와 작은 광명체가 등장하는 이유는 별들이 가진 권세가 어디서 온 것인지를 설명하기 위해서입니다. 큰 광명체와 작은 광명체가 넷째 날 창조되었다는 뜻은 아닙니다.

넷째 날의 주인공이 별들이기에, 창세기 1장 14절의 내용도 별들에 관한 것입니다. 하늘에 광명체는 별들이고, 빛과 어둠을 나누고 낮과 밤을 주관하는 일은 별들의 일입니다. 또한, 징조와 계절과 날과 해를 이루는 것도 별들의 역할입니다. 별들은 요한계시록 4장에 나오는 일곱 영입니다. 일곱 영이 하나님이 창조한 만물을 주관한다는 뜻입니다.

[징조와 계절과 날과 해를 이루다]는 표현은 비유적 관용구로 보입니다. 이 말씀은 마태복음 28장 8절의 하늘과 땅의 모든 권세를 말합니다. 징조, 계절, 날, 해 각 단어 하나하나에 의미를 부여하지는 않습니다. 이 표현은 하나님의 계획을 물질창조의 언어로 기록하셨기에 나오게 된 것입니다. 징조, 계절, 날, 해 중에서 일부를 빼고 기록한다면, 천동설을 믿었던 고대의 성경 필사자들은 뭔가 이상하다고 생각할 것입니다. 그래서 표현할 때는 징조, 계절, 날, 해를 다 나열하여 기록한 것입니다.

Chapter 51

다섯째 날
- 새들과 물고기를 창조하다

다섯째 날의 창조는 물질창조의 기록이 아닙니다. 이 내용은 [Part 1. 물질창조의 기록이 아니다]에서 설명했습니다. 그래서 새와 물고기의 창조도 물질창조의 기록이 아닙니다.

Step 1. 흙에서 생명으로의 변환

사람이나 동물이나 일정 시간이 지나면 모두 죽습니다. 죽은 후에 그 몸이 자연으로 돌아가고 아무것도 남지 않는다면 이는 흙입니다. 그래서 지금까지의 모든 동물은 흙입니다. 또한, 혼이 없었던 시절의 사람도 모두 흙입니다. 이 내용은 [Chapter 21. 창세기 1장에서 생물이란 말의 의미]에서 설명했습니다.

하나님은 모든 새와 모든 물고기에게 영원한 생명을 주시고자 합니다. 새와 물고기는 죽음이 없는, 영원히 사는 생명체로 바뀔 것입니다.

우리나라의 텃새인 황조롱이를 예로 설명합니다. 황조롱이는 수명이 10년이라고 합니다. 어떤 황조롱이가 있습니다. 이 황조롱이가 건강하게 살고 있어도 10년 정도 지나면 수명을 다해 죽을 것입니다. 이 황조롱이는 흙입니다. 잠시 흙이 황조롱이 모습으로 살아 움직이고 있었다는 것입니다.

다섯째 날, 하나님의 계획에 따라 이 황조롱이에게 영원한 생명을 줍니다. 이제 황조롱이는 병에 걸리지 않고, 노화 현상도 사라졌고, 식성도 육식이 아닌 초식으로 바뀝니다. 이 황조롱이의 수명은 제한이 없습니다. 영원히 사는 새가 되었습니다. 이렇게 바뀐 황조롱이는 하나님이 보실 때, 살아 있는 것입니다.

Step 2. 다섯째 날 전, 후로 개체 수의 차이를 비교하다

창세기 1장을 물질창조로 가정할 때, 다섯째 날 이전에 새와 물고기가 없습니다. 다섯째 날이 지난 후에 공중에는 새들이 날고 있었고, 바다에는 물고기들이 헤엄치고 있습니다. 이런 식으로 생각하는 것은 창세기 1장을 오해한 것입니다.

창세기 1장의 내용은 영원한 하나님의 나라를 창조하시려는 하나님의 계획입니다. 그 계획 속에는 동물에게 영원한 생명을 주시는 일이 포함되어 있습니다. 다섯째 날은 죽음이 있는 새와 물고기에게 죽음이 없는 영원한 생명력을 주시는 창조의 계획입니다. 다섯째 날의 창조가 시작하기 전에도 공중에는 새들이 날고 있었고, 바다에는 물고기들이 헤엄치고 있었습니다.

다섯째 날 이전에 새와 물고기의 수명을 파악했을 때, 새와 물고기의 수명은 각각 다르겠지만, 100년을 넘기는 동물이 거의 없었고, 1,000년을 넘기는 동물은 없습니다. 다섯째 날 하나님이 새와 물고기를 창조하십니다. 그 후에, 다시 새와 물고기의 수명을 파악했을 때, 새와 물고기의 수명은 제한이 없습니다. 새와 물고기가 죽지 않는다는 것입니다. 이것이 창세기 1장 다섯째 날 하나님이 새와 물고기를 창조하셨다는 의미입니다. 수가 달라진 것이 아니라 새와 물고기의 수명이 달라진 것입니다.

물론, 아직도 다섯째 날의 창조 작업이 시작되지 않았습니다. 다섯째 날의 계획은 아직 이루어지지 않았습니다.

Chapter 52

여섯째 날
- 가축과 기는 것과 땅의 짐승을 창조하다

이 내용은 [Chapter 51. 다섯째 날 - 새들과 물고기를 창조하다]와 같습니다.

하나님은 땅 위의 가축과 기는 것과 짐승에게 영원한 생명을 주시려고 합니다. 새와 물고기에게 영생을 주는 것과 동시에 땅의 동물에게 영생을 주는 일도 함께 진행됩니다. 새와 물고기에게 영원한 몸을 주는 일이 먼저 끝납니다. 그 후에, 땅의 짐승에게 영원한 몸을 주는 일이 끝날 것으로 보입니다. 그래서 새와 물고기는 다섯째 날에, 땅의 짐승은 여섯째 날에 창조되는 것으로 말씀한 것 같습니다.

땅 위의 짐승 중에서 사자를 예로 설명하겠습니다. 사자는 수컷의 경우 8년~10년 정도, 암컷의 경우는 15년~16년을 산다고 합니다. 사자의 수명을 최대한 잡으면 16년 정도입니다. 여섯째 날이 되기 전에 10년 정도 살았던 사자가 있다면, 이 사자는 하나님이 보시기에는 흙입니다. 단지 흙이 뭉쳐서 사자의 모습으로 10년을 살고 있습니다. 이 흙은 6년을 더 살 것입니다. 이 사자가 여섯째 날의 창조를 받습니다. 이때 이 사자는 영원히 죽지 않는 몸을 가집니다. 이때가 돼서야 하나님은 이 사자를 살아 있는 생물이라고 부르십니다. 영원히 죽지 않을 때 살아 있는 것입니다. 죽는 몸을 가진 사자가 죽지 않는 몸을 가지게 되었을 때, 하나님은 이를 두고 생물의 창조라고 말씀하시는 것입니다.

여섯째 날에 가축과 기는 것과 땅의 짐승을 창조한다고 한 말씀은 지구의 자연환경에서 살아가는 땅의 모든 동물이 죽지 않는 영원한 몸을 가지게 된다는 것을 의미합니다. 물론, 이 말씀은 아직 성취되지 않았습니다.

Chapter 53

여섯째 날
– 하나님의 백성인 혼을 창조하다

하나님은 6일 동안 창조의 일을 하셨습니다. 여섯 번째 좋았더라고 한 땅의 짐승을 창조하신 것입니다. 그리고 마지막으로 사람을 창조하십니다. 사람을 창조한 후에는 심히 좋았더라는 말씀을 하십니다. [심히 좋았더라]는 말씀은 여섯 번의 [좋았더라]는 말씀과는 다릅니다. 이 내용은 [Chapter 17. 좋았더라와 심히 좋았더라 : 6개의 창조 계획]에서 설명했습니다.

하나님 창조의 궁극적인 목적은 사람의 창조입니다. 창세기 1장의 창조 계획은 사람을 하나님의 백성으로 창조하는 것입니다.

Step 1. 우리의 형상대로 우리의 모양을 따라

이 말씀은 하나님을 닮게 만든다는 뜻입니다. 우선 이 말씀의 히브리어 원문을 살펴보겠습니다.

וַיֹּאמֶר אֱלֹהִים נַעֲשֶׂה אָדָם בְּצַלְמֵנוּ כִּדְמוּתֵנוּ

[와이요메르 엘로힘 나아체 아담 버차르메누 키드무테누]

וַיֹּאמֶר[와이요메르]는 접속사 וְ[와우]와 동사 אָמַר[아마르]가 연결된 형태입

니다. **אָמַר**[아마르]라는 Qal동사의 미완료·3인칭·남성·단수의 형태입니다. **אָמַר**[아마르]는 [내가 말한다]는 뜻입니다. **וַיֹּאמֶר אֱלֹהִים**[와이요메르 엘로힘] 은 [그리고 하나님이 말씀하신다]는 뜻입니다.

נַעֲשֶׂה[나야체]는 **עָשָׂה**[아사하]라는 Qal동사의 미완료·청원형·1인칭·복수 의 형태입니다. **עָשָׂה**[아사하]는 [내가 만든다]는 뜻입니다. **נַעֲשֶׂה**[나야체]는 [우 리가 만들게 하라]는 의미입니다.

אָדָם[아담]은 사람이라는 뜻입니다.

בְּצַלְמֵנוּ[버차르메누]는 in을 의미하는 불분리전치사 **בְּ**[베]와 남성 명사 **צֶלֶם** [첼렘]과 접미대명사 **נוּ**[에누]가 합쳐진 형태입니다. **צֶלֶם**[첼렘]은 형상, 이미지 라는 의미로 영어로는 Image로 번역됩니다. **נוּ**[에누]는 접미대명사로 1인칭·복 수·중성(공성)의 형태입니다. **נוּ**[에누]는 [우리의]라는 뜻입니다. [버차르메누] 는 불분리전치사 [~안에]라는 뜻과 [이미지]라는 뜻과 [우리]라는 뜻을 합쳐서 [우리의 이미지 안에]라는 의미가 됩니다.

כִּדְמוּתֵנוּ[키드무테누]는 according to를 의미하는 불분리전치사 **כְּ**[케]와 여성 명사 **דְּמוּת**[데무트]와 접미대명사 **נוּ**[에누]가 합쳐진 형태입니다. **דְּמוּת**[데무트] 는 닮음, 유사라는 의미로 영어로는 likeness, similitude로 번역됩니다. **נוּ**[에누] 는 접미대명사로서 1인칭.복수.중성(공성)의 형태입니다. [키드무테누]는 불분 리전치사 [~을 따라서]라는 뜻과 [닮음]이라는 뜻과 [우리]라는 뜻을 합쳐서 [우 리의 닮음을 따라서]라는 의미가 됩니다. [닮음]을 [모양]으로 번역한 것은 맞지 않는 번역으로 보입니다.

 Part 3. 하나님의 창조 계획

이 말씀을 직역하면 [하나님이 말씀하신다, 우리로 만들게 하자, 사람을, 우리의 이미지 안에, 우리의 닮음을 따라서]가 됩니다. 이 단어들은 하나의 문장이기에 한 문장으로 만들면 [하나님이 말씀하기를 우리로 우리의 이미지 안에 우리의 닮음을 따라서 사람을 만들게 하라]가 됩니다.

직역이 어색하여 부드러운 문장으로 바꿀 때, 이 과정에서 오류가 발생했습니다. [우리의 이미지 안에]라는 표현과 [우리의 닮음을 따라서]라는 표현이 매우 생소하여 잘 이해되지 않습니다. 모세 당시에는 쉽게 이해되는 표현이었을지 모르나, 현재 우리는 이해하기가 쉽지 않습니다. 정확한 번역이 쉽지 않으나, 이 말씀의 내용을 보면, 하나님이 사람을 창조할 때 하나님의 이미지를 닮게 만든다는 것을 알 수 있습니다. 그래서 이 말씀은 [하나님이 말씀하기를 우리의 형상을 닮은 사람을 만들자]는 뜻입니다.

하나님의 형상이 있고, 하나님의 모양이 있는데, 이 형상과 모양은 다른 것이라는 해석이 있습니다. 하지만 여기서 하나님이 표현하고자 하는 것은 하나님의 형상(이미지)입니다. 하나님의 모양이 따로 있는 것이 아니라, 하나님을 닮도록 만든다는 뜻입니다. 하나님의 형상을 닮게 만든다는 의미입니다. 그래서 [하나님의 모양]이라는 단어는 특별한 의미가 없습니다.

창세기 1장 27절에는 [하나님이 자기 형상 곧 하나님의 형상대로 사람을 창조하시되]라고 기록되어 있습니다. 창세기 1장 27절에는 [하나님의 모양]이라는 표현이 없습니다. 이것은 창세기 1장 26절에서 [하나님의 모양]으로 번역할 것이 아니라, [하나님을 닮도록]으로 번역하는 것이 원뜻에 더 가깝다는 것을 나타냅니다.

Step 2. 하나님의 형상은 영원성을 의미한다

하나님의 형상이라고 번역하기보다 하나님의 이미지라고 하면 좀 더 이해하기 쉽습니다. 형상이라고 하면 둥근 얼굴과 두 개의 눈과 하나의 코와 하나의 입을 떠올립니다. 또 머리와 몸통과 두 팔과 두 다리를 떠올리게 됩니다. 그런데 이것은 겉으로 보이는 형상입니다. 형상을 이렇게 설명하는 이유는, 사람이 하나님의 형상을 닮았는데, 사람이 이런 모습이라서 그렇습니다.

이미지라고 하면 겉모습에만 국한되지 않습니다. 하나님의 이미지에는 온화하고, 따스하고, 사랑이 많으며, 자비롭다는 등 여러 가지가 포함됩니다. 하나님의 특성을 정의한다면 전능성, 완전성, 무소부재, 불변성, 전지성, 영원성, 무한성 등 더 많은 특성이 있을 수 있습니다.

사람은 하나님의 형상을 닮았는데, 하나님의 모든 특성을 다 갖춘 것은 아닙니다. 사람은 무한하지도 않고, 전능하지도 않습니다. 사람은 부족한 것이 많습니다. 그러나 사람은 하나님의 형상을 하나 가지고 있습니다. 그것은 영원성입니다. 하나님은 사람을 창조할 때 하나님의 형상대로 창조하셨습니다. 하나님의 형상은 하나님의 모든 특성을 말하는 것이 아니라, 단지 하나의 특성을 말합니다. 하나님의 형상 중 하나인 영원성을 사람에게 부여하신 것입니다. 이것이 하나님이 사람을 창조할 때, 가장 중요하게 여긴 것입니다. 사람은 하나님처럼 영원한 존재로 창조되었습니다.

모든 동물은 죽을 것이며, 죽으면 소멸하고, 육체는 흙으로 돌아갑니다. 사람의 몸을 이루던 흙은 다른 동물이나 식물의 재료가 됩니다. 하늘의 새나 바다의 고기나 땅의 짐승이 모두 죽습니다. 모든 동물은 육체의 죽음을 피할 수 없습

    Part 3. 하나님의 창조 계획

니다. 만약 어떤 무기로 몸을 파괴한다면, 새나 물고기나 짐승이나 사람이나 모든 동물은 죽음을 피할 수 없습니다. 하나님이 아담을 창조하셨어도 아담의 몸이 파괴되면 아담도 죽음을 피할 수 없습니다. 그러나 하나님은 사람을 영원한 존재로 창조하셨습니다. 그것은 혼(Soul)입니다. 사람은 몸이 본질이 아니라 혼(Soul)이 본질입니다. 말하고 생각하고 먹고 즐거워하며 웃고 행복해하는 자아는 몸이 아닌 혼(Soul)입니다. 몸은 단지 혼(Soul)이 물질세계에서 삶을 유지하게 하는 도구입니다.

동물의 경우는 혼(Soul)이 없습니다. 그래서 동물의 경우에는 몸이 본질입니다. 동물의 뇌가 그 동물의 자아이고 본질입니다. 그러나 사람은 혼(Soul)이 본질입니다. 하나님의 형상 중 하나인 영원성을 부여받았기 때문에, 모든 사람은 영원히 존재합니다.

Step 3. 새와 물고기와 땅의 짐승을 다스린다

하나님은 사람을 만들고, 바다의 물고기와 하늘의 새와 땅에 움직이는 모든 생물을 다스리라고 말씀하셨습니다. 이것은 하나님이 사람을 창조한 목적입니다.

지금 우리 사람은 하늘의 새와 바다의 물고기와 땅의 모든 생물을 다스리고 있을까요? 어떤 사람은 지금 사람이 동물을 다스리고 있다고 말합니다. 그 이유는 사람이 지구를 정복한 지적 생명체라는 것입니다. 그러나 사람이 지구를 정복하고 지배할지는 몰라도 사람은 새와 물고기와 짐승을 다스리지는 못합니다. 어떤 사람도 날아가는 독수리를 불러 세울 수 없습니다. 누구라도 바다에서 헤엄치는 거북이나 상어를 불러올 수 없습니다. 어떤 사람도 포효하는 들판의 수사자에게 다가가서 조용히 하라고 명령할 수 없습니다. 자연 속에 사는 동물 대부분은 사람의 말을 듣지 않습니다. 이런 상태는 다스리는 것이 아닙니다.

사람은 동물을 잡아서 죽이거나 사육합니다. 이런 모습은 다스리는 것이 아니라 지배하는 것이고 사냥하는 것입니다. 동물은 사람을 두려워하고 사람을 피하여 도망갑니다.

하나님은 하늘의 새와 바다의 물고기와 땅의 모든 생물을 다스리라고 명령하셨지만, 아직 이 명령은 성취되지 않았습니다.

성경 말씀: 이사야 65장 25절
"이리와 어린 양이 함께 먹을 것이며 사자가 소처럼 짚을 먹을 것이며 뱀은 흙을 양식으로 삼을 것이니 나의 성산에서는 해함도 없겠고 상함도 없으리라…"

이 말씀은 창세기 1장 28절의 성취입니다. 새 하늘과 새 땅이 되었을 때, 사람은 하늘의 새와 바다의 고기와 땅의 짐승을 다스리게 됩니다.

지금의 동물은 사람을 경계합니다. 사람을 믿지 않기에 사람 곁으로 오지 않습니다. 일부 가축과 반려동물을 제외하면 사람은 동물을 다스리지 못합니다. 사람이 동물을 다스리려면, 동물에게 죽음의 공포가 없어야 합니다. 동물에게 죽음의 공포가 사라지면, 동물은 사람의 말을 들을 것이며, 사람은 동물을 다스리게 될 것입니다. 새와 물고기와 땅의 짐승을 다스리는 일은 동물에게서 죽음이 사라져야 가능합니다.

이 말씀에서 이리나 사자는 식물을 먹는 식성으로 바뀌어 있습니다. 그래서 어린 양이나 소가 이리와 사자 옆에서도 평안하게 살 수 있는 것입니다. 이 말씀

Part 3. 하나님의 창조 계획

에서 [해함도 없겠고 상함도 없을 것]이라고 합니다. 더는 육식동물이 없을 것이기 때문입니다.

하나님은 하늘의 새나 바다의 고기나 땅의 짐승을 다스리도록 사람을 창조하셨습니다. 하나님의 창조가 아직 끝나지 않았습니다. 그래서 미래의 어느 시점에서 창세기 1장의 계획이 모두 성취되면, 사람은 하늘의 새나 바다의 고기나 땅의 짐승을 다스리게 될 것입니다.

Step 4. 생육하고 번성하고 땅에 충만하라

성경 말씀: 창세기 1장 28절
"…생육하고 번성하여 땅에 충만하라, 땅을 정복하라, 바다의 물고기와 하늘의 새와 땅에 움직이는 모든 생물을 다스리라…"

이 말씀에서 하나님은 사람에게 [생육하고 번성하여 땅에 충만하라]고 말씀하셨습니다. 사람을 창조한 목적은 생육하고 번성하여 땅에 가득하게 하는 것입니다.

어떤 분은 하나님을 찬양하는 것이 사람을 창조한 목적이라고 말합니다. 그런데 창세기 1장 28절에 하나님을 찬양하게 한다는 말은 없습니다.

또 어떤 분은 우리가 죽어서 영의 세계에 들어가 그곳에서 예수님과 함께 영원히 산다고 말합니다. 그런데 창세기 1장 26절~28절에는 [땅에 충만하라]고 말씀하셨습니다. 영의 세계가 아니라 물질세계인 [땅 위에서 생육하고 번성하라]고 말씀하셨습니다. [생육한다]는 말은 자녀를 낳는다는 것입니다. 영의 세계에서는 자녀를 낳을 수 없을 것 같습니다. [번성한다]는 말은 사람의 수가 늘어난다는 것입니다. 영의 세계에서는 수가 늘어날 것으로 보이지 않습니다. 하나님은 사람을 창조할 때 사람을 영의 세계에 들여놓으려 한 것이 아닙니다. 하나님은 사람을 땅에서 살도록 창조하셨습니다. 사람은 땅에서 살아야 합니다.

사람이 죽어도 끝이 아닌 이유는 사람 자체가 혼이기 때문입니다. 비록 죽어서 몸이 없더라도, 사람은 다시 몸을 가지게 될 것이며, 땅에서 영원히 살게 될 것입니다. 그래야 하나님이 계획한 것을 이루는 분이 됩니다. 계획한 것을 이루지 못한다면 하나님은 창조주 하나님이 아닙니다. 하나님은 반드시 계획한 대로 이루십니다. 그래서 사람은 하나도 빠짐없이 땅 위에서 생육하고 번성하면서 새와 물고기와 땅의 짐승을 다스리며 영원히 살게 될 것입니다.

어떤 분은 예수님을 믿지 않는 사람은 뜨거운 지옥에서 영원토록 고난을 받을 것이라고 합니다. 그런데 영원히 지옥에서 나오지 못한다면 하나님은 창조 목적을 이루지 못하는 분이 됩니다. 하나님은 사람을 땅에서 생육하고 번성하여 충만하게 하려고 창조하셨기 때문입니다.

Step 5. 아담이 선악과를 먹지 않았다면, 사람은 천국에서 태어났을 것입니다

하나님의 원계획에 의하면, 사람은 태어날 때부터 천국에서 하나님의 백성으로 태어날 예정이었습니다. 아담과 하와의 첫 번째 아들인 가인은 혼(Soul)으로 태어난 첫 번째 사람입니다. 원계획대로 진행되고 있었다면, 가인은 아직도 태어나지 못했을 것입니다.

아담과 하와가 에덴동산 안에서 하나님의 아들들을 낳은 후에, 그들의 수가

    Part 3. 하나님의 창조 계획

채워지면, 아담과 하와는 동산에서 나옵니다. 이때는 수십만 년이 흐른 뒤입니다. 동산에서 나온 아담과 하와는 첫 번째 혼(Soul)을 낳게 됩니다. 이 혼(Soul)은 이미 땅 위에 세워진 하나님의 도시안에서 태어날 계획이었습니다. 혼(Soul)은 태어날 때부터 죽지 않는 몸을 가지고 태어날 계획이었습니다. 또한, 태어날 때부터 하나님의 백성이 되기로 정해져 있습니다. 하나님의 백성이 하나님의 나라 안에서 태어나는 것입니다.

아담과 하와가 선악과를 먹었기에, 아담과 하와는 일찍 동산에서 나오게 되었습니다. 하나님의 아들들이 사람으로 태어나고 있었는데 이 일이 중단되었고, 아담과 하와가 동산 밖에서 혼(Soul)을 낳게 되었습니다. 이후에도 하나님은 영(하나님의 아들들)이 계속 사람으로 태어나게 하십니다. 그래서 영과 혼이 동시에 세상에 태어나는 상황이 되었습니다. 하나님의 나라가 아직 이 땅 위에 이루어지지 않았기에, 영과 혼이 죽음을 경험하게 되었습니다.

혼은 죽음이 없고 아픈 것과 병드는 일이 없는 세상에서 태어나야 했는데, 수많은 하나님의 백성이 죽음과 질병이 있는 세계에서 태어나게 되었습니다. 아담과 하와가 선악과를 먹었기에 이런 상황이 전개되었습니다.

창세기 1장 27절의 [남자와 여자]는 미래에 등장할 하나님의 백성입니다. 모든 사람은 하나님의 백성이 되기로 정해진 상태에서 태어났습니다. 지금까지 죽은 모든 사람도 하나님의 백성이 될 예정입니다. 혼(Soul)은 백보좌의 심판 때 부활할 것이며, 그 후에 창세기 1장 27절의 [남자와 여자]가 될 것입니다. 심판 결과로 불 못에 가더라도, 형벌을 다 받고 나면 하나님의 도시에 들어가 하나님의 백성이 되어 하나님의 창조 목적을 이루게 됩니다. 이 내용은 저자의 저서 제1권 《하나님의 창조는 끝나지 않았다》에 자세히 설명되어 있습니다.

Chapter 54

여섯째 날
- 사람은 채소와 과일을 먹고 동물은 풀을 먹는다

성경 말씀: 창세기 1장 29절

"…내가 온 지면의 씨 맺는 모든 채소와 씨 가진 열매 맺는 모든 나무를 너희에게 주노니 너희의 먹을 거리가 되리라 또 땅의 모든 짐승과 하늘의 모든 새와 생명이 있어 땅에 기는 모든 것에게는 내가 모든 푸른 풀을 먹을 거리로 주노라 하시니…"

이 말씀에서 사람은 채소와 열매를, 동물은 풀을 먹게 되어 있습니다. 그런데 사람은 채소나 과일만 먹지 않습니다. 동물도 육식하는 동물이 많이 있습니다. 이 말씀은 지금의 현실과 맞지 않습니다.

이 문제에 관해서 사람들은 이렇게 생각합니다.

하나님이 창세기 1장 27절에서 남자와 여자를 창조하셨습니다. 이 남자와 여자가 창세기 2장의 아담과 하와라고 합니다. 하나님이 동물도 창조하셨는데, 아담과 하와와 동물은 모두 초식을 합니다. 홍수가 끝났을 때 창세기 9장 3절에서 하나님은 노아와 그 아들들에게 육식을 허용합니다. 이때 동물에게도 육식을 허용했기에 육식동물이 등장합니다.

이렇게 생각하는 것은 창세기 1장의 내용을 물질창조로 보기 때문입니다. 그런데 이렇게 생각하게 되면, 하나님이 하신 명령이 처음에만 이루어졌다가 나중에는 말씀대로 되지 않았다는 문제가 발생합니다. 하나님의 하신 명령이 결국에는 뭔가 부족했다는 것으로 결론이 나게 됩니다. 그래서 하나님이 말씀을 번복한 것이 되고 맙니다.

동물이 육식을 하게 된 원인을 창세기 9장 3절 말씀으로 보는 것은 부족한 부분이 있습니다. 창세기 9장 3절은 노아와 그 아들들에게 하신 말씀입니다. 동물에게 한 말씀은 아닙니다. 동물 중에서 육식동물이 나오게 된 근거는 아니라는 것입니다.

창세기 1장의 말씀은 계획입니다. 창세기 1장 29절의 말씀도 아직 이루어지지 않은 하나님의 계획입니다. 이 명령은 미래의 어느 시점에서 이루어질 것입니다. 또한, 한번 이루어지면 영원히 지속할 것입니다. 만약 중간에라도 사람이나 동물이 육식하게 된다면 하나님의 명령이 최종적으로는 이루어지지 않는 결과가 됩니다. 그래서 한번 이루어지고 나면 영원히 지속하여야 합니다.

이 내용은 다음과 같습니다.

아담이 창조되기 오래전부터 사람은 잡식이었습니다. 채소와 과일을 먹었으며, 생선과 고기를 먹었습니다. 동물 중에도 초식동물이 있고, 육식동물이 있으며, 많은 동물이 잡식입니다. 지금의 상황과 같습니다. 그런데 어느 날 하나님이 아담과 하와를 창조하십니다. 아담과 하와를 동산에 두셨습니다. 아담과 하와는 오직 과일만을 먹었습니다. 아담과 하와가 동산 밖으로 쫓겨 나왔습니다. 이때부터 아담과 하와는 채소까지 먹게 되었습니다. 아담과 하와 말고도 동산

밖에는 많은 사람이 살고 있었는데, 이들은 이전부터 고기를 먹어왔던 사람들입니다. 아담과 하와만 고기를 먹지 않습니다. 아담과 하와의 후손도 채소와 과일만을 먹습니다. 사람 대부분은 채소와 과일과 고기를 먹지만, 아담과 하와의 후손만은 채소와 과일을 먹으며 고기를 먹지 않습니다. 홍수로 그 지역의 사람이 모두 죽었습니다. 채소와 과일만을 먹었던 노아와 아들들에게 하나님은 고기를 먹도록 하셨습니다. 이 내용을 이해하려면 저자의 저서 제2권 《에덴동산과 하나님의 아들들》을 참고하면 됩니다.

자세한 내용은 이미 앞에서 설명했습니다. [Chapter 10. 사람이 새와 물고기와 땅의 짐승을 다스리고 있는가?]를 참고하시기 바랍니다. 또한 [Chapter 11. 사람은 채소와 과일만, 동물은 풀만 먹는가?]를 참고하시기 바랍니다.

창세기 1장 29절의 말씀은 하나님의 나라가 이 땅에 이루어질 때, 사망과 음부가 불 못에 던져지고 땅 위에 하나님의 도시들이 만들어진 후에, 하나님의 도시에 사는 [남자와 여자]에게 하나님이 주시는 명령입니다. 창세기 1장 29절의 말씀은 과거에 이루어진 말씀이 아닙니다. 미래의 어느 시점에서 죽음이 없는 세계에서 하나님의 백성에게 채소와 과일을 먹도록 하시겠다는 하나님의 계획입니다.

창조 전의 상태

Chapter 55

비, 사람, 초목, 채소와 안개에 관한 비유

창세기 2장 1절부터 3절까지의 내용은 창세기 1장에 들어 있어야 하는 내용입니다. 창세기 1장은 하나님의 계획을 선포한 것이고, 그 계획대로 이루어진다는 것이며, 하나님의 계획을 완성한 후에, 일곱째 날에 안식하신다는 것입니다. 일곱째 날의 안식도 결국에는 하나님의 계획에 포함된 것입니다.

창세기 1장부터 창세기 2장 3절까지의 내용을 하나님의 창조 계획으로 볼 때, 창세기 2장 4절은 하나님의 창조에 관한 내용을 끝내고 정리하는 말입니다. "여기까지가 창조 계획의 기록이다"라고 알려 주는 것입니다.

어떤 분은 창세기 2장 4절을 창세기 2장에 나오는 창조기록의 시작으로 보기도 합니다. 창세기 1장은 대략적인 창조의 기록이고, 창세기 2장은 창조를 세부적으로 설명한 것이라고 보는 것입니다. 그래서 세부적인 창조기록의 시작을 창세기 2장 4절로 보는 견해입니다.

어쨌든, 창세기 1장의 내용은 앞으로 이룰 하나님의 계획을 6일 동안 선포해 놓은 것입니다. 창세기 2장 1절부터 3절까지는 일곱째 날에 관한 기록입니다. 창세기 2장 4절은 하나님 계획의 기록이 어디까지인지를 알려 주는 마침표와 같습니다. 하나님은 창세기 1장에서 창조 계획을 선포하셨어도 곧바로 그 일을 시작하신 것은 아닙니다. 하나님이 선포하신 내용은 창세기 2장 4절까지의 말씀입니다.

하나님은 선포한 계획을 실현하기 위하여, 첫 번째 일을 시작하십니다. 그 내용이 창세기 2장 7절입니다. 아담을 만드는 것이 첫 번째로 하신 일입니다. 이때부터 하나님은 창세기 1장의 계획을 실현하기 위한 일을 시작해서 지금까지 하고 계십니다.

창세기 2장 4절까지는 하나님의 계획이고, 창세기 2장 7절은 실제로 계획된 일을 시작한 내용입니다. 그러면 창세기 2장 5절부터 6절까지가 궁금해집니다.

계획을 선포하시고 계획을 실행하기 전에, 상태를 설명하는 내용이 창세기 2장 5절과 6절에 기록되어 있습니다. 상태란 비가 없었고, 사람이 없었고, 초목이 없었고, 채소가 없었고, 안개만 올라왔다는 내용입니다.

이 내용은 물질창조의 기록이 아닙니다. 그래서 창세기 2장 5절, 6절은 문자적인 의미가 아니라 비유입니다. 문자적인 의미에서 실존하는 비, 사람, 초목, 채소가 없다는 말이 아닙니다. 당시에도 비나 사람이나 초목이나 채소는 있었습니다. 하나님의 창조를 진행하기 전에 하나님이 창조하려는 내용이 없었다는 뜻입니다. 이 말씀에서 비, 사람, 초목, 채소는 비유로 하나님이 창조하시고자 하는 대상을 의미합니다.

성경 말씀: 창세기 2장 5절
"여호와 하나님이 땅에 비를 내리지 아니하셨고 땅을 갈 사람도 없었으므로 들에는 초목이 아직 없었고 밭에는 채소가 나지 아니하였으며 안개만 땅에서

올라와 온 지면을 적셨더라"

이 말씀은 계획과 시작 사이에 있는 것으로 현재 상태를 보여줍니다. 이 말씀에는 비, 사람, 초목, 채소가 없었다고 기록되어 있습니다. 6절에는 안개만 땅에서 올라왔다고 기록되어 있습니다. 이 문장을 첫 번째 문장과 두 번째 문장으로 나눕니다.

첫 번째 문장은 5절 말씀으로 비, 사람, 초목, 채소가 없었다는 것이고, 두 번째 문장은 6절 말씀으로 안개만 올라와 지면을 적셨다는 것입니다. 이렇게 나눈 것은 첫 번째 문장은 창조할 대상이 아직 없는 상태를 표현한 것이고, 두 번째 문장은 창조할 대상이 아닌 것(안개)만 있는 상태를 표현한 것입니다.

5절의 첫 번째 문장을 두 가지로 나눕니다. 하나는 비와 사람이고, 다른 하나는 초목과 채소입니다. 비와 사람은 하나님이 하실 일입니다. 초목과 채소는 창조의 결과이지만 하나님이 하실 일은 아닙니다. 하나님이 비와 사람을 창조하시면, 초목과 채소는 자연스럽게 만들어지는 결과입니다. 하나님이 아직 비와 사람을 창조하지 않은 상태를 나타내는 말씀입니다. 그래서 결과적으로 있어야 하는 초목과 채소가 없는 상태라고 표현되어 있는 것입니다.

들에 초목이 없고 밭에 채소가 없는 이유는 하나님이 비를 내리지 않았기 때문이며 동시에 사람이 없었기 때문이라는 것입니다. 비를 내려도 사람이 없으면 안 되고, 사람이 있는데도 비를 내리지 않으면 역시 안 됩니다. 비나 사람 중 하나라도 없으면 초목과 채소가 생길 수 없습니다. 하나님은 초목과 채소를 창조하시지 않습니다. 초목과 채소는 비와 사람이 창조되면, 비와 사람에 의해서 창조될 결과물이기 때문입니다.

하나님은 창세기 1장의 모든 계획을 완성하기 위해서 꼭 필요한 일을 해야 하는데, 그것이 비와 사람을 창조하는 것입니다. 물론 아담이 선악과를 먹지 않는다는 것을 전제로 하신 말씀입니다. 아담이 선악과를 먹는다고 하더라도 하나님이 하실 일에는 변화가 없습니다. 다만 과정이 조금 복잡해지는 것뿐입니다. 여기서 하나님이 하실 일은 비와 사람을 창조하는 것입니다. 지금까지도 하나님은 이 두 가지 필수 요건을 충족하기 위하여 일하고 계십니다.

Chapter 56

땅에 비를 내리지 않으셨다

성경 말씀: 창세기 2장 5절

"여호와 하나님이 땅에 비를 내리지 아니하셨고…"

이 말씀에서 하나님이 비를 내리지 않으셨다고 기록되어 있습니다. 여기에 나오는 비는 우리가 알고 있는 비(물-H_2O)를 의미하지 않습니다. 이 기록은 물질 창조의 기록이 아니기 때문입니다.

Step 1. 아담을 창조하기 전부터 비(Rain)가 내렸다

자연과학에 의하면, 지구의 나이는 45억 년이나 됩니다. 거기에 물의 순환으로 인해 오랫동안 비가 내리고 있었습니다. 그러니 비가 내리는 자연현상은 아담 이전부터 있었던 것입니다.

하나님은 아담을 창조하셨습니다. 그 후에 동산을 창조하셨습니다. 아담은 동산을 만들기 전에 창조되었습니다. 그러니 아담이 숨을 쉬고 살아 있을 수 있다는 것은 그 이전에 이미 자연이 있었다는 의미입니다. 동산을 만들기 전에 자연이 있었습니다.

에덴동산에는 생명나무와 선악을 알게 하는 나무와 무화과나무가 있었고, 여러 나무가 더 있었을 것입니다. 우리는 어떤 나무가 더 있었는지 모릅니다. 에덴동산이 사라지면서 하나님이 직접 나게 하신 나무들이 지상에서 모두 사라졌습니다. 생명나무도, 선악을 알게 하는 나무도, 하나님이 동산에 직접 나게 하신 나무들, 보기에 아름답고 먹기에 좋은 나무들 모두 사라졌습니다. 그런데 무화과나무는 지금까지 존재합니다. 왜 무화과나무는 지금도 존재하는 것일까요? 왜 에덴동산과 함께 사라지지 않았을까요?

하나님이 동산을 만드셨습니다. 그런데 그 전에 강이 먼저 흐르고 있었습니다. 강은 에덴에서 시작하여 한 줄기로 흐르다가 어느 지점에서 4개의 큰 강으로 나뉩니다. 4개의 큰 강은 비손, 기혼, 힛데겔, 유브라데입니다. 하나님은 동산으로 만들 후보지를 찾습니다. 하나님은 강을 따라 내려가다가 4개의 큰 강으로 갈라지기 전에, 강 옆에 좋은 동산을 발견하셨습니다. 이 동산에는 무화과나무와 다른 여러 나무가 잘 자라고 있었습니다. 이곳에 하나님은 직접 보기에 아름답고 먹기에 좋은 나무가 자라게 하셨습니다. 하나님이 직접 나게 하신 나무 중에는 생명나무와 선악을 알게 하는 나무가 포함되어 있습니다. 동산 안에는 하나님이 직접 나게 하신 나무들과 동산으로 선택되기 전부터 그곳에서 자라던 나무들이 함께 있습니다.

에덴동산이 사라질 때, 하나님이 직접 나게 하신 나무는 모두 사라집니다. 반면 무화과나무는 하나님이 직접 나게 하신 나무가 아닙니다. 무화과나무는 그 지역과 강을 따라 상류에서 하류까지 이어진 모든 지역에서 자라는 나무였습니다. 동산에만 있었던 나무는 아닙니다. 에덴동산이 사라져도 무화과나무는 동산 밖의 여러 지역에서 이미 자라고 있었습니다. 하나님이 직접 나게 하신 나무는 오직 에덴동산 안에만 있었는데, 무화과나무는 여러 지역에 넓게 퍼져 있었기에 지금까지도 우리 주위에서 볼 수 있는 것입니다.

에덴동산을 만들기 전부터 무화과나무가 있었고, 강이 흐르고 있었다면, 당연히 대기의 순환과 물의 순환 역시 이루어지고 있었던 것입니다. 비가 내려야 높은 지역인 에덴에서 강이 시작될 수 있습니다. 비가 없다면 말라서 에덴에서 강이 시작될 수 없었을 것입니다.

Step 2. 하나님이 내리는 비

창세기 2장 5절에 기록된 비는 [단비]를 의미합니다. 단비란 하늘에서 내리는 보이지 않는 생명수입니다.

성경 말씀: 창세기 1장 2절
"땅이 혼돈하고 공허하며 흑암이 깊음 위에 있고 하나님의 영은 수면 위에 운행하시니라"

이 말씀에는 하나님이 수면 위를 운행하신다고 기록되어 있습니다. 여기서 운행한다는 단어는 히브리어 רָחַף[라카프]로서 영어로 moving, hovering으로 번역되었습니다. 신명기 32장 11절에서는 [너풀거리다]로 번역되었고, 영어로는 hovers로 번역되었습니다. 독수리가 새끼 위에서 날개를 펄럭인다는 뜻입니다. 예레미야 23장 9절에는 [떨린다]로 번역되었습니다. 영어로는 tremble, shake로 번역되었습니다.

하나님은 창조를 시작하시기 전에, 먼저 창조의 계획을 선포합니다. 그 계획이 창세기 1장 3절부터 창세기 2장 4절까지입니다. 하나님은 창조 계획을 선포하기 전에 창세기 1장 2절에서 혼돈과 공허의 상태를 설명하십니다. 창조의 마지막 단계를 시작하게 된 원인을 설명하는 것입니다.

[땅이 혼돈하고 공허하다. 그래서 내가 창조를 시작한다]라고 하면 원인과 결과의 연결이 자연스럽게 이어집니다. 그런데 뜬금없이 갑자기 물이 등장합니다. 그래서 어리둥절하게 됩니다. 수면에 운행하신다는 표현은 물질창조의 개념에서 보면 사실 뜬금없는 표현입니다. 땅이라고 하면 만물을 대표하는 것으로 이해하면 됩니다. 그런데 물이 등장하여 땅과 동급으로 다뤄집니다. 여기서 약간은 혼란이 발생합니다. 물 대신 하늘을 가져와서 하늘과 땅이 혼돈하고 공허하다고 하는 것이 논리적으로는 더 적합했을 것입니다.

그러나 이 말씀은 창조를 위한 준비물에 관한 설명을 하는 것입니다. 이 창조는 물질창조가 아니라 영원한 하나님의 나라와 하나님의 백성을 창조하는 것입니다. 이 마지막 창조에서 가장 중요한 요소가 [물]이라고 말씀하는 것입니다. 땅이 혼돈하고 공허하다는 것은 창조되지 않은 상태를 말하는 것이고, 물은 창조를 위한 필수 요소를 말하는 것입니다.

하나님이 창조 계획을 선포하기 전에 먼저 수면 위를 운행하셨다는 것은 창조를 위해서 꼭 필요한 것을 준비했다는 뜻입니다. 하나님은 [내가 이 물을 가지고 영원한 하나님의 나라를 창조할 것이다]라고 우리에게 말씀하는 것입니다.

성경 말씀: 창세기 1장 7절
"하나님이 궁창을 만드사 궁창 아래의 물과 궁창 위의 물로 나뉘게 하시니 그대로 되니라"

이 말씀에서 하나님은 땅에 비를 내리십니다. 하나님이 비를 내리는 것은 바로 이 말씀에서 이루어집니다. 생명의 근원이 되시는 하나님이 친히 땅에 비를 내리기 위해서 세상에 임하신다는 계획입니다. 창세기 2장 5절은 당시에 둘째 날의 계획이 성취되지 않았기에, 땅에 비를 내리지 않았다고 말씀하는 것입니다.

Step 3. 이른 비와 늦은 비

세상에는 두 번의 단비가 내립니다. 한 번은 예수님이 오셨을 때이고, 다른 한 번은 궁창 아래의 물로 하나님이 오실 때입니다. 이른 비는 예수님이 오셨기에 땅에 내린 것이고, 늦은 비는 궁창 아래의 물로 하나님이 오실 때 땅에 내리는 비입니다.

성경 말씀: 요한복음 4장 10절
"예수께서 대답하여 이르시되 네가 만일 하나님의 선물과 또 네게 물 좀 달라 하는 이가 누구인 줄 알았더라면 네가 그에게 구하였을 것이요 그가 생수를 네게 주었으리라"

이 말씀에서 예수님은 생수를 주는 분입니다. 그런데 예수님은 당시에는 아무에게도 생수를 주지 않았습니다. 그래서 생명수의 샘이 생기지 않았고, 스가랴 13장 1절에 나오는 죄와 더러움을 씻는 샘도 생기지 않았습니다. 죄와 더러움을 씻는 샘이 곧 생명수의 샘입니다.

하나님이 이 땅에 오시면, 창세기 2장 5절에서 말하는 비가 땅에 내리게 됩니다. 예수님이 오셨을 때도 세상에는 비가 내렸습니다. 창세기 2장 5절의 비는 물질적인 비가 아니라 하나님이 주는 생명수를 말합니다. 비는 내리지만 사람의 눈에 보이지 않습니다. 예수님이 오셨을 때 이른 비가 내렸으나, 예수님이 생수를 누구에게도 주지 않으셨기에 이른 비를 볼 수 있는 사람은 없었습니다. 만약 예수님이 생수를 주셨다면, 생수를 받은 사람은 이른 비를 볼 수 있었을 것입니다. 예수님이 생수를 주지 않으셨기에 생명수의 샘도 없었고 죄와 더러움을 씻는 샘도 열리지 않았습니다.

이제 늦은 비의 때가 되었습니다. 늦은 비는 궁창 아래로 하나님이 오실 때, 땅에 내릴 것입니다. 늦은 비는 하나님이 준비하신 선물입니다. 하나님이 이 땅에 오시면 늦은 비가 함께 내리게 됩니다. 생수의 근원인 하나님이 땅에 계실 때, 생명을 주는 비가 땅에 내리는 것입니다. 궁창 아래의 물로 임하신 하나님은 생명수의 샘물을 주실 것이며, 생명수의 샘물을 마신 사람은 이 땅에 내리는 늦은 비를 보게 됩니다.

땅을 갈 사람이 없었다

성경 말씀: 창세기 2장 5절

"…땅을 갈 사람도 없었으므로…"

이 말씀에는 사람이 없었다고 기록되어 있습니다. 이런 표현으로 인해 많은 사람이 인류 자체가 없었다는 식으로 이해하고 믿습니다. 아담이 최초의 사람이라고 믿게 됩니다. 그런데 이 기록은 물질창조에 관한 기록이 아니기에 여기에 나오는 사람은 비유입니다. 실제로는 당시에 많은 사람이 살고 있었습니다. 이 Chapter에서 이 말씀이 비유라는 것을 설명합니다.

Step 1. 사람은 들판을 갈지 않는다

창세기 2장 5절을 보면, 사람이 없었기에 들판에는 초목이 없었고, 밭에는 채소가 없었다고 기록되어 있습니다. 이 말씀을 다시 생각해 보면, 만약 비와 사람이 있었다면 초목과 채소가 있었을 것이라는 말이 됩니다.

이 말씀에서 땅을 갈 사람이 없었다고 합니다. 땅이라는 단어에는 들과 밭이 포함됩니다. 그런데 사람이 땅을 일군다고 말할 때 그 땅은 밭이 됩니다. 사람은 들판을 갈지 않습니다. 들판을 일구어 채소를 심는다면 그곳은 밭이 됩니다. 밭에서는 채소가 납니다.

들에는 채소가 자라는 것이 아니라 초목이 자랍니다. 초목은 사람이 먹을 식량이 아닙니다. 사람은 밭에서 채소를 수확하여 먹습니다. 이것은 상식입니다. 사람은 들을 갈지 않습니다. 들의 초목(풀과 나무)은 스스로 자라납니다. 들에서 초목이 자라는데, 사람은 필요하지 않습니다. 그런데 이 말씀에서는 사람이 없었기에 들판에 풀과 나무가 자라지 않았다는 것입니다. 우리가 알고 있는 자연현상과는 다른 말씀입니다. 그래서 이 말씀이 비유라는 것입니다.

Step 2. 사람은 창세기 1장 27절의 남자와 여자가 아닙니다

창세기 2장 5절의 사람은 창세기 1장 27절의 남자와 여자가 아닙니다.

성경 말씀: 창세기 1장 28절
"하나님이 그들에게 복을 주시며 하나님이 그들에게 이르시되 생육하고 번성하여 땅에 충만하라, 땅을 정복하라, 바다의 물고기와 하늘의 새와 땅에 움직이는 모든 생물을 다스리라 하시니라"

이 말씀은 하나님이 남자와 여자에게 하신 말씀입니다. 남자와 여자는 하나님의 백성으로 창조됩니다. 하나님은 남자와 여자에게 생육하고 번성하여 땅에 충만하라고 말씀합니다. 또한, 하나님은 바다의 물고기와 하늘의 새와 땅에 움직이는 모든 생물을 다스리라고 말씀하셨습니다.

이 말씀에서 남자와 여자에게 밭을 갈라는 명령은 없습니다. 밭을 간다는 것은 일한다는 것입니다. 창세기 2장 5절의 사람은 채소와 초목을 위하여 밭을 갈아야 한다는 것입니다. 하나님은 사람이 없다고 말씀하시는데, 밭을 갈기 위하여 사람이 필요하다는 것입니다. 하나님은 일꾼으로 쓰려고 사람을 필요로 하십니다.

하나님이 남자와 여자를 창조하실 때, 밭을 갈게 할 목적으로 창조한 것은 아닙니다. 창세기 1장의 남자와 여자는 생육하고 번성하여 땅에 충만해지기 위한 목적으로 창조되었습니다. 밭을 갈기 위한 목적으로 창조된 것이 아닙니다. 그래서 창세기 2장 5절의 [사람]은 창세기 1장 27절의 [남자와 여자]가 아닙니다.

Step 3. 사람은 창세기 2장 7절의 아담이 아닙니다

창세기 2장 5절의 사람에 관해서는 밭을 가는 것 외에는 어떤 언급도 없습니다. 이 말씀에 나오는 사람은 땅을 갈아야 합니다. 땅을 갈아야 한다는 말은 밭에서 일한다는 의미입니다. [땅을 갈 사람이 없었다]는 말씀은 밭을 갈게 할 목적으로 사람이 필요하다는 것입니다. 사람이 땅을 갈아야 들에 초목이 생기고 밭에 채소가 난다는 것입니다.

아담은 창세기 2장 5절의 사람이 아닙니다. 밭을 가는 것은 아담이 에덴동산에서 쫓겨난 후에 하게 된 일입니다. 하나님의 명령을 어기고 동산에서 쫓겨났기에 아담의 삶이 달라졌습니다. 아담은 밭에서 나는 채소를 먹고 살기 위해 땀을 흘려 밭을 일구어야 합니다.

만약 창세기 2장 5절의 사람을 아담이라고 가정한다면 오류가 발생합니다.

아담이 밭을 갈게 된 원인은 하나님의 명령을 어겼기 때문입니다. 그렇다면 밭을 갈 사람이 되기 위해서 아담이 죄를 범해야 했을까요? 그래서 선악과를 먹고 동산 밖으로 쫓겨나야 했을까요? 하나님은 아담이 죄를 범해야 한다고 창세기 2장 5절에서 미리 말씀한 것일까요? 하나님은 아담이 죄를 범하기를 원하셨을까요?

당연히 아닙니다.

창세기 2장 5절에서는 밭을 갈아야 하는 사람을 따로 창조하겠다는 뜻이고, 이 사람은 아담이 아닙니다. 아담과 하와는 밭을 갈기 위해 창조된 것이 아니라, 나중에 창세기 1장 27절에 나오는 [남자와 여자]가 되기 위해 창조된 것입니다. 아담의 모든 후손은 혼(Soul)으로서 하나님의 나라에서 [남자와 여자]가 되어 생육하고 번성하여 땅에 충만하게 살 사람들입니다. 아담의 후손은 모두 하늘의 새와 바다의 고기와 땅의 모든 짐승을 다스리면서 영생을 누리도록 창조된 것입니다.

Step 4. 하나님의 아들들이 몸을 가지고 사람으로 태어납니다

창세기 2장 5절의 사람은 하나님 앞에 섰던 하나님의 아들들인데, 몸을 가지고 태어난 사람의 의미합니다. 이 말씀에서 사람이 없었다는 말은 하나님의 아들들이 사람으로 태어나지 않았다는 의미입니다.

성경 말씀: 요한복음 3장 5절
"예수께서 대답하시되 진실로 진실로 네게 이르노니 사람이 물과 성령으로 나지 아니하면 하나님의 나라에 들어갈 수 없느니라 육으로 난 것은 육이요 영으로 난 것은 영이니"

여기서 예수님은 [육으로 난 것은 육이요 영으로 난 것은 영]이라고 말씀합니다. 예수님은 육과 영을 말씀하셨는데, 여기서 영은 앞 구절에 나오는 성령을 가리킵니다.

요한복음 14장 26절에서 예수님이 성령을 말씀하실 때는 헬라어로 τὸ πνεῦμα τὸ ἅγιον[토 프뉴마 토 하기온]이라고 하셨습니다. τὸ πνεῦμα τὸ ἅγιον[토 프뉴마 토 하기온]이 [거룩한 영]이라는 뜻입니다. 성령으로 번역되는 문구입니다.

요한복음 3장 5절에서 성령으로 번역된 헬라어는 Πνεύματος[프뉴마토스]입니다. 요한복음 3장 5절의 성령과 요한복음 3장 6절의 영은 같은 단어입니다. 요한복음 3장 6절에서도 같은 Πνεύματος[프뉴마토스]가 사용되어 있습니다. 요한복음 3장 6절의 [영이다]라는 동사도 πνεῦμά ἐστιν[프뉴마 에스틴]입니다. 즉 소문자 프뉴마가 사용되었습니다. 그래서 요한복음 3장 5절의 Πνεύματος[프뉴마토스]는 성령으로 번역할 것이 아니라 그냥 영으로 번역해야 합니다. 이 내용은 [Chapter 43. 셋째 날 - 천하의 물인 하나님의 아들들]에서 원문 분석과 함께 설명했습니다.

요한복음 3장 5절의 성령은 영으로 번역되어야 하며, 영은 하나님의 아들들을 의미합니다. 이들은 하나님을 섬기는 영으로 하나님을 위한 일꾼입니다.

성경 말씀: 마태복음 21장 43절
"그러므로 내가 너희에게 이르노니 하나님의 나라를 너희는 빼앗기고 그 나라의 열매 맺는 백성이 받으리라"

이 말씀은 마태복음 21장 33절부터 시작되어 46절까지 이어집니다. 이 말씀은 악한 포도원 농부의 비유입니다.

이 말씀에서 첫 번째 농부들은 유대인이라는 해석이 있습니다. 그러나 첫 번째 농부들은 유대인들이 아니라, 유대인을 조종하는 사탄과 그의 천사들입니다. 마태복음 21장 38절에서 악한 농부들은 그 아들을 보고 상속자임을 알았습니다. 그래서 유산을 빼앗으려고 그 아들을 죽였습니다. 유대인들은 예수님을 하나님의 아들로 인정하지 않았습니다. 유대인들은 예수님을 신성 모독죄로 십자가에 달아 죽였습니다. 예수님이 하나님의 아들인 것을 알아본 존재는 사탄과 그의 천사들입니다. 그래서 악한 농부는 유대인이 아니라 사탄과 그의 천사들입니다.

이 말씀에서 보통 사람은 포도원의 포도송이에 해당합니다. 유대인들은 포도송이에 해당합니다. 악한 농부는 좋은 포도를 맺어 하나님에게 드렸어야 했습니다. 그러나 나쁜 포도를 맺었습니다. 나쁜 포도는 예수님을 죽였던 유대인들에 해당합니다. 유대인들은 포도송이지만 나쁜 열매입니다. 사탄이 세상 나라의 권세를 쥔 세상 임금입니다. 사탄은 세상 나라를 아름답고 정의롭고 공정한 사회로 만들었어야 했다는 뜻입니다. 그러나 사탄은 세상 나라를 좋지 않은 세상으로 만들었습니다.

이 말씀에서 하나님은 두 번째 농부들을 혼(Soul) 중에서 선택하지 않습니다. 두 번째 농부는 마태복음 21장 41절에 나오는 [제 때에 열매를 바칠 다른 농부들]입니다. 이 농부들이 마태복음 21장 32절에 나오는 [그 나라의 열매 맺는 백성]입니다. 제때에 열매를 바칠 다른 농부들이 그 나라의 열매 맺는 백성입니다. 이들이 사탄과 그의 천사들을 대신하여 포도원 농부로 일을 하게 됩니다.

이 말씀에서 농부와 포도송이는 다릅니다. 사람은 포도원의 포도송이입니다. 포도원은 하나님의 나라입니다. 포도송이는 하나님의 나라에서 살게 될 사람입니다. 사람은 하나님의 백성으로 혼(Soul)입니다. 포도원을 관리하는 농부가 사탄과 그의 천사들이면, 포도원은 엉망이 되고, 포도송이들은 좋지 않은 열매가 됩니다. 포도원을 관리하는 농부가 좋은 농부들이면, 포도원은 아름다운 하나님의 나라가 되고 포도송이들은 좋은 열매가 됩니다. 사람은 좋은 열매가 되어야 합니다. 그래서 좋은 열매를 수확하여 하나님에게 드리는 농부는 아담의 후손(Soul)이 아니라 하나님의 아들들(Spirit)입니다.

마찬가지로 창세기 2장 5절은 영적 존재인 하나님의 아들들이 사람이 되어 밭을 가는 일을 하게 된다는 뜻입니다.

성경 말씀: 요한계시록 22장 2절
"강 좌우에 생명나무가 있어 열두 가지 열매를 맺되 달마다 그 열매를 맺고 그 나무 잎사귀들은 만국을 치료하기 위하여 있더라"

이 말씀에서 생명나무는 하나가 아닙니다. 최소한 강 좌우편에 하나씩 있습니다. 또한, 강을 따라 강 좌우에 길게 이어져 심겨 있을 것이기에 그 수가 많습니다. 생명나무는 비유로서 몸을 가지고 있는 하나님의 아들들입니다.

생명나무는 두 가지 일을 합니다. 하나는 하나님을 향한 것이고, 다른 하나는 백성을 향한 것입니다. 하나님을 향한 것은 달마다 열두 가지 열매를 맺는 것입니다. 열두 가지 열매를 맺는 것은 마태복음 21장 41절에 나오는 [제 때에 열매를 바치는] 것입니다. 사람을 향한 것은 만국을 소성하는 것입니다. 이 일은 백성을 치유하고 하나님을 가르치며 땅을 다스리는 것입니다. 백성에게 하나님의

　　　　　Part 4. 창조 전의 상태

은혜와 사랑을 전달하는 역할입니다. 이것이 창세기 2장 5절에 기록된 [땅을 가는 일]입니다.

하나님은 하나님의 곁에 있던 영들에게 직접 사람이 되어 땅을 일구는 일을 맡기기로 계획한 것입니다. 창세기 1장 2절에서 하나님은 이를 계획하셨습니다. 하나님의 계획에 비춰볼 때, 창세기 2장 5절에서는 아직 하나님의 아들들이 사람이 되지 않았다고 말하는 것입니다. 하나님을 모셨던 영들에게 땅의 왕들이 되라는 것입니다. 땅의 왕들은 세상에서 얻은 영광과 존귀를 하나님에게 드리고자 새 예루살렘 성으로 들어가는 종들입니다.

하나님은 처음 창조를 시작하기 전부터 하나님 옆에 있었던 하나님의 아들들을 땅의 일꾼으로 정하셨습니다.

성경 말씀: 요한계시록 7장 15절
"…그들이 보좌 앞에 있고 또 그의 성전에서 밤낮 하나님을 섬기매…"

성경 말씀: 요한계시록 22장 3절
"…그의 종들이 그를 섬기며…"

아담의 후손은 혼(Soul)입니다. 혼은 창세기 1장 27절의 [남자와 여자]가 되기 위해 창조되었습니다. 생육하고 번성하여 땅에 충만하게 될 것이며, 하늘의 새와 바다의 고기와 땅의 짐승을 다스리며 영생할 것입니다. 그래서 밭을 갈기 위한 사람은 혼이 아니라 영(Spirit)입니다. 하나님의 아들들이 사람으로 태어나는 이유가 밭을 가는 종이 되기 위해서입니다.

Chapter 58

들에는 초목이 없었고, 밭에는 채소가 없었다

성경 말씀: 창세기 2장 5절

"…들에는 초목이 아직 없었고 밭에는 채소가 나지 아니하였으며"

이 말씀에서 초목과 채소가 나지 않았다고 기록되고 있습니다. 이 말씀을 읽다 보면, 마치 지구의 생태계가 아직 형성되지 않았다는 느낌을 받습니다. 하나님이 물질창조를 시작하기 전의 모습을 설명한 것으로 보입니다. 그러나 이 말씀은 물질창조의 기록이 아닙니다.

자연에서 들의 초목은 사람의 손길이 필요로 하지 않습니다. 사람이 없어도 들판의 초목은 스스로 자랍니다. 사람이 없기에 초목이 없다는 말은 상식적으로 맞지 않습니다. 그러면 이 말씀은 틀린 말씀이 됩니다. 하나님을 믿는 신앙인이 하나님의 말씀이 틀렸다고 할 수는 없습니다. 이 말씀은 틀린 것이 아니라 이해를 다르게 했기 때문에 그렇게 보인 것입니다. 이 말씀은 비유입니다. 이 내용은 [Chapter 57. 땅을 갈 사람이 없었다]에서 설명했습니다.

Step 1. 초목이나 채소는 땅의 열매를 의미합니다

이 말씀에서 초목이나 채소의 구분은 중요하지 않습니다. 밭에서는 채소가 나고, 들에서는 초목이 납니다. 들은 초목과 연결되고, 밭은 채소와 연결됩니다. 들을 언급하려면 초목을 말할 수밖에 없고, 밭을 언급하려면 채소를 말할 수밖에 없습니다. 여기서 중요한 점은 초목과 채소가 아니라 들과 밭입니다. 그런데 들과 밭은 큰 범주에서는 땅을 의미하기에 땅이 열매를 맺는다는 것이 중요합니다. 다만 땅이 들이면 초목이 되고, 땅이 밭이면 채소가 되는 것뿐입니다. 해석에서 중점을 두어야 하는 부분은 땅이 열매를 맺어야 한다는 것입니다.

들과 밭의 차이는 사람의 관리가 있느냐 없느냐의 차이입니다. 사람이 일하는 곳은 밭이고 사람이 일하지 않는 곳은 들입니다. 하나님이 비를 내리고, 사람이 있을 때, 사람은 밭에서 일합니다. 이렇게 비와 사람의 조건이 충족되면, 들과 밭에서 열매를 얻습니다. 밭은 사람이 직접 일을 하기에 열매를 얻을 수 있습니다. 그런데 들은 사람이 직접 일을 하지 않더라도 열매가 생깁니다. 이것이 밭과 들의 차이입니다. 사람이 직접 일을 하지는 않지만, 비가 내리고 사람이 있으면, 들에도 열매가 생긴다는 것입니다.

Step 2. 초목과 채소는 영생에 이르는 열매입니다

초목과 채소는 땅에서 얻는 열매입니다. 이것은 영생에 이르는 열매를 의미합니다.

성경 말씀: 요한복음 4장 36절
"거두는 자가 이미 삯도 받고 영생에 이르는 열매를 모으나니 이는 뿌리는 자와 거두는 자가 함께 즐거워하게 하려 함이라"

이 말씀에서 거두는 자와 뿌리는 자가 나뉘어 있는데, 이 내용은 여기서 설명하지 않습니다.

이 말씀에서 제가 집중하여 설명하려는 것은 영생에 이르는 열매입니다. 영생에 이르는 열매는 영원히 죽지 않는 사람을 의미합니다. 사람이 하나님의 백성이 되어 영생하게 되면 이것이 영생에 이르는 열매입니다. 초목과 채소는 영생을 얻는 사람을 표현하는 말입니다.

성경 말씀: 마태복음 21장 41절
"그들이 말하되 그 악한 자들을 진멸하고 포도원은 제 때에 열매를 바칠 만한 다른 농부들에게 세로 줄지니이다"

이 말씀에서 농부와 열매는 다릅니다. 농부는 열매가 아닙니다. 농부는 열매를 포도원 주인에게 바치는 종입니다.

이 말씀에서 선한 농부는 포도원의 열매를 주인에게 바칩니다. 포도원의 열매는 포도송이입니다. 포도원은 하나님의 나라를 비유하기에, 포도원의 열매는 하나님 나라의 백성을 의미합니다. 이 포도원의 열매가 영생에 이르는 열매입니다. 창세기 2장 5절의 초목과 채소는 포도원에서 제때에 드려지는 열매입니다. 그래서 초목과 채소는 영생을 얻는 사람을 의미합니다.

성경 말씀: 요한계시록 22장 2절
"…강 좌우에 생명나무가 있어 열두 가지 열매를 맺되 달마다 그 열매를 맺고 그 나무 잎사귀들은 만국을 치료하기 위하여 있더라"

이 말씀에서 강 좌우에 길게 늘어선 생명나무는 하나님의 보좌 앞에 있는 종

　　　　　　　　　　Part 4. 창조 전의 상태

입니다. 생명나무는 창세기 2장 5절에 나오는 사람입니다. 생명나무는 열두 가지 열매를 맺어 하나님에게 드립니다. 이 열매가 영생을 얻는 사람입니다.

생명나무 잎사귀로 치료를 받는 만국은 곧 세상 나라입니다. 세상 나라가 부흥되고 확장되는 것을 의미합니다. 이 말은 곧 하나님의 나라에 영생을 얻는 사람들이 늘어난다는 말입니다. 이처럼 초목과 채소는 영생을 얻는 사람을 의미합니다.

Step 3. 밭은 하나님의 종들이 직접 다스리는 땅 위의 도시입니다

하나님의 종들이 땅의 왕들이 되어 세상 나라를 다스리게 됩니다.

성경 말씀: 요한계시록 22장 3절
"…그의 종들이 그를 섬기며 그의 얼굴을 볼 터이요 그의 이름도 그들의 이마에 있으리라 다시 밤이 없겠고 등불과 햇빛이 쓸 데 없으니 이는 주 하나님이 그들에게 비치심이라 그들이 세세토록 왕 노릇 하리로다"

이 말씀에서 그들은 땅에서 영원한 왕이 될 것이라고 합니다. 영원한 왕으로 있게 될 그들은 하나님의 종들입니다. 이 종들이 창세기 2장 5절에 기록된 사람입니다. 이 종들이 다스리는 세상 나라가 창세기 2장 5절의 밭입니다.

성경 말씀: 요한계시록 21장 24절
"만국이 그 빛 가운데로 다니고 땅의 왕들이 자기 영광을 가지고 그리로 들어가리라"

이 말씀에서 새 예루살렘 성에 들어가는 존재는 땅의 왕들입니다. 땅의 왕들은 하나님의 종들입니다. 땅의 왕들은 창세기 2장 5절에 기록된 사람입니다. 하나님의 나라에서 영원히 행복하게 사는 백성은 창세기 2장 5절에 기록된 채소입니다. 이들은 영생에 이르는 열매입니다. 하나님의 백성이 영생에 이르는 열매인 이유는 그들이 하나님의 나라에서 영원히 살 것이기 때문입니다.

Step 4. 들은 하나님의 종들이 관리하지 않는 지역입니다

들은 사람이 관리하지 않는 장소입니다. 그런데도 창세기 2장 5절에는 들에도 초목이 있게 될 것이라고 기록되어 있습니다. 하나님이 비를 내리지 않거나 사람이 없을 때, 들에는 초목이 자라지 않는다고 기록합니다. 이 말씀은 들의 초목도 사람이 있어야만 자랄 수 있다는 뜻입니다.

사람은 밭에서 일합니다. 사람이 밭에서 일하면 밭에서 채소가 나옵니다. 밭에서 채소가 나오면, 들에는 초목이 자라게 된다는 뜻입니다. 사람이 들에서 일하지는 않지만, 밭에서 채소가 자라게 될 때, 들에도 초목이 자라게 된다는 뜻입니다. 사람이 밭에서 일하지 않으면 들에도 초목이 자라지 않는다는 뜻입니다. 현재 우리가 알고 있는 자연현상과 맞지 않습니다.

앞에서 밭은 하나님의 도시라고 설명했습니다. 창세기 2장 5절의 사람은 땅의 왕들이라고 설명했습니다. 땅의 왕들이 예수님에게서 받은 땅 위의 나라가 마태복음 21장 43절의 포도원이며 창세기 2장 5절의 밭입니다.

창세기 2장 5절의 들은 밭이 아닙니다. 들은 하나님의 포도원도 아니고, 하나님의 도시가 아닙니다. 이곳은 땅의 왕들이 다스리는 나라가 아닙니다. 들은 하

　　　　　　　　　　　　　　　　　　　　　Part 4. 창조 전의 상태

나님의 종들이 직접 다스리는 지역이 아닙니다. 하나님의 종들이 다스리지 않는 다른 도시에서도 영생에 이르는 열매가 생길 수 있습니다. 하나님의 종들이 다스리지는 않지만, 이 지역에서도 영생에 이르는 열매가 생긴다는 뜻입니다. 이런 지역에서도 영생에 이르는 열매가 맺힐 경우, 이 열매가 곧 들의 초목입니다.

하나님은 하나님의 나라를 창조하려고 하나님의 백성을 창조하셨습니다. 하나님의 백성은 창세기 1장 27절의 남자와 여자입니다. 남자와 여자는 아담의 후손입니다. 아담의 후손은 태어날 때부터 하나님의 백성이 되기로 정해졌습니다. 아담의 후손은 모두 혼(Soul)입니다. 혼은 하나님의 이미지를 닮았기에 영존합니다. 하나님의 특성 중 하나가 영원성인 것처럼, 하나님은 혼에 영원성을 주셨습니다. 그래서 혼이 아닌 존재는 하나님의 백성이 될 수 없습니다. 하나님의 나라 안에는 혼이 하나님의 백성으로 살게 됩니다. 굳이 설명한다면, 밭의 채소는 혼에 해당합니다.

들의 초목은 혼이 없는 사람들입니다. 이들은 하나님의 백성이 될 수 없습니다. 하나님이 영원하시기 때문입니다. 하나님의 백성이 되려면 영원성을 가지고 있어야 합니다. 혼이 없는 사람은 육체의 죽음과 동시에 완전히 소멸합니다. 그래서 혼이 없는 사람은 하나님의 백성이 될 수 없습니다.

들은 밭 주위에 있는 장소입니다. 하나님의 도시가 세워지면, 그 주위에도 많은 다른 도시들이 세워집니다. 하나님의 도시에는 영존하는 혼이 살고 있습니다. 그러나 하나님의 도시가 아닌 주위에 있는 다른 도시에는 혼이 없는 사람이 삽니다. 혼이 없는 사람이지만, 이들도 육체의 영원한 생명력을 얻으면 영존하게 됩니다. 몸이 파괴되는 일만 일어나지 않는다면, 혼이 없는 사람도 영생을 가질 것입니다. 그래서 들의 초목도 영생에 이르는 열매가 됩니다.

하나님의 도시 주위에 있는 여러 도시는 하나님의 종이 직접 다스리지 않습니다. 그러나 이 도시들은 하나님의 도시를 중심으로 그 주위에 있습니다. 하나님의 도시가 중심이 되어 그 지역을 지켜 주기 때문입니다. 들로 표현되는 도시는 창세기 2장 5절의 사람이 직접 일하는 장소는 아닙니다. 그러나 여기서도 하나님의 도시에 사는 혼의 도움을 받아 하나님의 섬기며 영생하는 사람이 나온다는 뜻입니다.

하나님은 하나님의 백성인 혼이 지구에서 하나님의 도시를 이루고 영생하기를 바라십니다. 그러나 하나님의 통치는 지구에 국한되지 않습니다. 온 우주가 하나님의 통치 아래 있고, 혼이 없는 많은 사람이 하나님의 도시가 있는 지구로 와서 자매 도시로 협약을 맺고 영생에 이르는 복을 나누어 받을 것입니다. 하나님의 나라는 특정 지역으로 한정되어 있어도 하나님의 영광과 통치는 우주에 미치고, 피조물이 하나님의 은혜를 받게 된다는 뜻입니다. 창조주 하나님은 지구 하나만을 다스리는 분이 아닙니다. 하나님은 창조된 모든 물질세계 전체를 다스리는 주관자입니다.

Chapter 59

안개만 땅에서 올라와 지면을 적셨다

성경 말씀: 창세기 2장 6절

"안개만 땅에서 올라와 온 지면을 적셨더라"

이 말씀은 마치 하나님이 물질창조를 아직 시작하시지 않은 것 같은 느낌을 줍니다. [이제부터 물질창조를 시작한다]는 느낌을 주는 말씀입니다. 이런 생각이 드는 것은 자연스럽습니다. 지구에는 아직 비도 내리지 않았고, 땅에는 식물이나 이끼도 없는 상태로 보이며, 단지 안개로 인해서 땅이 축축한 상태를 유지하는 것 같은 느낌입니다.

Step 1. 안개가 땅에서 올라와서 지면을 적신다는 말의 모순

이 말씀은 물질창조의 기록이 아닙니다. 그래서 이 말씀도 비유입니다. 만약 이 말씀을 자연 상태를 표현하는 것으로 가정하면 모순이 발생합니다.

안개는 대기 중에 있는 물분자가 기온이 떨어지게 될 때 서로 응결되어 작은 물방울이 되는 자연현상입니다. 안개는 대기 중에 수증기가 있어야 가능합니다. 대기에 수증기를 공급하는 원인은 바다나 강이나 호수가 됩니다. 낮에 따뜻할 때, 물이 증발하여 대기의 습도가 높아집니다. 그러다가 새벽에 기온이 떨어지면서 안개가 생깁니다. 안개는 바다나 강이나 호수에서 생기는 것이며, 땅에서 올라오는 것은 아닙니다.

이 말씀에는 안개가 땅에서 올라왔다고 기록되어 있습니다. 이 말씀을 자연현상이라고 가정할 때, 안개가 땅에서 올라온다는 것은 땅 가까운 곳에 바다나 호수나 강이 있다는 것을 의미합니다. 바다나 호수나 강과 먼 땅은 물기가 없습니다. 그래서 수증기가 올라올 수 없습니다. 이런 땅은 비가 내려야 물기가 있어 축축해질 것입니다. 비가 그치고 햇빛이 나면 다시 건조한 땅이 될 것입니다.

이 말씀에서 안개가 땅에서 올라왔다가 지면을 적신다고 기록되어 있습니다. 지면은 땅의 표면입니다. 이 말씀을 자연현상이라고 해석할 때, 수증기가 땅 아래에 물이 가득한 상태에서 물이 땅의 표면까지 올라와 땅의 표면을 적십니다. 그 후에 땅의 표면에서 물분자가 증발하여 대기 중의 수증기가 됩니다. 땅속에 있는 물이 땅의 표면을 거치지 않고 대기 중으로 증발할 수는 없습니다. 안개가 땅에서 올라온다면, 그 땅은 이미 물로 축축한 상태라는 말입니다. 안개가 땅을 적시는 것이 아니라, 젖어 있는 땅에서 안개가 올라오는 것입니다.

안개가 있는 중에 태양이 떠오르면, 안개가 사라집니다. 안개가 사라지는 것은 대기 중의 작은 물방울이 지면을 적시기 때문이 아니라, 기온이 올라가서 응결된 물방울이 다시 기화하여 대기 중의 수증기로 돌아가는 것입니다. 참고로 안개는 액체에 해당하고 수증기는 기체에 해당합니다.

만약 안개가 지면을 적신다면, 이 안개는 근처 호수나 바다가 강에서 올라온 수증기이며, 이 수증기가 안개가 되었다가, 근처 땅의 지면을 촉촉하게 하는 것입니다. 이때는 안개가 땅에서 올라온 것이 아니라는 말입니다. 그리고 물기가 있는 땅은 안개가 있는 근처에 강이나 호수나 바다에서 물을 공급받아 물기가 있는 땅이 되었을 것입니다.

결론적으로, 물이 없는 상태에서 땅에서만 안개가 올라오는 일은 없습니다. 땅에 물기가 없다면 땅에서 안개가 올라올 수 없습니다. 그리고, 안개가 사라지더라도, 안개가 지면을 적시는 것은 아닙니다. 그래서 이 말씀은 자연현상을 말하는 것이 아닙니다. 이 말씀은 하나님의 창조와 관련된 비유의 말씀입니다.

Step 2. 영혼이 없는 사람이 땅에 가득하다는 뜻입니다

안개에는 여러 가지 의미가 있겠지만, 일반적으로 안개는 빨리 사라지는 것을 의미합니다. 태양이 떠오르면 빠르게 사라지는 것이 안개입니다. 하나님은 짧은 생을 사는 사람을 두고 안개라고 말씀하신 것입니다. 인생의 덧없음을 나타냅니다. 80년을 살아도 인생은 안개와 같이 잠시 나타났다가 사라지는 존재입니다. 하나님은 이렇게 혼이 없어서 잠시 나타났다가 영원히 사라지는 사람을 안개에 비유하셨습니다. 야고보서 4장 14절과 베드로후서 2장 17절에도 덧없는 인생을 안개에 비유했습니다.

이 말씀에는 안개가 땅에서 올라왔다고 기록되어 있습니다. 땅에서 올라왔다는 말씀은 사람이 흙에서 왔다는 것을 나타냅니다. 안개는 바다나 강이나 호수에서 올라오는 것입니다. 그러나 땅에서 올라온다는 말씀은 사람이 흙에서 왔다는 것을 비유합니다.

이 말씀에서 지면을 적셨다고 합니다. 지면을 적셨다는 말은 땅을 덮었다는 뜻입니다. 안개와도 같은, 혼(Soul) 없는 사람이 땅 위에 가득하다는 뜻입니다.

아담을 창조하기 전에도 많은 사람이 지구의 모든 지역에 퍼져 살고 있었다는 뜻입니다.

만약 혼(Soul)이 있는 사람이 지구에 가득했다면, 하나님은 사람을 안개에 비유하시지 않았을 것입니다. 혼은 하나님을 닮아서 영원히 존재하도록 창조되었기 때문입니다. 혼은 영존하기 때문에 안개에 비유되지 않습니다. 안개는 죽으면 존재 자체가 사라지는 사람을 의미합니다. 영이나 혼이 없으면, 죽을 때 존재 자체가 사라집니다. 마치 없었던 것처럼 됩니다.

하나님은 하나님의 백성을 아직 창조하지 않았다는 것을 표현하고 계십니다. 혼(Soul)을 만들기 위해서 아담을 창조할 예정입니다. 아직 혼을 창조하지 않았기에 땅 위에는 안개만 있다고 표현한 것입니다. 이 말씀은 하나님이 창조를 시작하시기 전에 하나님의 백성인 혼이 없는 상태를 말씀한 것입니다.

Part 5

창조의 완성

Chapter 60

첫 번째 계시
- 새 하늘과 새 땅과 없어진 바다

성경 말씀: 요한계시록 21장 1절

"또 내가 새 하늘과 새 땅을 보니 처음 하늘과 처음 땅이 없어졌고 바다도 다시 있지 않더라"

이 말씀은 완성된 하나님의 나라를 보여 주는 계시입니다. 요한계시록 20장에서 마지막 계시는 백보좌의 심판입니다. 그 후에 요한계시록 21장, 22장에 완성된 하나님 나라의 모습을 보여 주는 3개의 계시가 기록되어 있습니다. 이 계시는 그 첫 번째 계시입니다.

완성된 하나님의 나라를 보여 주는 계시는 (1) 새 하늘과 새 땅, (2) 새 예루살렘 성, (3) 생명수의 강입니다. 새 하늘과 새 땅은 요한계시록 21장 1절입니다. 새 예루살렘 성은 요한계시록 21장 2절부터 27절까지입니다. 생명수의 강은 요한계시록 22장 1절부터 5절까지입니다.

새 하늘과 새 땅은 창세기 1장에서 넷째 날 선포한 계획의 성취를 보여줍니다. 새 예루살렘 성과 생명수의 강은 둘째 날과 셋째 날에 선포한 계획의 성취를 보여 줍니다. 다섯째 날과 여섯째 날에 선포한 계획의 성취된 모습은 요한계시록에서 보여 주지 않습니다.

Step 1. 새 하늘과 새 땅과 없어진 바다는 비유입니다

이 말씀에서 하늘과 땅을 물질이라고 가정하면 모순이 발생합니다. 하늘을 sky나 universe로 정의하고, 땅을 earth나 ground로 정의한다면, 바다는 sea로 정의해야 할 것입니다. 우리 인류가 새로운 세계를 찾았다고 가정합니다. 우리 인류가 프록시마 항성계로 이주하여 골디락스 존(Goldilocks Zone)에 있는 행성에 정착했다고 가정합니다. 그곳에는 새로운 하늘이 있습니다. 하늘에는 3개의 태양이 있습니다. 그리고 그 땅에는 넓은 대륙이 펼쳐져 있습니다. 그런데 이 행성에는 바다가 없습니다. 과연 바다가 없는 행성에서 우리 인류가 살 수 있을까요? 바다가 없다면, 비도 없고 강도 없다는 뜻입니다. 강이 흐르면 그 끝이 바다일 수밖에 없기 때문입니다. 새 하늘과 새 땅으로 이주했어도 바다가 없는 행성이라면 그곳은 천국이 되지 못합니다. 바다는 필수조건입니다.

그래서 새 하늘과 새 땅과 없어진 바다는 물질세계를 의미하지 않습니다. 새 하늘과 새 땅과 없어진 바다는 비유입니다.

이 말씀은 천년왕국이 끝나는 시점을 기준으로 합니다. 이 기준을 중심으로 이전과 이후로 나눕니다. 이전에는 처음 하늘과 처음 땅이 있었고 처음 바다가 있었습니다. 이후에는 처음 하늘과 처음 땅과 처음 바다가 사라졌습니다. 그리고 새 하늘과 새 땅이 등장했고 새 바다는 없습니다.

Step 2. 아직도 세상 나라의 주권이 이루어지지 않았습니다

하나님의 나라가 이루어지려면 3가지 필수 요소가 충족되어야 합니다. 국민, 영토, 주권입니다. 국민과 영토는 이미 오래전에 준비되어 있었습니다. 국민이란 혼(Soul)을 의미합니다. 하나님은 하나님의 백성으로 혼을 창조하셨습니다. 이미 죽은 모든 혼은 하나님의 백성이 되기 위하여 부활을 기다리고 있는 상태입니다. 영토는 바로 이 땅입니다. 하나님은 남자와 여자를 창조하실 때, 생육하고 번성하여 땅에 충만하라고 하셨습니다. 그래서 땅이 영토입니다. 영토는 창세 때부터 준비되어 있었습니다.

하나님은 지금까지도 세상 나라의 주권을 가져오기 위해 일하고 계십니다. 세상 나라가 우리 주와 그 그리스도의 나라가 되어야 하기 때문입니다.

성경 말씀: 요한계시록 11장 15절
"일곱째 천사가 나팔을 불매 하늘에 큰 음성들이 나서 이르되 세상 나라가 우리 주와 그의 그리스도의 나라가 되어 그가 세세토록 왕 노릇 하시리로다 하니"

이 말씀에서 일곱째 천사가 나팔을 불 때 세상 나라의 주권이 예수님에게 주어진다고 기록되어 있습니다. 일곱째 천사가 나팔을 불기 전까지는 세상 나라의 권세는 아직 예수님에게 있지 않다는 뜻입니다. 다른 말로 설명한다면, 일곱째 천사가 나팔을 불기 전까지 세상 나라의 권세는 사탄이 가지고 있다는 것입니다. 국가의 3요소 중에서 주권이 아직 이루어지지 않았다는 뜻입니다.

요한계시록 21장 1절의 말씀은 하나님의 나라가 이루어진 모습을 보여 주고 있습니다. 그래서 세상 나라가 이미 우리 주와 그리스도의 나라가 된 상태를 나타냅니다. 하나님의 나라가 이루어진 상태에서 새 하늘의 의미와 새 땅의 의미와 없어진 바다의 의미를 설명합니다.

Part 5. 창조의 완성

Step 3. 새 하늘과 처음 하늘은 하나님을 의미합니다

하늘은 창조주 하나님을 나타냅니다. 그래서 처음 하늘과 새 하늘 모두 하나님을 나타내는 것입니다.

처음 하늘이 악해서 새 하늘이 등장하여 처음 하늘을 응징한다는 해석은 잘못된 해석입니다. 하늘은 창조주를 의미하며 창조주보다 높은 존재는 없습니다. 하늘은 가장 높은 존재를 비유합니다. 가장 높은 존재는 하나님뿐입니다. 사탄은 피조물이기 때문에 하늘로 비유되지 않습니다. 사탄은 하나님과 대적할 수 있는 존재도 아니고, 하나님과 동등한 존재도 아니며, 하나님처럼 하늘로 비유할 수 있는 존재도 아닙니다. 사탄은 하나님과 싸우지 않으며, 하나님 앞에서 공손합니다. 피조물인 사탄은 창조주 하나님의 명령을 받는 위치에 있기 때문입니다.

처음 하늘도 하나님이고 새 하늘도 하나님입니다. 다만 새 하늘이 등장하여 처음 하늘을 대체한다는 뜻입니다. 새 하늘의 등장은 하나님이 처음부터 세운 계획입니다. 이 계획이 하나님의 비밀입니다.

성경 말씀: 요한계시록 10장 7절
"일곱째 천사가 소리 내는 날 그의 나팔을 불려고 할 때에 하나님이 그의 종 선지자들에게 전하신 복음과 같이 하나님의 그 비밀이 이루어지리라 하더라"

이 말씀에서 하나님의 비밀이 이루어진다고 기록되어 있습니다. 하나님에게는 비밀이 있습니다. 비밀이기 때문에 사람이 알 수 없었습니다. 일곱째 천사가 나팔을 불 때 계시록의 내용이 이루어지면서 하나님의 비밀이 이루어집니다.

많은 기독교인은 하나님의 비밀을 모릅니다. 기독교에서 아는 것은 삼위일체 하나님뿐입니다. 하나님의 비밀은 계시록의 말씀이 성취될 때 이루어질 것이기에 계시록의 말씀이 이루어지지 않은 현재 시점에서는 기독교인 대부분이 하나님의 비밀을 모르는 상태입니다.

하나님에 관한 것으로 삼위일체 교리가 있습니다. 하나님의 비밀은 계시록이 이루어질 때 알게 될 것인데 삼위일체 교리를 안다고 하니, 삼위일체 교리는 하나님의 비밀이 아니라는 결론이 나옵니다. 요한계시록 10장 7절에 기록된 하나님의 비밀은 삼위일체가 아니라 그것을 뛰어넘는 그 이상의 비밀입니다.

요한계시록 21장 1절의 처음 하늘과 새 하늘이라는 표현은 하나님의 비밀이 무엇인지 조금 알 수 있도록 도와줍니다. 새 하늘이란 하나님이 자신의 존재 방식을 바꾼다는 뜻입니다. 현재까지의 존재 방식은 처음 하늘의 모습이고, 앞으로 바뀌게 될 새로운 존재 방식은 새 하늘입니다.

성경 말씀: 창세기 1장 16절
"…또 별들을 만드시고 하나님이 그것들을 하늘의 궁창에 두어 땅을 비추게 하시며 낮과 밤을 주관하게 하시고 빛과 어둠을 나뉘게 하시니 하나님이 보시기에 좋았더라"

이 말씀에서 하나님은 별들을 궁창에 두겠다고 하십니다. 여기서 하나님의 비밀을 알 수 있습니다. 여기서 하늘의 궁창은 하나님의 보좌를 의미합니다. 별들을 만들어 하나님의 보좌에 앉게 한다는 계획입니다. 별들은 지금까지와는 다른 하나님의 새로운 존재 방식입니다. 그래서 별들은 요한계시록 21장 1절의 [새 하늘]입니다. 큰 광명과 작은 광명이 낮과 밤을 주관하는 모든 권세를 별들에 위임합니다. 그리고 별들을 하늘의 보좌에 앉게 하여 만물을 다스리도록 하겠다는 하나님의 계획입니다. 처음 하늘은 성부 하나님과 성자 하나님입니다.

성경 말씀: 창세기 2장 3절
"하나님이 그 일곱째 날을 복되게 하사 거룩하게 하셨으니 이는 하나님이 그 창조하시며 만드시던 모든 일을 마치시고 그 날에 안식하셨음이니라"

이 말씀에 [하나님이 모든 일을 마치셨다]고 기록되어 있습니다. 하나님이 창조하고자 하는 일을 완성하셨다는 기록입니다. 그렇다면, 하나님이 더는 일을 하지 않는다는 뜻일까요? 이 우주를 주관하지 않는다는 뜻일까요? 하나님이 창조된 세계를 버려둔다는 뜻일까요?

이 말씀은 성부 하나님과 성자 하나님이 안식한다는 뜻입니다. 그리고 세상을 주관하는 존재는 성부 하나님과 성자 하나님이 아니라 하나님의 일곱 영이라는 뜻입니다.

성경 말씀: 요한계시록 22장 1절
"또 그가 수정 같이 맑은 생명수의 강을 내게 보이니 하나님과 및 어린 양의 보좌로부터 나와서"

이 말씀에서 [하나님과 어린 양의 보좌]가 나옵니다. 성부 하나님과 성자 하나님이신 어린 양이 함께 보좌에 앉아 있다는 말씀입니다. 성부 하나님과 성자 하나님이 함께 하나의 보좌에 앉아 있다는 말씀은 성부 하나님과 성자 하나님이 이미 하나가 되었다는 뜻입니다. 성자 하나님이 성부 하나님에게서 나와서 세상에 오셨다가 다시 하나님에게로 돌아가 성부 하나님과 하나가 되었다는 말입

니다. 성자 하나님이 성부 하나님에게서 나오기 이전의 상태로 되돌아갔다는
뜻입니다.

여기서 보좌란 단순한 의자(Chair)가 아닙니다. 이 보좌는 성부 하나님과 성
자 하나님을 물질세계에 비춰 주는 거울이라는 뜻입니다. 다시 하나가 된 성부
하나님과 성자 하나님이 영원의 세계에 안식하셨고, 그의 종들은 하나님과 어린
양을 직접 대면하여 볼 수 없습니다. 보좌라고 하는 일곱 영을 통해서 하나님과
어린 양을 보게 됩니다.

성경 말씀: 요한복음 14장 9절
"…빌립아 내가 이렇게 오래 너희와 함께 있으되 네가 나를 알지 못하느냐 나
를 본 자는 아버지를 보았거늘 어찌하여 아버지를 보이라 하느냐"

이 말씀에서 예수님은 빌립이 이미 아버지를 보았다고 말씀합니다. 예수님을
통해서 성부 하나님을 보는 것입니다. 예수님은 성부 하나님을 비춰주는 거울
과도 같습니다. 빌립이 직접 성부 하나님을 대면하여 볼 수는 없지만, 예수님을
통해서 성부 하나님을 보는 것입니다.

마찬가지로, 요한계시록 22장 1절이 실현된 새 예루살렘 성안에서 종들이 하
나님과 어린 양을 직접 대면하여 볼 수는 없습니다. 다만 [보좌]로 불리는 일곱
영을 통해서 하나님과 어린 양을 보는 것입니다.

요한계시록 22장 1절의 [보좌]가 곧 새 하늘입니다. 이는 창세기 1장 16절에
나오는 별들입니다. 하나님은 성부 하나님과 어린 양의 모습으로 그동안 창조
의 사역을 진행하셨습니다. 창조의 사역을 마치면, 하나님과 어린 양은 안식하

십니다. 하나님과 어린 양이 처음 하늘입니다. 하나님과 어린 양은 별들을 하늘의 궁창에 앉게 하십니다. 이것이 하나님의 보좌라는 뜻입니다. 별들은 영원한 하나님의 나라를 다스리는 하나님의 새로운 모습입니다. 하나님이 자신의 모습을 바꾸는 것입니다.

새 하늘이 나타나고 처음 하늘이 없어졌다는 말씀은 창조를 주관하셨던 하나님이 창조를 끝낸 후에, 다른 모습으로 창조 이후의 영원한 하나님의 나라를 다스린다는 말씀입니다. 하나님이 창조가 완료된 시점을 중심으로 이전의 모습과 이후의 모습을 다르게 하셨습니다. 창조의 완성 이전까지는 창조를 위한 하나님과 어린 양의 모습이었지만, 창조의 완성 이후에는 별들의 모습으로 계신다는 것입니다. 장세기 1장 16절의 별들은 요한계시록 5장 6절의 일곱 영입니다.

창조주 하나님이 성부 하나님과 어린 양으로 존재했던 모습이 처음 하늘입니다. 창조 이후의 세계를 다스리는 일곱 영이 새 하늘입니다.

Step 4. 새 땅과 처음 땅은 농부를 의미합니다

성경 말씀: 마태복음 21장 41절
"그들이 말하되 그 악한 자들을 진멸하고 포도원은 제 때에 열매를 바칠 만한 다른 농부들에게 세로 줄지니이다"

성경 말씀: 마태복음 21장 43절
"그러므로 내가 너희에게 이르노니 하나님의 나라를 너희는 빼앗기고 그 나라의 열매 맺는 백성이 받으리라"

이 말씀에서 포도원은 하나님의 나라입니다. 악한 자들은 예수님과 대화하는 유대인들을 가리킵니다. 또 제때에 열매를 바칠 만한 다른 농부는 그 나라의 열매 맺는 백성입니다.

이 비유의 말씀을 읽으면, 유대인들은 하나님의 나라를 빼앗기고 성령의 열매를 맺는 기독교인들이 하나님의 나라를 받게 된다는 생각이 듭니다.

이 비유의 말씀에서 상속자를 죽이는 자들은 악한 농부들입니다. 실제로 예수님을 죽인 자들은 유대인들이라고 할 수 있습니다. 그런데 유대인들은 예수님을 하나님의 아들로 믿지 않습니다. 그래서 예수님을 신성 모독죄로 고소했습니다. 그러나 빌라도는 신성 모독죄로는 벌하지 않았습니다. 유대인들은 예수님을 로마 황제에 대한 반역죄로 고소하여 십자가에 못 박아 죽였습니다. 역사적으로 보면 상속자를 죽인 악한 농부는 유대인들입니다.

이 비유의 말씀을 보면 악한 농부들은 상속자를 알아봤습니다. 포도원을 뺏기 위해서 상속자를 죽입니다. 그러나 유대인들은 예수님을 하나님의 아들로 믿지 않았습니다. 이 점에서 비유의 말씀과 역사적 현실은 일치하지 않습니다. 그래서 이 악한 농부는 유대인들이 아니라 사탄과 그의 천사들인 것입니다. 표면적으로는 유대인들이 죽였어도 궁극적으로는 사탄과 그의 천사들이 하나님의 나라를 빼앗기 위해서 예수님을 죽인 것입니다.

이 말씀에서 악한 농부는 사탄과 그의 천사입니다. 그러면 사탄과 그의 천사가 세로 받은 포도원인 하나님의 나라가 무엇인지를 알 수 있습니다.

성경 말씀: 누가복음 4장 5절

"마귀가 또 예수를 이끌고 올라가서 순식간에 천하 만국을 보이며 이르되 이 모든 권위와 그 영광을 내가 네게 주리라 이것은 내게 넘겨 준 것이므로 내가 원하는 자에게 주노라"

이 말씀에서 마귀는 예수님을 시험합니다. 마귀가 예수님을 시험할 때 거짓으로 시험할 수는 없습니다. 예수님이 다 아시기 때문입니다. 그래서 마귀의 이 말은 사실입니다. 마귀는 천하만국의 권세를 쥐고 있습니다. 마귀는 천하만국인 세상 나라를 하나님에게서 위임받았습니다. 그래서 마귀와 그 사자들이 세상 나라를 다스리고 있습니다. 세상 나라가 하나님의 나라인 포도원입니다.

제때에 열매를 바칠 만한 다른 농부들은 악한 농부들을 대체할 것입니다. 악한 농부들과 다른 농부들은 같은 위치에 있습니다. 세상 나라에 사는 사람들은 농부가 아니라 포도원의 포도나무에 해당합니다. 사람은 농부가 아니라 포도나무입니다. 농부는 사람이 아니라 마귀와 그의 천사들입니다.

제때에 열매를 바칠 다른 농부들은 하나님의 나라에서 영생을 누리는 백성이 아닙니다. 하나님 나라에 살게 될 백성은 포도나무에 해당하기 때문입니다. 포도원을 가꾸는 일은 농부가 할 일입니다. 백성이 할 일은 아닙니다. 그래서 천국에 들어간다고 믿는 기독교인들은 농부가 아닙니다. 다른 농부들은 마귀와 그 사자를 대신하여 포도원 일을 담당할 존재입니다. 제때에 열매를 바칠 다른 농부들은 하나님의 백성인 혼(Soul)이 아니라, 하나님을 모시던 영(Spirit)으로서 하나님의 아들들입니다. 이들이 나라와 제사장이 되어 영원히 하나님을 섬길 것입니다.

성경 말씀: 창세기 1장 9절

"…천하의 물이 한 곳으로 모이고 뭍이 드러나라 하시니 그대로 되니라 하나
님이 뭍을 땅이라 부르시고 모인 물을 바다라 부르시니…"

이 말씀은 셋째 날 선포한 하나님의 계획입니다. 이날 뭍이 드러납니다. 뭍은
히브리어 원어로는 [마른 것]입니다. [마른 것]은 부활한 육체를 의미합니다. 생
명수 샘물을 마신 사람들이 첫째 부활을 하여 하나님 앞에 서게 되었습니다. 이
들은 하나님의 아들들로서 [나라와 제사장]의 역할을 맡게 됩니다. 영(Spirit)인
하나님의 아들들이 생명수를 마심으로, 예수님이 니고데모에게 하신 말씀과 같
이 물과 영의 조건을 충족했기에 부활한 것입니다.

이 말씀에서 하나님은 [마른 것]을 땅이라고 부르셨습니다. 이것은 하나님의
창조를 이해할 수 있도록 하는 열쇠입니다. 땅이라는 개념은 요한계시록 21장 1
절과 연관되어 있어서 처음 땅과 새 땅의 의미를 알려 줍니다.

이 말씀에서 [마른 것]은 몸을 가지고 부활한 하나님의 아들들을 의미합니다.
[마른 것]이란 하나님의 아들들이 가지게 된 육체를 의미합니다. 이렇게 부활한
하나님의 아들들은 예수님에게서 땅을 다스리는 권세를 받습니다. 몸을 가지게
되었기에 백성을 만나고 대화하고 가르칠 수 있기 때문입니다. 부활하면 하나
님의 아들들이 사람에게 보이는 몸을 가지므로 영적인 존재로만 있지는 않습니
다. 영적인 존재이면서 동시에 물질적인 존재가 됩니다.

성경 말씀: 요한계시록 21장
"…땅의 왕들이 자기 영광을 가지고 그리로 들어가리라"

이 말씀에서 땅의 왕들이 새 예루살렘 성으로 들어가는 이유는 만국의 영광과

존귀를 성안에 계신 하나님에게 드리려는 것입니다. 땅의 왕들은 어린 양의 생명책에 기록된 자들로서 창세 전부터 하나님 앞에 섰던 영들입니다.

성경 말씀: 요한계시록 22장 3절
"…그의 종들이 그를 섬기며 그의 얼굴을 볼 터이요 그의 이름도 그들의 이마에 있으리라 … 그들이 세세토록 왕 노릇 하리로다"

이 말씀에서 하나님의 종들은 세세토록 왕이 되어 다스린다고 기록되어 있습니다. 하나님의 종들이 땅을 다스리는 왕이 된다는 것입니다.

처음에는 마귀와 그의 사자들이 세상 나라를 다스리고 있었습니다. 예수님이 세상 나라의 권세를 가져오고 난 후에는 하나님의 종들이 세상 나라를 다스리게 됩니다. 세상을 다스리는 존재를 처음 땅과 새 땅으로 부릅니다.

세상을 다스리던 마귀와 그의 천사들은 요한계시록 21장 1절에 기록된 [처음 땅]입니다. [새 땅]은 창세 전에 어린 양의 생명책에 이름이 기록된 하나님이 아들들입니다. 이들이 몸을 가지고 [마른 것]으로 부활합니다. 하나님은 이들을 창세기 1장 9절에서 [땅]이라고 부르셨습니다. 생명수를 받아 물과 영으로 부활한 [마른 것]을 땅이라고 부르십니다. [마른 것]을 [땅]이라고 부르는 이유는 부활한 종들이 왕이 되어 땅을 다스리게 될 것이기 때문입니다.

Step 5. 없어진 바다는 모인 물입니다

성경 말씀: 창세기 1장 10절
"…뭍을 땅이라 부르시고 모인 물을 바다라 부르시니…"

이 말씀에서 하나님은 모인 물을 바다라고 부르셨습니다. 모인 물을 바다라고 한 것은 하나님의 창조를 이해할 수 있는 열쇠가 됩니다. 창세기 1장 10절의 바다는 생명수를 받은 사람들의 모임입니다. 창세기 1장 22절의 바다와 창세기 1장 26절의 바다는 단어 그대로 바다(Sea)입니다. 태평양, 인도양, 대서양과 같은 바다를 의미합니다. 창세기 1장에서 10절, 22절, 26절 모두 [바다]라는 같은 단어를 사용하지만, 그 의미는 다릅니다. 단어의 의미를 일치시키면 내용에서 모순이 발생합니다. 그래서 단어는 같아도 의미가 다르다는 것을 알 수 있습니다.

창세기 1장 9절을 보면, [천하의 물]이 한곳으로 모입니다. 그리고 그곳에서 뭍(마른 것)이 드러납니다. 하나님은 드러난 뭍을 땅이라고 부르셨고, 모인 물을 바다라고 부르셨습니다. 이 말씀을 보면, 천하의 물이 바다라는 생각을 하게 됩니다. 천하의 물은 [Chapter 43. 셋째 날 - 천하의 물인 하나님의 아들들]에서 설명했습니다.

사람으로 태어난 하나님의 아들들만을 바다라고 부릅니다. 그런데 이 경우는 아담이 선악과를 먹지 않는다는 전제하에 그렇습니다. 아담이 선악과를 먹지 않았다면, 하나님의 아들들이 사람으로 태어날 때 이들은 각자 하나의 물입니다. 이들이 하나님을 영접하기 위하여 모였을 때, 이들의 모임을 바다라고 부릅니다. 그런데 아담이 선악과를 먹었기에 이렇게 되지 않았습니다.

아담이 선악과를 먹은 후로, 하나님의 아들들은 평범한 사람으로 태어납니다. 짧은 생을 살며, 능력도 사용할 수 없고, 자신을 기억하지 못하는 삶을 살게 됩니다. 그래서 땅에 사람으로 태어난 하나님의 아들들은 짧게 살고 모두 죽었습니다. 하나님의 아들들도 사람으로 태어나면 거의 100년을 넘기지 못하고 죽습니다. 물론 노아가 하나님의 아들들 중 하나라면 100년을 넘게 산 경우가 됩니다.

아담이 선악과를 먹었기에 하나님의 아들들은 평범하게 태어납니다. 자신을 기억하지 못하기에 사람으로 태어나기 전의 기억은 없습니다. 그래서 하나님의 아들들조차 자신이 생명수를 받고 물과 영으로 부활하여 하나님 앞으로 되돌아가야 한다는 사실을 알지 못합니다. 누군가가 [당신이 하나님의 아들들 중 하나다]라고 말한다면 오히려 부정하며 손사래 치는 경우도 많을 것입니다.

이런 상황에서 궁창 아래의 물로 오신 하나님은 하나님의 아들들만으로 골라서 생명수를 줄 수 없습니다. 누구에게는 생명수를 주고, 누구에게는 생명수를 주지 않는 행동이 그들 눈에는 차별로 보일 것이기 때문입니다. 궁창 아래의 물로 임하신 하나님이 생명수의 샘에서 솟아난 샘물을 줄 때, 하나님의 아들들과 혼(Soul)을 구분하지 않게 되었습니다.

생명수의 샘물은 본래 하나님의 아들들에게만 주기로 되어 있습니다. 그러나 아담이 선악과를 먹었기에 하나님의 창조 작업이 끝나기도 전에 혼(Soul)이 먼저 태어났습니다. 그래서 생명수의 샘물을 주실 때 영(Spirit)과 혼(Soul)의 구분 없이 주게 되었습니다.

아담이 선악과를 먹지 않았다면, 천하의 물도 하나님의 아들들이며, 바다도 하나님의 아들들입니다. 그런데 아담이 선악과를 먹어서 바다에는 혼(Soul)들이 포함되었습니다. 아담이 선악과를 먹었어도 천하의 물은 여전히 하나님의 아들들입니다. 그런데 바다에는 백성인 혼(Soul)도 다수 포함될 수밖에 없는 상황이 전개되었습니다. 그래서 바다는 하나님의 아들들과 혼들의 모임이 됩니다.

창조의 완료 시점은 천년왕국이 끝나는 때입니다. 천년왕국의 시대가 지나가고 백보좌의 심판이 있고 난 뒤에 하나님의 나라가 본격적으로 시작됩니다. 이

때가 요한계시록 21장 1절입니다.

창조의 완료 시점에서 볼 때, 이전에는 처음 바다가 있었습니다. 이후에는 새 바다가 있지 않습니다. 이 말씀은 궁창 아래의 물로 임하신 하나님이 더는 생명수를 혼(Soul)에게 주지 않았다는 말입니다.

성경 말씀: 요한계시록 7장 17절
"이는 보좌 가운데에 계신 어린 양이 그들의 목자가 되사 생명수 샘으로 인도하시고…"

이 말씀에서 예수님은 흰옷 입은 무리를 생명수의 샘으로 인도하십니다. 흰옷 입은 무리는 생명수의 샘에서 솟아나는 생명수를 마십니다.

성경 말씀: 요한계시록 7장 15절
"그러므로 그들이 하나님의 보좌 앞에 있고 또 그의 성전에서 밤낮 하나님을 섬기매…"

이 말씀에서 흰옷 입은 무리는 하나님을 섬기는 종이라는 것을 알 수 있습니다. 흰옷 입은 무리는 밤낮으로 하나님을 섬깁니다. 하나님의 백성인 혼(Soul)은 밤낮으로 하나님을 섬기지 않습니다. 그래서 흰옷 입은 무리는 어린 양의 피로 씻은 [나라와 제사장]이며, 영(Spirit)들이며, 하나님의 아들들입니다.

하나님의 아들들은 하나님 앞에 있어서 생명수의 샘물을 마시게 됩니다. 목마를 때마다 생명수의 샘에서 생명수를 마실 수 있습니다. 그러나 하나님의 백성인 혼(Soul)에게는 생명수를 주지 않습니다. 생명수는 하나님의 아들들에게 주는 것이기 때문입니다. 백성은 목마를 때 깨끗한 물(H2O)을 마시면 됩니다. 생명수는 일반적인 물(H2O)이 아니라 하나님에게서 나오는 특별한 에너지입니다.

궁창 아래의 물로 임하신 하나님이 땅 위에 사람으로 있을 때 안수를 통해서 영(Spirit)과 혼(Soul)에게 샘에서 솟아나는 생명수를 주십니다. 영에만 주는 것이 아니라 혼에도 생명수를 줍니다. 하나님의 아들들이 자신을 기억하지 못하기에 영과 혼을 구분할 수 없는 상황이 되었습니다. 궁창 아래의 물로 임하신 하나님이 승천하신 후에는 누구도 땅에서는 생명수를 받을 수 없게 됩니다. 생명수를 주시는 분이 땅 위에 없기 때문입니다.

그 후에 창세기 1장 9절에 기록된 [뭍이 드러나는] 사건이 발생합니다. 이것이 요한계시록 20장 5절의 첫째 부활입니다. 하나님의 아들들이 모두 부활하여 하나님이 계신 곳으로 돌아갑니다. 땅 위에는 처음 바다가 그대로 존재합니다. 처음 바다에는 하나님의 아들들과 혼들이 있었는데, 하나님의 아들들이 부활하여 하나님이 계신 곳으로 갔기에, 처음 바다에는 혼들만 남아 있게 됩니다. 생명수는 에너지 같은 것이기에 시간이 흐르면 사라집니다. 생명수가 사라지기 전에 생명수의 샘물로 다시 채워야 합니다. 그러나 궁창 아래의 물로 임하신 하나님이 승천한 후이기에 땅에는 생명수의 샘이 없습니다.

처음 바다인 혼(Soul)들은 생명수를 채울 수 없습니다. 혼들에게 부어 준 생명수는 천년왕국이 끝나기 전에 모두 고갈되어 사라집니다. 생명수는 본래 하나님의 아들들을 위한 것이기에 혼들은 생명수가 없어도 목마름을 느낄 수 없습니다. 이렇게 처음 바다가 사라집니다.

요한계시록 21장 1절에서 천년왕국이 끝나고 하나님의 나라가 본격적으로 시작될 때 생명수를 받았던 혼(Soul)들의 배 속에는 생명수가 없습니다. 생명수를 받았던 혼들도 이제는 생명수가 없는 다른 혼들과 같아졌습니다. 그래서 새 하늘과 새 땅에서는 바다가 존재하지 않는 것입니다.

Step 6. 새 하늘과 새 땅과 바다가 없는 곳은 천국입니다

지금까지는 성부 하나님과 어린 양이 처음 하늘인 시대이고, 사탄과 그의 천사들이 처음 땅인 시대이며, 혼들과 영들이 생명수를 받아서 처음 바다가 존재하는 시대입니다. 지금도 성부 하나님과 어린 양이 주관하시고, 사탄과 그의 천사들이 악한 농부가 되어 세상을 다스리고 있는 시대입니다.

하나님의 창조가 완료된 후에는 일곱 영이 새 하늘인 시대이고, 하나님의 아들들이 새 땅인 시대이며, 혼에 남아 있던 생명수가 고갈되어 바다가 존재하지 않는 시대입니다. 곧 천국의 시대입니다. 일곱 영이 만물을 주관하시고, 나라와 제사장이 선한 농부가 되어 세상을 다스리는 시대가 천국입니다.

Chapter 61

두 번째 계시
- 새 예루살렘 성

성경 말씀: 요한계시록 21장 2절

"또 내가 보매 거룩한 성 새 예루살렘이 하나님께로부터 하늘에서 내려오니…"

여기서 새 예루살렘 성은 비유와 실제의 모습이 혼재되어 있습니다. 열두 가지 보석은 비유에 해당하고 정육면체로 디자인(Design)된 성의 모습은 공간을 차지하고 있으며 백성의 눈에 보이는 실체가 있는 모습입니다.

새 예루살렘 성은 창조주 하나님이 물질세계 안으로 들어오시는 방법입니다. 하나님은 영입니다. 사람의 관점에서 볼 때, 보이지 않는 존재는 다 영이라고 생각합니다. 그래서 하나님도 영이시고 천사도 영입니다. 엄밀히 말해서 물질세계에서 창조된 혼은 영적 존재가 아니라 물질적 존재입니다. 그런데도 혼을 볼 수 없기에, 우리는 혼도 영적 존재라고 생각합니다. 우리가 피조된 천사를 영이라고 표현한다면, 천사가 있는 영의 세계도 피조물의 세계입니다. 창조주 하나님은 피조물의 세계에 갇히지 않는 분입니다. 그래서 하나님은 천사도 볼 수 없는 영원의 세계에 계셨던 초월자입니다. 영원의 세계라는 말은 영적 세계보다 더 차원이 높은 곳을 의미하는 표현으로 임의로 만든 말입니다.

우리를 중심으로 볼 때, 우리 사람은 우리의 영역 이상의 존재가 있음을 압니다. 그 존재는 영이고, 그 세계는 영적인 세계입니다. 우리를 중심으로 볼 때, 우리의 영역 안에 있지만, 우리보다 더 제한된 세상에 존재하는 것이 있습니다. 바다와 바닷속에 사는 물고기입니다. 물고기들은 물 밖으로 나오면 살지 못합니다. 물고기는 물이라고 하는 환경 속에 제한되어 있습니다.

이처럼, 우리를 중심으로 하지 않고 영을 중심으로 생각해 볼 수 있습니다. 영을 기준으로 하면, 사람은 공기라는 환경 속에 사는 제한된 존재입니다. 영은 이런 제한이 없습니다. 그런데 영도 자신의 영역 이상의 존재를 압니다. 그분이 창조주 하나님입니다. 우리가 우리 영역 이상의 존재인 영을 볼 수 없듯이, 영도 하나님을 볼 수 없어야 했지만 천사는 하나님을 볼 수 있는 것 같습니다.

우리는 영적 존재인 천사를 보게 될 때 매우 놀랄 것입니다. 누군가에게 천사나 나타났다고 하면 굉장히 큰 뉴스가 됩니다. 4차원적 존재가 3차원 세계에 나타난 것과 같습니다. 천사들이 하나님을 보는 일도 이와 비슷했을 것입니다.

하나님은 무한한 영원의 세계에서 영의 세계로 들어오셨습니다. 하나님은 천사를 만들고 영을 창조하셨습니다. 하나님은 창조된 영이 자신을 볼 수 있도록 영적인 존재가 되셨습니다. 영원의 존재가 영적 존재로 형태를 바꾸어, 천사가 자신을 볼 수 있게 한 것입니다. 하나님은 자신이 창조한 세계 안으로 들어오셨던 것입니다. 초월자가 보여 주지 않으면, 영은 창조주를 볼 수 없습니다.

이제 하나님은 이와 같은 일을 한 번 더 하려고 하십니다. 영원의 세계에서 영의 세계로 들어오셨고, 다시 영의 세계에서 물질의 세계로 들어오는 것입니다. 하나님이 물질의 세계로 들어오는 방법이 곧 새 예루살렘 성입니다.

　　　　　　　　　　　　　　　　　　　Part 5. 창조의 완성

Step 1. 광야의 성막을 만들어 이스라엘 가운데 계셨던 하나님

성경 말씀: 민수기 3장 23절

"게르손 종족들은 성막 뒤 곧 서쪽에 진을 칠 것이요"

성경 말씀: 민수기 3장 29절

"고핫 자손의 종족들은 성막 남쪽에 진을 칠 것이요"

성경 말씀: 민수기 3장 35절

"…이 종족은 성막 북쪽에 진을 칠 것이며"

성경 말씀: 민수기 3장 38절

"성막 앞 동쪽 곧 회막 앞 해 돋는 쪽에는 모세와 아론과 아론의 아들들이 진을 치고…"

하나님이 모세에게 광야에서 성막을 세우고, 성막 주위를 레위 지파 사람들과 모세와 아론의 아들들이 진을 치도록 명하셨습니다. 이들의 진이 있는 곳을 완충 지대라고 부르겠습니다.

성막 주위 동·서·남·북으로 각 3지파씩 이스라엘 12지파가 위치합니다. 성막과 이스라엘 12지파 사이에는 완충 지대가 있습니다. 성막 동쪽에는 모세와 아론과 아론의 아들들이 진을 치고 있으며, 이 완충 지대 밖으로는 유다 지파, 잇사갈 지파, 스불론 지파가 있습니다. 성막 남쪽에는 레위의 고핫 자손이 진을 치고 있으며, 이 완충 지대 밖으로는 르우벤 지파, 시므온 지파, 갓 지파가 있습니다. 성막 서쪽에는 레위의 게르손 자손이 진을 치고 있으며, 이 완충 지대 밖으로는 에브라임 지파, 므낫세 지파, 베냐민 지파가 있습니다. 성막 북쪽에는 레위의 므라리 자손이 진을 치고 있으며, 이 완충 지대 밖으로는 단 지파, 아셀 지파, 납달리 지파가 있습니다.

이 구조는 광야의 성막과 이스라엘 12지파 사이에 완충 지대인 레위의 진이 있다는 것입니다. 레위의 진은 이스라엘 12지파 사람들이 성막에 접근하지 못하게 합니다. 만약 이스라엘 사람들이 성막에 접근하면 죽습니다.

하나님은 이스라엘 사람들에게 [나는 너희의 하나님이 되고, 너희는 내 백성이 되리라]고 레위기 26장 12절에서 말씀하셨습니다. 하나님은 이스라엘 자손을 하나님의 백성으로 삼으셨어도 그들이 가까이 오는 것을 허락하지 않았습니다. 하나님이 계시는 성막에 가까이 오는 사람은 죽음을 피할 수 없었기 때문입니다.

하나님이 이스라엘 사람들을 하나님의 백성으로 삼는다고 말씀하셨어도, 성막에 가까이 오는 자기 백성이 죽을 것 같으면, 성막을 이스라엘 진 가운데 두지 않는 것이 더 낫지 않았을까요? 내 백성이라고 말씀하면서 왜 굳이 이스라엘 백성이 죽을 수도 있는 상황을 만드셨을까요?

이것은 하나님이 물질세계인 땅에서 영원히 번성할 하나님의 백성을 창조하려고 하셨고, 백성 가운데 함께 하려고 계획하셨기 때문입니다. 하나님이 친히 물질세계 안으로 들어오려는 것입니다. 광야에서 보였던 성막은 하나님이 물질세계 안으로 직접 들어와서 하나님의 백성과 함께 있겠다는 뜻을 나타냅니다. 광야의 성막은 예표(모형)이며 새 예루살렘 성이 그 실체(원형)입니다. 하나님은 처음에 창세기 1장에서 하나님의 나라를 계획할 때부터, 하나님이 물질세계 안에 직접 들어올 것을 계획하셨습니다. 성막의 실체인 새 예루살렘 성은 하나님이 물질세계 안에 있을 수 있게 합니다.

Step 2. 솔로몬의 성전을 받아 이스라엘 가운데 거하신 하나님

성경 말씀: 열왕기상 8장 10절
"제사장이 성소에서 나올 때에 구름이 여호와의 성전에 가득하매 제사장이 그 구름으로 말미암아 능히 서서 섬기지 못하였으니 이는 여호와의 영광이 여호와의 성전에 가득함이었더라"

성경 말씀: 열왕기상 9상 3설
"여호와께서 그에게 이르시되 네 기도와 네가 내 앞에서 간구한 바를 내가 들었은즉 나는 네가 건축한 이 성전을 거룩하게 구별하여 내 이름을 영원히 그 곳에 두며 내 눈길과 내 마음이 항상 거기에 있으리니"

이 말씀은 솔로몬이 성전을 지은 후에 언약궤를 성전 지성소에 두었을 때의 기록입니다. 하나님의 영광이 성전에 가득하였다고 합니다. 이는 하나님이 성전을 받으셨다는 것을 의미합니다. 하나님은 솔로몬이 건축한 성전을 거룩하게 구별하고, 하나님의 이름을 영원히 성전에 두겠다고 말씀합니다. 물론 이 말씀에는 전제 조건이 있습니다.

성경 말씀: 열왕기상 9장 4절
"네가 만일 네 아버지 다윗이 행함 같이 마음을 온전히 하고 바르게 하여 내 앞에서 행하며 내가 네게 명령한 대로 온갖 일에 순종하여 내 법도와 율례를 지키면"

이 말씀이 하나님이 제시하신 조건입니다. 이 조건을 지킬 때, 솔로몬이 봉헌한 성전을 거룩하게 하여 하나님의 이름을 영원히 두겠다는 뜻입니다. 조건을 지킬 때, 성전을 두고 하나님이 영원토록 이스라엘의 하나님이 되겠다는 말씀입니다. 솔로몬 성전에 하나님의 이름을 두고 이 성전에서 기도하면 하나님이 듣겠다는 것입니다. 하나님과 이스라엘 사람들 사이에 영원한 통신 채널이 만들어진 것입니다. 단, 조건을 지킬 때 영원하다는 것입니다. 조건을 지키지 않으면 이 성전을 던져버리겠다고 열왕기상 9장 7절에서 말씀합니다.

성경 말씀: 열왕기상 11장 9절
"솔로몬이 마음을 돌려 이스라엘의 하나님 여호와를 떠나므로 여호와께서 그에게 진노하시니라…"

열왕기상 9장 3절에서 [영원히]라는 단어를 사용했는데 하나님이 조건을 제시한 이유는 이스라엘 사람들이 언약을 지키지 못할 것을 아시기 때문입니다. 언약의 당사자였던 솔로몬조차 나이가 들었을 때 우상을 세웠습니다.

하나님은 시내산에서 모세를 통해 이스라엘 사람들과 언약을 맺었습니다. 그런데 모세가 산에서 지체하자 이스라엘 사람은 바로 하나님과의 언약을 어기고 금송아지를 만듭니다. 하나님은 이스라엘 민족을 패역한 사람들이라고 말씀하셨습니다. 많은 기적을 행하셨고, 애굽(지금의 이집트) 군대를 수장했으나, 이스라엘 사람들은 하나님의 명령을 지키지 않습니다.

출애굽기 19장 6절에서 하나님은 이스라엘 민족에게 [제사장 나라]가 되리라고 말씀하셨습니다. 하나님은 이스라엘 민족을 [제사장 나라]의 예표로 사용하셨습니다. 그래서 [제사장 나라]의 실체를 다 표현할 때까지 이스라엘과의 언약은 유지되어야 했습니다.

그런데 이스라엘 민족이 얼마 되지도 않았는데 언약을 깼습니다. 하나님과 이스라엘과의 언약은 이미 깨진 상태입니다. 이스라엘 사람들이 명령을 어겼기 때문입니다. 그런데도 하나님 편에서 깨진 언약을 붙잡고 계셨습니다. [제사장 나라]의 실체를 아직 다 표현하지 못했기 때문입니다. 예수 그리스도가 오실 때까지 이스라엘 민족이 깨뜨린 언약을 하나님이 깨지 않고 붙잡고 계셨던 것입니다.

솔로몬이 성전을 봉헌할 때, 하나님이 성전을 받으신 것은 이 성전도 새 예루살렘 성을 상징하기 때문입니다. 하나님은 이스라엘 민족을 통해서 [제사장 나라]의 실체를 계속 보여 수셨습니다. 성전을 통한 하나님과 이스라엘과의 언약을 다시 세우셨고, 이 성전의 언약은 예수님 때까지 이어집니다. 이스라엘 사람이 예수님을 죽인 것은 성전을 파괴한 것과 같습니다. 이스라엘 사람이 예수님을 죽였을 때, 성전을 통한 계약이 끝났으며 하나님과 이스라엘의 언약은 완전히 파기되었습니다. 예수님의 죽음으로 인해 하나님과 이스라엘은 관련이 없게 되었습니다. 그 후로 하나님은 이스라엘의 하나님이 아니며, 이스라엘은 하나님을 위한 [제사장의 나라]가 아닙니다.

하나님이 솔로몬 성전을 통해 보여 주려고 하신 뜻은 하나님이 예루살렘에 계시고 백성 가운데 계신다는 것입니다.

Step 3. 하나님이 계시는 새 예루살렘 성

새 예루살렘 성은 하나님이 물질세계 안에 계실 방법입니다. 만약 하나님이 물질세계에서 사람을 직접 대면하면, 그 사람의 몸은 물질적인 분자 단위로 부서질 것입니다. 하나님의 영광이 모든 사람과 모든 동물을 죽이게 됩니다. 하나님이 죽이는 것이 아니라, 하나님에게서 뿜어져 나오는 빛이 사람과 동물의 몸을 파괴한다는 것입니다.

하나님의 강력한 빛은 새 예루살렘 성 밖으로 새어나가지 않습니다. 새 예루살렘 성을 만들 때, 하나님의 영광이 나가지 않도록 만드는 것입니다. 이렇게 한 후에야 하나님이 직접 새 예루살렘 성에 머무실 것입니다. 이런 후에, 새 예루살렘 성이 물질세계 안에서 영생을 누리는 하나님의 백성 가운에 있을 것입니다. 모든 땅 위의 도시에 사는 하나님의 백성은 그들의 도시 창공에 부양된 새 예루살렘 성을 보게 됩니다. 그 안에 계시는 하나님을 느끼게 됩니다. 하나님의 백성은 새 예루살렘 성의 보호를 받으며 땅 위에서 영생을 누릴 것입니다.

만약 새 예루살렘 성이 없다면, 하나님은 백성 옆에 다가갈 수 없습니다. 하나님에게서 나오는 영광이 모든 동물과 사람을 죽이기 때문입니다. 하나님은 새 예루살렘 성을 통해 백성 가운데 함께 있을 수 있습니다. 하나님이 광야의 성막과 솔로몬의 성전을 통해서 보여 주고자 하신 뜻입니다. 하나님이 이루려는 궁극적인 모습은 [창조주 하나님이 보이는 하나님이 되어 제사장들과 함께 계시고, 하나님의 거처인 새 예루살렘 성이 백성 위에서 영원히 사람과 함께 하는 것]입니다.

새 예루살렘 성은 창세기 1장 17절 말씀의 성취입니다. 하나님이 별들을 만들어 하늘의 궁창에 둔다는 말씀은 하나님이 일곱 영의 형태로 존재하는 것을 의미합니다. 일곱 영은 하나님과 어린 양의 보좌가 됩니다. 이 보좌가 새 예루살렘 성 안에 있습니다. 일곱 영이 새 예루살렘 성안에 계신다는 뜻입니다. 일곱 영은 하나님을 비춰주는 거울입니다. 일곱 영을 보는 것이 하나님과 어린 양을 보는 것입니다. 일곱 영이 이 땅에 직접 나타나면 그 빛으로 인해 사람과 동물의 몸이 파괴됩니다. 그래서 일곱 영은 새 예루살렘 성에 있습니다. 창세기 1장 17절에서 별들이 땅을 비춘다고 기록되어 있습니다. 일곱 영은 새 예루살렘 성안에서 보석인 제사장에게 비추고, 새 예루살렘 성은 땅에 있는 백성에게 빛을 비춥니다.

하나님이 물질세계 안으로 들어오시지 않는다면 사람은 지금과 마찬가지로 하나님을 볼 수 없습니다. 보이지 않는 하나님이 만물을 주관하십니다. 그런데 하나님이 보이지 않으면 또다시 하나님이 없다고 생각하는 사람들이 나타날 것입니다. 하나님이 보이지 않기에 또다시 사람들 사이에서 서로를 속이고 속는 상황이 생길 것입니다.

일곱 영이 보이는 하나님으로 존재할 때, 땅 위에서 영생을 누릴 하나님의 백성은 새 예루살렘 성의 존재로 하나님을 느끼게 될 것입니다.

물론 하나님은 동물과 사람이 죽지 않는 방법으로 직접 사람을 만날 수 있을 것입니다. 그러나 하나님은 모든 영과 모든 백성 앞에 하나님의 위엄을 나타낼 필요가 있습니다. 직접 보이는 하나님으로 계시면서 하나님의 위엄을 나타냅니다. 새 예루살렘 성안에서 하나님의 종들은 밤낮으로 하나님을 섬기며 하나님의 위엄을 보게 될 것입니다.

Step 4. 찬란히 빛나는 열두 가지 보석

성경 말씀: 요한계시록 21장 19절
"그 성의 성곽의 기초석은 각색 보석으로 꾸몄는데 첫째 기초석은 벽옥이요 둘째는 남보석이요 셋째는 옥수요 넷째는 녹보석이요 다섯째는 홍마노요 여

섯째는 홍보석이요 일곱째는 황옥이요 여덟째는 녹옥이요 아홉째는 담황옥이

요 열째는 비취옥이요 열한째는 청옥이요 열두째는 자수정이라”

새 예루살렘 성은 열두 기초석으로 되어 있습니다. 이 기초석은 우리가 아는 보석(Jewel)이 아닙니다. 이 기초석은 하나님의 종들입니다. 하나님은 아담을 창조하기 전에 하나님의 아들들을 열두 개의 조직으로 나누셨습니다. 하늘의 조직에 하나님의 아들들이 일만 이천씩 나뉘어 각 조직에 배속되었습니다.

하나님은 하늘의 조직을 표현하기 위해 야곱에게 열두 아들을 낳게 하였고, 이스라엘을 열두 지파로 구분하셨습니다. 만약 하늘의 조직을 6개로 정하셨다면, 야곱은 6명의 아들을 낳았을 것이고, 이스라엘은 6지파가 되었을 것입니다. 야곱이 낳은 아들의 수와 이스라엘 지파의 수는 하늘의 조직을 따라 한 것입니다.

하나님의 아들들 중 하나는 하늘의 열두 조직 가운데 하나에 속할 것입니다. 예수님 때까지는 하나님의 아들들이 이스라엘 사람으로만 보냄을 받아 사람으로 태어났습니다. 예수님이 승천한 후로, 하나님의 아들들은 이스라엘 민족에 한정되지 않았습니다. 하늘에 영으로만 있었던 하나님 아들들의 남은 수는 다른 민족으로도 보내져 사람으로 태어납니다. 그래서 십사만 사천 안에는 이스라엘 민족만 있는 것이 아니라, 전 세계 여러 민족의 사람이 포함됩니다. 이는 요한계시록 5장 9절 [각 족속과 방언과 백성과 나라 가운데에서]라는 표현에서도 찾을 수 있는 내용입니다.

하나님은 피조물인 하나님의 아들들을 빛으로 표현하시지 않습니다. 하나님은 하나님의 아들들을 보석으로 표현하십니다. 보석은 스스로 빛을 내지 않기 때문입니다. 빛은 창조주 하나님만을 나타냅니다.

보석은 빛을 받아서 여러 가지 아름다운 빛을 발산합니다. 보석은 빛을 받아야 합니다. 이것은 하나님의 아들들이 하나님으로부터 생명수를 받는 것을 의미합니다. 보석은 서로 다른 여러 가지 아름다운 빛을 냅니다. 이것은 보석을 통해서 빛의 존재를 느끼게 된다는 의미입니다. 다시 말해서, 백성은 [나라와 제사장]을 통해서 하나님을 느끼게 된다는 뜻입니다.

하나님의 아들들은 창조된 후로 지금까지 하나님을 밤낮으로 섬겼습니다. 이들이 사람으로 태어났다가 다시 하나님에게로 돌아갑니다. 그리고 이들은 밤낮으로 하나님을 섬기는 일을 계속합니다. 단지 차이점은 몸의 유무입니다. 사람으로 태어나기 전에는 영으로만 하나님을 섬겼습니다. 사람으로 태어난 후에는 몸을 가지고 섬기는 섯입니다. 하나님의 아들들이 하나님을 밤낮으로 섬기는 일에는 변함이 없습니다.

새 예루살렘 성은 하나님의 아들들이 [나라와 제사장]이 되어 영원히 밤낮으로 하나님을 섬기는 장소입니다. 반면 백성이 행복하게 사는 삶의 터전은 새 예루살렘 성이 아닙니다. 백성의 삶은 땅 위에 있습니다. 하나님은 새 예루살렘 성 안에서 직접 빛을 발산하는 몸을 가지고 영원히 계십니다. 새 예루살렘 성은 하나님이 계시는 거처입니다.

Chapter 62

두 번째 계시
- 만물을 새롭게 하노라

성경 말씀: 요한계시록 21장 5절

"보좌에 앉으신 이가 이르시되 보라 내가 만물을 새롭게 하노라 하시고…"

이 말씀은 하나님의 창조 사역이 모두 끝났다는 말입니다. 하나님의 모든 계획이 성취되었고, 하나님이 원하는 대로 이루어졌다는 말입니다. 이 말씀은 창세기 1장 31절 말씀의 성취입니다.

성경 말씀: 창세기 1장 31절

"하나님이 지으신 그 모든 것을 보시니 보시기에 심히 좋았더라 저녁이 되고
아침이 되니 이는 여섯째 날이니라"

이 말씀에서 하나님은 심히 좋았다고 말씀합니다. 창세기 1장은 하나님의 계획입니다. 창세기 1장의 내용을 과거에 완료된 물질창조의 기록이라고 해석하게 되면, 하나님이 심히 좋게 만든 세상을 사탄과 그의 천사들이 지금처럼 엉망으로 만들었다는 것이 됩니다. 하나님은 남자와 여자를 만들고 심히 좋았다고 말씀하셨습니다. 그런데 예레미야 17장 9절에서 만물보다 거짓되고 심히 부패한 것이 사람의 마음이라고 합니다. 하나님이 심히 좋게 만드신 것을 피조물인 사탄이 어떻게 바꿀 수 있겠습니까? 그래서 창세기 1장의 내용은 아직 이루어지

지 않은 하나님의 창조 계획입니다.

창세기 1장에서 선포된 하나님의 창조 계획은 요한계시록 21장 1절부터 요한계시록 22장 5절까지의 말씀에서 완성된 모습으로 나타납니다. 특히 요한계시록 21장 5절의 [만물을 새롭게 하노라]는 말씀은 [심히 좋았더라]는 말씀의 성취입니다.

지금의 세계는 심히 좋은 상태가 아닙니다. 하나님은 창세기 1장에서 선언하신 계획을 이루고 계신 중입니다. 창세기 1장의 모든 계획이 다 이루어졌을 때 심히 좋은 상태가 됩니다. 이때가 [만물을 새롭게 하노라]고 말씀하시는 때입니다.

지금의 세계는 아직 완성되지 않은 세계입니다. 아직은 하나님이 만들고자 하는 세상이 아닙니다. 그래서 우리가 사는 세상은 미완성의 세상입니다. 죽음이 있고 병들고 아픈 세상입니다. 불법과 불의가 있고 거짓이 많으며 억울한 사람이 많습니다. 재난과 재앙이 있고 기근과 전염병이 있는 세상입니다. 완성되지 않은 세상이기에 이런 일들이 있습니다. 지금도 하나님의 창조는 진행되는 중입니다. 그래서 우리는 이런 세상에 태어나 죽는 날까지 이런 일들을 겪고 있습니다. 속히 이 땅 위에 하나님의 나라가 이루어지기를 기도합니다.

Chapter 63

두 번째 계시
- 생수와 생명수의 샘물

성경 말씀: 요한계시록 21장 6절

"…내가 생명수의 샘물을 목마른 자에게 값없이 주리니…"

보좌에 앉으신 하나님이 생명수의 샘물을 주신다고 말씀합니다. 이 샘이 생명수의 샘이기에, 이 샘에서 솟아나는 물은 생명수입니다. 생수와 생명수는 같은 의미입니다. 생수는 ὕδωρ ζάω[후도르 자오]입니다. 자오는 살아 있다는 뜻입니다. [살아 있는 물]이라는 뜻입니다. 생명수는 ὕδωρ ζωή[후도르 조에]입니다. 조에는 생명이라는 뜻입니다. [생명의 물]이라는 뜻입니다.

생수는 예수님이 주십니다. 그러나 생명수의 샘물은 예수님의 생수를 받아 마신 사람이 줍니다. 또한, 예수님이 주시는 생수는 영생하게 하는 효과가 아니라 생명수의 샘을 만드는 효과입니다. 생명수의 샘에서 솟아나는 샘물은 영생하게 하는 효과가 있습니다. 그렇지만 생명수의 샘에서 솟아나는 샘물은 마신 사람의 배 속에 샘을 만들지 않습니다. 이 내용은 [Chapter 39. 둘째 날 - 궁창 아래의 물로 임하시는 하나님]에서 이미 설명했습니다. 또한 [Chapter 40. 생명수의 샘물 - 영생하게 하는 힘]에서도 설명했습니다.

생명수의 샘물은 하나님 앞에 가는 데 필요합니다. 영으로 태어난 하나님의

아들들이 생명수의 샘물을 마시고 첫째 부활에 참여하여 하나님이 계신 곳으로
되돌아갑니다.

Chapter 64

두 번째 계시
- 생명수 샘물을 마시라

성경 말씀: 요한계시록 21장 6절

"…내가 생명수 샘물을 목마른 자에게 값없이 주리니 이기는 자는 이것들을
상속으로 받으리라 나는 그의 하나님이 되고 그는 내 아들이 되리라"

이 말씀은 새 예루살렘 성이 완성된 후에 보좌에 앉으신 하나님이 하신 말씀
입니다. 천년왕국 시대도 지났고, 죽은 사람이 모두 부활하여 백보좌의 심판을
받은 후입니다. 이 말씀의 시대적 배경은 영원한 하나님의 나라입니다.

하나님의 나라가 이루어졌음에도 하나님은 생명수의 샘물을 주시겠다고 말
씀합니다. 생명수의 샘물은 지금도 필요하겠지만, 천국이 이루어진 후에도 필
요하다는 말씀입니다.

요한복음 3장 5절에서 예수님이 [물과 영으로 나야 하나님의 나라에 들어간
다고 말씀하셨을 때, 물을 성령이라고 가정한다면, 천국이 이루어진 후에도 천
국 백성에게 성령이 필요하다는 말이 됩니다. 천국 백성의 몸 안에 하나님의 영
이 들어가야 할 이유는 없습니다. [물]을 구원받기 위한 조건으로서 성령이라고
해석을 합니다만, 이미 구원이 이뤄진 천국 안에서 다시 생명수의 샘에서 솟아
나는 물을 주신다고 하시니, 이 샘물은 성령이 될 수 없습니다.

물과 영으로 나야 한다고 말씀하셨을 때, [물]을 말씀이나 은혜로 해석하기도 하지만, 핵심은 사람 대부분이 [물]을 구원의 조건으로 본다는 것입니다. 구원받아 천국에 들어간 사람에게 다시 생명수의 샘에서 솟아나는 생명수를 주신다고 하니, 천국에서 다시 구원의 조건을 갖추어야 한다는 모순이 발생합니다.

생명수의 샘물은 하나님의 나라가 시작된 후에도 계속해서 마셔야 합니다. 계속 마셔야 한다는 말은 한 번 마신 것으로 끝나지 않기 때문입니다. 한번 마시면 그 배에서 샘이 되어 영원히 솟아난다고 했을 때는 예수님이 주는 생수의 경우입니다. 예수님이 주시는 생수는 한 번만 마시면 됩니다.

생명수의 샘물은 예수님이 수시는 것이 아니라 성령과 신부가 주십니다. 그래서 이 샘에서 솟아난 물은 마신 사람의 배 속에 샘을 만들지 않습니다. 결국, 성령과 신부가 주는 샘물은 시간이 흐르면 고갈됩니다. 생명수는 하나님이 주시는 특별한 에너지입니다. 이 에너지는 능력을 주는 것이 아니라, 능력을 잃지 않게 만드는 효과가 있습니다.

생명수의 샘물을 마신 사람은 다시 목마르게 되기에, 고갈되기 전에 다시 생명수의 샘물을 마셔야 합니다. 하나님의 나라가 시작된 후에도 계속 생명수의 샘물을 반복적으로 마셔야 합니다. 이것은 하나님의 종들이 타락하지 않기를 바라는 하나님의 배려입니다.

생명수의 샘물을 마셔야 하는 대상은 땅 위에서 영생을 누리는 백성이 아닙니다. 성령과 신부가 주는 생명수의 샘물은 이기는 자들을 위한 것입니다. 이들은 하나님의 아들들로 밤낮으로 하나님을 섬기는 종들입니다.

요한계시록 21장 6절에는 보좌에 앉으신 하나님이 목마른 자에게 생명수 샘물을 주신다고 합니다. 하나님은 사람과 동물이 죽지 않도록 새 예루살렘 성안에 머물고 계십니다. 그래서 생명수의 샘물을 마시기 위해서는 새 예루살렘 성으로 들어가야 합니다. 땅 위에서 영생을 누리는 하나님의 백성은 하나님을 대면하여 볼 수 없습니다. 그래서 하나님의 백성은 새 예루살렘 성안으로 들어갈 수 없습니다. 백성은 생명수의 샘물을 마실 수 없습니다. 또한, 백성에게는 생명수의 샘물이 필요하지 않습니다.

성경 말씀: 요한복음 15장 6절
"사람이 내 안에 거하지 아니하면 가지처럼 밖에 버려져 마르나니 사람들이 그것을 모아다가 불에 던져 사르느니라"

이 말씀에서 가지는 이미 예수님 안에 있는 사람입니다. 요한복음 15장 3절에서 예수님이 일러준 말로 이미 깨끗해졌다고 합니다. 이미 깨끗해진 사람입니다. 그런데도 예수님 안에 계속 머물러 있어야 한다는 말입니다. 이 말은 깨끗해진 후에도 얼마든지 예수님을 버리고 떠날 수 있다는 뜻입니다.

이 말씀은 예수님을 믿은 후에 믿음을 져버리면 안 된다는 의미가 아닙니다. 이 말씀은 미래의 어느 시점에서 천국이 시작된 후에 이미 예수님 안에 있으면서 [나라와 제사장]이 된 하나님의 아들들에게 하는 것입니다. 하나님의 아들들에게 하는 권고를 과거 2,000년 전에 예수님이 직접 말씀한 것입니다. 이 말씀이 적용되는 시점은 예수님 당시도, 현재도 아닌 하나님의 나라가 이루어진 이후입니다. 땅 위에 하나님의 나라가 세워지고 난 후에 이미 예수님의 종이 되어 [나라와 제사장]이 된 하나님의 아들들에게 계속해서 예수님 안에 거하라는 권고입니다. 하나님의 아들들도 자유의지가 있기에 언제든지 예수님에게 등을 돌릴

Part 5. 창조의 완성

수 있습니다.

예수님은 천국에서 [나라와 제사장]이 된 하나님의 아들들에게 예수님 안에 있지 않으면 가지처럼 밖에 버려지게 되고 마르게 된다고 말씀하십니다. 생명수가 고갈된다는 말입니다. 하나님의 아들들이 받았던 생명수가 고갈되면 사람들 손에 잡힌다는 말씀입니다. 하나님의 아들들은 천사와 같은 존재로서 물질 세계에 매이지 않았습니다. 그러나 하나님의 아들들이 사람으로 태어나 몸을 가지게 된 후로, 몸은 하나님의 아들들을 위한 도구가 되었습니다. 몸을 통해서 하나님의 아들들은 하나님과 백성 사이에서 중재자의 역할을 합니다. 사람과 만나고 대화하고 음식을 먹으며 보이는 제사장으로 백성인 사람과 함께 할 수 있습니다. 몸은 하나님의 아들늘에게는 의의 도구입니다.

그런데 생명수가 고갈되면 몸이 영을 그 몸 안에 가두게 됩니다. 영은 몸에 갇히게 되고, 능력을 사용할 수 없게 됩니다. 그래서 사람들이 와서 [제사장]을 손으로 잡을 수 있다는 말입니다.

하나님의 아들들이 몸을 가지고 제사장의 역할을 계속하려면 몸에 있는 생명수가 고갈되지 않게 주의해야 합니다. 생명수를 받기 위해서는 예수님 앞에 와서 무릎 꿇고 고개를 숙여 생명수를 받아야 합니다. 하나님의 아들들이 교만해져서 예수님을 떠나게 되면 언젠가 생명수가 고갈될 때 예수님에게 돌아와서 그 앞에 무릎 꿇기 어려워집니다. 그러면 생명수가 고갈된 후에, 아무런 능력도 쓰지 못하고, 중력에 잡혀 공중으로 날아오르지 못하며 사람들의 손에 잡혀 희롱을 당할 수 있습니다.

Chapter 65

세 번째 계시
- 하나님과 어린 양의 보좌

성경 말씀: 요한계시록 22장 1절

"또 그가 수정 같이 맑은 생명수의 강을 내게 보이니 하나님과 및 어린 양의 보
좌로부터 나와서"

이 말씀에서 하나님과 어린 양의 보좌가 나옵니다. 생명수의 강은 보좌로부터
흘러나옵니다.

성경 말씀: 요한복음 7장 37절

"명절 끝날 곧 큰 날에 예수께서 서서 외쳐 이르시되 누구든지 목마르거든 내
게로 와서 마시라 나를 믿는 자는 성경에 이름과 같이 그 배에서 생수의 강이
흘러나오리라 하시니"

이 말씀에서 예수님을 믿는 자의 배에서 생수의 강이 흘러나오리라고 말씀합
니다.

이 두 말씀을 대입해 보면, 하나님과 어린 양의 보좌가 곧 예수님을 믿는 자임
을 알 수 있습니다. 그렇다고 모든 믿는 사람이 하나님과 어린 양의 보좌가 되는
것은 아닙니다.

성경 말씀: 요한계시록 21장 6절

"또 내게 말씀하시되 이루었도다 나는 알파와 오메가요 처음과 마지막이라 내가 생명수 샘물을 목마른 자에게 값없이 주리니 이기는 자는 이것들을 상속으로 받으리라 나는 그의 하나님이 되고 그는 내 아들이 되리라"

이 말씀에서 생명수의 샘물을 주시는 이는 보좌에 앉으신 분입니다. 위의 말씀들과 조합해 보면, 보좌에 앉으신 분은 창조주 하나님입니다. 보좌에 앉으신 분이 알파와 오메가요 처음과 마지막이기 때문입니다. 그런데 창조주 하나님이 사람으로 태어나서 예수님을 믿는 과정을 거쳐 배 속에 생명수의 샘을 가지게 되었다는 말입니다.

성경 말씀: 창세기 1장 6절

"하나님이 가라사대 물 가운데 궁창이 있어 물과 물로 나뉘게 하리라 하시고, 하나님이 궁창을 만드사 궁창 아래의 물과 궁창 위의 물로 나뉘게 하시매 그대로 되니라"

이 말씀에서 궁창 위의 물과 궁창 아래의 물로 나누었다고 합니다. 궁창 위의 물은 하늘에 계신 하나님이며, 궁창 아래의 물은 땅 위에 사람으로 오신 하나님입니다. 예수님도 이 땅에 사람으로 오셨는데 예수님은 첫째 날의 빛입니다. 예수님은 세상을 위한 빛으로 오셨습니다. 두 번째 날 선언한 말씀과 같이, 궁창 아래의 물로 임하신 하나님은 사람이 되어 생수를 받아 배 속에 생명수의 샘을 만드는 것입니다.

하나님이 사람으로 태어나 예수님을 믿고 예수님의 생수를 마셔서 배 속에 생명수의 샘을 가지게 된 사건이 둘째 날 선언한 [궁창 아래의 물]이라는 계획의 성취입니다. 궁창 아래의 물로 임하신 하나님은 물인 생명수를 주기 위해서 오시는 것입니다. 궁창 아래의 물로 오는 하나님은 요한계시록 22장 17절의 성령과 신부입니다. 성령과 신부가 생명수의 샘물을 주기 때문입니다. 또한, 요한계시록 22장 17절의 성령은 요한계시록 5장 6절의 일곱 영으로서 창세기 1장 16절의 별들을 의미합니다. 별들이 하나님과 어린 양의 보좌가 됩니다.

Chapter 66

세 번째 계시
- 강 좌우에 생명나무가 있어

성경 말씀: 요한계시록 22장 2절

"길 가운데로 흐르더라 강 좌우에 생명나무가 있어…"

많은 분이 이 말씀을 읽을 때, 천국에 강이 흐르고 있으며, 강 좌우에 생명나무라는 과일나무가 심겨 있는 모습을 상상합니다. 또한, 이 나무는 달마다 다른 과일을 맺는 나무라고 생각합니다. 그런데 이런 생각은 오해입니다.

천국에도 강이 흐른다면, 당연히 강의 끝에서 물이 모이는 곳은 바다가 됩니다. 그러면 천국에는 바다가 있을 수밖에 없습니다. 그런데 요한계시록 21장 1절에서 새 하늘과 새 땅에는 바다가 없다고 되어 있으니, 이 두 계시는 모순이 됩니다. 그래서 이 두 계시는 비유라는 것입니다.

Step 1. 이 말씀에는 천국의 자연환경에 관한 설명이 없습니다

천국의 모습을 보여 주는 계시는 요한계시록 21장 1절부터 요한계시록 22장 5절까지 모두 3개의 계시가 나오는데, 이 계시들은 모두 비유입니다. 천국의 모습을 보여 주는 3개의 계시가 모두 비유이기에, 천국의 자연환경을 알 수 있는 내용은 없습니다. 두 번째 계시에 나오는 새 예루살렘 성의 겉모습은 정육면체로 눈에 보이는 물질로 되어 있습니다.

천국의 자연환경이 나오지 않는 이유는 굳이 천국의 자연환경을 따로 설명하지 않아도 되기 때문입니다. 창세기 1장 28절에서 하나님은 남자와 여자를 창조하신 목적을 말씀합니다. 하나님은 생육하고 번성하여 땅에 충만해지는 것을 목적으로 하나님의 백성을 창조하셨습니다. 하나님이 사람을 창조할 때, 이 땅 위에서 생육하고(Fruitful), 이 땅 위에서 번성하고(Multiply), 이 땅 위에 충만하라(Fill)는 목적으로 창조했습니다.

사람을 창조한 목적이 이 땅 위에서 생육하는 것입니다. 생육한다는 말은 자녀를 낳는다는 의미입니다. 생육하는 일은 영의 세계에서는 불가능합니다. 하나님은 이 땅에서 살라고 사람을 창조한 것입니다.

사람을 창조한 목적은 이 땅 위에서 번성하는 것입니다. 번성한다는 말은 많아진다는 뜻입니다. 하나님이 창조한 남자와 여자가 이 땅 위에서 점점 많아져야 한다는 것입니다. 같은 수가 태어나고 같은 수가 죽는다면 현상 유지일 것입니다. 죽는 사람이 없고 모두가 영원히 살면서 사람의 수가 늘어난다는 뜻입니다. 사람의 수가 늘어나려면 이 땅 위에서 살아야 합니다. 영의 세계에서는 수가 늘지 않습니다.

사람을 창조한 목적은 땅에 충만해지는 것입니다. 여기서 충만하다는 단어는 영어로 fill입니다. 가득 채운다는 뜻입니다. 하나님이 창조한 남자와 여자가 이 땅 위에서 자녀를 낳고 영생하면서, 사람의 수가 계속 늘어나고, 사람이 땅을 가득 채우는 것입니다. 이것이 생육하고 번성하여 땅에 충만하라는 하나님의 창조 목적입니다.

    Part 5. 창조의 완성

하나님은 남자와 여자를 창조하기 전에 먼저 땅을 만들어 두셨습니다. 땅을 만들지 않은 상태에서 남자와 여자에게 땅에 충만하라고 말씀한다면, 남자와 여자는 땅이 어디에 있는지 하나님에게 묻게 될 것입니다. 하나님은 남자와 여자를 창조하기 전에 먼저 사람이 살아갈 땅을 만들어 두셨습니다. 아담과 하와 이후로 지금까지 땅은 그대로 있습니다. 그래서 이 땅이 곧 하나님이 사람을 위하여 준비해 놓으신 땅입니다.

땅이 하나님의 나라의 영토이며 천국의 자연환경입니다. 다만 아직은 땅이 하나님의 나라가 되지 못한 상태입니다. 땅은 하나님의 나라가 되기 위해 준비되어 있었습니다. 사람이 살아갈 땅이 먼저 준비되어 있기에 하나님은 요한계시록에서 계시를 보여 주실 때, 천국이 어떤 환경인지 보여 줄 필요가 없었습니다. 하나님의 나라가 이루어졌을 때, 하나님의 통치가 어떻게 이루어지는지 그 과정을 계시하는 것으로 충분했습니다. 백성과 영토는 이미 준비해 놓으셨고, 사람이 살면서 보는 것이기에 설명할 필요가 없습니다.

많은 사람이 천국의 모습을 여러 가지로 상상하는데, 그 이유는 성경에서 천국의 모습을 자세히 설명하지 않았기 때문입니다. 하나님이 천국의 모습을 자세히 설명하지 않은 이유는 우리가 보고 있는 이 자연이 곧 천국의 무대가 될 것이기 때문입니다.

Step 2. 낙원의 생명나무와 생명수 강가의 생명 나무들

이 말씀에서 생명나무는 하나가 아니라 많다는 것을 알 수 있습니다. 강 좌우에 생명나무가 있느니 최소한 생명나무는 강 좌편과 강 우편에 2개 이상입니다. 생명수의 강이 흐르는데, 강이라는 단어는 길게 이어진 물의 흐름을 의미합니다. 그래서 많은 생명나무가 강 좌우에 강을 따라 길게 늘어서 있다는 것을 알수 있습니다. 이 계시는 앞으로 이루어질 미래의 모습입니다. 이 계시는 비유로되어 있습니다. 보좌에서 물이 흘러나온다는 것으로 보아, 물질적인 의미의 강(River)이 아님을 알 수 있습니다.

생명수 강가의 생명나무는 몸을 가지고 있는 하나님의 아들들입니다. 세상을만들기 전부터 하나님 옆에 있었던 하나님의 아들들이 물질세계의 사람으로 태어나 몸을 가지게 되었고, 몸이 있는 상태로 하나님을 밤낮으로 섬기는 종이 되었습니다. 이들이 요한계시록 22장 2절에 나오는 생명나무입니다.

성경 말씀: 요한계시록 2장 7절
"…이기는 그에게는 내가 하나님의 낙원에 있는 생명나무의 열매를 주어 먹게하리라"

이 말씀에서 예수님은 에덴동산을 낙원으로 부르셨습니다. 이 생명나무는 에덴동산 중앙에 있는 그 생명나무입니다. 이제는 필요하지 않지만, 낙원에는 선악을 알게 하는 나무도 그대로 있을 것입니다. 에덴동산의 생명나무는 한 그루이며, 이 나무는 실제로 [생명과]라는 열매를 맺는 나무(Tree)입니다.

낙원에 있는 생명나무는 요한계시록 22장 2절의 생명나무와는 다릅니다. 낙원에 있는 생명나무는 실제 나무(Tree)이며, 요한계시록 22장 2절에 생명수의강가 옆에 있는 생명나무는 비유로서 하나님의 아들들(Spirit)입니다.

                                         Part 5. 창조의 완성

Step 3. 생명나무는 보좌에서 흐르는 생명수가 필요합니다

요한계시록 22장 2절에서 생명나무는 생명수의 강에서 생명수를 공급받습니다. 생명나무는 끊임없이 생명수를 공급받는다는 것을 알 수 있습니다. 생명수는 한 번만 받으면 되는 것이 아닙니다. 생명수는 계속 받아야 합니다.

하나님의 아들들은 첫째 부활을 통하여 하나님을 위한 [나라와 제사장]이 됩니다. 이들은 땅의 왕들이 되어 세상을 영원토록 다스릴 것입니다. 이들은 땅의 백성에게서 칭송을 많이 받을 것입니다. 이들은 하나님의 종이기에 밤낮으로 하나님을 섬길 것입니다. 이들은 자신을 숭배하려는 백성에게 하나님을 섬기도록 가르치고 자신을 낮추어야 합니다. 이들은 영원한 왕으로서 교만의 유혹을 끊임 없이 받게 될 것입니다. 하나님은 이를 방지하기 위해서 하나님의 아들들에게 생명수를 반복적으로 주는 방식으로 배려하셨습니다. 생명나무는 생명수가 고갈될 때마다 생명수의 강에서 생명수를 받아 마셔야 합니다.

하나님의 아들들이 생명수를 영원히 반복적으로 받아 마셔야 하는 것을 표현하기 위해서 강가에 심겨 있는 나무로 표현한 것입니다. 이 말씀은 창세기 1장 9절에 나오는 말씀의 성취입니다.

성경 말씀: 창세기 1장 9절
"하나님이 이르시되 천하의 물이 한 곳으로 모이고 뭍이 드러나라 하시니 그 대로 되니라"

이 말씀에서 [뭍이 드러나라]고 하나님이 명하십니다. 뭍이란 [마른 것이라는 뜻입니다. 하나님 앞에 [마른 것]을 가지고 오라는 말씀입니다. 이 말씀은 영

(Spirit)인 하나님의 아들들에게 사람으로 태어나서 몸(Body)을 가지고 하나님에게 돌아오라는 명령입니다. 하나님 앞에 몸을 가지고 있는 상태로 나타나라는 것입니다. 이 내용은 [Chapter 45. 셋째 날 - 뭍이 드러난다]에서 설명했습니다.

요한계시록 22장 2절의 생명나무는 창세기 1장 9절에 [뭍이 드러나라]는 계획의 성취입니다. 이들은 몸을 가지고 있는 하나님의 아들들입니다.

Chapter 67

세 번째 계시
- 열두 가지 열매를 맺고

성경 말씀: 요한계시록 22장 2절

"…강 좌우에 생명나무가 있어 열두 가지 열매를 맺되 달마다 그 열매를 맺고…"

이 말씀은 천국에 달마다 다른 열매를 맺는 과일나무가 있다는 뜻이 아닙니다. 사람들은 천국에 생명나무라고 불리는 과일나무가 있는데, 이 나무는 달마다 다른 열매는 맺는다고 이해합니다. 한 나무에서 1월에는 사과, 2월에는 배, 3월에는 포도 등의 열매가 생기는 형태를 떠올립니다.

이 말씀은 생명나무인 [나라와 제사장]이 자신에게 주어진 사역의 결과를 하나님에게 드리는 것입니다. [나라와 제사장]의 역할은 이 세상 나라에서 영생에 이르는 열매는 모으는 것입니다.

성경 말씀: 요한복음 4장 6절

"거두는 자가 이미 삯도 받고 영생에 이르는 열매를 모으나니 이는 뿌리는 자와 거두는 자가 함께 즐거워하게 하려 함이라"

이 말씀에서 예수님은 하나님이 원하시는 열매가 영생에 이르는 열매라고 하십니다.

이 말씀에서 포도원 주인은 농부에게 열매를 받으려고 종을 보냅니다. 예수님
은 주인이 열매를 받으려 하셨다는 말씀을 합니다. 이 열매는 포도원의 소출로
포도나무의 열매입니다. 열매는 농부가 아니라 포도송이입니다. 포도원 주인이
원하는 열매란 예수님이 말씀한 대로 영생에 이르는 열매입니다.

하나님은 포도원이라는 세상 나라를 만들고, 세상 나라를 사탄에게 맡겼습니
다. 하나님은 사탄과 그의 천사들에게 영생에 이르는 열매를 요구하셨습니다.
포도원이 하나님의 나라이기에, 영생에 이르는 열매는 영생을 얻는 사람이 됩니
다. 그러나 사탄은 사람이 영생에 이르는 것을 원하지 않았기에, 악한 농부가 되
어 하나님의 뜻을 저버렸습니다.

이 말씀에서 열매 맺는 백성은 하나님의 아들들입니다. 열매 맺는 백성이라는
문구에서 열매를 맺는다는 말은 자기 생각과 행동을 교정하여 새로운 사람이 되
는 것, 다시 말해서, 사랑의 열매, 온유의 열매, 자비의 열매와 같은 행동과 성품
의 변화를 의미하지 않습니다. 열매 맺는 백성이란 생각과 성품이 좋게 변한다
는 뜻이 아니라, 바구니에 열매를 가득 담아 주인에게 가져오는 백성이라는 의
미입니다. 자신을 열매로 드린다는 의미가 아닙니다. 열매와 농부는 다릅니다.

농부는 자신을 드리는 것이 아니라, 열매를 드리는 것입니다.

　이 말씀에서 제때에 열매를 바칠 다른 농부들은 하나님의 아들들입니다. 이들이 사탄을 대신하여 포도원을 세로 받게 될 것입니다. 하나님의 아들들은 포도원에서 열매를 제때에 포도원 주인에게 바칠 것입니다. 새로운 농부가 자신을 열매로 바친다는 의미는 아닙니다. 농부는 포도원에서 영생에 이르는 열매를 하나님에게 드립니다. 영생에 이르는 열매는 사람입니다. 영생에 이른다는 말은 영생을 얻는 것을 의미합니다. 유한한 삶을 살던 사람이 하나님을 믿고 영원한 생명을 얻게 되는 것이 영생에 이르는 것입니다. 하나님은 사람이 영생을 얻고 행복하기를 바라십니다.

　생명수의 강가에 있는 생명나무는 열두 가지 열매를 달마다 맺습니다. 열두 가지 열매를 맺는다는 표현은 열매가 계속 달라진다는 의미입니다. 사람이 한 번 영생을 얻으면 다시 영생을 얻을 필요가 없습니다. 영생에 이르는 사람은 계속 새롭게 또 나올 것이라 열매도 달라질 수밖에 없습니다.

Chapter 68

세 번째 계시
- 만국을 치료하는 나무 잎사귀

성경 말씀: 요한계시록 22장 2절

"…그 나무 잎사귀들은 만국을 치료하기 위하여 있더라"

이 말씀은 만국을 치료하는 제사장의 역할에 관한 것입니다. 하나님의 아들들이 몸을 가지고 하나님 앞에 섰을 때, 이들을 [나라와 제사장]이라고 부릅니다. [나라와 제사장]이라는 헬라어 원어는 βασιλεία καί ἱερεύς[바실레이라 카이 히에류스]입니다.

βασιλεία[바실레이아]는 나라보다는 왕국에 해당합니다. 그래서 왕국과 제사장이라는 번역이 더 적절합니다. 왕국이라는 말은 왕이 중심이 되는 구조를 말합니다. 하나님의 나라는 왕정(王政)입니다. 한 번 왕이 되면 영원한 왕입니다. 예수님이 어떤 종을 한 지역의 왕으로 정하면, 그 종은 그 지역을 다스리는 영원한 왕이 됩니다. 이 왕이 그 지역에 사는 모든 하나님의 백성을 다스립니다. 하나님의 아들들이 백성의 안전과 평화를 지키고 보존하는 일을 합니다. 누구도 하나님의 백성을 위협할 수 없습니다. 하나님의 나라는 하나님의 아들들이 직접 지키기 때문입니다.

ἱερεύς[히에류스]는 제사장이라는 의미로, 하나님과 백성 사이에서 중재자의

역할을 합니다. 중재자의 역할은 하나님을 향하여 백성에게 복을 내리시기를 구하고, 백성을 향하여 하나님을 섬기도록 하는 것입니다.

생명나무로 표현되는 하나님의 아들들은 열두 가지 열매를 달마다 하나님에게 드립니다. 이것은 하나님을 향한 중재자의 업무입니다. 또 만국을 치료하는데 이 일은 백성을 향한 중재자의 업무입니다. 땅에 사는 백성의 문제를 해결하고 하나님이 주시는 복을 전해주는 것이 만국을 치료하는 일입니다.

하나님은 모든 사람이 하나님을 알기를 바라십니다. 예레미야 31장 34절에는 작은 자로부터 큰 자까지 다 하나님을 아는 때가 올 것이라고 말씀합니다. 하나님은 지금도 일을 하고 계십니다. 하나님은 위대한 창조를 계획하셨고, 계획하신 대로 일을 시작하셨으며, 지금도 그 계획을 진행하고 계십니다. 다만 하나님의 계획이 아직 성취되지 않았기에, 현재까지도 세상에는 불법과 부패와 죽음과 질병과 고통이 계속되고 있습니다.

하나님은 하나님이 계획한 것을 반드시 성취하십니다. 하나님의 계획이 모두 성취되면 이 땅 위에는 하나님의 나라가 세워질 것입니다. 이 나라에서 모든 하나님의 백성이 하늘의 새와 바다의 고기와 땅의 짐승을 다스리며 영생을 누릴 것입니다. 하나님의 나라에서는 모든 사람이 여호와 하나님을 압니다. 그래서 [너는 여호와를 알라]는 말을 하지 않습니다.

하나님은 하나님이 하시는 일을 모든 사람이 알기를 바라십니다. 그래서 하나님의 계획을 책으로 써서 알리고자 했습니다. 제가 쓴 책은 지금까지 3권입니다. 제1권은 《하나님의 창조는 끝나지 않았다》이고, 제2권은 《에덴동산과 하나님의 아들들》이며, 제3권은 《창세기 1장과 요한계시록》입니다.

이 책은 창세기 1장에 기록된 내용이 하나님의 계획이라는 것을 설명해 놓은 것입니다. 요한계시록 21장과 22장에 기록된 3가지 계시는 계획대로 완성된 하나님 나라의 모습을 보여줍니다. 창세기 1장은 계획이고 요한계시록 21장, 22장은 성취입니다. 계획과 성취가 짝으로 되어 있어서 창세기 1장과 요한계시록 21장, 22장을 이 책에 넣어 같이 설명했습니다.

하나님은 지금까지 무엇을 하셨을까? 하나님은 무엇을 하시려는 것일까? 이런 질문에 관한 답변이 이 책에 있습니다.

만약 우리가 몇천 년 뒤에 태어난다면 아마도 우리는 죽지 않은 몸으로 영생을 누리는 천국의 아이로 태어날 것입니다. 하나님이 처음부터 하시려던 계획이 이 땅 위에 천국을 만드는 것이기 때문입니다. 아담과 하와가 선악과를 먹지만 않았다면, 하나님의 처음 계획대로 우리는 천국에서 태어났을 것입니다.

우리는 태어난 이후 각자의 환경 속에서 경쟁하면서 누구는 더 힘들게, 누구는 더 억울하게, 누구는 더 고통스럽게 삶을 이어갑니다. 또한, 행복한 사람이라고 하더라도 다치고, 병들고, 아프고, 가족의 죽음을 경험합니다. 그리고 끝내 죽습니다. 이런 과정을 겪는 것은 아직 하나님의 계획이 완전히 성취되지 않았는데, 완성되기 이전 시대에 우리가 세상에 태어났기 때문입니다. 비록 조금 일찍 태어나서 삶의 많은 우여곡절과 죽음을 경험하게 되었지만, 결국에는 천국에서 하나님의 백성이 되어 영원한 삶을 누리게 될 것입니다.

죽음이 없는 나라를 이루고자 하신 하나님의 계획이 이 땅에 이루어지기를 기도합니다.

창세기 1장과
요한계시록

ⓒ 고명호, 2024

초판 1쇄 발행 2024년 9월 20일

지은이   고명호
펴낸이   이기봉
편집   좋은땅 편집팀
펴낸곳   도서출판 좋은땅
주소   서울특별시 마포구 양화로12길 26 지월드빌딩 (서교동 395-7)
전화   02)374-8616~7
팩스   02)374-8614
이메일   gworldbook@naver.com
홈페이지   www.g-world.co.kr

ISBN   979-11-388-3543-5 (03230)